中山大学禾田哲学讲座

从帝尧到孔子

原儒

杨儒宾 著

生活·讀書·新知 三联书店

Simplified Chinese Copyright © 2023 by SDX Joint Publishing Company.
All Rights Reserved.

本作品简体中文版权由生活·读书·新知三联书店所有。
未经许可,不得翻印。

图书在版编目(CIP)数据

原儒:从帝尧到孔子/杨儒宾著.—北京:生活·读书·新知三联书店,2023.6
(中山大学禾田哲学讲座)
ISBN 978-7-108-07522-2

Ⅰ.①原… Ⅱ.①杨… Ⅲ.①儒家-哲学思想-研究 Ⅳ.①B222.05

中国版本图书馆 CIP 数据核字(2022)第 191285 号

特邀编辑　苏诗毅
责任编辑　王晨晨
装帧设计　薛　宇
责任校对　陈　明
责任印制　卢　岳

出版发行　生活·讀書·新知 三联书店
　　　　　(北京市东城区美术馆东街 22 号 100010)
网　　址　www.sdxjpc.com
图　　字　01-2023-2162
经　　销　新华书店
印　　刷　河北松源印刷有限公司
版　　次　2023 年 6 月北京第 1 版
　　　　　2023 年 6 月北京第 1 次印刷
开　　本　635 毫米 × 965 毫米　1/16　印张 29
字　　数　360 千字
印　　数　0,001-4,000 册
定　　价　79.00 元

(印装查询:01064002715;邮购查询:01084010542)

目 录

序 1

第一章 当代学术视野下的经学 —— 1

前言:"原儒"之"原"释义 3

中国哲学史与经学视野的分歧 7

考古曙光与经的时刻 16

前圣后圣:从周公到孔子 20

第二章 经学的"经"与"学" —— 25

前言:经学的危机 27

常道 - 原型 32

敬信的态度与信疑的辩证 40

环中诠释学与双向诠释学 50

两重证据与两重诠释 56

神圣 - 道的重层诠释学 65

结论:重回经学大地 78

第三章 帝尧与绝地天通 —— 81

前言：神话源头与文明源头　83

《周书》的"绝地天通"　87

另类的天地开辟神话：洪水息壤与捞泥造陆　99

另类的天地开辟神话之二：昔天二后　105

尧天舜日的三开辟　110

《尧典》系列的智慧　119

结论："度"之书的出现　128

第四章 大禹与九州原理 —— 133

前言：良渚文明的讯息　135

三代巫风：鲧、禹、启　139

大禹治水与女娲治水　146

大地原理与九州原理　156

禹域原理与海洋文化　168

结语：圣人无间然的禹　175

第五章 飞翔年代：巫教工夫论 —— 183

前言："遂古"之义　185

宇宙轴之中　189

神兽高飞　196

从羽人到圣王　202

服药、食玉与行气　208

斋戒与举国若狂　218

结论：不再飞翔之后　226

第六章　恍惚的伦理：先秦儒家工夫论之源 —— 231

前言：儒与斋戒　233

致斋与散斋　236

双面"恍惚"　244

"如在"的"在"　253

恍惚之后：从"心斋"到"思之"　261

鬼神不死　272

第七章　殷周之际的纣王与文王：新天命观的解读 —— 277

前言：文王与纣王的形象　279

纣王的酷刑与酗酒之解读　282

纣王的"创淫声""略祭祀""自信天命"之解读　290

新天命观与得中　299

天命观与天下观　307

变易与不易、忧患与敬　313

结论：殷周之际的天人之际　322

第八章　对越精神的兴起：周公的"制礼作乐" —— 327

前言：作为事件的"制礼作乐"　329

"相因"与"损益"　334

巫教礼乐与飞翔之鼓　342

礼乐的转化：古层与今义　354

对越精神的兴起　363

明德与敬德　369

结论：天人相即的人文精神　376

第九章　陬人之子孔子：仁与族群政治 —— 383

　　孔子的家世　385

　　丘也，殷人也　390

　　商宋霸图　396

　　三代损益说的整合意义　406

　　晚年孔子：文化传统与宇宙关怀　415

结语　未济终焉心缥缈 —— 423

参考书目　433

索引　447

序

本书探讨原始儒家的精神,"原始儒家"一词指的是儒家之前的儒家,中华文明成立期的黎明曙光。

"儒家之前的儒家"其实也就是"孔子之前的儒家",这个问题在民国之前被视为事实,不必论;在历史意识当道的今日则不能不论,问题是该怎么论。历史意识在中西方,大概都有相当悠久的历史,但将一切文化展现放在历史的脉络下判断其价值的历史主义,似乎是19世纪欧美的重要思潮,到了20世纪的中国,历史主义的力量也是非常巨大的,古史辨思潮是个重要的象征。但传统儒者论"孔子之前的儒家",基本上持的是经学的眼光,经学眼光中的儒学史乃非历史的,历史叙述凝冻于经文的构造中。历史意识下的前孔子儒学史与经学意识下的前孔子儒学史,题材或有重叠,但定位与内涵应该大有不同。生于今世,撰写此书,笔者不能不接受一些上古史、考古学之类带有强烈历史意识的学科的刺激。但自始至终,本书采取的是经学的视野,定位也接近。

记载传说年代的文献在现代考古学的帮助下,面纱逐渐被揭开,三皇、五帝的年代及社会内容已是学者可以尝试讨论的内容,讨论的著作已相当多,但本书接受的新知识主要是一些零碎的神话学的因素。民国后接受新式教育成长的学者和传统学问的距离很远,对许多古典知识的理解远不能望前辈学者之项背。但另一方面，有些新教育体系提供的知识有助于我们进入传统文献的世界，这些知识不见得是经学家或老辈文人具备的。"从神话到哲学"是早期世界各文明普遍经历过的演化历程，中国文明亦然。如果对这种演变过程善加诠释，窃以为比较可以从内在理路理解经典的内涵，维系儒家精神的发展于一线。

《原儒：从帝尧到孔子》一书的发想已有段时期，部分章节先后在台湾清华大学哲学所、山东大学哲学系报告过，较完整的结构则是笔者于2018年9月担任广州中山大学禾田哲学讲座学者时，由该讲座系列演讲组合而成的。本书出版前，又在台湾大学中文系报告过部分篇章内容。禾田哲学讲座里的名称为"孔子之前的儒家精神史"，用"精神史"而不用"哲学史"或"思想史"，一方面和笔者相信历史有一精神的作用贯穿于其间的行程之信念有关，一方面也表示孔子之前的"原儒"的精神不一定是依明确的知识理念摊展出来的，它毋宁是带有更浓厚的混沌暧昧的生命力。讲座用了"史"字，自然不会没有发展的内涵，而且也不能没有发展的内涵。但本书基本上是从儒家传统，也可说是从经学内部的视角，探讨儒家之道在孔子之前的阶段之开展。修道之谓教，教下意义的思想都不能没有发展的新意，但也都不能没有内在理路的定向作用。"时与非时交会处，固为圣哲之所居"，艾略特（T. S. Eliot）曾如是说道，本书之着眼亦如是。

本书书名历经几番转折，本来"孔子之前"这个书名也不错，但夏含夷同名的著作中译本才刚于2018年出版，书的内涵有些重叠，出版时间又太靠近，同名出书似乎不妥当。以"原儒"两字命名其实也是撞脸了，熊十力晚年极富争议性的著作即以"原儒"名书，章太炎一篇同样具争议性的文章的名称也是"原儒"。本书以同样的两个汉字命名，难免招来剽窃之讥，但因章、熊两先生之书出版已久，似乎不至于混淆。而且以"原"字命书名篇，又是中国著述的老传统，出版物多了，名号难免重演。刘安有《原道》之篇，刘勰也有《原道》之文；韩愈有《原性》之论，唐君毅也有《原性》之书。各原其原，各抒其义，似乎无妨，前贤也不辞名称重复。本书的学术价值当然远不及前贤，但重要的议题因人因时总会有不同的理解，法轮常转，乾坤杀活，理固如是也。

本书和笔者业已出版的《道家与古之道术》及《五行原论：先秦思想的太初存有论》两书，都探讨诸子百家兴起前的古代中国原初义理。此书集中在儒家，另两书一论道家，一论原型象征。三书都不足以言史，但都有意从"圣显"（hierophany）的角度，揭示从三代前直至诸子百家兴起后，中国哲学的曲折发展。笔者的博士论文探讨上古时期"天人鬼神交通"的议题，论文草成后，窃不自安。书原已通过出版核可，出版前幡然悔悟，紧急刹车，书稿此后即当地老天荒，与世无极，最近三书可视为迟到的补过之书。儒家的道统架构历经清代考据学、民国古史辨学派与马克思主义史学，已碎成破片，本书可说是在做一点拾遗补缺的工作。"我用残损的手掌，摸索这广大的土地"，这三书的着眼点与时贤所取的角度所以多有歧异，关怀不同故也。

感谢山东大学哲学系傅永军教授，广州中山大学陈立胜教授、张伟主任以及台湾大学高研院、中文系以及台湾清华大学哲学所同仁的邀请，没有他们的善意，本书不可能构思；也感谢上述单位师生给演讲内容提供的建议，没有和他们的学术互动，本书不可能问世。本书的部分章节已在期刊上发表过，此次编辑成书，内容都已修订增损，以期完整。感谢这些期刊编辑以及审查委员的切磋，他们的指正帮作者减少了行文上的谬误。台湾清华大学出版社的一份审查意见书建议本书将原先的导论扩大成一篇专门讨论经学方法论的篇章，笔者接受此建议,虽然出书的时间稍延迟了,但令问题尖锐化确实是必要的,谢谢这位匿名审查者的建议。最后还要感谢台湾清华大学人文社会研究中心写作经费上的补助以及写作期间海峡两岸各地参访过的博物馆、古董店与藏家的收藏,学者能有机会在研究之余,浏览三代甚或先史时期的文物,神与物游,解放想象力,这是我们这个时代特有的机会,目醉神迷的物感也是支撑本书的重要力量。

庚子立冬　作者识于竹堑清华园

第一章

当代学术视野下的经学

前言:"原儒"之"原"释义

本书探讨孔子之前的哲学,书名称作"原儒"。孔子之前有没有哲学?孔子之前有没有儒家?孔子之前有没有"儒"这样的身份?儒家的源头在何处?在目前的学术处境,这些提问仍然容易引发争议,但既然本书的视角未必为目前学界所熟悉,所以还是不得不稍加些烦琐的讨论。

关键的原因之一在于"哲学"是个新兴的外来语,作为学科名称的"哲学"一词并不是出自中国原有的知识系统,而是近代西方知识体系进入中国并影响中国的学术建制的一个概念。这个作为 philosophy 的东方化身的"哲学"进入中国,[1] 取得发言位置之后,虽然才不过百余年,它实质上即取得对中国传统重要知识体系如经学、子学、玄学、三教等重新定位的作用。在这种重新定位的过程中,何者是哲学?何者不是哲学?什么叫哲学?这类所谓"中国哲学合法

---

[1] 此语词译作汉字的"哲学",当始于日本明治时期的西周(Nishi Amane),后再传入中国。参见林从一:《哲学101:开新局、展新页》,收入杨儒宾等编:《人文百年・化成天下》(新竹:台湾清华大学出版社,2011),页205。

性"的问题即不能不生起。如果依目前学科建制下的"哲学"包含知识论、形上学、伦理学等诸大的类目以作判断，孔子之前当无"哲学"可言。

但如果依传统儒家自己建构的思想系谱，孔子之前有没有哲学的问题根本不需要提，也无从提起，因为严格说来，"哲学"这个概念在儒学的知识光谱中没有出现，所以在儒家义理的传承中也没有位置。既然没有"哲学"一词，如何论儒家的哲学传承？但儒学这个大知识体系当然有儒学传承的脉络，孔子之前有前贤往圣，孔孟之道继承三代圣王，尤其上承三代之前的尧舜之道，这样的叙述是被历代儒者视为自明的。孔子的思想前有所承，他自己也是承认的，《论语》终篇的《尧曰》直可视为儒家版的《传灯录》。孔子的孙子子思也说其祖"祖述尧舜，宪章文武"（《中庸》）。准此，在中、西混合语境的前提下，虽然哲学的内涵为何仍有待厘清，但我们如接受"哲学"这个词语在当代的人文科学的建构中居有、统合一套东、西相关领域的知识，道行之而成，物谓之而然，概念在知识群体的使用中逐渐凝聚成它的本质，像"儒家哲学"这样的概念基本上已成为学界常使用的语言。因此，我们依义不依语，从儒学的内部考虑，"孔子之前的哲学"之提法当也可以成说。

"原儒"的"原"字也须解说，"原"字意指儒家之原本。"本"字带有时间的蕴意，也有依据的隐喻，所以"原本"既有历史义，也有规范义。如果取历史义的话，"原本"义略同"源头"义，"原儒"一词意指探讨儒家的时间性源头。"儒家"是历史上出现的学派，它由孔子所开创，儒家源头只能指向儒家前史的阶段，那是孔子之前、诸子百家的分化尚未萌芽的时代。早在《汉书·艺文志》时期，班固论九流十家的起源，他溯源儒家至王官的"司徒之官"，其说已开启了儒学源头的议题。20世纪新的学术机制启动后，历史意识大彰，章太炎首开儒学之源的议题，后人继之，儒学之源俨然成了人文科学颇受注目的题目。

但"儒家"一词如果取规范义的话，它的内涵与起源应当有另外形式的理解，它乃依经学的叙述而成立，无经即无儒家之教。经学的成立是历史事件，经学的内涵也要在经学史的过程中展开，但由于经学本质上即是规范性的学问，没有规范即不成为经，所以只要经的意识一成立，经学的历史性议题经过"经"这个概念的转化，它即会指向非历史性的根源，事实上也就是义理成立的依据。经学作品所述及的儒家传承往往有历史叙述的形式，却带着非历史性的内容。如《尚书》所述及的远古圣王的传承，这些叙述总有些带有历史的知识，如洪水事件、历象授时事件等等，但这些历史性事件的形式总和一些非历史性的意义联结在一起，如尧、舜的圣之性格，如禅让的政治的理想性格云云。历代儒者阅读这些文献时，不是从文献学的、历史学的角度阅读之，而是跨时间性地、非历史性地以倾听经典发声的方式贴近之。孔子之前已有"六经"，经的意识早已有之，孔子之于"六经"所记载的古圣王，即是信而好古，倾听其隐语微衷的。此时的"原儒"之"原"即是取其义理根据之义。

孔子是儒学史上关键性的人物，更恰当的说法当说他是中国文明史上关键性的人物。从许多不同的观点着眼，我们都可以将中国文明史依孔子的出现分成前后两个阶段。从儒学史的观点立论，孔子出现于历史之所以为关键，在于它划分了两个性质大不相同的时代：一个是孔子之前，"六经"所代表的时代，笔者称之为经学时代；一个是他之后，由广义的诸子百家所代表的时代，笔者称之为子学时代。这两个性质大不相同的时代在孔子身上完成嫁接转换的工程。孔子之前的时代精神见于"六经"，"六经"的内容于今视之，成立的年代多有争议，定本何时成立，甚至是定本该如何定义等等，盖亦难言。可以确定的是，每部经的定本年代不会一样，其下限年代也不同，比如《易·系辞传》成立的年代当在孔子之后。但经部或经学之名出现的年代和经学内涵出现的年代不一样，经学内涵和经的意识泯不可分。大体而言，"六经"主干可视为孔子之前的文化传统的总集，它是三代及之前的文化共同体的具体内容。经的意识何时出现？确切的年代不一定找得到，但大量的道德概念密集地出现于西周，我们不妨将经的意识出现的年代定于西周时期，孔子继"六经"而兴。

孔子之后的时代精神表现则见于诸子百家，诸子百家可扩大解释，它不只指向战国时期的儒、墨、道、法诸学派，它也包含佛教流传中国以后形成的各宗派。诸子百家承"六经"而发，如《庄子·天下》说的，"百家之学时或称而道之"。我们把"六经"以及"六经"所述及的远古时代视为一个段落，称之为经学时代，它包含"六经"文本成立时期的经的时刻[1]以及"六经"所述及的史前时期的文献、传说与神话。孔子之后的义理发展，可称作子学时期，它包含春秋、战国时期发生于中土境内的诸子百家思想以及秦汉后因佛教东来引致的长期的三教竞合的各派思想。子学时代的思想可溯源于"六经"，"六经"的经学也活跃于子学时代，但其时的道术已为天下裂。孔子的出现可视为子学时代的先声，也可以视为经学时代的殿军。

本书溯源导河，九派流通，经学在先，子学继之。本书设定经学在先，此一设定一方面是历史的叙述，"六经"先于诸子百家而成立，它的内涵指向道术为天下裂之前的文化总体。但此处的"先"字更指向非历史意识的模范、典型，或者说"原型"意识，亦即经书中所出

---

[1]"经学"的概念建立在"经"概念的确立上面，"经学"与"经"的确立都是历史事件，它们应该都有较明确的历史定点。但"六经"的每部经的定本年代必不一致，"经"的规范性内涵的出现与"经"名的出现也不一致，"经的时刻"当然只是理念的设定，很难具体落实确切的时间，窃以为周初是关键时刻。

6　原儒

现的圣人及其行事，在关键性的经的时刻出现后，被称为文化世界的典型，为尔后一切后续事件所仿效。窃以为"原"表时间义，或表原型义，言各有当，未必矛盾。即使"原"表原型义，任何时代的儒者进入经的世界时，他仍不能不将时代的处境与个人的关怀带进去。经学的诠释总是存在性的，它的原型中总有时间的痕迹，时间性中也有原型的依据，其义见下章。

从经学、子学的关系思考，我们可以说经学时期的道术之展现奠定了中国文明的基础，子学时代的百家争鸣从事的则是深化中国文明精神的事业。子学时代继经学时代而起，但经学时代从来没有真正地过去，它的内涵仍会渗透到子学时代的哲人的反思当中。也就是从价值体系的观点考虑，"经"的上层位阶或指导位阶从没消失过，这样的经学－子学的结构关系到了20世纪以后才产生巨变。"中国哲学史"学科的建立与考古的重大发现和本书关联颇深，本章先勾勒其概要。

中国哲学史与经学视野的分歧

经学时代涵盖的时间相当长，"六经"成为定本的年代或许要迟至东周，但经的意识的确立要更早，至于"六经"的实质内涵则可说体现了之前悠久岁月的礼乐教化。从政治史的观点看，它指涉的时期是自新石器时代晚期，也就是传说中的三皇五帝时代开始，经由长期的族群之斗争、交流，最后形成夏、商、周三代的格局，这种历史结构见之于《尚书》一书的篇章构造。《尚书》从《虞夏书》以下，《商书》《周书》继之，历史系列的安排井井有条，而且道德意识始终贯穿其间，这是个安排过的秩序。《尚书》的成立是经的意识出现以后，其时的哲人重新观看以往的历史的产物。此后，儒家既有三代的概念，也有尧舜以下以道继道的道统史。

《尚书》的历史显然是诠释过的历史，也是特定的历史，说是"发明"出来的历史也未必讲不通，但这种另类的、非历史的历史有独特的意义。回到先秦文献，比如儒家以外的诸子百家所呈现者，上古的实情却不是如此，中国古史的传说年代的系谱相当混乱，各家陈述不同，道德在推动历史前进方面也不见得发挥多大的作用。[1]孔子选择的历史图像是《尚书》一书所呈现的叙述，也就是以帝尧开始的中国文明史的论述，孔子是尧舜史观的阐述者，却不是创造者，尧舜史观的原型具体显像于《尚书》一书。经学期的儒家精神史的图谱即是后世所说的道统，道统始于帝尧。

儒者论儒学之始或中国文明之始始于帝尧，这是道统论的叙述，是经学的语言，不是中国哲学史的语言。"中国哲学史"此概念是近代世界的用语，这门学科于20世纪初期一成立，即面临"史"从何开始算起的问题。胡适于1919年出版《中国哲学史大纲（上卷）》，[2]此年恰好爆发五四运动，此书于此年出版，颇有象征意义。此书是第一部较严格意义的中国哲学史的专著，[3]"第一"的书自然有许多开创

---

[1]《庄子·天运》说：黄帝治天下，"使民心一"；尧治天下，"使民心亲"；舜治天下，"使民心竞"；禹治天下，"使民心变"。世愈近，道德愈下。若此之言，《庄子》书中非一二见，战国子书也多能见之，它们提供的上古面貌与《尚书》所见者大不相同。

[2]此书由上海商务印书馆印行十年后，收入"万有文库"，改称《中国古代哲学史》。此处因要突显中国哲学史的书写意义，而且要与冯友兰的《中国哲学史》比较，所以下文叙述时亦简称其书名为《中国哲学史》。

[3]谢无量于1916年著《中国哲学史》，此书应是民国以来第一部中国哲学史的专著，但此书多抄自高濑武次郎的《支那哲学史》，译的成分大于作的成分，故不论。参见陈威瑨：《〈中国哲学史〉通史专书写作的发展——从中日交流的视角谈起》，收入钟彩钧编：《中国哲学史书写的理论与实践》（台北："中央研究院"中国文哲研究所，2017），页139—194。

的意义，其中一个重要的议题即是"中国哲学"的起源要从何处或何人算起。胡适此书断定中国哲学的成立始于老子，老子之前的三百年虽已有些哲思酝酿，但不成体系，胡适称为"怀胎时代"。中国文明此母亲经由长期的怀胎后，在公元前570年左右，诞生了老子，带有"中国哲学"身份的宁馨儿正式诞生。由老子开始直至韩非子，也就是我们现在泛称的先秦时期，胡适定位为"子学时代"。

胡适写此书时，年纪不大（29岁），以当时中国学术界的水平以及他本人的哲学能力，处理中国哲学的整体进程，捉襟见肘之处可想而知。但他将中国哲学的起点诉诸老子，而不像以往的传统文献诉诸虚实参半、惟恍惟惚的圣王，不能不说是一刀两断、壁立万仞的写法。胡适的中国哲学史的断代于今观之，固成常识。但当时实为惊人之举，四十年后，他反省这部书的意义时，提到当时的断代曾引发学生的抗议风潮，因为之前学者的讲法是"从伏羲、神农、黄帝、尧舜讲起"，胡适的写法是自我作古，也可说是开风气之先。蔡元培为此书写序言时，也特别提到胡适从老子、孔子开始论起中国哲学发展的意义，因此，特别为他辩护。[1]

冯友兰的《中国哲学史》继胡适的著作而起，胡适的学术性格比较像国学学者，冯友兰更像现代意义的哲学家，他的著作在建构中国哲学系谱的工作中，居有重要的地位。这本出版于八十年前的著作，至今仍是哲学界研究中国哲学流变的重要著作。冯友兰晚年自我评价此书时，也认为它至少仍有两项重要的贡献，至今不替。[2] 冯友

---

[1] 上述说法及蔡元培序言，参见胡适：《中国古代哲学史》（台北：台湾商务印书馆，1982），页1—8、页1—3。
[2] 他说的两项贡献，一是将名家分成以公孙龙为代表的"离坚白"以及以惠施为代表的"合同异"两派；以及将二程兄弟分成不同的思想类型，程明道为心学的先驱，程伊川则为理学的先驱。参见冯友兰：《三松堂自序》，收入冯友兰：《三松堂全集》（郑州：河南人民出版社，1985），卷1，页209—210。

兰其人及《中国哲学史》其书是20世纪中国人文学界重要的公共议题，有各种争议。然而，他论及中国哲学的起源，其论点至今仍值得参考。冯友兰的《中国哲学史》论及中国哲学开端时，虽也论及孔子同时期或之前的一些重要概念，如鬼神、术数、天等，事实上，他是将中国哲学的起源定于孔子，从孔子到董仲舒为止的时期乃中国哲学的黄金时代，他称为子学时期，汉初以后则为经学时期。

冯友兰此处用的"经学"一词是个比喻的措辞，从冯友兰眼光看，汉初以后的哲学家多依傍先秦哲学宗师的经典以立论，尤其是儒家，因为儒家已定于一尊，后儒要发挥自己的思想，都要依附在圣人经典的名义下，乃能立论。即使慧眼巨识如王夫之，如戴震，他们发挥自己的思想学说时，仍是通过对经典的解释，如王夫之的《周易内传》《周易外传》、戴震的《孟子字义疏证》表现出来的样态。汉代以后的哲人殊少自辟思想体系，其论述方式仿若欧洲中世纪的神学。甚至佛教东来形成许多伟大宗派，代冯友兰想，这些宗派的思想已非原始佛教所能拘囿，但它们诠释佛教义理时，总是建立在佛典的解释上面，如天台宗之于《法华经》，华严宗之于《华严经》，这些学派的思想依傍原始佛典衍义，都可视为广义的教下哲学。

冯友兰对于中国哲学的分期恰与笔者所述的相反，他的《中国哲学史》书写背后有中国通史的三断代分法，以及西洋哲学史作为背景，在此背景下，他断定中国哲学史没有近世哲学，只有古代哲学与中世哲学，他所说的经学时代的中国哲学其实等同于西洋的中世哲学。[1] 冯友兰《中国哲学史》所用的"经学时期"的"经学"一词相当负面，它意指僵化、停滞；"子学"才代表独立思考的意义。冯友兰的断代与分类很果断，他也是很干脆地斩断了诸子百家与"六经"

---

[1] 参见冯友兰：《三松堂自序》，收入冯友兰：《三松堂全集》，卷1，页204—205。

及古史的联结，直接就具有体系思想的哲人处开宗立论。

胡适、冯友兰的着眼点都有足以成论之处，中国哲学史上的流派自然以儒、道两家为大宗，两家在先秦时期颇多交涉。[1]孔子与老子思想的关系以及年代先后，都是学术史的重要议题，重新探讨的空间很大。孔、老两人的年代先后姑且不论，胡、冯两人对中国哲学的起点要从老子算起，还是从孔子算起，虽有争议，但他们显然都从"哲学史"的立场，也就是从有体系的思想之立场出发[2]，演绎中国哲学的开展。论及中国哲学的起源，有体系之思想自当从孔、老算起，诸子百家兴起是第一次思想全面性突破的年代，其中的儒、道两家更奠定了后世哲学思想发展的主轴，此种判断自然有理据可说，学界也有相当的共识。

然而，孔、老思想不是凭空生起的，《道德经》一出世，内容即非常精湛，议题的涵盖面也广；孔子出现于春秋时期的历史舞台，他的思想俨然集前代思想之大成。老子、孔子都承认自家思想前有所承，老子有"古之道"（《老子·第十四章》）、"古之所谓"（《老子·第二十二章》）之言；孔子也自言"述而不作，信而好古"（《论语·述而》）。当代的中国哲学史著作面对孔、老的夫子自道时，它们也承认孔、老之前已有哲思流传于中国文明，但它们会认为那些哲思是片断的，不成体系。"体系""个人"（或称作"私人"）这些概念是胡适、冯友兰用以判断中国哲学史的起点不能前移的标准。

回到中国哲学史书写前的文化场域，传统的儒者显然不能接受孔子之前的圣贤之统可以与孔子切断，他们不但接受"伏羲、神农、黄帝、尧、舜（尤其是尧、舜）"在儒学史中的重要地位，而且不会质

---

[1] 先秦无"道家"之名，如实说来，儒、道两家没有交涉的机会。此处所说，乃依汉代归纳出来的系统倒溯回去所致。
[2] 胡、冯两家都从春秋战国时期的哲学论起，而且同称之为"子学时代"，由此可见一斑。

疑这些圣贤是否为真实人物，更不会认为他们在"道"的意义上会不如后世的孔、孟。[1]这些未受现代知识洗礼的传统儒者的观点确实是经学的，不管这个"经学"是儒家传统意义下所说的"经学"，还是胡适、冯友兰在他们的《中国哲学史》中的用法，秦汉以后的儒者对于三代之前的圣王的体道意义，是不会怀疑的。

这种对三代之前的圣王的肯定其实也不是缘于后世儒者的保守，他们的坚持也是其来有自，因为同样在诸子的年代，孔、老的后学论及孔、老思想时，已多认为他们之前有伟大的先行者，子思说"仲尼祖述尧舜，宪章文武"，庄子说"古之道术"有"以本为精"者，老子"闻其风而悦之"（《庄子·天下》）。庄子论当时之有"道术"者，多有"闻其风而悦之"的先行者。于儒家诸子，则一言不发，俨然儒家诸子是直承"六经"而起。若此知识的溯古之论，虽不合时风，却是历代儒者论学之常论。历代儒者对"六经"所记载之古史与古圣王，显然有一种不同于当代学者的学术论述所依托的历史意识之理解。

有关老、庄思想的源头，前人多已有说，"道家思想"的部分本书姑且不论，[2]儒家的溯古意识很强，当代学者要探讨儒家之前的儒家思想成分或孔子之前的孔子思想的因素，或许可以重思传统儒学史的提案。根据传统儒者所述儒家系谱学的算法，我们从孔子往上追溯儒家源头时，第一步可追溯至文王、周公，周、孔一向并称，周公的

---

[1] 王阳明《传习录》提到道统论里的圣人有共相，有别相，他们纯乎天理则一，但每人的才气有别，他说到"尧、舜犹万镒，文王、孔子犹九千镒，禹、汤、武王犹七八千镒"，其举例颇引起门生的议论，引发一时风潮，王阳明后来还修正了一下语气。但王阳明的意思是指尧、舜、文王、孔子在道德上是一样的，道德论质不论量。王阳明此处的观点也是依经学意识立论的，尧、舜与孔子同格，其道德并没有更原始，甚至位阶还可以更高。

[2] 道家思想的源头难论，因为"道家"一词是汉代以后追溯出来的，先秦无此学派之名。学派不存在，源头自然就难论，皮之不存，毛将焉附。但如果我们以秦汉后确立的"道家"意识往前追溯东周的道家学派前史，这个问题自然还是可问的。参见拙著：《道家与古之道术》（新竹：台湾清华大学出版社，2019）。

地位甚至可挂到孔子之前；再前进一步，可追溯至商汤、夏禹，"三代"一词是先秦儒者的套语，三代的精神被视为是一贯的；我们往上甚至可上溯至神话、史实杂糅的五帝，尤其是尧、舜，先秦儒家经典多已涉及这些难以证实年代的圣王。朱子所说的道统即起源于尧、舜，他的提案是有本的，其结构大体上是依照《尚书》及先秦儒者呈现的统绪建构而成的。五帝、三代，这是经学论述下孔子之前的时代框架，道统论系谱中的圣哲尧、舜、禹、汤、文、武、周公、孔子都是被安置在这个历史框架内的儒家圣人，他们可说都是中国上古文明精神的创造者与传递者。

当代学术依经书所述古史探索古史真相，解构经书文字与经书文字所指涉的史实之联结，当然有重要的意义。显然，当代中国的学术氛围基本上已由信古走向疑古，再由疑古走向释古的年代，"五帝"这样的概念已成了可以探讨的学术议题，颛顼、尧、舜其人其事也可被安置在历史的脉络中寻得他们的历史地位。然而，释古有各种形式的释古，就像真实有各种类型的真实，经学的真实不一定要与史学的真实同构，窃以为经学知识的正当性宜建立在更稳当的基础上。历史上即使没有尧、舜其人——而有没有其人，恐怕很难找到可以呈堂宣判的证据，即使史实人物的尧、舜之存在很可疑，尧、舜也不见得比秦皇、汉武、唐宗、宋祖更不真实。物理、历史、美学、宗教各有各领域理解的真实，一种不符合历史却与人的存在感以及生活世界相关的叙述不见得不真实。

依据中国古代的叙述传统，儒家有个邈古洪荒的源头，这个源头也许为非时间性的，却不是虚幻的，传统儒家不会认为五帝是幻构的神话。即使活在儒家文化下的传统史家也多有此意识，伟大史家司马迁的历史意识须要正视，他极具考辨意识，无征不信，但他也主张"学者载籍极博，犹考信于六艺"（《史记·伯夷列传》）。论辨古史，他以经书作为可靠与否的标准,虽然不是唯一的标准。[1]显然,作为一位承载儒家春秋精神的史家,他在事实与价值、史学与经学之间,有种独特的联结。尧舜事迹既见之于《尚书》的记载,尧舜时代即是一种真实,一种非关时间性的真实。于今观之,它乃是坐落在历史之先的历史,这是种非历史性的历史。我们追溯中国儒家的起源,即要在非历史性的时代侦巡具有深刻历史意义的原儒思想的足迹。

中国文明进入20世纪以后,不能不接纳来自西洋源头的"哲学"一词进入中国原有的知识体系,这是整体学术现代化工程中的一环。但由于西洋的哲学在20世纪进入中国时相当强势,客反为主,一种在西方环境下成长出来的知识取得中文"哲学"的化身之身份后,竟有了指导中国义理之学的地位,遂有了中国哲学合法性危机的议题。不管这议题是真问题或是假问题,但就哲学学科的建制而言,确实有以来自西洋的"哲学"之建制性概念运用于中国的学术园地,而中国传统的经学、子学、道学、佛学须配合"哲学"的想象以进入现代学术机制的"哲学"学门的情形,此时机落在清末民初关键性的革命年代。即使今日学者一般不太敢像胡塞尔那样将"哲学"视为只是纯粹欧洲精神的产物,欧洲以外的中国、印度不与焉,[2]也不太会陷入罗素撰写《西方哲学史》以前的风气,当时的欧洲学人撰写西洋哲学史时,常将西洋一个区域的哲学史直接视同哲学史本身,但"中国哲学"在"哲学"体制下的情况是否两者已融合为一,大概还很难一言而尽。

---

[1] 儒家重视尧舜,《尚书》论中华文明起源,即起源于帝尧之治。但司马迁周游禹域,各地风教殊异,传闻不同,他撰《史记》,最后以黄帝开头。
[2] 参见刘国英:《现象学可以还中国哲学一个公道吗?——试读老子》,收入刘国英、张灿辉编:《现象学与人文科学(第二辑):现象学与道家哲学专辑》(台北:边城出版社,2005),页9—35。

"哲学"一词进入中国学术界并取得学制内的地位之后,由于特殊的时代背景,遂不免产生"格义""反格义"交叉代起的现象,其复杂纠缠尤甚于六朝时期佛教文明进入中土所产生的冲突与融合。[1] 六朝时期,佛教进入中国,这个来自异文明的宗教为求得其教义能获得国人的认同与理解,因此,会假借中土的相似概念——主要是来自道家的概念——两相比附映照,比如以道家之"无"理解佛教之"空",以求相通,此之谓格义。但在19世纪、20世纪之交,西洋哲学进入中国,双方概念的关系竟是出主入奴,颠倒了主从。近人撰中国哲学史,不管其论述是论者所说的"有中国没有哲学",或是"有哲学没有中国哲学",还是"有中国哲学"却是"缩小的中国哲学",他们的论述背后都站立着一位西洋哲学巨匠,如杜威、柏拉图、康德,这些西洋哲学巨匠严厉地监督他们的中国信徒有无逾界,其着眼点有没有信守对哲学的承诺。无疑,20世纪出现的中国哲学史的论述都不能不受到来自西洋源头的"哲学"两字有形无形的影响。

然而,我们如果回到中国现代知识体系建立前的状况,最好回到宋明时期的思想界,回想当时的儒者如何设想自家的传统,不能不承认,他们接受超越历史的真实以外的经学的真实。经学记载的内容可能有的是史实,有的不是史实或是曲折的史实,但它们的内容因被视为道的载录,所以都具有超乎一般经验知识之上的意义。即使经学的知识不一定概念清晰,思辨的成分不够强,历史的先后难免混乱,也就是不符合现代对"哲学史"知识的认知,但就儒家的价值体系而言,经学的知识构成完整的价值体系的重要环节,它支撑了一个相当久远时代的儒者之人格结构与文化的统合。任何新知识进入中国文化

---

[1] 关于现代中国哲学研究的反格义现象,刘笑敢的著作言之甚详,较密集的讨论参见刘笑敢:《关于"反向格义"之讨论的回应与思索》,收入刘笑敢:《诠释与定向——中国哲学研究方法之探究》(北京:商务印书馆,2009),页415—447。

的场域，如果能先倾听原来的声音，了解经学所赖以存在的"经"之意识到底有何重要的内涵，在此基础上，再有创造性的混合，这种交流应当是更理想的。经学有经学的存在依据，它不能化约为任何学科的性质，中国哲学史可以处理经学议题，但不能取代经学。

考古曙光与经的时刻

在21世纪的中国，学者借着神话的媒介探讨儒家思想的起源，享有前代学者无法拥有的优势，此即20世纪下半叶的中国考古出土，它提供了我们前贤难以想象的丰富文化财产。我们在当今中国各地几乎都可看到颇重要的考古发现，在古代中原区域外的东北、内蒙古、江浙、陕北、甘肃、四川都有范围很大、文物很精美的前史时代的文化遗址出现，而且这些文化遗址彼此还颇有联系，如牙璋从闽粤到陕甘到越北皆有发现，带有良渚风格的琮在四川、陕北也可见到踪影。显然，满天星般的史前文化遗址并非一一隔绝的孤岛，这些带有特殊地区文化风貌而又彼此互有交流的史前文明现象到底该如何解释？它与古书追溯出来的"禹合诸侯于涂山，执玉帛者万国"之类的叙述到底有什么关系？

笔者所以提到满天星般的考古发现与古籍追溯出的"万国"图像，乃因我们现在所接受的上古三代文明带有强烈的连续性，夏、商、周的文物与制度被视为如孔子所说的乃是"损益"的关系，夏、商、周三代的精神也被视为是连续的，儒家所说的道统人物贯穿了三代的圣王。即使民国学界有王国维的"殷周制度论"，有傅斯年的"夷夏东西说"，有蒙文通的江汉、河洛、海岱"三系民族说"，有徐旭生的东夷、华夏、苗蛮"三集团说",这些学说提供给我们更为鲜活的中华早期文明的图像,三代之前的文明之复杂、多元超出我们以往所理解的知识图像。但随着考古文物的不断出土,各地区丰富的文物一方面带给我们深刻的风土特色,另一方面三代连续说的解释能力似乎没有减弱,朝代的替换并没有摧毁前后之间的联系。三代连续说的提出源远流长,孔子当年主张"因""损益",显然也是支持连续说。孔子之说也是有本的,因为我们看到《尚书》这部儒家圣经看待夏、商、周,基本上认为其精神是一贯相传的。

有关夏、商、周的文化异同或是否有族群的差别,笔者无力判断,当中的一个重要因素当然在于如何界定民族的概念。但我们现在大概可以确定夏、商、周三代的连续性是建立在特殊的基础上的,诚如张光直一再强调的三代既是异时性的概念,也是共时性的概念,在三代的任一代,都存在着另外两代的族群。即使在周代,作为夏代继承者的杞国与作为殷商继承者的宋国,它们和周王朝是同时存在的。如果我们将三代的概念往上追溯,由于统一的帝国尚未出现,政治分散而信息流通的情况可以设想依然是存在的,在笼统的华夏地区,同样可以看到连续与差异的共构性。如果年代更早,各地文化的差异应当会更明显。问题的关键正在此:满天星般的各文明或万国,它们如何镕铸成可以共同生活在一起的共同体意识?最后甚至于可以形成恍若有道统贯穿的三代文明演变史,并形成具有明显特征的中华文明的基盘。

在之后的章节中,笔者指出任何经书的史前叙述都蕴含了重层的构造,它的显层构造指向了神话时刻的叙述,它的底层结构则指向了经之意识的时刻。神话时刻的叙述反映了神圣意识跃上了历史舞台,经的时刻的叙述则反映了作为常道的道之意识的朗现。神圣意识是道之意识的先行者,两种意识的概念有内在的紧密性,"从神话到哲学"的命题因此可视为"从神圣意识到道的意识（经的意识）"的展现，这样的提法是一种合理的叙述上古思想演变的途径。在本书之后各章节的叙述中，笔者将指出神话时刻的内容乃以创世神话、气（玛纳［mana］）、礼（祭典）概念的显现为主，它们构成神圣意识的显像。至于经的时刻的来临，它的指标是以敬、畏、对越、忧患的道德意识的出现为准，其形成期当在西周。在西周形成的经的意识是对之前神话意识的总结与转化，它将灵魂论的、情念性的、脱体论的文化表现凝聚于肃穆的主体性意识中。从神圣意识到道之意识的转变即内在于经学的史前叙述的重层构造中。

神话时刻的创世、气、礼概念的出现应当是中土哲学思维的出发点，这些因素在中华文明的黎明期分散于辽河、长江中下游、黄河中下游等地，它们是分别出现的，中原在三代之前并不是文明唯一的辐射源。晚近讨论中华文明起源的学者逐渐形成板块共构而多元一体的理论，苏秉琦所谓的"考古学文化区系类型"理论，[1] 以及张光直的"多元互动说"，[2] 即是典型的代表。换言之，三代之前的文明是多中心的，它们分途发展，但多有交流，这种交流的行程有多远，我们不太能确定。三代之前的文明的疆域和三代以后的地域不同，李济建立现代化的考古学专业时，已提及中华文明的探究不能以长城为界，安德森（Johan Andersson）、瓦西里耶夫（Vasily Vasilyev）、苏雪林、凌纯声等人也都分别提过中华文明的西亚、中亚因素与环太平洋因素。域外文明在中华文明形成的过程中扮演过的角色，似乎没有太吸引当代哲学学者的关注，这些考古学专业所提出的问题不是门外汉如我辈者所能置一词，笔者虽没有能力介入讨论，却也没有理由质疑他们提出的证据。

---

［1］苏秉琦：《苏秉琦考古学论述选集》（北京：文物出版社，1984），页225—234。
［2］张光直：《论"中国文明的起源"》，载《文物》，2004年第1期，页73—82。

现当代政治地理的概念往往束缚了我们的想象,如果我们能接受三代之前的多元文化板块的互动说——这些板块中甚至有远自西亚或环太平洋的海洋文化,这些大大小小的异质性因素经由长期的交流过程后,形成组成文化连续性的三代共同体的概念——就比较容易理解"三代"作为理想政治的普世意义缘何而至。三代原本是时间性的三个朝代的总称,夏、商、周这三个朝代有可能是来自不同的族群,我们很难确切地掌握它们彼此间的文化差异有多大、族群的意识有多强,但它们兴起于不同的区域,是可以确定的。"三代"是个独特而有意义的概念,在儒学兴起以后的后世,"三代"成了理想世界的代称,它隐然与"天下"概念互渗,这两个来自时间与空间的隐喻在九州这个区域中生成,后来都具有普遍性的意义,"大道之行也,天下为公"(《礼记·礼运》),"三代之所以直道而行"(《论语·卫灵公》)。入宋以后,因为一种普遍性视野的性理学的兴起,"三代"与"天下"更隐然成为"性理"观念在历史中的展现。窃以为"三代"和"天下"的概念有类似之处,它们都是在族群的长期冲突中,经由文化的交流形成的一种普遍性的概念,它们超越了地方性的族群认同所形成的框架。"孔子之前的儒家"如何演变到孔子,这个过程是伴随着"多元板块的文明"如何演变到超出地方方国的界限所形成的文化共同体而发生的。

从第一道精神曙光照耀在东亚大陆,历史如何经由原始的"圣人",也就是最初带有"圣"之意识的宗教人——巫,演变到九流十家中的儒,这是个耐人寻味的精神发展的过程。原初儒者个体生命史的演变应该不是在意识自体内发生的,它是在一个极特殊的历史场域里生成的,那是在一个分布许多不同"国"的新石器时代,许多不同族群面对着不同的环境,他们彼此要抗争,要交流;而其时主导这些族群的领袖很可能就是各地的巫——本书设定"巫"为文明初期的宗教人与文化人。[1]他们的生命要在现实的处境、不稳定的主体性格与圣显的天命之间，寻得合理的出路；个人性的主体发生学与集体性的族群发生学在此发生交集，两线交纽，共同演化，这条历史演变的途径慢慢趋向于最后的突破点的出现。

这个突破点的出现也就是"经"的意识的出现、道的意识的出现，它的出现意味着一种超越于族群、语言、区域区别之上的普遍性原理的出现，这个经的时刻的确切定点不易落实，但我们如要找出一位象征人物，那么，经学史上一位核心人物周公或许可说是庶乎其人。《尚书》中的《周书》部分多与周公相关，《周书》的精神相当程度内重新定位了更早期的《虞夏书》《商书》的内涵，三代的概念隐然或者说已稳然成形。殷周之际的转变是儒学史上的一大关键期，不管我们如何称呼这段转型期的内涵，"忧患意识"也可，"道德意识"也可，"对越意识"也可，"道德的共同体"也可，但可确定的是，此际兴起的礼乐文明充分地伦理化了当时人文的秩序以及以往的历史记忆。尧、舜、禹、汤、文、武、周公的秩序大体形成，它就形成于《尚书》一经的架构中。

前圣后圣：从周公到孔子

漫漫长途，在本书各篇章的文字中，我们将较细密地勾勒出周公之前的儒家因素如何演进至周公的出现。早期的道显圣于个别的圣

---

[1] 参见周策纵：《古巫医与"六诗"考——中国浪漫文学探源》（台北：联经出版，1989）一书所述。

王，个体是群体的显像，圣人的传记史体现了华夏的文明史。从尧、舜到周公，华夏大地上活动的族群相当复杂，不管各"国"的民族成分如何，但众多独立单位的"国"的存在总是事实，在缺乏文字记载的远古时代发生不少征伐、叛逆、冲突流血，这也是事实。但经过周公之前的历代圣哲的努力，他们在冲突后妥协，在战争后交流，他们甚至在矛盾中发现普遍性的道德政治法则统治了历史的进程，殷周之际，经的时刻呼之欲出。以文王为代表的周初先王为这个神秘的历史突破点做好了准备，他们跨越了族群的矛盾，找到沟通不同族群与确立道德意识的确定法则。

经的时刻何时降临，我们可能永远找不到可靠的历史证据以证明之，但经学史一再强调周公在综合历代智慧传承上的贡献，我们如果把周公当作一位象征人物，象征在他名下发生的"制礼作乐"的文化工程的奠基者，那么，以周公作为经的意识的突破者，固无不可。礼乐在三代或之前，可以视为一个时代文化体系的总称，它一定有沿承，"制礼作乐"的工程不可能不涉入对前朝文化的再解释。我们观《尚书》一经，《周书》部分可以说是以周公为核心而展开的，《虞夏书》《商书》的精神也是与它一致的。笔者认为《尚书》的结构与"制礼作乐"事件背后依循的法则是一致的，古文经学家喜欢强调周公在经学上的意义，他们的观点是值得重视的。

但经学的突破不会只有一次，就像圣人不会只到周公为止。论儒学，论经学，我们永远绕不过孔子这一关，孔子代表这条历史演变轴的第二个突破点，孔子生前已有人称他为"天纵之将圣"，孔子身上确实有些理性而又神秘的气质，他是那个时代最具人格魅力的哲人，韦伯所说的奇里斯玛（Charisma）类型的人格庶几近之，奇里斯玛的人格超出理性解释的范围之上。但孔子的影响还不仅限于他那个时代，更重要的，是发生在他辞世之后悠长的历史。宋代有位无名的作者有言:"天不生仲尼,万古长如夜。"这段话曾引起大儒朱子的礼赞。[1]从后儒的观点来看,一个没有孔子的历史是价值全失的时间流程,其时的世界仿若处于漫漫长夜。孔子生前没有完成自己从政的规划,他的"东周"没有到来。身后,却被后人视为"至圣先师",他是位伟大的人间导师,他的思想成就了不少的跟进者,也成了一代又一代人的明灯。宋代无名氏所用的赞语自然不是史学叙述,而是经学叙述,它反映了孔子之后的历代儒者的观点。[2]

圣人都是具体的普遍,他既是历史人物,也是象征。就象征而言,孔子的"天纵之将圣"说自然足以成立,圣人总有非时间性的神秘性。但就历史人物而言,孔子的"天纵之将圣"说只能视为赞叹语,不可能是经验性的事实。孔子的思想自然也是沐浴在历史的长流中,吸收并转化前贤的思想,逐渐形成的。这股历史的长流汇聚了华夏大地上许多先史的智能,它的源头可想见是极为悠远的,不管从古籍里提到的"执玉帛者万国"或三皇五帝,或从今日的考古出土,我们都可发现先史时代的文化分散极广,我们有理由相信孔子对他之前的古史应该是相当关心的,《论语》记载他入太庙时,每事问,孔子以博学、知礼著名,他想问什么呢?旁观者说:"孰谓鄹人之子知礼乎?"其语言不无嘲讽之意。"子入太庙"一章显示的孔子与旁观者的问答应当不只有知识的内涵,"礼"是一个民族价值体系的总称,周人有周礼,殷人有殷礼。孔子入太庙问礼,"太庙"背后不能不涉及民族的兴衰起伏、文教的兴革演变,这样的"古学"对孔子说来应当是非常重要的。周公通过"制礼作乐"重整了以往的历史,并赋予

---

[1] "'天不生仲尼,万古长如夜',唐子西尝于一邮亭梁间见此语。"引见黎靖德编,王星贤点校:《朱子语类》(北京:中华书局,1994),卷93,页2350。
[2] 《论语》所见孔子学生对孔子的赞语,如子贡所说"仲尼,日月也,无得而逾焉",或孟子所说"自生民以来,未有夫子也",已开其先河,这些语言的内涵可谓一脉相承。

史事"经"的地位。孔子也因知礼，重损益，而重整了以往的历史，并再度彰显了经的意义。

众所共知，孔子在血缘上是殷商后裔，从其先祖微仲辅助微子启开始，孔家历代都有达人，孔子是殷商民族最杰出的代表。商亡于周，但孔子在文明类型的抉择上选择"从周"，以周公为向往之大儒。而且还支持"三代"一贯之理念，并且更上仰尧舜，树立起政治领域内的道德统治法则之旗帜，这是孔子在政治领域留下的重要资产。在他生前，即有众多来自不同地区的学生，其中有的远自秦、吴而来，向他问学。[1]孔子在形塑文化共同体、跨越族群藩篱方面，走在秦汉帝国之前，其效果则远非政治的手段所能达。

在编纂实际文本方面，孔子对"六经"的贡献度如何，其具体工作不能说是很清楚的。但论及经学的价值，我们如果抽离孔子的因素，那是极端不可思议的，孔子的诠释已是经学内部的核心成分。[2]如果说以周公为核心的周初圣哲在经学史上的意义，乃是他们克服了族群意识的障碍，找到了贯穿历史的普遍性法则，同时也发现了较稳定而理性的人格结构，那么孔子在跨越族群的隔阂与主体意识的深化方面，几乎重走了周公的路线，但历史的影响更为悠远。

本书讨论"孔子之前的儒家"，核心关怀都指向了这一点：儒学的义理初步汇聚于周公，再度汇聚于孔子，这两次突破的意义都是重大的，这两次突破发展出的价值体系形成尔后儒学发展的母体。从帝尧到孔子，其间的历史轨迹多湮没于时间的长流中，但其精神成就是

---

[1] 子游来自吴国，燕伋可能来自秦国。
[2] 就此而言，民国以来兴起"'六经'与孔子无关说"，即使以钱穆之古典情怀，亦有是言，这样的现象毋宁可视为经学诸病并发症中的一种。有关"六经"与孔子无涉说最近的研究参见肖朝晖：《孔子与六经无关说的近代生成及其意蕴》，收入《新经学（第五辑）》（上海：上海人民出版社，2020），页165—180。

极为巨大的。我们看到一种人格不稳定的巫觋意识逐渐稳定，并转化为具有道德导向地位的主体意识，而这样的演变过程是在族群交流的历史过程中，祛偏解蔽，长期互动，最后才形成具有特殊文化风土而又具有普遍性价值传统的文明。这个长期演变的过程到了兼具殷周思想并将之精粹集于一身的孔子，可以说完成了历史的转折。孔子继承周公，上仰尧舜，敬领天命，以仁为宗。不管在群体意识或主体意识的解释上面，孔子都既继承旧时代，而又跨越旧时代。继往开来，儒家的格局至此正式建立，历史翻到了新的一页。

第二章 经学的「经」与「学」

前言：经学的危机

三代以后的传统中国士人，他们的生活世界有些共同的形貌。他们相信遂古之初，儒家有道，名曰太极。历史之初，儒家有圣人，名曰尧、舜、禹、汤，这些圣人即是圣王。中古时期，儒家有圣人名曰文、武、周公，这几位圣人也是圣王。下古时期，儒家有圣人名曰孔子，这位圣人只是位素王，但功迈往圣。[1] 上述的圣人系谱可名曰道统，这些人物或立德或立功，被视为儒家传承中人格的典范。于今视之，他们在历史上不管曾不曾存在过，或如何地存在，对历代儒者而言，这些看似陈腔滥调的腐言都是无比地真实，道统中的人物就是圣人，他们在价值的位阶上，比现实世界人物的存在更真实，等第更高。

上述的内容见之于儒家经典的记载，主要是《诗》《书》《礼》

---

[1] 上述"遂古"一词出自屈原《天问》："遂古之初，谁传道之。""中古""下古"之词出自《易经》传统，《汉书·艺文志》云："易道深矣，人更三圣，世历三古。"颜师古注云："伏羲为上古，文王为中古，孔子为下古。"班固撰，颜师古注，杨家骆主编：《新校本汉书》(台北：鼎文书局，1986)，页1704。

《易》《春秋》这五部经典，如果加上一部有争议的《乐》，即有六部经典。五部经典名曰"五经"，六部经典名曰"六经"，"五经"与"六经"的指涉其实相同，因为《乐》并没有文本存世，本书或说"五经"，或说"六经"，因文衍义，不再说明。本书所言"六经"着重指一种提供经学意识的经典，它被视为承载了可供世人效法的圣人的义理，这样的义理长期地主导了华夏文明的展现。

就文献学的观点考察，"六经"的内容包含了传说中的五帝及三代的知识，以历史言，可说进入了古史的年代。古史幽渺，这是上古文明的常态。但"六经"却提供了一个明确的世界观，这个世界观中有圣人这样的典范人物，有笼统却又明确的"道"这样的义理，"六经"也提供了原型事件。这个由重要义理、典范人物、原型事件以及神圣经典组成的世界观模式，我们可名之为"原道－征圣－宗经"的世界观，也可简称为经学的世界观。经学的世界观被安置在遥远的上古史，但它与史学界提供的上古史的世界图像不一样。后一上古史所见上古是处于文明初期的社会状态，这个社会的内涵要由社会史的社会形态模式界定之。经学的远古图像常是充满了有道气象，它与任何时代的现实世界都呈现强烈的对照。经学与史学两者隶属不同的价值体系。

经学系统和古史系统原本可以分开，各有自家体系内论述的合法性，但就两者指涉的范围来看，确实颇有重叠，它们都是对某种"古代"的陈述。如就经学来看，"六经"的世界观意味着"六经"是华夏文明之源，它综合了传统所说的五帝及三代的智慧，下启诸子百家的学术，历史往后推移，它更影响了三代以后学术大宗的走向。如果我们说，以"六经"为核心的经学是华夏文明的骨干，它串联了华夏文明各分支知识的脉络——反过来说，如果"六经"绾结各知识领域的功能消失了，传统华夏各分支知识的连接系统也就散掉了——此说当不为过。基于经学在整体传统知识体系中的关键位置，我们有理由说经学是华夏文明的枢纽。

由于经学在传统中国扮演绾结各支系知识的角色，如果用一个形上学内涵较浓的语言表述，也就是它扮演"本体"的角色，因此，当经学失去本体的功用时，可以想见，它会带来整个文明崩盘的危机，目前的事实正是如此。这种经学失灵、文明失衡的现象也不是今天才出现，事实上，我们在现代中国人文知识奠基者那辈人，如严复、梁启超、章太炎等人的著作中，发现他们早就看到一些端倪。这些人大体都是旧学出身，却又受过现代知识的洗礼，具备那一代知识人少见的中西混合的知识形态，他们之所以常被视为早年激进、晚年保守，关键的因素在于他们看到一旦经学的世界观倒塌，它会带来极大的恶果，中华文明将付出难以想象的代价。可惜言者谆谆，听者藐藐，他们反而多蒙上退步、保守、反动之名。

经学的崩溃是20世纪中国学术界的大事，它的标志之一是1905年科举制度的废除，致命的一击是在现代学制与现代知识的建构过程中，经学几乎全面地从体制内撤出，它不再被视为可以整合所有学术，甚至连整合人文学术的功能都已消失。尤有甚者，经学不但没办法以"整合"等概念描述，甚至被视为阻碍文明进步、绊倒中国现代化转型的元凶。民国以来兴起的新文化运动带有强烈的反传统的性质，这是研究民国史或新文化运动的学者几乎共同接受的观点。"经学的消失"与"全面地反传统"这两个现象之间是否可彼此推导固然还可再论，但这两个现象之间有密切关系，应当不是太难以理解的事。

关于经学迅速地从现代中国文化撤出，失去统合的机能，此事的原因一定相当复杂。很明显，经学如果能响应19世纪中叶以来中国政治、社会、军事等总总失序的现象，它如果能整合中西文化会合时所产生的各种议题，就不会那么快失去最高知识的王座。但笔者认为整个现代知识的建构本身,即与经学的本质有内在的矛盾。经学在很深层的意义上即无法成为对象化的知识,也无法充分地史学化。笔者当然同意经不是形而上学的概念,它的意义无疑地是通过文本的内容呈现出来的,而经的内容所记人、时、事、地、物总是在特定的时空背景中出现,章学诚"六经皆史"之说有足以立论之处。[1]"史"的内涵不仅指向历史事件,它也可指向社会礼仪、典章制度、语言文字,这些内涵既然在特定的时间之流中的特定社会里出现,重作诠释是必然的。在当代,经学的议题常以史学、文献学、社会学的面貌显现出来,这些新题材无疑增加了经学的内涵。

在经学知识化或史学化的过程中,经学的中国哲学化也是重要的一环。"哲学"是20世纪才被引进中国的学术词语,它被引进后,即迅速在新打造的知识体系中占据重要的位置,中国传统的人文知识包含经学或者说尤其是经学,它与哲学的关系尤为密切。"哲学"落实于中国,遂有中国哲学一科,经学与中国哲学的关系紧密难分,经学常以中国哲学的面貌呈现出来,"经学的中国哲学化"可以诠释为当代经学的一种发展。"中国哲学史"这个概念的建构已逾百年,相当程度上已成了我们当代知识核心的一环,我们反思现代儒家思想的面貌,很难不考虑这门学科百年累积的成绩。经学进入20世纪后,它被动地以新的学术议题与新的表达方式出现于世,此形势使然,也不能不说是有某种程度的合理性。

经学知识化尤其是中国哲学化,某种程度上或许不可免,也未必没有增加新知识的内涵。但面对反客为主后强大的中国哲学史叙述,我们还是应当检查它的叙述到底照明了多少的幽暗,又遮蔽了

---

[1] 语见章学诚《文史通义·内篇一·经解上》:"古之所谓经,乃三代盛时,典章法度见于政教行事之实,而非圣人有意作为文字以传后世也。"收入章学诚著,仓修良编注:《文史通义新编新注》(杭州:浙江古籍出版社,2005),页77。

多少的明光。我们要进入道统论圣人的世界,显然不能抛弃经学的观点,经学的诠释首先当顾及经学的本质,没有经学因素在内的探讨或许有另外重要的意义,但不会是与儒家精神相符应的诠释。再推进一步,即使论者采用了经学叙述的外貌,但这种诠释如果偏离了经的本质太远,而变成了史学的论述、语言学的论述或社会学的论述,这种诠释即是反客为主,其诠释活动纵使有所获,所失绝不会少。当经学时期的文献被推出儒学的范围,或者只成了儒学的前奏,而不是儒学本身,其结果乃是尧、舜不再是圣王,禅让只是传说,构成儒学核心价值的作用在现代知识的建构中被解构掉了。中国哲学史的内涵牺牲孔子之前的阶段,一切从"道术为天下裂"以后开始算起。而"经"的意义过继到"中国哲学"的门户后,别父为宗,竟失去了自己的DNA。上述的现象已是目前学界的常态,但这样的代价是否一定要付出?

今日的经学如果只是传统经学的重复,守常而不化,我们可以预期这种经学显然无法完成现代转型的工作。经学在当代即需有当代的经学,当代的经学需要有新知识的引介以树立当代的标准,这是不可避免的事情。"传统"不能只摆在博物馆里,"传统"是"现代"的奠基者,也是活化者,"传统"只能通过自我的更新以更新社会。经学一个绝大的神秘之处,乃是它的常道总要经历与时更新的诠释,代代重来,人人重来,其义乃得显现。20世纪后,中国学界面临新旧学术的重组,学者重新进入经学的论域时,他势必要引进新的理论因素,才比较好解释历史转折中的变化因素。另一方面,儒家既然有自己的价值传承,经学构成了存在意义的知识,这么悠久的知识自有立论的依据,它也需要得到高度的尊重。我们站在业已混合的中西语境的基础上,面对不同定位的两种叙述,应当超越骛新与守旧这两种形式主义的隔阂,寻得另类的理解模式。

常道－原型

经学作用急遽地消逝是20世纪中国极鲜明的现象，这个现象的出现和中国打造新知识体系的旷代工程有极密切的关联。新知识体系工程的打造促成绾结四部知识的经学力量的松绑，而有助于人文知识从经学的笼罩中独立成长，固然是事实。但从另一方面说，当经学失去了绾结人文知识的作用，它的本质反而受到史学意识夺胎换骨地篡夺，这个副作用的效应不能不严肃地评估。经学论述和史学论述很不相同，这个现象是相当清楚的。前引章学诚之言"六经皆史"，任何经学论述都脱离不了"史"的内容，更恰当地说，经学论述乃是在史的叙述中显现经的内涵。经学的经史共构乃是经学叙述重要的特征，经不能脱离史，但经也不能化为史。如果经学叙述的重新诠释的结果乃是经学的核心被消解掉了，也就是经学作为规范性科学所具有的道德规范性消逝了，经学叙述也就不再是经学叙述。

经学的成立建立在"经"的基础上，从文字学的观点看，"经"字的含义也许有不同解读，[1]但就历代所重视的"经"的意义，其尤要者应该在于"常"字，"经"是传达常道的文本。《孔丛子》云："经者，取其事常也，可常则为经。"[2]《白虎通德论》云："经，常也，有五常之道，故曰五经。"[3]《韩诗外传》云："常之谓经。"[4]若此之言，

---

[1]《说文》云："经，织从丝也。"直行丝或为本义，杨树达引申其义，释"经"为"直"，即为一例。参见周法高编：《金文诂林补》（台北："中央研究院"历史语言研究所，1982），册14，页7251—7253。

[2] 孔鲋：《孔丛子·执节》，收入《四部丛刊初编大本原式》（台北：台湾商务印书馆，1979），卷5，页19。

[3] 班固：《白虎通德论·五经》，收入《四部丛刊初编大本原式》，卷8，页19。

[4] 此引孟子语，参见韩婴：《韩诗外传》，收入《四部丛刊初编大本原式》，卷2，页3。

在后代儒者的言论中，可谓比比皆是。经的地位如日月之经天，永恒之常道，此义大致是历代儒者秉持之信念，未曾动摇。论者或许会质疑经的出现是历史现象，历史的事物怎会恒常？而且，经的出现怎能保证其地位永久不变？就史实而论，儒家的核心经典从宋、元之后即由"五经"转到"四书"，经怎能永久不变？

上述的质疑都言之成理，就史学知识的观点而论，也不容易辩驳。然而，论及经学的常道，此处的"常"固然有时间义，表永恒不变的内涵，但经学的"常道"义更重要的是存有论的意义，"经"被视为是人文的活动的依据。这种存有论意义下的常道可称作"原型"，"原型"要被所有"个别性"的人、事、物所效法。任何经验世界中的事物，不管是个别的人或个别的物，还是个别的人间事，在某种宗教意义或形上学价值意义上都不是自足的，它有待于原型的参与以"无妄"。[1]"六经"中的《诗经》是尔后一切诗文活动的原型，《尚书》是尔后一切政治活动的原型，《春秋》是尔后一切历史论述的原型，若此种种，对20世纪之前的儒者来说，可谓常谈。在经学叙述中，"经"常和代表"原型"或"本体"的关键词等同，如"道""良知""本体"云云，它们常一起出现。王阳明有名的《稽山书院尊经阁记》可为代表，此记云："六经者非他，吾心之常道也。"破题后，王阳明接着继续铺陈道：

> 故《易》也者，志吾心之阴阳消息者也；《书》也者，志吾心之纪纲政事者也；《诗》也者，志吾心之歌咏性情者也；《礼》也者，志吾心之条理节文者也；《乐》也者，志吾心之欣喜

---

[1] "无妄"一词取自《易经·无妄卦》："天下雷行，物与无妄。""无妄"的精神也可以说是"诚"的精神，提供"无妄"意识的《易经》与提供"诚"的《中庸》都是旧经典，但入宋以后都成了新圣经。它们在理学兴起的运动中，携手共进，形成新的文化氛围。

和平者也;《春秋》也者,志吾心之诚伪邪正者也。[1]

王阳明此文所说即为"经典本体化"典型的例子。"经"为文化的词语,"良知"为心性的词语,两者之所以能够同化,即源于经为本体之说。"本体"是理学的基本思维模式,此概念就语汇而言,或可追溯至先秦时期。但有明确的形上学内涵的叙述方式者当始于魏晋齐梁时期佛道两教的推广。[2] 心学的经学理论在清儒的眼中,自然是一大异端,也是儒家受到佛老思想污染的铁证。但我们有理由认定"经典本体化"和理学叙述不一定要重叠,如果我们就人有很深层的"原型"要求(见下文)来看,"经学本体化"乃是"经为常道"此经学议题在宋明时期自然发展出来的论述。

"经学良知化"是王学经学的现象,"经学本体化"是理学经学的产物,"经学常道说"则是中国经学的核心叙述。但我们如果不把"常道"与有特定文化内容的"良知""本体"联结在一起,我们有理由相信经被视为常道,此义并非儒家独有,它是个普遍的现象。除了缺乏经典支持的宗教,如日本的神道教或西伯利亚的萨满教,有经典作为教义的各宗教传统恐怕都有类似"经典为原型"的主张。

20世纪重要宗教史家伊利亚德(M. Eliade)论及现代西方以外的文明时,有一重要论断,他认为这些文明都重视超越时间之外的原型的作用,原型来自神圣的源头。各文明都有关键的原型的设计,国都、历法、王座、祠堂、寺庙等等,处处可见。原型的设计意味着对历史变化的恐惧,在所谓的原始民族处,一种重要的原型即是他们的

---

[1] 王阳明:《稽山书院尊经阁记》,收入吴光等编:《王阳明全集》(杭州:浙江古籍出版社,2010),《文录》,册1,卷7,页271。
[2] 参见岛田虔次:《體用の歴史に寄せて》,收入《仏教史学論集:塚本博士頌寿記念》(京都:塚本博士頌寿記念会,1961),页416—430。

神话。[1]原型常取法天界，日月星辰的位置与运行很容易形成人类所知的最初的秩序，天文学往往也是最早被初民建构出来的知识体系。我们可借伊利亚德之语再进一言，在所有伟大文明或宗教处，原型的功能即由各教的经典所承担。在中华文明的范围内，承担文明各分支知识的原型者，当是"六经"，就此而言，经学可谓是原型的学问，也就是常道的学问。

伊利亚德关于历史－原型对照的架构或许需要做些修正，至少对黑格尔的历史哲学来说，历史事件即被视为理念的载体，它是具体的普遍，而不是没有原型意义的诡异突变的例外事件。儒家的"经"也会发展出"经权""反经合道"之类的辩证形态，儒家的"常"与"变"有相当复杂的展现。但经作为常道——此义当是经学的核心理念——"变"当收入"经""常"的概念中，视为后者的一种变型。这样的"常道"的主要内涵不在时间，而是作为依据的本体义。此处的"经作为本体"自然不是形而上的用法，形而上的用法或心性论的用法是引申出来的。它的始源意义乃意指它对该文明的人而言，具有"本体"在哲学体系中的地位，"本体"乃非时间性的。

作为常道的经被视为亘古如是，但它的出现也是有时间点的。同样议题的叙述只有通过了这个特定的时间点以后，它才会由一般的经验性质的叙述变为经的叙述。作为常道的经要在变迁不已的时间点出现，此义看似怪异，但我们需要转换观察的视角。就儒学内部的观点考察，只有经由特定历史阶段某位或某些圣人"作者"的创作，经典才会出现，我们且称此设想的时刻为"经的时刻"。经的出现代表新的时刻来临，那是个非时间性的历史时刻。经的时刻一

---

[1] 此义在伊利亚德的所有宗教著作中反复言之，参见两本较早的中文译本，耶律亚德著，拙译：《宇宙与历史：永恒回归的神话》（台北：联经出版，2000），以及伊利亚德著，杨素娥译，胡国桢校阅：《圣与俗：宗教的本质》（台北：桂冠图书，2001）。

旦到临，经就从个人性甚或集体性的著作变为原型的著作，其类别即由史变为经，在历史之流中出现的作品即有不变的意义。即使尔后有新的经典出现，比如儒家经典的重点从"五经"转到"四书"，但"五经"作为经典的本质事实上并没有减杀，"四书"与"五经"地位的消长仍是在儒家经学范式下做的调整，"经"之为"常"是必然的。汉儒以"常"释"经"，这种解释不是从文字学，而是从经学观点下的经的本质着眼。

回到"经"的根本，"经的时刻"出现的重要意义，乃是原来作为早期文明叙述的文本至此一变，取得作为本体的绝对意义。相对之下，我们反思民国学界在建构中国哲学的过程中的很重要的一个前提，却是将经的地位相对化，事实上，也就是破除经具有的"本体"的性质。在史的意识下，经的成立或儒学的成立乃是针对特定的经验现象做的哲学反思，不同的学派或不同的"诸子"也有反思，对这些经验的不同反思即构成了不同的思考方向与答案，因而就有了诸子百家。经或儒学的意义和其他的诸子百家的立足点是平等的，他们提供的答案也要放在同一的评价表上衡量。思考民国的中国哲学史的知识性质，想及它与传统经学知识在民初学界碰撞的现场，笔者认为两者的冲突似乎是必然的。本来经学和中国哲学史的关怀不同，如果各安其位，笔者不认为是孰是孰非的问题，到底两种学问的性质不一样。但这两个原本不相交的知识体系在民国的脉络中，却挤在同一块空间，有高度的重叠。中国哲学史侵入了经学的辖区，经学无法响应，也认不清侵入者的性质，两者遂有冲突，而且严重冲突，其结果是经学的内涵不断地被掏空。

中国哲学史此学科需要处理中国哲学的核心议题，"中国哲学"一词自然要受到"哲学"这个概念在西洋源头与在现代中国的使用史的制约。但"中国哲学史"的议题不只是普遍性的哲学玄思的问题,也是它在中国历史的脉络里呈现的问题,它在历史的脉络或历史的框架里的呈现,差异可以很大。胡适论诸子百家的起源,很注重他们的思想和时代思潮的关系,他反对《汉书·艺文志》的诸子出于王官说,但他注重哲学的社会性,哲学思想和现实政治社会问题的解决有非常密切的关系,政治社会变了,哲学问题也会跟着变,他的《中国古代哲学史》含有某种"哲学社会学"的成分。冯友兰的《中国哲学史》与胡适的著作自然关怀不同,他的著作的哲学性更强。但冯友兰定位中国哲学史,事实上是将中国哲学史和中国通史平行而观,他的说法是他撰写《中国哲学史》时,虽然没有明白引用马克思主义的观点,但事实上是受到了一些唯物史观的影响,所以他的《中国哲学史》有成分不等的社会史、经济史的背景。[1]

胡适和冯友兰两部《中国哲学史》奠定了中国哲学史的书写方式,后来的中国哲学史专书虽然陆续有学者撰述之,有些著作的论述焦点也有大不同于这两本书者,如劳思光的《中国哲学史》即有后出转精之处,但胡、冯这两书在奠定中国哲学史的基本架构方面,还是起了根本的奠基作用。这两书的内容颇有差异,只是它们的差异是在这两书的对照中产生的,我们如果将胡、冯两人的著作与传统中国类似议题的著作相比,譬如与朱子的《伊洛渊源录》、周汝登的《圣学宗传》、孙奇逢的《理学宗传》或黄宗羲的《明儒学案》等相比,胡、冯两人著作的共相即相当清楚;他们的论述与朱子、周汝登、孙奇逢、黄宗羲等人的论述之根本差异,也同样地清楚。陶望龄序《圣学宗传》曰:"顺性契真,方号守经之士。自非适道,奚免叛常。"[2]孙奇逢自序《理学宗传》,破题即言:"学以圣人为归,无论在上在下,

---

[1] 参见冯友兰:《三松堂自序》,收入冯友兰:《三松堂全集》,卷1,页203。
[2] 周汝登:《圣学宗传》(济南:山东友谊书社,1989),页15—16。

一衷于理而已矣！"[1]黄宗羲自序《明儒学案》亦言："先儒之语录，人人不同，只是印我之心体变动不居。若执成定局，终是受用不得。此无他，修德而后可讲学。"[2]这些都是理学语言，但也是经学语言。这些理学要点处理的议题放在今日的学术分类下看，都可划归为中国哲学史的题目，但两者的定位迥然不同。

上述带着求道风味的语言绝不见于20世纪的中国哲学史，求道的语言在20世纪中国的学术界即使没有消逝，至少也被挤入社会的角落，成了黑暗中的呻吟之声，因为新知识进来了。当新兴的"哲学"这两个汉字组合被引进中国学界后，它很快即介入中国核心概念的解释，而且一介入就取得关键性的发言位置，当家做主。上述两部《中国哲学史》的作用在于将儒家的义理带到"中国哲学"的框架下重新定位——也可以说将它肢解了。儒家被视为是平面的中国文明史当中的"哲学"部门的一部分，它与其他的诸子百家彼此相对化，不再定于一尊。

胡、冯的《中国哲学史》两书出来，另一个重要的影响乃是儒家的义理不仅在与诸子百家的比较中相对化，儒家各家各派的义理也在历史的流变中相对化。通过历史的定位，他们瓦解东周前儒者（如周公）的思想与孔孟思想的经学的同一性，周公旦是周公旦，孔孟是孔孟。历史化且相对化哲人地位的手法自然不是胡、冯两人首创，清儒反宋明理学时，即常用此策略，颜元所谓"破一分程朱，始入一分孔孟，乃定以为孔孟、程朱判然两途者是也"[3]，也就是孔孟的还诸孔孟，程朱的还诸程朱之意。戴震说"孔孟自孔孟，老释自老释"，[4]说

---

[1] 孙奇逢：《理学宗传》（济南：山东友谊书社，1989），"叙（自序）"，页9。
[2] 黄宗羲：《明儒学案》（台北：河洛图书，1974），"自序"，页1。
[3] 颜元之语，引自戴望编：《颜氏记记》（台北：世界书局，1962），卷3，页72。
[4] 戴震：《答彭进士允初书》，收入《戴震集》（上海：上海古籍出版社，1980），《文集》，卷8，页166。

的也是这个意思，老释的还给老释，孔孟的还给孔孟，他只是将"程朱"换成"老释"而已。前清的历史主义的定位策略入民国后，因为社会达尔文主义、唯物史观等诸种强调时间意识的现代意识形态的加持，还有晚清今文经学派，尤其是康有为的帮倒忙，他的《新学伪经考》《孔子改制考》造成反向加持的结果，经学崩坏的速度愈形加快，古史辨思潮就是个显著的地标。[1]顾颉刚固然受胡适方法论的影响，但也得益于康有为的蛮悍的论证方式。

从胡、冯两人的观点来看，儒学各派不管往前继承了多少前儒的义理，或他们的观点响应了多少那个时代重要的三教的议题，他们的思想的意义都是在历史的流变中获得定位的。儒学或经学哲学史化的结果，就是儒学或经学成了历史性的知识，它与其他诸子百家在历史的时空轴上各据不同的位置，经学不再占有本体的地位。胡、冯两人撰写《中国哲学史》时，都提到他们的观点和之前谈中国哲学——事实上也就是谈儒家哲学——的人大不相同者，在于前人论儒家哲学几乎没有历史的意识，他们往往从伏羲、尧、舜谈起，一路迤逦，迟迟吾行，好不容易才会谈到周、孔，至于尧、舜、周、孔之间的思想演变之意义，怎么谈也谈不清楚。

胡、冯的《中国哲学史》著作在当时引发了很大的震撼，这两本著作如果出现在21世纪的中国，应该还会有学术的意义，但或许不会有太大的思想史的作用。正是出现在新旧思潮夹击下的民国早期，读者阅读时才会兴起强烈的冲突，甚至是内在意识的撕裂，如果缺少集体情动的因素，《中国哲学史》的出现就不会是个具有历史纵深的社会现象。从今日的情势反思他们带来的震撼，我们不妨反思震撼的

---

[1] 参见王汎森：《古史辨运动的兴起：一个思想史的分析》（台北：允晨文化，1987），页63—208。

发生点。笔者认为晚清之前的士子所了解的儒家义理可以说是经学意识的知识,"经"提供了价值判断的基准。晚清以后,新学制改订,新兴学子接受了另一套的新知识,这群新学制学子构成了胡、冯两人著作当时的读者群,[1]他们是在经学文化与新知识体制文化两者混合下成长的,这种混沌矛盾的情感状态提供了胡、冯《中国哲学史》的影响力的基础。

从读者反应理论的观点着眼,我们追问经学意识碰到"客观知识""历史演变"这样的现代知识类型的框架时,为什么会受到那么大的震撼,就可以有条较易理解的线索。因为经学预设的"常道""原型"代表不同类型的知识的理念,这个非常本土的理念对受教于20世纪新知识的民国年轻人来说,却仿佛是极陌生的外来品种。学术土壤变了,适合新生态的学术品种也就不一样了。

敬信的态度与信疑的辩证

经的模态是常,它的内涵是常道,它与其他万事万物即有存有论的区隔,它居原型的地位。因此,它就不能不带有抗拒时间意识的成分,也就不能不居有智能的权威的位置。历代儒者面对经书,自然会生起"原始的敬信",这种敬信也可以说带有根源性的信仰。颜之推说:"吾每读圣人之书,未尝不肃敬对之;其故纸有五经词义,及

---

[1] 晚清新学制下受教育的青少年学子和传统的经学教育已断了线,等他们成长后,恰逢五四新思潮,他们自然地成了那一代新思潮的接受者与参与者。邓秉元近著有此观察,足以成说。参见邓秉元:《新文化运动百年祭》(上海:上海人民出版社,2019),页1—94。两部《中国哲学史》的影响力之来源也可从此观点进入。

圣贤姓名，不敢秽用也。"[1]颜之推的态度可以代表传统士子对经的态度，不只他一人或六朝一代人为然，而是经学文化熏陶下的士子读经的共相；也不只士人对经书有原始的信任，随着儒学下渗民间社会的过程，经书提供了民间社会重要的价值意识的来源，对经书的礼敬在传统社会有相当广泛的基础。[2]

但经学意识的诠释虽带有信仰因素，却非源于盲信，而是源于经学知识指向的一种与人的存在相关的知识。经学的知识不是主体所对的对象，它先于主体，是主体依之而起的世界。它表现于世的性格，首先是主体必须向它请教的智者，它俨若一位智慧更高的明师，事实上，以师道对待经典，这是历代儒者读经时自然会具备的心态。欧阳修即说："学者当师经，师经必先求其意，意得则心定，心定则道纯。"[3]身为欧阳修后辈的程颐论学者读《论语》的态度时，也说学者须将《论语》中"诸弟子问处便作己问，将圣人答处便作今日耳闻，自然有得。孔、孟复生，不过以此教人耳。若能于《论》、《孟》中深求玩味，将来涵养成甚生气质"。又说："凡看《语》、《孟》，且须熟玩味，将圣人之言语切己，不可只作一场话说。人只看得此二书切己，终身尽多也。"[4]经即是师，读经即是问师。欧阳修、程颐之言固可说是卑之无甚高论，但这却是传统儒者进入经书世界被要求的心态。朱子一生精力可说是尽瘁于《四书章句集注》，他指导后生读书时，即特别

---

[1] 参见颜之推撰，王利器集解：《颜氏家训集解》（台北：明文书局，1982），《治家》，页66。"圣贤"一本作"贤达"。
[2] 如乡土台湾"敬字亭"这类的机制即可视为经学文化下渗民间的一种象征。参见潘朝阳：《明清台湾儒学论》（台北：学生书局，2001），页7—11。
[3] 欧阳修：《答祖择之书》，见《欧阳文忠公集·外集》，收入《四部丛刊初编大本原式》，卷18，页9。
[4] 程颐、程颢：《伊川杂录》，见《河南程氏遗书》，收入程颐、程颢著，王孝鱼点校：《二程集》（北京：中华书局，1981），册上，卷22上，页285。

援引程颐这几段话，以示经书之于主体，不是被研究者，而是被请教者，经书的地位被置于超越读者之上的更高的知识位阶，它是种圣显，是道的文本化，读者进入经书的世界要有先行的生命之敞开与谦卑。

"原始的敬信"意味经书的阅读不可能不建立在前见（prejudice）的基础上，不可能不预设业已存在的文化传统的权威。但学者既然敞开生命，以期提升，在提升转化的过程中，学者与经典之间必然有差距。这种差距既有生命层次的差距，也有历史处境、语言隔阂造成的差距，也有可能是经典文本内部结构的差异导致的差距，比如经典中夹有伪经的成分，因此，信赖经典也无可避免地会引发对其有效性的怀疑。而这种对其有效性的怀疑有可能影响了经书内容的解释，甚至部分经文合法性的基础。读者生命与经典内容之间的差距有各种类型，不同类型的差距需要不同的响应方式，但前提是读者阅读经典时先当虚心。学生问朱子读经之法，他回答道："亦无法，只是虚心平读去。"[1]朱子论读书，尤其读经，非常强调虚心的重要。虚心是读者对自我的态度，要去除我执；敬信是读者对经典的态度，要扩大生命。一种合宜的读经活动总是要主体先有敬信与虚心的态度，两种态度合作，生命才可与时俱长。

只有在敬信与虚心支持下，经书与主体间的差距的问题才可解决；经书本身可能有的错简或伪经的问题，也只有在严肃的经典意识中才可衬显出来。事实上，正是经学意识极强的两宋时期，经学的内涵与真伪问题产生了关键性的转变，宋儒对于《诗》《书》《易》《礼》诸经的内容真伪与价值高低，多有论断，其说大有超越汉、唐儒者之处。[2]经学意识下的士子对于经典不能没有原始的信任，但经典之于

---

[1] 黎靖德编，王星贤点校：《朱子语类》，册1，卷11，页187。
[2] 参见屈万里：《宋人疑经的风气》，收入屈万里：《书佣论学集》（台北：联经出版，1984），页237—244。又见叶国良：《宋人疑经改经考》（台北：台湾大学出版委员会，1980）。

读者不是片面的权威与服从的关系，而是一种互动的相偶关系。当学者进入经书世界时，固然需要全身投入，但投入之后，学者自然会生起疑情，因为经书所展现的世界不可能和阅读者当时的生命世界完全相契，读者有疑是必然的。只是有疑的前提仍是与经书的互动，疑在信中寻得解决。信不改疑，疑非无信，信疑交加，深入义海，两者在互动中引发读者人格的转化与经书性格的深化。

本书对于经的定位与理学家的定位较为接近，理学家对经的尊崇是有名的，理学的兴起与经学的重新建构是同一桩学术工程的不同构件。理学家基本上都是尊经的，但同样显著的文化现象乃是理学家论学贵"疑"，张载说："有疑，是问是学处也，无则只是未尝思虑。"[1]又说："于不疑处有疑，方是进。"[2]张载固是一代豪杰，勇于承担，咀嚼百家，跨迈千古。学问只要落实实践，即不可能不碰到经典旨义与现实处境如何相应的问题，疑团不能不起，[3]正因信之切，所以才会疑之深。从张载以下，"贵疑"成了理学论学重要的传统。朱子与吕祖谦合编的《近思录》一书中，即有多段文字彰显了"疑"的重要意义。[4]朱子本人对"疑"的价值也很重视，"会疑"被视为读书的要件，《朱子语类》论"读书法"的部分，收有朱子重视"疑"的文字多则。[5]"经"总是在常与变之间，在信与疑之间作辩证的发展。

---

[1] 张载：《经学理窟·气质》，收入章锡琛点校：《张载集》（北京：中华书局，1978），页268。
[2] 张载：《经学理窟·义理》，收入章锡琛点校：《张载集》，页275。
[3] 这也是张载所以说："不知疑者，只是不便实作，既实作则须有疑。"张载：《经学理窟·气质》，收入章锡琛点校：《张载集》，页268。
[4] 如卷3《致知》第十五条"学者先要会疑"，程子语；第二十一条"义理有疑，则濯去旧见，以来新意"，张载语。
[5] 如"某向时与朋友说读书""看文字且自用工夫""读书无疑者"问：看理多有疑处""人之病，只知他人之说可疑"诸条，详细文字参见黎靖德编，王星贤点校：《朱子语类》，《读书法下》，册1，卷11，页186—187。

理学家所说的读经态度，很容易被我们视为一种无关知识的习俗或信仰，然而，我们当考虑经学知识的前提：一个不代表道的经就不会是经，一种没办法和人格产生互动的学问就不是经学。对于知识要有从内心升起的诚敬，相信这个世界隐藏了知识的真理，所以知识探究者要虚心，对知识对象要敬信，认为这个活动值得奉献。这些经学式的语言不只指向信仰，它也是经学知识的基础。我们仅需将经学的活动改成自然科学的探究，一个字都不用改，即可适用于自然科学的领域。波兰尼（Michael Polanyi）的知识论力言此义，他相信上述的态度适用于从自然科学活动至一切知识的探究。[1]知识的活动要有敬信、真、谦虚心态的前提，它们构成默会之知（tacit knowing）的成分，[2]有这样的前提，无碍于求新、质疑、开创的活动。而且真相恰好与流俗的意见相反，正因有这组求真的心态，任何知识活动必须有的怀疑、创新的机制才能够有效地形成，才不致沦为波兰尼一再警告的知识的虚无主义。

　　经学要求学者进入经的世界时，要存敬信与谦虚的态度，需不言

---

[1] 波兰尼论科学活动需相信科学的真理意义、相信权威的存在以及要有奉献的精神，此义普见于他的著作。比较密集的叙述参见 Polanyi 著，彭淮栋译：《科学、信仰与社会》，收入 Polanyi 著，彭淮栋译：《博蓝尼讲演集：人之研究·科学、信仰与社会·默会致知》（台北：联经出版，1985），页 79—145。

[2] "默会之知"是波兰尼知识论的重要概念，此概念和他另一个重要的知识论概念"支持意识"可以相互指涉。波兰尼论知识的形成，有焦点意识与支持意识互助之说，焦点意识形成知觉的中心，但知识之成，需要许多见不到的支持意识作背景，加以支撑，才可达到。技艺行为的支持意识可以说是知觉的焦点以外的所有身体的技艺，人文科学的支持意识可以说是知识主体以外的生活世界的文化体系的知识。这些支持意识并没有进入自觉的求知活动中，却是求知活动得以成功的支持因素，它因而是非主题化的、非明确意识所及的。彭淮栋译为"默会之知"，取"默而识之"之意，笔者认为也可译成"隐默之知"，取其知不能为当事者意识所及之意。"默会之知"可以由身体技艺扩大到人文知识甚至民主社会的政治领域，参见他晚年合著的著作《意义》。波兰尼著，彭淮栋译：《意义》（台北：联经出版，1984）。

自喻地求教于经典，视经典为师，相信它展现了常道的内涵。若此种种，原为历代读经的前提。因为是前提，没成为议题，因而论者对之容易滑过不论，这种要求很容易被看作信仰的层次。但从经学知识论的角度入手，这种敬信意味着人的存在与传统之间有先于主体意识的联结，所有的疑问要先立基于原先的肯定，因为读者立足的传统本来即存在于主体意识的结构中，所以上述的读经心态的问题也是经学这门科学得以成立的知识论的议题。经学意识此种敬信先行的态度，恰好和民国一种常见的怀疑先行的"科学"态度呈现强烈的反差。

对于经的怀疑态度可以是知识论的提案，在民国的文化氛围中，对经的怀疑已不是知识论的提案的层次，而是一种根本的情绪式的心态。鲁迅的《狂人日记》所写"我翻开历史一查，这历史没有年代，歪歪斜斜的每叶上都写着'仁义道德'几个字。我横竖睡不着，仔细看了半夜，才从字缝里看出字来，满本都写着两个字是'吃人'！"这种字字皆是"吃人"的礼教的内涵，正因言之生动，所以更不可以辩论，因为它已形成不可动摇的心理郁结。鲁迅对礼教，其实也是对经学的厌恶，乃是他对整体旧中国厌恶的一环，观他不愿意开国学研究最低书目的心态，[1]可见一斑。鲁迅的《狂人日记》是具有重要指针意义的作品，代表一个时期的时代心态。

"经的厌恶感"应当是经学罹患重症的一项明显征兆，这场重病的第一步，也是关键的一步，乃是经学研究的去价值化，也就是经学内容的史料化，史料化就是经学内容的中性化，所谓"六经皆史"

---

[1] 鲁迅："先前也曾有几位先生给青年开过一大篇书目。但从我看来，这是没有什么用处的，因为我觉得那都是开书目的先生自己想要看或者未必想要看的书目。"鲁迅：《读书杂谈》，见《而已集》，收入《鲁迅全集》（北京：人民文学出版社，2005），卷3，页460。

说即可视为是此现象内的一种主张。"六经皆史"说在乾嘉时期章学诚处或许还有正面的功能，因为此说可将已沦于史料学的经学内容指向其产生的社会背景，因而获得某种有知识意义的史实。但"六经皆史"说落在全面反传统之风大作的民国时期，经学作为四部之首的知识体系，它很快即要承担当时传统所面临的恶质的公共形象，所以研究经学的重要人物钱玄同才会称经学为"粪学"[1]。"粪学"和"吃人的礼教"是时代风气下的孪生兄弟，同样是经学病情严重的病象。

钱玄同熟悉经学材料，既熟悉今文经学也熟悉古文经学。他研究今文经学是要用今文经学合理的论点打击古文经学，研究古文经学则是想要用古文经学合理的论点打击今文经学。最后是想让两派火并，互相抵消，"时日曷丧，予及汝皆亡"，让将来的人再也不想投入今、古文宗派，落得天清地宁。钱玄同研究经学不是要发展经学，而是要促使经学早日死亡，使后世再也没有经学，[2] 他研究经学却以反经学的立场显于世，这是个令人伤感的例子。

古史辨运动或者说顾颉刚又是一个例子。"古史辨"是关于古史的一场争辩，民国学术史上的一些学术争辩往往可冠上"运动"两字，但"古史辨"应当是其中最具文化运动性格的争辩之一，它曾掀起民国学界的轩然大波，相当大程度地改变了学术研究的生态。《古史辨》厚厚七巨册，牵涉的人物之多，牵涉的议题之广、渊源之长，都可视为民国学术的壮观。但就经学的角度衡量，这些研究多不免是"六经皆史"下的产物，余英时所谓"他们把古代一切圣经贤传都

---

[1] 参见钱玄同：《保护眼珠与换回人眼》，载《新青年》，第5卷第6号（1918年12月），页81—84。
[2] 顾颉刚颇受钱玄同的影响，上述的说法见之于顾颉刚的总结，参见顾颉刚：《顾颉刚自传》（北京：北京大学出版社，2012），页156。

当作历史的'文献'（document）来处理"[1]。文献处理也有各种层次，我们观顾颉刚论古史的内容，他提出有名的"层累造成说"，指文献中的古史是一层一层堆上去的，后出者转精转详。至此为止，"层累造成说"仍可说是一种史学论述。但问题是顾颉刚始终相信这些现象是人为的，后世造伪者所致，包含经学记载在内的古史几乎可以视为赝品大观。顾颉刚善写长篇大论，结论先行，文字一发，行文即不可收拾。但《古史辨》中，他对古史（经学占据了很多的内容）的质疑是否能成说，似乎不太自行质疑过，他未曾质疑古史记载的出入或许未必有伪造的意图在内。

顾颉刚所以对那么明显的知识漏洞未去填补或修正，正因他相信他的怀疑不必质疑，怀疑、批判是他研究经学的前提。他曾有意著四部书，一是《帝系考》，二是《王制考》，三是《道统考》，四是《经学考》，这四部书是有体系的，其目标都是针对孔子－六经这条主轴而发。他研究经学，用他的话讲，乃是"要结三千年来经学的账，结清了就此关店"。[2] 他的经学研究充斥着对"道统说"的愤怒，对历代经学的不屑。尤其理学家的经学叙述，在他的学术视野中不但毫无地位，而且会引发他很深的厌恶感。他研究经学，目的在将经学内容视作文献材料；在过程中，则视历史上的经学是伪造、错误意识之集成。顾颉刚的经学研究实即为古史研究，古史研究的目的带有拆除所谓"封建文化"的意思，其中没有体道、修养、敬信这些内容。包含他在内的民国新文化运动脉络下的经学家的经学叙述基本上都没有工夫论的议题，他们不但和程朱陆王不同道，而且和上一代的康有为、廖平等人也活在不同精神的时代。

---

[1] 余英时：《顾颉刚、洪业与中国现代史学》，收入余英时：《史学与传统》（台北：时报出版，1992），页272。
[2] 参见顾颉刚：《顾颉刚自传》，页158。

在当代的科学论述中，强调怀疑的重要以及去信仰的态度，一直有很强的声音，作为近世哲学开创者的笛卡尔、培根，他们思想特色的公共形象即善疑，从怀疑的起点走向明确的知识的道路上去。笛卡尔的"我思故我在"可以作为一个新时代兴起的标语。笛卡尔、培根的思想有很根源性的主客对立的前提，"我思"与"我思者的世界"有始源的分裂，知识起于"我思"审视"我思者的世界"，"我"作为无世界性的主体以及世界作为主体所设置的表象，两者同时成立，精确的知识也由此建立。[1]科学哲学家波兰尼对此种知识的定位很有意见，他的著作很重要的一部分就是针对无根的怀疑论而发。在当代中国，强调怀疑的意义者则数新文化运动大将胡适。胡适定位现代中国的新文化运动为文艺复兴，[2]他的文艺复兴后面有一种固定的负面形象的中世纪宗教文化作为对照。文艺复兴代表人的发现，理性的光芒，它对以往的价值都要重估。重估之前，先要怀疑，怀疑意味对现实叙述的否定。胡适也是尼采"价值重估"理念的继承人，价值重估的态度伴随怀疑的心态而来，而且他似乎对越是具有宗教内涵的议题，怀疑的心态越浓。

胡适非常强调怀疑的重要性，胡适的哲学心灵中没有朱子、王阳明那种超越向度，没有佛、道的宗教意识，也没有王夫之、黑格尔那种辩证而复杂的历史意识，他的主体也是无世界性的、脱了根的主体，其情况一如笛卡尔。他以清明的理性作为一切思想的判断标准，提倡科学方法，口号是"大胆的假设，小心的求证"，它的一个指标

---

[1] 参见海德格尔：《世界图像的时代》，收入孙周兴选编：《海德格尔选集》（上海：上海三联书店，1996），册下，页885—923。
[2] "文艺复兴"是胡适的常用语，他曾用在理学、清代考证学、五四新文化运动。1928年，他发表《中国文艺复兴运动》一文，此文可视为一篇较完整的综述。胡适：《胡适演讲集（一）》（台北：远流出版，1994），页177—196。

是"疑"。胡适论及读书的诀窍时,特别提及张载、程颐论为学须疑之语,表示这是他们很重视的治学功夫。[1]"疑"是胡适论学常见的一种心态,疑的精神确实也帮助他打开了许多扇知识的窗口。但"疑"在理学家与在胡适,意义及功能大相径庭。胡适"疑"的对象没有限制,流行的名流与经典的圣贤一起看待,共同点就是不要太相信。他的名言说:"禅宗和尚曾说:'菩提达摩东来,只要寻一个不受人惑的人。'我这里千言万语,也只是教人一个不受人惑的方法。"[2]胡适这种说法还会以各种不同的面目出现。放在经学领域考虑,这种"我思"凌越于所思、理智主体独大的心态容易带来"我在的世界"的遗忘,作为思考问题的前提恐怕本身就是一个问题,胡适的思想框架容不下经学的知识。

相对之下,经学思考不会有主体独大的问题,经学叙述的主体是连着广阔的文化大地而思考的,它的焦点意识有层层的支援意识作支柱。经学的敬信内涵固然很明显,但经学其实也包含了怀疑的价值在内。而且不管就史实或就理论内涵来看,经学对信、疑两者的关系颇有深刻的观察。经学不是不重视怀疑的价值,但它认为如果不是建立在敬信基础上的怀疑,只会带来价值的虚无,因为它是无根的。胡适的说法并不全错,但他只说了一个合理的求知活动的后半截,"疑"所需的"信"的前提全被忽略了,就像一个常见的隐喻所说的,烛台可以照见四周,却照不到烛台下的基座。求知活动中不易被注意得到的敬信、谦虚、承诺即是求知活动的基座中的因素,而经学即是基座本身,它撑起了求知的活动。

---

[1] 胡适:《读书》收入《胡适文存》(台北:远东图书,1961),第三集,页137。
[2] 胡适:《介绍我自己的思想》收入《胡适文选》(台北:远流出版,1989),页18。

环中诠释学与双向诠释学

民国新知识体制的建立可能是三代以后学术最大的变革,它是整个近代中西思潮会面的直接产物。李鸿章有一久传熟烂的名言:"数千年来未有之变局。"[1]我们对现代学术的评估也当放在"数千年来未有之变局"的角度下衡量,因为政治局势的变局与知识体制的变局是同一桩事件的两个项目。如果李鸿章的判断可以成立,民国新知识体制建立的革命意义即难以否认。

在现代学术体系及学术体制的建设过程中,经学受到的冲击比任何一门传统的学问(如史部、子部、集部的学问)都要来得大,它似乎在西方移植过来的学术光谱中找不到恰当的定位。无法归类即难以说明,最后必然会走向边缘化,甚至难以生存。海外有些图书馆的分类目录里没有"经学"一栏,"六经"的每一经从"经学"的园地中被打散开来,再分配到各学术板块里,如《诗经》被归到文学类,《书经》被归到政治学类,《易经》被归到哲学类,《春秋》三传被归到史学类,三《礼》被归到社会学类,等等。经学在目前的学界几乎无处容身,只能寄人篱下,它仿佛成了余英时所说的"游魂"状态。

现代学术体制进入中国,整编并归类中国固有的学术传统,其规模极大。但这个工程有个不言而喻的前提,即中国的传统学术要提供"知识"的内容,知识要有"理解"的过程,理解要安排知识史料的先后次序,然后再加以"解释",以便它在历史的架构中有明确的位置。而在求知的过程中,对史料要怀疑,要有辨析的过程。笔者对上

---

[1] 李鸿章:《筹议海防折》,收入顾廷龙、戴逸主编:《李鸿章全集 6·奏议六》(合肥:安徽教育出版社,2008),页159。

述一些常用语加上引号,表示它们的意义不是那么自明的,需要仔细辨析,它们是带有现代风格的知识论术语。上述这种被视为理所当然的知识类型的性格和经学的自我定位颇有差距,这种现代知识若介入经学研究,应当会带来极大的破坏作用,事实确也如此。

在新的学术机制下,经学中的古史内容被视为史料,史料的内容是均质的,也是均价的,其价值和其他的文献的记载要等同看待,学者要进行此求知活动前,被要求须先有怀疑的眼光,要持价值重估的态度。相对之下,儒家的经学则很强调经典既是原型也会变化、读者读经既须虔信也要会疑的特色。我们当然不能说这样的特色只见于儒家经典,其他各教的经典不与焉。如果经典要与世界产生有意义的联结,笔者相信其他宗教的神学(也可说是这些宗教的经学),比如分别筑基于《旧约》《新约》《古兰经》之上的犹太教、基督教、伊斯兰教,它们的筑基于宗教经典上的神学不太可能不碰到世界救赎的议题,神学要进入世间,即不能不与世间诸相——贫富的差距、人权的践踏、生态的破坏等现象——产生有意义的联结。即使基本教义派也很难将"变化""怀疑"的成分排除于神学之外。

但相对之下,儒家经学的内涵似乎更强调常与变之间的交互运动,以及信与疑之间的回旋上升,笔者认为此模式与儒家经典既经且史的性格有关。"经"虽是经,它仍是在历史中出现的,经的内涵不能不反映书写时的社会内容,章学诚"六经皆史"说有某种程度的合理性,此义很难否认。但经总是经,在历史中出现的经学知识很难彻底地历史化,也就是很难史料化,"经也者,恒久之至道,不刊之鸿教"(《文心雕龙·宗经》)。没有永恒的意识,没有守死善道的信念,即没有经学可言。所以反过来说也通,经学意识一旦形成后,所有的史也是经。经史互训,反复相证,理学家诂经多有此诠释的特性。事实上,我们如果追溯章学诚的"六经皆史"之说,不难发现此说是有传承的，他继承李卓吾之说而来。李卓吾论经史的关系时有言："六经皆史。"但他也说："经、史一物也。"[1]李卓吾对"经"的历史知识价值很看重，但他的"六经皆史"的内涵其实是"经史一物"，而不是化经为史。经以史显，史依经立，这才是他立论的旨意。李卓吾固是豪杰之士，时有惊世骇俗之言，但他这段话可说是理学家关于经史关系很根本的设定，不是他个人的一家之言。[2]比起"六经皆史"说，"经史一物"说是更稳当的表达方式。

"经史一物"说意指传统儒者的知识架构不可能脱离经学意识的轴心作用，但依经学意识看待"六经"，不必然就会抵抗新兴的解释。恰好相反，刘勰论"六经"的作用时说道："往者虽旧，余味日新，后进追取而非晚，前修久用而未先。""往者虽旧，余味日新"意指"六经"虽然是存在已久的旧籍，但它的内涵却不断有新义涌现。任何人随时都可以进入，"后进"和"前修"的机会是同等的。"新""旧"在刘勰的用法已失去日常的语义，他旨在表示经典常在，不晚不先，它具有源源不绝的神秘功能。而"经典"有"日新"的功能，这无异显示经典的内容不可能如自然科学的解答一样，一次获得即永远解决问题。读者向经学的叩问，其问题性质也和自然科学的提问方式大不相同。

经学内容的性质所以不同于一般知识论性质的问题，在于它的内

---

[1] 上述引文参见李贽：《经史相为表里》，见《焚书》，收入李贽：《焚书·续焚书》（北京：中华书局，1975），卷5，页214。

[2] 王阳明即说过"五经亦史"："以事言谓之史，以道言谓之经。事即道，道即事。《春秋》亦经，《五经》亦史，《易》是包牺氏之史，《书》是尧、舜以下史，《礼》、《乐》是三代史。"在王学传统中，经学内涵的诠释空间自然比程朱学大。但再如何大，王学也不太可能将经典史料化。王学学者著作中如有将经典糟粕化或史料化的文字，基本上当视为权宜文字，而不当视为定论。以上引文参见王阳明：《传习录上》，收入吴光等编：《王阳明全集》，《语录一》，册1，卷1，页11。

容含"道"的因素，它提供的是学者如何体道的议题，而不是认知性知识的问题。本节此处所说的"认知性知识问题"与"体道议题"之别，意指经书提供的内容乃人的存在问题，人的存在所面对的问题不是不涉己的知识论，不是有明确的是非对错可供检证的知识论方案，而是存在性的，与人格的存在息息相关的学问。认知性知识的问题默认了问题的明确化、进路的明确化、问题是非对错的明确化，以及问题的一次解决性。但体道的议题意指学者必须参与经书的世界，他与经书的关系不是主客对象的关系，不是理智思辨的关系，而是在与经书的互融中，使经书的非思辨性的内容对他起转化作用。体道议题不是一次性解决问题的知识议题，也不是顿悟式的当下体现，即使它包含顿悟的可能性在内，顿悟前的渐修与顿悟后的保任仍是无穷的过程。

经书内容是体道的，而非知识的，并不是说经书没有知识的成分，也不是说不能从知识的观点进入经书世界。事实上，既然经乃经史一物的经，它的文字、声韵、内容载录的事件即可以视为具有属于某种知识类型的内涵。经学家如果将工作局限于经学中含有的认知性知识内涵，如韵表、纪事本末等领域，这样的学问自然也是知识性的。学者读经，如果心思全放在这种知识的层面上，他即不是读经，而是研史，经的意义完全走样了。但反过来说，体道的内容也不能脱离知识的载体，它仍然需要文字、声韵、历史事件等知识的帮助。学者钻研经书的文字、声韵，他如果能立在此基础上，迅速转移到这些文字、声韵承载的内容之意义，它的性质即由史变经。就此而言，戴震言："故训明则古经明，古经明则贤人圣人之理义明，而我心之所同然者乃因而明。"[1]其言虽是片面之词，但也有片面的有效性。圆

---

[1] 戴震：《题惠定宇先生授经图》，见《戴东原集》，收入《四部丛刊初编大本原式》，卷11，页9—10。

融地说，当是义理明，训诂的意义也就由小学知识的层次转化为道的载体的意义，古经的内涵可以更丰富，义理与训诂双明。

经学的内容总是存在性的，但其存在性是双回向的。它提供了规范的功能，在体道意识的照应下，读者理解经书不可能是一次性的，经书的诠释活动乃是屡屡反复以至无尽。因为经书即是道的展现，它的功能就在于参与读者的生命转化，经书的诠释活动乃是实践地提升生命层次的活动，与时更新。朱子说："某从十七八岁读至二十岁，只逐句去理会，更不通透。二十岁已后，方知不可恁地读。元来许多长段，都自首尾相照管，脉络相贯串，只恁地熟读，自见得意思。从此看《孟子》，觉得意思极通快。"[1]此说虽属常识之言，但放在经学诠释的观点看，却涵至理，它意指读经是螺旋上升的运动。螺旋的每一个旋的一端是经书，一端是读者。读者通过阅读经书，参与经书的世界，经书因此进入读者生命，产生境界的交融、校对、互勘，因而升华了人格的层次。同时，经书也因读者对它更深一层的领会，其蕴藏的内涵才摊显得出来，经书与读者相互诠释。同样举朱子说的《孟子》为例，孟子的性善论自《孟子》一书问世，存在已久，但一直等到宋儒出现，加以创造性的诠释后，它的内涵中的性善论的旨趣才大白于天下，经书也有待于合格的读者。

经书与读者的相互诠释性乃是经学活动的特征，借用理学的体用论模式表达：一方面经书是体，它存在其自体的内涵，可为读者所仿效，所参与；一方面，读者的诠释是用，经书有了合格的读者的诠释的彰显，经的潜能才可呈现。[2]读者与经书互动产生的回旋上升的过程与终点，都不脱离经书诠释的轨道，刘勰说："百家腾跃，终入

---

[1] 黎靖德编，王星贤点校：《朱子语类》，《孟子要指》，册7，卷105，页2630。
[2] 此亦可称作体用互发的模式，王夫之的体用论当属此种类型，此义待发。

环内。"[1] 刘勰的说法是放在"六经"与百家的文化领域立论,我们如移之于经学的诠释活动,也说得通。人的诠释活动由经学提供的基盘出,人的诠释活动的结果又会丰富经学原有的内容。刘勰的解释乍看神秘,却是典型的经学意识的反映,也是对已发生的经典诠释学的历史效果的一种合理的总结。引文的"环内"即"环中",庄子以环中喻道,环中这个隐喻指向一种带动不断变化的不变化者,一种带动相辅相成的回旋运动者,刘勰运用了《庄子》"环中"的寓言,我们可称经学的诠释运动是种环中的诠释活动。

"环中"的"中"存在而不可见,它就像庄子所说的"外化而内不化"的"不化",[2] 这个作为永恒轴心的"不化"不可见、不可定义、不可加以状词,不是设准,但它却是存在的。对活在经学意识下的诠释者而言,"环中"是他进入经学世界的基础,经的内涵依环中样态的运动展开。经学意识所带动的规范意识无疑有信仰的因素,不管学者对此信仰因素自觉到什么程度,他如果没有基本的信任,就不会进入经书的环中。信仰不是知识,却不一定无助于知识,有意义的信仰往往可以强化知识成立的支持意识,活化暗默向度的能量。[3]

但反过来说,百家腾跃,一入环中,环中的性质也就和以前不一样。"环中"的核心的意义有待于圆转活动的转动才能显现,正如前文所说,"环中"的诠释就像这个隐喻显示的,因中转环,环也转中,这

---

[1] 前引参见刘勰:《文心雕龙》,收入《四部丛刊初编大本原式》,卷1,页5。
[2]《庄子·知北游》:"古之人,外化而内不化。今之人,内化而外不化。"庄子这里说的"古之人""今之人"自然是"得道之人"与"没有得道之人"的另一种表达方式。"内/外""化/不化"的语式也需解释,庄子主张的论点其实关于变中之常,主体(内)参与了世界(外)的精微气化。
[3] 笔者此处借用波兰尼的理论,波兰尼分析知识的构成,主张知觉核心的焦点意识需要有作为背景的支持意识支撑,知识才能成立。一切知识都有信任的因素,个人的信念是有效的知识活动的内在因素,他的知识论带有格式塔心理学的印记。参见波兰尼著,许泽民译:《个人知识》(贵阳:贵州人民出版社,2000),"怀疑之批判""寄托",页411—499。

是经学的诠释学循环。"枢始得环中，以应无穷"，"枢"会在经典与读者两端间转化，彼此的内涵相待生起，因而整合成更有解释力道的知识。

两重证据与两重诠释

本书追溯儒学史上孔子之前儒家传承的意义，着眼点放在《尚书》叙述的圣人所代表的意义。关于《尚书》内容的解释，经学有经学的解读，史学有史学的解读，言各有当。窃以为经学的解读不当脱离"经作为道的载体"此一基本的定位，经学的解读预设了"常道""敬信""环中诠释学"的内涵，脱离此定位的解读或许仍有政治学、社会学等的意义，但不是经学的意义。如果我们的学术处在"经史一物"的文化氛围下，诠释经的内涵，那么，史的成绩是有益于经的诠释的。但现实的情况不是如此，民国以来的经学受史学的影响甚大，经学史料化的情况很明显。本节想对经学诠释与史学叙述之间的分际再作澄清，以便重新进入经学世界。

《尚书》的内容划归为古史的范围，今日的知识分类固可如此做，前清之前的知识也可包含此义。但经学有经学的叙述传统，前清时期的《尚书》学的古史乃"经史一物"的意义下的古史，它的"史"的意义皆为"经"的力量所渗透。依据后来的道统论的说法，孔子之前的圣人有尧、舜、禹、汤、文、武、周公诸人，这些圣人可以说都是圣王。这些圣王被认为传下了道，道构成了儒家的精神脊梁。但我们进入《尚书》所陈述的圣王世界时，每位圣王的史实成分不一样：有些圣王的知识是历史的而且是有文献学证据的，如《尚书》的《周书》部分；有些是历史混合传说的，比如夏、商部分的文章；有些是神话而非历史的，比如《虞夏书》部分的一些篇章。不同类型的经文需要不同类型的解读方式，其中《尚书·周书》的问题落在传统的文史知识可以讨论的范围，可证性高，史料价值最确定。《虞夏书》《商书》的内容通常虚实夹杂，史料价值须反复过滤而得，考古文物对此的帮助很大。最麻烦的，当是我们要进入三代之前的传说时期的知识版图时，没有史实可靠的文献可作为佐证，出土文物的帮助也相对有限。如果我们以追求失落的历史环节为目标，我们可以动用的知识工具似乎不多。更大的问题是失落的环节即使连接上了，我们对经书的经的理解又增加了多少？

先史时期是无文字的时代，后人要探索它的精神史，有根本的限制，很难克服。它的内涵或可依赖口头传说代代传递下去，传说是先民传播古代文明精神的重要管道，也是后人想要重建文明的黎明期无可逃避的材料。但先史时期的传说内涵如何解读，困难不小。中国有很强的文字书写传统，先史时期的传说进入经学时期或子学时期，它的内容常会被载录下来。但事关上古的传说一传再传，原样即不免走样，此徐旭生、蒙文通所以有古史三系说。古史是否真有三系，或者不止三系，姑且不论，但古史传说只要经过一段时间的群众之口，它的意义即可能会被转化成更具原型意义的类型，也就是它作为"历史"的内容会蜕变为原型的内容，这种历史事件原型化的历程是古史传说的一大特色。[1] 但传闻异辞，传述者存在的处境不同，上古传说经由不同的传述管道，郢书燕说，鲁鱼亥豕，历史就变为小说。

---

[1] 参见耶律亚德著，拙译：《宇宙与历史：永恒回归的神话》，页30—39。伊利亚德在此还举出一个当时发生的极平凡的社会事件为例，指出事件发生后还不到四十年，其情节传来传去，最后竟转变成一桩山精妖女嫉妒即将成为准新郎官的情郎，并将之谋杀的神话故事。其实，此神话故事流传的时期，当年的女主角仍在世，但无人追究真相，故事乃由社会事件、由情郎失足发生山难的事件变成神人恋爱故事。

笔者不认为传说的蜕变有何不好，也不认为一定可以阻挡得住事情的发生。中国思想的非历史源头有它的意义，只要儒家存在，经作为道的载体的功能就不会丧失，而一种带有常道的诠释内容也就不可能不具备。但经的常道也是动态的，就像《易经》这部圣经阐释的，"不易"透过"变易"而显，"变易"依赖"不易"而现，"不易"与"变易"交互指涉，以"反因"证成"公因"，学术的检证总要在历史的脉络中呈现，史也可以有益于经。学者如果无法接受"变易"的挑战，也就无法与新时代的新知识对话，"不易"的基地一定守不住。前尘影事，血迹斑斑，不言可喻。

经学的道统源头既落于历史的源头，它的常道意义就不可能不受到当代文化氛围下的文明源头的理解之刺激。自从现代考古学在中国兴起之后，我们对以往的传说有着和前贤大不相同的理解，这一世纪来，陶器、铜器、玉器、骨器等文物的出土带给我们极大的想象空间，20世纪是中国考古学的黄金时代，20世纪上半叶的挖掘已颇惊人，下半叶以后，中国的考古更呈现惊人的发展，从东北到西南，从塞外到江南，红山文化、石峁文化、龙山文化、仰韶文化、大汶口文化、齐家文化、良渚文化、石家河文化、三星堆文化，一个个规模宏大的中国史前文明场景就在世人眼前揭开。几乎中国舆图各地皆有重要文物出土，其分布之广，有如考古学家苏秉琦所说的"满天星斗"[1]。20世纪下半叶以来的考古发现之内涵，不但宋儒、清儒未曾梦及，即使现代中国学术的奠基者章太炎、康有为、罗振玉、王国维等人，甚至年代晚一些的郭沫若、董作宾等学者，对这些出土文物也是不甚了解，甚至是闻所未闻的。

---

[1] "满天星斗"的比喻不知始出何人，但此譬喻用得很广，苏秉琦也用，参见苏秉琦：《中国文明起源新探》（北京：生活·读书·新知三联书店，1999），页101—127。此书原由香港商务印书馆于1997年刊行，两年后改由北京三联书店重新排版发行。

当代中国的考古发现的规模是空前的，它的意义也是相当巨大的，但目前学界对于春秋之前的三代及先史时期的文明的解释仍然不足。考古报告当然是有的，器物层次的赏析及解读当然也是有的，而且数量不少，但这些器物的精神内涵为何，则未免茫然，具有哲学内涵的解释更少。比如同样是考古出土文物，战汉时期的出土简帛之研究极为火红，简帛研究已成了独立的研究领域，有自己的学会与网站，相关的论文与专书更不知凡几，也解决或解释了不少重要的学术议题。我们现在已很难想象研究先秦两汉的学者如果没有涉猎20世纪下半叶的新出土文献，他在这个领域的研究会受到多大的影响。仅就本章已提及的儒道两家思想而论，马王堆出土的黄帝帛书（可能是《黄帝四经》）以及郭店出土的儒家竹简，它们对我们了解秦汉的"道家"概念以及面貌久已模糊的子思的思想，都提供了关键性的帮助。

相对之下，先史时期文化的研究无此幸运。目前出土先史时期的文物距离孔、老的年代少则一两千年，兴隆洼文化的时代甚至可溯至距今七八千年前，也就是距离孔、老年代五千年。问题还不只是年代，更重要的，是这些出土文物所显现的文明状态已重要到学术研究者难以忽视的程度。红山文化的女神祭坛与猪龙、勾云纹器的出土揭开了中华远古文明的象征系统；良渚文化出土许多精美的玉器，它的城市建筑之早不但落实了以往所说的悠久历史一语，它的规模之大还具有世界史的意义；[1] 齐家文化的青铜器、铁器及玉器出现之早及出土的地点，很难不令人联想到早期中西的交流史；石家河与大洋洲出土玉器之丰及特别，让我们看到一个不一样的长江中游文明；三星堆及金沙文化的青铜器规格之高、形制之奇，遗址规模之大，令人瞠目拆舌，而它们出土地点竟是在传统文献记载相对陌生的四川。晚近在

---

[1] 良渚古城遗址在2019年被联合国教科文组织列为世界文化遗产。

陕北地区石峁文化出土的文物之丰与城墙格局，也不断重塑我们对远古文明的认识。以往的文献所记载的远古传说从今日的眼光来看，不只是文字的状词而已，它的成就应当远远超越了当日撰述者的认知了。面对着这些成群结队而来的文明遗产，我们很难不兴起"中华文明起源之谜"的困惑，这些伟大的文明遗迹到底传达了什么样的讯息？它们与后来的儒家或其他的诸子百家到底是什么样的关系？

由于20世纪下半叶以来，三代及先史时期的文物大量出土，几乎遍布中国境内的各地域文明中心，因此，对这些分散各地的文明形态及彼此关系的说明、整理、理解，自然也不少。"重建史前史"的呼吁不断地被有识之士提出，[1]相关的会议不断召开，文章大量发表。连带地，对三代文明的重新探讨也被提到了议事桌上来。21世纪初，由李学勤带领的"三代断代工程"就是涉及这个领域的大型国家计划，[2]这个计划的论点会引发不同观点的交锋，事先即可预期，成果报告出来之后，果然出现了各种的质疑。但不管报告内容或质疑之声的具体论点之出入如何，这样的现象至少显示三代及先史时期的文化，包含文明起源的议题，应当蕴藏了丰富的学术内涵，而且是可以讨论的学术议题，所以才会引起社会及学界高度的重视。但在这些大量的探讨文字中，如何去解读这些玉器、陶器、铜器、建筑遗迹的内涵，问题依然重重。相对于战汉时期的出土简帛文献，我们不能不感慨商周之际及先史时期的文物之魂仍未被完全唤醒，仍在恍惚迷离中，它与有文字载录以前的历史（包含追溯的远古历史）的关联藕断丝连，系连的关系虽已被触及，但所连之丝的内容为何，仍隔几重山在。

---

[1] 参见苏秉琦：《关于重建中国史前史的思考》，收入《苏秉琦文集》（北京：文物出版社，2009），册3，页175—184。

[2] 参见夏商周断代工程专家组编著：《夏商周断代工程1996—2000年阶段成果报告（简本）》（北京：世界图书出版公司，2000）。

先史时期的文物没有像出土的战汉文献引发那么活泼的思想议题的学术争辩，文字的缺席无疑是关键的因素，文字使得书写者可以将具体的视觉印象转化成可供传递的公共意义，它可将模糊暧昧的心理感觉转化为客观的认知符号。先史时期的文物缺少了文字的认知机能，因此，大量的视觉、触觉的物质意象解读的方式，遂不能不沉埋于黝黑的历史积淀之中。很明显，面对先史时期的文物，学者解码的工具和面对出土的战汉文献不一样，出土的战汉文献的解读之所以较畅通，一大半的原因依赖它和传世文本之间有较明确的对照系统。先史时期的文物缺少这项优势，它没有文字，虽然读者或许可在后世的文献中通过诠释的历程找到相关的文字对照系统的历史痕迹，但历史时期的文献所记载的先史时期的内容通常是经过几代传说的过滤，传说一转再转，面貌必然走样。如论及文物可能有的精神内涵，出土的物质文物与纸本文献彼此之间的扣合更形困难，其解读需要更精致的诠释过程。

我们探讨中国哲学的第一章，首先就要面对大量的先史时期文物与筑基于神话、传说之上的传世经学文献之间的巨大差距，先史时期文物不说话，它们只是自我展示，意义凝聚于沉默的物象当中。中国人文研究传统一向重视文字的作用，现代考古学的前驱乾嘉考据学的重要成就多半是围绕着文字的辑佚、校雠、注释而展开的，即使王国维有名的二重证据法的提案，[1]基本上也是以文字为核心，只是他还强调出土文物的文字力量，他的格局仍不出前清金石学的范围。他的名文《殷先公先王考》即是以出土甲骨对照《史记》所述，重新建构而得。甲骨四堂（罗振玉雪堂、王国维观堂、郭沫若鼎堂、董作宾彦堂）的学术成绩大半也是两重证据法合作的产物。两重证据法不但有方法论的意义，它实质上已成了20世纪后的中国人文科学研究很重

---

[1] 参见王国维：《古史新证——王国维最后的讲义》（北京：清华大学出版社，1994），页1—3。

要的一条运作原则。

但两重证据法用以解释先史期的上古文化，有根本的限制，它太强调传统文献与出土文字相互配合的解释力道，而忽略了文物的文字以外的图像、纹饰的作用，而且也忽略了这一点：图像、纹饰等的内涵如果没有关联于相应的理论，它的解释力道就还是有限的。正因先史时期的文物恰好没有文字，因此也就不是文字所能束缚的。良渚的琮、璧、祭坛很壮观，三星堆的青铜器极威严，石峁的城池、石器、玉器极吸睛，但它们所言何事呢？先史时期的文物沉默不语，为了解开隐藏的密码，我们不能不假借当代的理论为之补白。由于先史时期的文物也是史的遗迹，它隐含了那个时期生活的各种面向，因此，各种相关的知识都可能介入再解释的过程。但就经学的经的意义着眼，神话学可能是更关键的。如果没有当代的神话学（含宗教学、人类学）以及相关知识领域的辅助，我们几乎可以确定，出土文物与传统文献的神话题材之关联仍只会停留在表层的凑合而已，它的内涵仍是缄默的。上述这些知识——尤其是神话学，原因见下节文字——是传统文人较缺乏的工具，这些知识建立在域外的学术传统上，它们大抵是在现代的知识从海运东来之后，横向的移植所致。闻一多、徐旭生、郭沫若、苏雪林、凌纯声、张光直等前辈学者所以在解读中国古文明的精神内涵有较重要的突破，相当程度上和他们掌握深浅不等的现代的神话学的知识有关。相对之下，不具备这些现代知识意识的传统学者的贡献就相对有限。[1]

---

[1] 民国以前，有关三代及先史时期文化的解释，主要掌握在经学家或金石学家手里，金石学家往往也是经学家；民国以后，传统金石家的角色逐渐让位给留洋回来或受过现代学术训练的考古学家、人类学家，即是这种时代风潮的反映。据说傅斯年为史语所考古组找主任及为殷墟发掘找主持人时，年轻的哈佛大学博士李济打败著名的金石家马衡，脱颖而出，最后由蔡元培选定，这就是个具有指标意义的人事安排。此事参见张光直：《〈李济考古学论文选集〉编者后记》，收入张光直：《中国考古学论文集》（北京：生活·读书·新知三联书店，1999），页430—431。

我们现在只要稍微反省一下我们对经书所刊载的三代及传说的五帝时期的内容的理解，即可了解我们和民国前的学者拥有大不相同的图像：我们对尧舜的理解已很难摆脱杨宽的上帝说；我们涉及少昊的问题时，孙作云的鸟图腾说会自然涌上；大禹已进入三代范围，但我们对大禹的了解很难摆脱梁启超、徐旭生等人提供的洪水传说；我们对商周始祖的理解已很难不考虑郭沫若、闻一多提供的高禖神、大母神的解释模式；我们对黄帝的理解多少不能不注意叶舒宪、萧兵的太阳神话说；我们涉入伏羲、女娲的解释时，闻一多、芮逸夫的观点也会自然浮现。上述在20世纪才出现的新解释大体上可归纳在"神话"一词的名目下，经书所记载先史时代的内容脱离不了神话的范围，此义大概已成了涉足此领域的学者奉守的规律。很明显，我们现在知识人意识中的经学已经不能脱离现代知识体系下的构造。

传统文献的神话题材不能依赖传统文献本身加以解决，出土文物的帮忙也有它的局限，任何文献或文物要想发挥较高阶层的解释作用，都是要有理论导向的，所以我们需要现代知识意义的理论之加持，这是相当清楚的。但经书诠释所需要的理论不只是现代的神话学而已，它无论如何不能脱离作为传统理论大宗的经学的管道。我们探讨的中国哲学第一章不是纯粹理念的第一章，它是发生于中国文明的事件。即使前文字时期的事件不是史实，而是神话或传说，但神话或传说发挥集体意识的作用时，它仍曲折地反映了该时代的社会现实，更恰当地说，乃是两个时代的社会现实，一个是文字指涉的遂古时期，一个是文字载录下来的时期。换言之，中国古典文献中的神话题材显现了重层的构造，它的叙事面指向了遂古之初的神话事件，那是个发生于"昔天之初"的"彼时"事件，它会成为后世人民不断追求的原型。

但这个神话事件如何呈现，却有待于后世的经书加以载录。在一个设想中的"经的时刻",神话事件被某位"圣人"或"作者"记载下来,[1]它的性质发生了质的变化,它变成原型事件。此时文本的呈现之通常也就是诠释之,只是这种呈现通常叙述、诠释不分。早期文献载录的中国神话叙述之所以具有特殊的学术内涵,应当是因为它将之通过后世掌握了文字表达能力,也就是文字诠释能力的"作者"之手显露出来了,神话变成了经典。正是因为这个无可逃避的再创造的过程,原生的神话事件才会被赋予更深刻的意义。

神话或传说的事件不可能完整地呈现于后世的文献,后世文献载录的内容也不可能符合设想中的原初的神话事件,这两种不可能乃是本质上的不可能,但两种不可能所造成的诠释的断层因神话学诠释及经学诠释的介入而得以衔接。通过有效的解码,原初的神话事件因经过了经学事件的再诠释,它的内涵遂可能释放出更深刻的文化意义。而经学事件因神话事件的"精神之考古学"的辅助,得以重组生命深层的内涵。凡经学所指涉的前文字时期的文明的文本,其意义都是重层的,它包含叙述指向的神话时刻与叙述时的经之意识的时刻的内容。相应地,在今日,解码经典的理论也是重层的,一方面,中国文明的第一章毕竟是透过中国古代的经典显现出来的,我们的解读无疑地仍有待传世的"六经"系统文本所载录的文字为之定位。它的意义与经典的诠释密不可分,我们脱离不了经学的过滤作用,也可以说是再创造作用。但另一方面,既然古史即神话,古典文献有许多神话的内容,神话的深层结构毕竟有待神话学的解读,意义才能呈现。此时它已进入传统文史较陌生的学术领域,所以我们不得不借助于跨领域

---

[1] 此处的"作者"意指"作者之谓圣"的那种意义的作者,这个脉络下的作者与圣人没有区别。"作者之谓圣,述者之谓明。明圣者,述作之谓也。"参见郑玄注,孔颖达疏:《礼记正义·乐记》,收入李学勤主编:《十三经注疏整理本》(台北:台湾古籍出版,2001),卷37,页1269—1270。

的学术工具，神话理论尤为重要。古典的经学理论与新来的神话学理论两者结合，才足以活化前文字时期的文物。

从清代考据学直至民国学术，中国学术的史料（含文献与出土文物）诠释导向模式一直很突出，即使晚近学风已由疑古渐趋释古，但释古的"释"字所负的理论价值，似乎仍有重申的必要。无疑，证据本身会说话，但它说的话要让人听得懂，仍需经过理论的转译。否则，会说话的证据只会冻结于文物的物性当中，只会神秘地自说自话，它仍是穿不透的物自身。出土文物、原始文献的文本、古典的经学与现代的神话学理论解释乃是本书赖以成立的四项要素，我们不妨称作两重证据与两重诠释，甚至可称作四重证据法[1]——如果我们认为理论就内在于客观的物质文本之内，有诠释效用的文字或文物总是承载理论的，那么，理论本身不妨视作一项独立的证据。没有出土文物与原始文献的支持，原始儒家精神之说是空洞的；但没有理论的解密，出土文物的内涵只会封闭于物自身的不可知之当中，永远地神秘，而原始文献的作用也就只能是文献学的作用而已。

神圣-道的重层诠释学

本书追溯孔子之前的儒家哲学，这样的"前儒家之儒家"自然不能是战国以后学派意义的用法，也不可能是现在学制下的哲学学门的

---

[1] 王国维提出两重证据法后，其说陆续有人加以修正，叶舒宪曾补上第三重证据——人类学及民族学的参考数据，以及第四重证据——考古实物及图像，因而有四重证据之说。其说亦有理路，但着眼点与本书不同。叶舒宪之说，参见杨骊、叶舒宪编著：《四重证据法研究》（上海：复旦大学出版社，2019）。

用法，而只能是经学论述下的孔子所继承的思想的源头。依传统的说法，这个源头即是"六经"的系统。"六经"是孔子之前传统文化的总集结，庄子说："《诗》以道志，《书》以道事，《礼》以道行，《乐》以道和，《易》以道阴阳，《春秋》以道名分。"（《庄子·天下》）"志"是体现主体性的词，主体性的志则在公共的生活世界展现出来；"事"是人文的事件，政治领域由人文事件组成；"行"是公共领域的行为，但这些行为建立在共同体规范（礼）的基础上；"和"是存在的一种和谐状态，它透过包含异质性因素的五音冲突之平衡而达成；"阴阳"是自然的基本规定，它指向两种相反相成的原理或力量；"名分"则是社会生活的组织原理，社会之实与社会之名互渗联结。简言之，文明的原理与文明的圣典是一一对应的，孔子之前的文化的总体表现大体已收在"六经"这六部经典里。

"六经"的文本大体定型于周代，它的内容不能不以周文化为大宗。但"六经"的周文化不是凭空生出的，作为集成前代文明的经典，它涉及夏、商两代以及更早的先史文献的载录亦不少。"六经"的"作者"对这些远古文化已做过创造性的转化，这些远古文化的内涵遂有文本；其自己的意义以及折射出来的周文化的意义，两面密贴难分。我们要进入诸子百家兴起前的历史，如能以"六经"及相关的历史文献（如《左传》《国语》《山海经》《逸周书》等等）为主，经由经学与神话学的诠释途径，辅之以大量的出土文物，借以建构孔子之前的儒家精神传统，未尝不可行。这一段重构的历史可以说是"从神话到哲学"的历程。中国学界自从经历新史学的引进、古史辨的争论以及马克思主义的传播等过程之后，"古史即神话"基本上已取得相当的共识。因此，我们如要解读三代及之前的文献的一些内容，不可能不跨过神话的门槛，此事殆无疑虑。

问题是如何解读神话的内涵？神话到底代表什么样的意义？对于

解读孔子之前儒家哲学同样不可或缺的经学与神话学,我们从何处介入神话与经的内在关系?神话大概是人类的诸知识领域中最早出现的一支,[1]人文知识甚至人类知识最早的源头往往与神话有关。但"神话"一词的内涵颇复杂,所以神话的解释也很难取得一致的共识,作为文明的起点与各文化分支的公分母,它的内涵必然是重层的,也是多面向的。神话的议题从社会学的角度介入,从历史学的角度介入,从心理学的角度介入,从宗教学的角度介入,其意义大不相同。神话学的研究所以有结构功能学派、祭仪学派、原型学派、文化史学派、马克斯学派等分途,大抵缘于解释者的关怀不同。当代中国学界对神话议题的研究也呈现多元缤纷的现象,张光直说很少有一门学科像神话一样,几乎每个学科对它都有兴趣,多少也都涉入其中。[2]这是个很有趣的观察,我们如果考虑神话的概念被引进中国才一百多年,神话学作为一门相当年轻的学科解释竟然可以如此多样,张光直所说的现象就更值得省思了。

"神话"的概念被引进中国已逾一世纪,"神话作为古史"与"神话作为集体无意识、集体潜意识的原型的表现"等原则在史学与文学批评界都已不陌生,基于此原则的研究取得相当的成就。仅以笔者粗浅的接触所得为例,三十年来,笔者对孔子之前儒家传统的理解即深深受益于两股相关思潮,一是文史学界提出的走出疑古之风,以释

---

[1] 参见卡西勒著,刘述先译:《论人:人类文化哲学导论》(台中:东海大学出版社,1959)。神话是最先的人的精神之象征符号,这是卡西勒的晚年观点,他早年将语言排在神话之前,如 *The Philosophy of Symbolic Forms* 此巨著所述者。笔者认为两者实无先后可分,如果神话取叙事观点,那么,语言当在神话之先,因为卡西勒接受洪堡(W. v. Humboldt)的观点,主张语言是精神的器官,语言与精神同构,没有语言即没有精神的展现。但神话如果不取叙事观点,而取"圣"(numinous)的力量的展现,也就是从"生命形式"的观点界定之,那么,由于神话形成了最早的圣俗分裂的结构,神话应该是更早的精神表现之象征符号。

[2] 张光直:《中国青铜时代》(台北:联经出版,1983),页288—289。

古取代信古、疑古的风潮,在苏秉琦、李学勤、张光直、裘锡圭、许倬云等前辈学者的引领下,一股大不同于古史辨思潮的学风应当已蔚为上古史研究的主流。另一股思潮是较年轻一辈的萧兵、叶舒宪等人结合人类学、考古学与文献学的神话研究团体引发的,他们在"文学人类学"的旗帜下,响应中国政经局势的开放以及中国考古学的重大突破,提出了不少尝试性的假设。虽然文学人类学的内涵仍在发展中,但他们勇于提出新说,在"古史即神话"的研究上已取得相当的成就。本书处理儒家源头的问题,儒家的价值体系是本书的焦点意识所在,但儒家的源头不太可能不来自文明的公分母,神话的解读是不可能跳过不论的关卡。本书的许多论点得益于前人以及当代学界同仁的研究,固不待多言。但同样的"儒家"与同样的"神话",学者对这两个词的理解可能颇有差距,如何联结两者,取径也很可能不太一样。

笔者理解的儒家,或者说笔者重视的儒家,重在它提供的一种支持人的生命意义的力量。笼统说来,前人称之为安身立命的作用,宋明儒者称之为"道"的意识。"道"是古老的词语,它承载了悠久的诠释传统,虽然"道"的内涵如何,历代的解释总难免参差不齐,以后也还是会纷纭不定。韩愈说"道"是"虚位",[1]"虚位"的"道"意味着它会自我空洞化,它的内容有待解释者加以补充,若解释者关怀不同,"道"的光谱即不免辽阔,聚焦不易,可谓"一道各表"。但道的"虚位"也不宜太虚位化,我们从"道"字承载的内容来看,确实没有核心的共享概念,但虚以控实,从使用者,也就是求道者的内在经验来看,"道"字却又承载着很强的情念的因素,它与使用者的

---

[1] "道与德为虚位",参见韩愈:《原道》,见韩愈撰,朱熹考:《朱文公校韩昌黎先生集》,收入《四部丛刊初编大本原式》,卷11,页1。

价值意识的定位紧密相关。"体道""殉道"或"守死善道"之旨虽然不易做到,但对历代真正的儒者来说,道的呼唤力量绝不陌生。

众所共知,宋明理学的"道"不离日用常行内,但"不离日用常行内"的内涵却不局限于日用常行内,它扎根于生命深层的超越向度。一方面,"道"被视为非时间性的,它亘古如斯,具有永恒的价值。另一方面,"道"却是"千面英雄",它要在历史中展现,而且一身多相,与时俱化。在程朱理学处,道以"性即理"的身份出现;在陆王心学处,道以"本心""良知"的面貌出现;在历代所有儒者处,道是以人伦的面目出现的。如果"道"的意识从它在外王领域上的表现着眼,"道统"的概念则可视为道在历史中的显像。道貌岸然而多相,此之谓"理一分殊"。承载道的意识的学问可谓之经学,经学意识、道的意识和"圣"的概念三者就理念而言,可谓一茎三叶,同根而发,此刘勰所以有"原道-征圣-宗经"三者共构的"文之枢纽"之说。[1]

如果儒家的经学作品呈现的是经史合一的结构,经的意义透过史的叙述形式表现出来,那么,我们理解经学的文字,就不能止于经文里所陈述的史的内容,而必须就史的叙述里辨识出经的内涵,它因经的时刻的到临而呈现经的意义。就儒学史的传承来看,经学确立的关键可以说集中在周公与孔子两人身上,古文经学派或许更重视周公的地位,今文经学派或许认为孔子才是集大成者。放在传统经学史的内部考虑,周、孔地位之争当然有重要的学术意义,因为此学术争辩牵涉到经的合法性问题,如《周礼》《春秋》的作者及旨趣问题;它自然也会牵涉到儒学的方向问题,历代思潮的转变往往从经学的转变开始,而经学的转变不能不牵涉到今、古文经的诠释。但不管儒者属于

---

[1] 参见刘勰《文心雕龙》最前面三篇《原道》《征圣》《宗经》。

今、古文的哪一种经学派，在晚清之前，他们大概都不会不认为周、孔在经学的传承上是两位奠基的人物。

如果周、孔在经学史上是关键的人物，"六经"的"经"之内涵自然不能不由周、孔诠释，此固不待言。孔子在"四教"的内容诗、书、礼、乐[1]上固然做了重新整理与诠释的工作，孔子对《易》与《春秋》的创作，基本上也有所沿承；《易》与《春秋》的原始文本仍是承自"旧法世传之史"，此殆无可疑。换言之，孔子之前，"六经"文本的主干已存在，而经的意义在前孔子的"六经"文本中业已存在，亦无可疑。我们观《诗》《书》现存的内容，即可作如是断言。

孔子之前经学作品既已存在，经的意义也早存在，作为常道的经早已成为贵族子弟教育的内容。我们有理由相信作为常道的经之意识不会是凭空生起、一步到位的，它当有演变的过程，但它也当有突破的时刻，所谓"经的时刻"在此时出现。本书认为周初即是"经的时刻"出现的时间点，周公是此时刻的象征人物，一种"对越于天"的道德意识是"经的时刻"的内容。[2]"六经"的原始文本不管是此时首次出现，如《尚书》的《周书》或《诗经》的《周颂》部分，还是前有所承，如《虞夏书》部分，但它们经过周初的关键期，也就是"曾经圣人手"[3]，因而其内容即有周初精神所体现的道德的内涵。历代相

---

[1] 此"四教"不是《论语·述而》所说"子以四教：文、行、忠、信"的"四教"，而是《礼记·王制》"乐正崇四术，立四教。顺先王诗书礼乐以造士，春秋教以礼乐，冬夏教以诗书"的"四教"。

[2] 参见本书第八章"对越精神的兴起：周公的'制礼作乐'"。

[3] "周诗三百篇，雅丽理训诂。曾经圣人手，议论安敢到。"韩愈：《荐士》，见韩愈撰，朱熹考：《朱文公校韩昌黎先生集》，收入《四部丛刊初编大本原式》，卷2，页14。经书成为定本的年代难讲，什么叫定本，也难免有争议。大体而言，在汉代史家（尤其是刘向）介入之前，经书的结构还是浮动的，本书认为《诗》《书》里的远古时期的文献内容被定下来，成了今日的面貌的版本之始祖，周初应是关键的时刻。

传的文化积淀的内容到了周初的"作者"或者该说"作者兼述者",遂有"奥伏赫变"（aufheben,一译"扬弃"）。

经的意识或道的意识乃是儒家进入历史后的表现,但它还有前身,对于经学时期的三代及史前时代,我们应该可以找到另外的切入点,也可以说找到它的源头。笔者认为具有道之意识的经学内容最早出现的时代既然是神话的时代,神话时代是神话意识当家做主的时代,神话意识出现的重要场合即是作为早期的"神圣"（numinous）显像之场所的祭典场合。神话是一种叙述,但神话叙述不同于民谭、传说者,在于早期作为叙述的神话也是一种力量。在尚未被知识、文明稀释的年代,神话的叙述总带着行动的力量,它的实践面与宗教礼仪的实践面很难分割。宗教除了具备以语言叙述的神话外,总还有礼仪等实践面,借以沟通神人间的心意。本书追溯儒家哲学的源头,固然会处理神话的叙述结构,但焦点更落在早期宗教的实践经验如何演变成道的意识。

民国时期,中国学界曾有反宗教的风潮,当时反宗教的文化巨子多想分割哲学与宗教,或瓦解哲学与宗教联结的世间印象。[1]近代中国新知识体系的建立和反宗教思潮相伴而至,这种世俗化的知识图像意味着一种反超越论的价值抉择。笼统而观,哲学的神话源头在任何大的文明体系中应当都不是太隐晦的现象,但在五四新文化运动时期,这个明显的现象却没有受到应有的重视,而且学界反其道而行,关心的焦点乃是如何将之抹杀。即使有内在修行经验的大行者如梁漱溟、熊十力、欧阳竟无等人,他们对"宗教"一词的观点也不

---

[1] 朱执信、李大钊、陈独秀、胡适、易白沙等人皆为个中要角,参见王友三编著:《中国无神论史纲》（上海:上海人民出版社,1986）,页450—510。牙含章、王友三主编:《中国无神论史》（北京:中国社会科学出版社,1992）,页928—1045。

佳。[1]20世纪下半叶以后，海内外学者比如唐君毅、陈荣捷、秦家懿等人，才逐渐正视儒家哲学和早期的宗教观念有关，也更能正视其联结的意义。其中，唐君毅是重要的代表，他可能是20世纪中国哲学家中最能正视宗教价值的一位。唐先生论天的概念、"三礼"的意义，都可看出他很重视儒家思想的宗教性格，也可以说他将儒家的价值体系溯源至天及祖先、圣贤的祭祀，并以此包容并世的基督、佛两大教。[2]唐先生论他与前辈学者的差异时，也特别指出了这点，他是位宗教感很强的儒者。

本书的着眼点自然也是"从原始宗教到儒家"或"从神话到哲学"的历程，但相对于前辈学者如唐君毅等人的深刻义理分析，笔者更着重宗教经验带来的变化过程。笔者接受奥托《论"神圣"》(R. Otto, *The Idea of the Holy*)一书对"神圣"概念的解释，[3]也接受20世纪神话学者伊利亚德的"圣显"之说。[4]事实上，伊利亚德的"圣显"概念虽用得更为广泛，隐然具有泛神论的架势，但他的论点主要承自奥托之说。20世纪的宗教学者，或涉猎宗教领域的学者多受益于

---

[1] 梁漱溟、熊十力、欧阳竟无等人的反宗教，以及将儒家与宗教分开的历史背景，参见陈熙远：《孔·教·会——近代中国儒家传统的宗教化与社团化》，收入林富士编：《中国史新论（宗教史分册）》(台北：联经出版，2010)，页511—540。

[2] 有兴趣者不妨参考唐君毅50年代的著作《中国文化之精神价值》《人文精神之重建》《中国人文精神之发展》《文化意识与道德理性》诸书，唐先生的宗教情怀在晚年的巨著《生命存在与心灵境界：生命存在之三向与心灵九境》的"天德流行境"也可看到，他甚至赋予之更高的位阶。窃以为"天德流行"实即理学的"太极流行""天理流行"诸说的现代显像。关于唐君毅宗教观最近的研究，参见黄冠闵：《感通与回荡：唐君毅哲学论探》(台北：联经出版，2018)，页207—260。

[3] 此书德文原本 Das Heilige 于1917年出版，J. W. Harvey 的英译本 *The Idea of the Holy: An Inquiry into the Non-rational Factor in the Idea of the Divine and Its Relation to the Rational* 于1958年出版。中译本参见奥托著，成穷、周邦宪译：《论"神圣"——对神圣观念中的非理性因素及其与理性之关系的研究》(成都：四川人民出版社，1995)。

[4] "圣显"之说参见伊利亚德著，杨素娥译，胡国桢校阅：《圣与俗：宗教的本质》，页61—69。

奥托"神圣"的概念，固无足异。"神圣"的原出之名"numinous"也因奥托的提倡，遂成为宗教学的重要概念。此概念译为中文，因少掉陌生化带来的张力，冲击的力道就弱了。[1]

奥托《论"神圣"》此书论及宗教的核心概念不在体制，不在教义，而是发生在个人意识层面上的"神圣"的理念。奥托《论"神圣"》此书的出版在宗教哲学史上是一桩大事件，[2]相当程度上可以视为一种诠释范式的翻转，他将宗教学的焦点由各种外涉的议题如教主、教会、教义等等，转向宗教人的宗教经验本身。"神圣"的经验不是美学的美感经验，不是伦理学的应然的道德感经验，虽然美学的"崇高"经验与伦理学的道德情感经验很接近"神圣"之体验，但它指向的是一种不同于日常经验的特殊经验。神圣感降临时，当事者会对之产生极度的向往，或极度的畏怖，他会觉得自己渺若尘土，毫不足道。"神圣"仿佛成了截然的他者，当事者全身处在另一个次元里，和周遭世界撕裂开来。奥托的解读虽然以基督教为焦点，但他事实上是将此概念当作所有宗教的核心义。奥托的"神圣"概念预设了"圣""俗"两界的分化，"神圣"是不同于世间任何经验的不共法门，神圣一到，周遭世界皆俗。圣/俗的分立也见于伊利亚德的"圣显"之说，耶律亚

---

[1] "numinous"这个词语指向一种不可化约为其他情感的特殊的宗教情感，它具有绝对的畏惧与欣羡的因素，性质极特殊，在中文里，不易找出相近的概念。在英文里，其实也不容易找得到。W. G. Oxtoby 在 The Encyclopedia of the Religion 的 Holy, Idea of the 条即曾将 numinous 放在英文的 holy 与 sacred 下诠释之。参见 M. Eliade (editor in chief), The Encyclopedia of Religion (New York: Macmillan, 1987), vol. 6, pp. 431-438。奥托本人及英译者 J. W. Harvey 也都提出了不易找到恰当对应语的困难。中文版书中及收录的英译者导言皆已提及此事。中文版译者成穷在书中页7至页8说到此书的"神圣"一词兼具"神圣"与"神秘"义，这个提示是有帮助的，"numinous"甚至带有非道德性的神秘、令人畏惧之感的内涵。

[2] 关于奥托此书的意义，参见 Theodore M. Ludwig 写的 Otto, Rudolf 条，参见 M. Eliade (editor in chief), The Encyclopedia of Religion, vol. 11, pp. 139-141。

德的"圣显"理念承续了奥托的"神圣",[1]但施用的范围更广,他将神圣的因素带入到所有宗教的象征当中,从自然界的日月、山川以至伟大文明的圣殿、圣物,施用范围尤广,我们不能设想哪个领域有可能脱离圣/俗辩证的影响。显然,他对人的理解即是宗教人。

窃以为神圣的意识,也就是和世俗隔离的超越之向往与畏怖,乃是很合理的对于宗教意识的界定,具有普遍性的意义,奥托的解释以及伊利亚德延伸的解读是很有说服力的。即使儒家一向主张"极高明而道中庸""即俗即真""道在日用常行",但高明不等于凡庸,真也不能与俗混淆在一起。"极高明而道中庸"这类命题不是扁平的现实经验的命题,而是辩证转化过的圆融命题,要提就全提,不能半提。[2]圆融命题中的这些"而""即"字都不能不预设一种撕裂现实的一体之感的过程,它需要超越的心理动力,将凡庸转化为高明,再将高明下降为中庸。没有撕裂即没有突破,也就没有转化后更高阶段的圆融。这种"圣俗同体""穿衣吃饭即是道"的表达方式在三教论述中极常见,窃以为这些语言的内容都当从立体的化境入手看待,不宜将其语句预设的艰难的转化过程消解掉,否则,没有所谓的极高明而道中庸,而只有高明即凡俗而已。

本书所铺陈的重要主题,从创世神话的出现到新天命观的突破,包括最后篇章的孔子仁说的兴起,笔者认为其动力应该都与神圣意识的转化有关。也就是笔者从神话-经的连续性着眼,在此连续性的轴线省视新起的精神现象,经的意识、道的意识都是在这条历史纵贯轴

---

[1] 关于 numinous 与 hierophany 两概念的关系,参见伊利亚德著,杨素娥译,胡国桢校阅:《圣与俗:宗教的本质》,页59—69。
[2] "全提""半提"这两个词是顾宪成论理学工夫论时用的术语,"半提"是他批判一些喜从高明立论而缺乏工夫过程的儒者的说法。参见顾宪成:《辨识仁篇》,收入顾宪成:《小心斋札记》(台北:广文书局,1975),卷7,页6。

上先后产生的，它们与 numinous 同出而分流，异派而同源。如果论者对唐宋思潮不陌生的话，应该不难发现笔者的解释更带有体用论的思考模式。事实确也如此，至少就理论结构的位置来看，儒家的本体与"神圣"（包含伊利亚德的"圣显"）可以相比。

笔者将奥托神圣概念带进儒家的本体概念的图式中，当然要付出比较哲学容易罹患的不可共量性的谬误之代价。但奥托提出神圣的概念时，他即有意超越区域文化的界线，它不只对西方宗教有效，他还有意地将此概念置定在康德的睿智界的物自身的领域中加以讨论。在康德的思想构造中，物自身是必然要出现而又无法涉入体验的禁区，它不对人开放。但康德后，费希特、谢林、黑格尔都有意踏入这个理论禁区，牟宗三也是这个行列中的成员，但他立足于中国哲学的基础上，底气更足。牟宗三很大胆的哲学见解可以说将儒、释、道三教的根本要义建立在对此禁区的体证上面，我们在他的著作中找到"良知"与"智的直觉"的联结，找到"本体"与"物自身"的联结。但如果我们同意三教工夫论都提供了类似"般若""无知之知""德性之知"的概念，也提供了"佛性""道性""义理之性"的概念，那么，对先天境界的体证就没有那么难以理解，"物自身"正类似"物如""本来面目"之类的概念，此义似亦不难进入。

如果我们在西洋哲学处寻找"智的直觉""物自身"的概念较费力的话，我们或许可往宗教哲学或神学处寻觅。比如我们如果把奥托的"神圣"概念放在康德哲学的架构下省察，"神圣"正是人的重要经验中的宗教经验的要素，它要完成回答"宗教如何可能"问题的使命。奥托的"神圣"也是无始时来界，一切法等依，它是纯粹的先验的范畴。它在原始神话处的表现自然不同于伟大宗教修行者所体证的本地风光，但两阶段之间仍有本质性的联系，当然也有转化。就像"本体"在圣在凡、在始在末虽然面貌不同，但依然有不增不损之面向。人进入神圣之直觉作用,或可用"判断"一词,奥托也认为其词类似康德的"美感判断"(aesthetic judgment),美感判断的重点不是对美下判断,而是意指一种非理智的、非曲折的、非概念的,也就是和智性方案(intellectual scheme)不相干的判断。[1]儒者多相信文明之始的尧、舜与儒家宗师的孔、孟一脉相传,这种论点当然不是历史论述,而是经学论述,但它的立论依据也可从宗教学的神圣论述之观点着眼,秘响旁通。[2]

宋明儒学的本体概念,不管是性体还是心体,乃是依道德的主体义而成立。但本章整合心性论的本体与宗教学的神圣概念,乃是要后者涉入历史的流动中。简言之,神圣的意识也是追求存在意义的意识,它的出现意味着圣/俗的第一次分裂,也是"人"的概念的真正出现。"人"的出现也是世界的出现,"世界"不是自然学的概念,而是人文学的概念。动物的活动中,只有环境没有世界。人的出现与世界的出现预设了周遭环境的意义化,意义化环境以后才有世界,世界的出现也就是世界的创造,就神话类型而论,即是创世神话的出现。有了创世神话,才有"人在世界"的故事跟着产生。而在创世神话的结构中,神圣意识仍连着一种非凡的、流动的魔咒之力,人类学家所说的"玛纳"力量流动于天地分裂后的世界之内,[3]这种玛纳力量可

---

[1] 参见奥托著,成穷、周邦宪译:《论"神圣"——对神圣观念中的非理性因素及其与理性之关系的研究》,页175—177。奥托在此处谈论"神圣的诸表现以及直感的能力",他此处所说的直感是一种领悟神圣的直觉能力,如果神圣可比拟"本体",此处的"直觉"自然当比拟"德行之知"或"般若知""无知之知"的地位。但奥托的"直觉"带有些非理性的成分,此处牵涉到他的宗教直觉之情感因素。

[2] 上述所说神圣感的超越义,另参见奥托著,成穷、周邦宪译:《论"神圣"——对神圣观念中的非理性因素及其与理性之关系的研究》,页135—140。

[3] "玛纳"这个源自人类学田野调查所得的概念是否可解释"神圣"感的原始动能,也就是它是否为神话最原始的概念,事涉专门,无能置一词,笔者主要是接受卡西勒的诠释。但"神圣"介入历史,它要有一原始的动机作为出发的机制,应当不难理解。

称之为"气"。[1]

如果奥托"神圣"的概念可以比作儒学的本体或"理"的概念,"玛纳"的概念应该可以比作"气"的概念。神话意识最重要的特色乃是对宇宙全体一种休戚相共的一体感,这种一体感的"感"如化成非个人性的语言表达,它可说是一种气。气遍布一切有情无情,它是生命原则也是存在原则,它表现了一种"对全体的同情"。卡西勒比较希腊斯多亚学派主张的弥漫一切的"生气",认为它与玛纳惊人地相似,他认为它们虽然一出自哲学解释,一出自神话意识,但它们可能可以溯回一个共同的根源。[2]类似的情况也见于中国哲学的气与玛纳的关系,[3]它们同样出自"全体的同情"。

但气和玛纳虽然系出同源,我们也不会忘了气在后世中国哲学中最精彩的表现大概都是和一种崇高的人格结合在一起的,如孟子的"浩然之气",或庄子的"平淡之气"。神话意识也是发展的,玛纳之于气、"神圣"的原始状态之于道的意识亦然。神圣概念、气的概念、创世神话等等,皆是思想发展的第一步的概念,儒家思想很可能到了西周时期发生了经的时刻的突破,经的时刻的到临也就是道德意识突破的时刻,神话意识至此遂汇入了经的时刻当中,经的意识正式诞生。"经"出现以后,它自然带来新的学问议题,但经的学问议题仍脱离不了此神话源头,只是它由此神话源头往前流出后,人文精神的成分越来越浓,全体的同情聚焦于人格的结构当中,个体不碍普遍。

---

[1] 关于"玛纳"与"气",参见拙作:《气的考古学——风、风气与玛纳》,收入杨儒宾:《五行原论:先秦思想的太初存有论》(台北:联经出版,2018),页103—150。
[2] 参见卡西勒著,刘述先译:《论人:人类文化哲学导论》,页106—107。
[3] 裘锡圭对玛纳的理解主要依据林惠祥的解释,参见林惠祥:《文化人类学》,收入蒋炳钊、吴春明主编:《林惠祥文集》(厦门:厦门大学出版社,2012),册上,页414—419。

结论：重回经学大地

对于"儒家哲学的起源"这样的议题，可以设想的切入点一定不会只有一种，"儒家的兴起"这么重要的文化现象应该会牵涉到文明的演变、社会的条件、心灵的反应机制等条件，不同层面或角度的解读一定是有的，但本书是从作为文明重要承载者的经学之精神着眼，观看从早期的巫者到晚期的儒者之间、从传说的圣王帝尧到圣人孔子之间的精神之演变。更落实来讲，可以说是讨论从神话到经学的演变，讨论如何由神圣意识至道的意识，讨论如何由灵魂论的工夫论转至心性论的工夫论的历程。窃以为"从灵魂论到心性论"可视为贯穿五帝与三代精神发展的历史动脉，这个大的精神转化工程的图像至目前为止仍不够清晰，本书自然也只是瞎子摸象，在摸索中试图勾勒些恍惚的影子而已。

本书既然涉入孔子之前直至帝尧时代的儒家精神的发展，这样的设想即不能没有历史变化的因素含摄其中，但历史变化如何理解，却是可以选择的。本书的诠释观点之一是从主体的概念下手，考察经的道之意识的前身。笔者自然也会将经籍所载古史的内容推向神话，但会强调神话意识与道之意识的衔接作用；也会强调在一个特殊的经的时刻的历史点，神话叙述和经学叙述产生断裂，但断裂后立刻产生新的联结，此时的联结乃是经学叙述转化了神话叙述的内涵。所有经书的神话叙述都有道的内涵。它具有重层的构造，"经"的概念正式成立。

经的概念成立后，即有经学此学的树立。本书很明显地是站在经学的立场着眼的，经学的视野是本书的"前见"（prejudice），这个"前见"是诠释学的前见，一个从具体的主体发出的诠释学的定位。

笔者相信人是有超越性的，宋明儒者所描述的体道经验也是真实的传达，他们的思想是儒家极珍贵的财产；但笔者也相信现实存在中的人的主体是无法完全透明的，在反思的能力出现之前，它已由个体性、历史际遇、文化传承诸因素所编织而成，这些前主体的因素所编织而成的主体构成了诠释的起点。诠释不是抽离关系的"我思"对作为思考对象的"我在的世界"的解析，它是以"我在的世界"为背景，从"我在的世界"的大地升起的"我思"对于"我在的世界"的某些现象的反思。经学的诠释不是脱离世界背景的主体对主体所置的客体的解析活动，它是另一种类型，它是有特定情境的（situated）出发点的，经学的诠释是从经学的世界出发，同时彰显了主体与世界的意义的精神活动。

本书的着眼点和民国以来以"经学为史料"的诠释途径不同，也可说和"六经皆史"说的诠释定位取径有别。如果要用汉、宋经学的分类来分，本书显然更接近宋学的经学立场。宋学的经典诠释预设了以经学为核心的文化传统作为诠释的基础，预设了经学的权威作为诠释的起点，预设了经学诠释的存在性格有助于人格的转化，预设了经学诠释是经典与诠释者相互深化。上述这些论点在当代的经学议题的研究领域当中，不管是从古史的观点出发还是从经学的观点出发，如果不是被蓄意放弃的话，至少也是被高度忽略的。

如果宋学的经典诠释可以视为一种具有古典精神的理念类型（ideal type）的话，[1] 这种古典精神的诠释在目前的学界显然是被边缘化了。经学存活于宋学模式存在的大地上，合理的人文活动立于此而展开，史、子、集部的创作也扎根于此大地。但在民国的学术环境

---

[1] 韦伯所用的"ideal type"，以往常用"理想类型"的译语，林毓生晚近主张使用"理念类型"一词，更加精确，兹从之。

中,经学如不是成了"粪学",就是成了"史料"。从"粪学"或"史料"出发的经学诠释无益于经典,且有碍于主体与经典的相互深化,这是可以想象而知的。

在文化生态业已败坏的大地上谈论扎根于大地的诠释活动,未免是奢谈。但如果我们相信大地有自行修护的能力的话,那么,一种带着生机的土壤还是会回复到原初的大地上的。而且,腐蚀越厉害、基础崩坏越严重的地区,由于人对存有基础本质上的需求,它的生机力道的反弹可能更强,这样的趋势似乎已经慢慢显现了。

"复,其见天地之心乎!"这是经典给我们的承诺。[1]

---

[1] 仅举一例,《新经学》期刊从2017年出刊,至今已出5期(2020年),可视为春江水暖鸭先知的征兆。

第三章

帝尧与绝地天通

前言：神话源头与文明源头

"溯源"是人的知识兴趣中很核心的一环，任何领域的知识史的第一章大概都免不了碰到该知识起源的问题。我们讨论儒家思想的起源，一样也会面临儒家源头何在、精神从何谈起的问题。但是论及知识的源头就像早期探险家探索巨河大川的源头一样，他溯源到了上游，源头即不免神出鬼没，化为千条隐川伏流。探索者前瞻苍苍，回顾茫茫，他甚至连下一步该如何踏出，都不免徘徊，遑论确定源头。孔子当年追索夏、商两朝的讯息，司马迁当年落笔华夏通史的第一章时，都面临源头难觅的窘境，此龚定盦所以有"古愁莽莽不可说"之慨。[1]

探究往古的源头势必要产生"古愁"，"不可说"实质上也无法说，因为史的源头问题通常不是"史"的能力所能解决。论及文明早期精神的表现，为了找到有意义的线索，我们即不能不进入神话的领

---

[1]"古愁莽莽不可说，化作飞仙忽奇阔。江天如墨我飞还，折梅不畏蛟龙夺。"龚自珍：《己亥杂诗》，见龚自珍：《定盦全集·定盦文集补》，收入《四部丛刊初编缩本》（台北：台湾商务印书馆，1965），页131。

域,"从神话到哲学"的途径见之于各文明初期的发展,希腊、印度莫不如此,中国文明的发展也不能例外。自从 20 世纪中国新的知识体制与知识体系建立以来,经过梁启超、章太炎等学者的努力,一种新兴的学术术语"神话"及一种新兴的学术体系"神话学"逐渐在中国的学界生根。[1]章太炎说"上古以史为天官,其记录有近于神话"[2],此说已普为学界接受。在帝国时期,"史"为帝国的公共事务服务,他是在历史的时间内以历史意识掌握历史书写,史为政治努力。但上古的史是天官,天官要探究非历史意识的"天人之际",他关心的是"天"的意志如何介入人间,而人间的事务又要如何配合天意的议题。"古史神话说"是当今学者思考上古史议题时,无法绕过的铁门坎。

古史即神话,上古的史迹即神迹,史前的人活在神话运作的氛围中,神话不会成为反思的对象。神话的意义要在神话成为体系性的学科时才能彰显,神话的题材不少,神话的内容及界定随神话学者的关怀而飘移不定。但我们有理由说:神话之大者当在始源神话,各种始源神话相应于各领域的存在而发,因为存在需要始源,有始源才有存在。始源神话之尤大者在创世神话,创世神话所以重要在于有了创世事件才有建立在天地基础上的一切事物的成立,它奠定了世界的基础,提供了"太初存有论"(archaic ontology)的意义。依据伊利亚德对"太初存有论"的解释,初民的价值体系建立在对神话事件的依赖上面,神话事件是存在与意义的基础,神话是初民社会的宪章,初民需要定期地透过仪式等宗教实践回归到此神话事件的现场,这种回归

---

[1] 以前的神话学研究学者袁珂、马昌仪等人皆以为"神话"一词在 1903 年被引进中国。参见袁珂:《中国神话史》(上海:上海文艺出版社,1988),页 5。马昌仪:《中国神话学文论选萃》(北京:中国广播电视出版社,1994),册上,页 9。谭佳最新的研究则指出其年代可以提早到 1897 年。参见谭佳:《神话与古史:中国现代学术的建构与认同》(北京:社会科学文献出版社,2016),页 41—53。
[2] 章太炎:《清儒第十二》,收入章太炎:《訄书》(上海:古典文学出版社,1958),页 29。

超时间性源头的思维,可称为"永恒回归"的思维模式。"永恒回归"提供了一种独特的思维模式:神话比历史真实,范例比个例真实,反复比创新真实,有神话事件的奠基才有现实世界的展开,这是初民的存有论思考。在所有创造性的事件中,创世神话比一切其他的创造性神话更根本,因为有了创世才有其他各种事物的创造,创世神话为世界内所有的事物之存在奠基。"太初存有论"应该不只对初民有效,它可能是现代西方世界以外大部分民族的思考方式。[1]

创世神话的内容是非历史性的,但反过来说,非历史性的内容却不能没有历史的面貌,不同的社会可以有不同类型的创世神话。创世神话的模式有多种,有宇宙蛋、太初巨灵、混沌、捞泥造陆诸种类型。它们的意义如何呈现,依社会的解释系统而定,神话是对应着人群社会而存在的。在兽群中,神话没有起任何的作用,人以外的生物没有掌握神话的象征符号。神话的秘密在社会,社会不只是人群的集结,它也是意义符号的集结。在具有伟大经典的文明传统中,创世神话的意义通常被保留着,但多少都已经历过再创造的过程,神圣经典的创世神话无可避免地都是再生的,都带有原始意义的折射之诠释性格。

中国神话从"怪力乱神"的禁区演变为学者进入人文科学研究重要的管道,这是近代学术研究值得注意的现象,创世神话在此波神话研究潮流中自然占有一席之地。但论及其哲学性的精神发展的意义,窃以为先秦文献中保存天地开辟情节较完整的"绝地天通"的创世神话仍需再予注意。"绝地天通"的创世神话取自古代文献一则有名的记载,它以历史叙述的面貌出现,故事发生于遥远上古的一位传说中的帝王在位的时期。但它的内容不折不扣地是神话的题材,而且是属于神话题材中影响极大的创世题材。笔者所以特别提出绝地天通的神

---

[1] 参见耶律亚德著,拙译:《宇宙与历史:永恒回归的神话》。

话,乃因这则神话和《尚书》这本经典的关系相当密切,它会牵引出隐藏的深刻内涵。

"绝地天通"的主题见之于先秦儒家重要的经典《尚书》中的一篇文章——《吕刑》。《尚书》是奠定儒家人文精神的重要著作,《尚书·吕刑》中出现的"绝地天通"的议题却是不折不扣的创世神话。但《尚书》中记载"绝地天通"创世神话的《吕刑》在《尚书》学史上的地位并不特别高,它记载的"绝地天通"的议题也远比不上《圣经·创世记》在西洋文化史上的地位。如果我们要找出与《圣经·创世记》地位相当的《尚书》篇章,它当是第一篇《尧典》。《尧典》记载神秘的儒家初代圣王帝尧一生的伟绩,神秘帝王的行事与人格被视为后世人君的榜样,《尚书》把文明的起源归到帝尧的统治,帝尧被孔子以下的儒者视为中国文明同时也是儒家精神最辉煌灿烂的起源。一部《尚书》包含两种起源的解释,一是世界的起源,一是文明的起源。两种起源由两篇文章分别负责,负责表述文明起源的《尧典》被置放在《尚书》一书的第一篇,《吕刑》则被安置在今文《尚书》(也就是今日流行的《尚书》版本)的第二十六篇,也是全书倒数第三篇。

《尚书》对起源问题的处理非常独特。包含《尚书》在内的"六经"是后世诸子百家之所出、孔子之前的中国文明之宝库。《尚书》是经典版的上古之书,它在中国文明的地位像《新约》《旧约》之于基督教,但《旧约》的第一篇是描述创世神话的篇章。如果我们接受"太初存有论"的提法,《旧约》的章节安排是顺理成章的。因为创世神话在初民世界中占有核心的地位,创世事件是一切存在的基础。一切存在由此神话出,一切存在依此神话立,《创世记》立为第一篇是合理的。相对之下,《尚书》的安排显得极特别,描述世界起源的"绝地天通"神话被置于全书的后半部的《吕刑》,描述文明起源的篇章置于第一篇的《尧典》。这两种起源同见于《尚书》中，乍看之下，《尧典》的地位压过《吕刑》，好像儒家更重视文明的起源，创世的意义只能落在人类的文明的脉络下理解，文明的创造才真正奠定了太初的存有论的基础，《尚书》的篇章安排似乎透露了人文精神胜出的讯息。

但笔者认为创世神话在《尚书》一书中并没有被流放到偏僻的角落，《尧典》的文明起源神话也不能视作一种和超越源头断绝关系的人文精神的文本，问题还是要回到《尚书·尧典》的原文，我们要看它如何理解创世神话。经过细致的文本分析，本书认为《尧典》与《吕刑》有紧密的互文性，但前者所显现的创世题材是更完整的"绝地天通"的文献，这篇上古之书的第一章阐示出的自然开辟源头与人文创造源头两说的关系复杂多了，也深刻多了。两者恰好不是被看成互斥，而是含摄，《尧典》含摄神话的意义于文明之中。不但如此，《尚书·尧典》的创世神话主题还逾越了"绝地天通"的范围，它建立在重层的创世神话的基础上，笔者认为《尚书·尧典》有三种创世的神话题材，后来经由我们仍不知晓的创造性转化的过程，这些多源的神话母题之意义相互支持，融合成了一致的系统。它构成了两种创造——自然的创造与文明的创造的完美整合，并形成了"天下"的意识。这种多源一体的内涵基本上在《尚书》全书中都具备，而《尧典》起了伟大的奠基作用，本章要阐释《尧典》蕴藏的消息。

《周书》的"绝地天通"

"绝地天通"一词出自《尚书》与《国语》，此词语意指天地相通的路断绝了，天、地就此区分开来。这个词语之所以成立，其前提是预设了之前有一个天地相通的阶段，"天地相通"意指天地相黏而未分化。"相"是关系词，如果没有天、地两端的存在，即无"相"可言。"人生天地间，忽如远行客"，天地即是最原始的两端，对之的思考确实也可以构成哲学反思的第一步，然而，依据直线的因果推衍，天地相通之前当更有未分化的天地一体阶段。创世神话中的混沌说、宇宙蛋诸神话都意指了天地混沦无分的状态，混沌粉碎，巨蛋打破，天地并立，由此才有"世界"可言。然而，本章所说的"绝地天通"不是放在泛泛而论的宇宙开辟论的视野下的叙述，而是将这个题目放在这个词语出现的经典文献的脉络下考察。更精准地说，它不是追究宇宙起源的天文学或神话学的问题，这种直线式的穷追到底容易造成超越的幻象，未必有重要的知识价值。"绝地天通"这个神话追究的是天人关系这个古老而永恒长青的中国哲学的问题。

天人关系预设了"天"与"人"的关系的调整问题，"从神话到哲学"的议题可以简化为"从天到人"或者说"天人之际"的关系之内涵。就中国神话哲学的角度衡量，"绝地天通"是第一个完整地叙述了人类堕落、法则建立、人的自我拯救以期与天重合这些重要主题的神话叙述。"绝地天通"一词在先秦经籍里两见，其事例三见。两见的文字记载一出自《国语·楚语》，一出自《尚书·吕刑》。这两处的记载加上《山海经·大荒西经》的一则相关内容的记录，三者是我们所知先秦文献中"绝地天通"事件最早的载录。这三则叙述未必同时写成，因此，也就不能避免详略互见的情况。但彼此参较，笔者认为详略互见的叙述正可以构成一组意义完整的叙述，"绝地天通"这则叙述所代表的精神发展史的意义还是很清楚的。在神话叙述题材不算发达的中国古代文献中，一则神话事件有三处记载，已不算少。

三则记载中，依文字的精拙判断，《山海经·大荒西经》的叙述可能最古老，《尚书·吕刑》次之，《国语·楚语》较晚出，但也较清楚。至少后两书中,《尚书·吕刑》的年代应置于《国语·楚语》之前,似可不必怀疑。因为《国语·楚语》记载楚王曾狐疑地向楚国有名的贤臣观射父问道:《周书》记载重黎"绝地天通",这则叙述该如何解释?如果重黎不截断天地相通之路,下民岂不都可上天吗?楚王说的《周书》最合理的解释当是《尚书·吕刑》,楚王的问题显示"绝地天通"的故事传闻已久,而且应当见之于早期重要的典籍,所以楚王才有此一问。

至于《大荒西经》的记载,它可能早于《尚书·吕刑》,因为一来《吕刑》所述绝地天通之事,乃是西周中期时追溯出的上古传闻,年代偏晚;二来是两者的叙述,就文字风格而言,《大荒西经》的记载显得古老、简约。更重要的是,我们细观《尚书》中与"绝地天通"神话相关的记录,多偏重天地相通之路断绝后,先王重建世界秩序的过程,人文化成的内涵浓厚。《大荒西经》所述则遗漏了这一大块,只论及天地分裂之事,它更像"古之巫书"的内容。文献断代不易,自从20世纪下半叶以来,由重要的出土文献带来的几个重大教训使文史学者对年代、作者等问题的断定已渐趋慎重。但详读上古文献所记载的这则神话的内容,窃以为"绝地天通"神话蕴含的"秩序"理念乃是上古思想史的核心概念,人文秩序的内涵丰富者应当是后出转精的载录。相对之下,《大荒西经》所述的人文内涵较稀薄,它可能保留了更早期的巫书的功能。

"绝地天通"的情节传播极广,在中国少数民族中,情节类似的故事颇为常见。[1] 不只在中国,"绝地天通"的故事在全世界的神话

---

[1] 如彝族、壮族、羌族、哈尼族等皆有类似的故事,参见段炳昌等编著:《中国西部民族文化通志(文学卷)》(昆明:云南人民出版社,2014),页174。又参见陶阳、牟钟秀:《中国创世神话》(台北:东华书局,1990),页165—170。

中也广为传布，[1]它是发生于文明分化之前的原始事件。"绝地天通"的主角容有差异，但情节颇为一致，由这故事的普遍流传，以及问的问题是事关世界因何存在的深刻问题，我们可以合理地将此则原始故事视为具有原型意义的神话事件。《国语·楚语》的叙述出现年代虽然较迟，有些用语带有儒家价值的色彩，但抽离这些后来衍生出的文字，它的结构却极完整，是具有代表性的经典叙述，本章即由此篇入手探讨。据《楚语》所述，观射父回答了如下的话语，此段话语文字颇长，笔者将之分成两段如下：

> 古者民神不杂。民之精爽不携贰者，而又能齐肃衷正，其智能上下比义，其圣能光远宣朗，其明能光照之，其聪能听彻之，如是则明神降之，在男曰觋，在女曰巫。是使制神之处位次主，而为之牲器时服，而后使先圣之后之有光烈，而能知山川之号、高祖之主、宗庙之事、昭穆之世、齐敬之勤、礼节之宜、威仪之则、容貌之崇、忠信之质、禋絜之服，而敬恭明神者，以为之祝。使名姓之后，能知四时之生、牺牲之物、玉帛之类、采服之仪、彝器之量、次主之度、屏摄之位、坛场之所、上下之神、氏姓之出，而心率旧典者为之宗。于是乎，有天地神民类物之官，是谓五官，各司其序，不相乱也。民是以能有忠信，神是以能有明德，民神异业，敬而不渎，故神降之嘉生，民以物享，祸灾不至，求用不匮。

> 及少皞之衰也，九黎乱德，民神杂糅，不可方物。夫人作享，家为巫史，无有要质。民匮于祀，而不知其福。烝享无度，

---

[1] M. Eliade, *Patterns in Comparative Religion* (London: Sheed & Ward, 1958), pp. 240-241.

民神同位。民渎齐盟，无有严威。神狎民则，不蠲其为。嘉生不降，无物以享。祸灾荐臻，莫尽其气。颛顼受之，乃命南正重，司天以属神，命火正黎，司地以属民，使复旧常，无相侵渎，是谓绝地天通。〔1〕

观射父这段话语相当有名，但因为这段话的内涵很重要，我们还是稍加罗列其义如下：

第一，在神秘的上古时期，世上有具备超凡能力、半神半人的英雄介乎天人之间，作为沟通的媒介。虽然古者"民神不杂"，但事实上只有这种名为"巫觋"的人可以因明神的凭附其身，而得以和上天沟通。巫觋有特殊的体质（精爽不携贰）〔2〕，有凝聚身心的行为模式（齐肃衷正），有了解上天与人间各种关系的知识（上下比义），有洞穿空间距离的超能力（光远宣朗），有锐利的眼睛（能光照之），有灵敏的听觉（能听彻之）。他明显是遂古时代杰出的人物，很可能具有我们当代所说的超感官知觉（ESP）的灵力，他无异于传说中带有神性的圣王。如果我们用宗教学的语汇表达，可以说巫觋代表祭司王。观看底下第二点所述，其义自明。

第二，巫觋有超凡入圣的人格特质，也有经天纬地的特殊能力，他先后安排了神的秩序以及人神沟通的秩序。首先，"使制神之处位次主，而为之牲器时服"，也就是安置了祭神的仪式。接着再使"先圣之后"为"祝"，他要完成"敬恭明神"的使命；执行宗教祭典的人员（祝）排定之后，再使"名姓之后"为"宗"，他有"心率旧典"

---

〔1〕 参见韦昭注：《国语·楚语下》，收入《四部丛刊初编缩本》（台北：台湾商务印书馆，1965），卷18，页203—204。

〔2〕 "爽"字费解，依据白川静的解释，此字源出一种加纹饰于身的礼仪，表示"明朗"之意。白川静著，王孝廉译：《中国神话》（台北：长安出版社，1983），页23。

的职责，"宗"负责实施传之久远的礼仪规章。"祝""宗"是沟通天人两界的媒介，宗教祭典中不可或缺的神职人员。安排"祝""宗"的位置后，巫觋进一步落实人间的工作，遂有更具体化的负责"天地神民类物"的"五官"，各司其序。经由巫觋—祝宗—五官的政治差序格局，也就是排定由宗教事务到人间事务的工作后，"民是以能有忠信，神是以能有明德，民神异业，敬而不渎"。民神异业，各安其位。而且天人同春，嘉生物享，永无灾害。

第三，后来下民犯了严重的错误，犯错的下民是蚩尤，蚩尤的错误主要是杀戮过重，他破坏了人间的秩序。上帝在上，看到的人间景象一片混乱，没有嗅到"馨香"。蚩尤同时还扰乱了天人的分际，"夫人作享，家为巫史"。每一人、每一家都自认为掌握了通天的管道，绕过了巫觋的中介管道，直接上通，世界因此大乱。上帝见之大怒，乃命重黎"绝地天通"，收回了曾赐给人间的通天特权。

第四，天地通路断绝后，实际上仍有一线残留之间，以作沟通，天地似断未绝。"火""水"这两个原型意象分担了重组秩序的象征原则，断绝天地通路的"重"与"黎"则承担了破坏后重建的工作。"重"任南正，属天；"黎"任火正，属人。天地分开了，从此以后，人至死只能安居于大地上，与天沟通的工作则委由重黎担任，天人各安其业，世界重上轨道。

观射父的叙述是典型的神话版的"原始和谐—分裂—二度和谐"的过程结构。[1]在原始和谐的阶段中，"人"依附在巫觋所经营的世界，也就是依附于巫教的世界观，未曾分化出来。接着是人的堕落，天地分裂。第三步则是在天地分裂的格局下，天人各安其位，但仍保

---

[1] "二度和谐"一词借自施友忠，参见施友忠：《二度和谐及其他》（台北：联经出版，1976），页63—113。

留以"南正"(由"重"担任)为代表的通天管道;这是二度和谐,在此层次时,人已从巫觋的规范中走出,有了自我意识,也就是与天成了对位的存在。"人"要面对历史,承担起自我该负的责任,此时有"天""人"从世界整体撕裂出来后的对峙秩序。至于绝地天通以后的人间秩序如何克服这种神话版的原始分裂,形成更高阶层的新的天人一体的关系,这是诸子百家兴起后才触及的使命,是精神发展的另一个阶段的故事。

观射父的"绝地天通"的情节无疑源于远古的神话,但他口中说出的叙述是历史叙述。如果我们将他的语言翻译成关于历史阶段的叙述,他描述的阶段应当是从原始社会巫师当道的年代到具有天下意识的统一国家兴起、颛顼这位带有神性的政治领袖接收了巫觋的通天之权的年代。由于叙述者观射父身处春秋时期,其时文化积淀已深,他又属于具有深厚古典修养的士大夫阶层,因此,描述一段混杂史实与神话的上古传说时,他自然会使用大量后世属于道德语汇与文化语汇的词语形容上古的状况,如描述巫觋人格的"齐肃衷正""上下比义",原始和谐时期的"民有忠信""神有明德",或如"齐敬之勤""威仪之则""敬恭明神"之类的语言。这类语言文质彬彬,很难相信是颛顼时期的语言,而没有后世语感的渗透。观射父的追溯最重要的创造——也可以说是与原始版神话最大的背离——乃是他设想的"民神不杂"的历史第一章,历史的首页很难想象是如此地文质彬彬。袁珂说:"'古者民神不杂',历史家之饰词也;'民神杂糅,不可方物',原始时代人类群居之真实写照也。"[1]如果我们相信文明有由野蛮演化而来的过程,那么,袁珂的说法应该更接近历史的实相。但我们如果将这些后世的语言还原到原始时期的祭祀文化,以及祭祀文化时

---

[1] 袁珂:《山海经校注》(台北:里仁书局,1982),《大荒西经》,卷11,页403。

期的集体意识，观射父这些语言所指涉的内容应当还是可以理解的。

历史源头是混乱还是和平，原本各有所说。就人类历史演化的观点来看，很难不相信早期文明混乱杂糅。荀子很重视历史的真实，他认为人类的早期历史不可能不乱，他说："人生而有欲；欲而不得，则不能无求；求而无度量分界，则不能不争；争则乱，乱则穷。"[1]他的叙述很符合常识的理解。但就精神的发展来说，在个体性或主体意识兴起之前，初民的意识没有脱离与世界共在的一体状态，这种意识溶于未分化的整体性当中，没有主客对分，没有天地并列，因此也就没有人格意义的痛苦可言。对照于个体意识兴起后的主客对立状态，我们称呼原始而未分化的整全乃是"绝地天通"之前的天地相接连的状态，此义亦不难理解。

在远古的祭司王的年代，巫觋透过巫术的通天作用，使整个族群活在以巫觋为核心的文化氛围中，个体意识并未崛起，天地因此被视为相通的。但严格而言，既有巫觋在族群中作神人间的中介，显示阶级已经分化，这个族群已处于"社会"的阶段，也可以说原始事件"绝地天通"早已发生了。只因此时的"人"将通天的权力赋予了作为神人间中介的巫觋，他们代替人民执行了天人相通的功能，人民因而也仿若处在神人相连的乐土。[2]"只有动物才是完全清白的。"黑格尔在《世界史的哲学讲演录》(*Vorlesungen über die Philosophie der Weltgeschichte*)的破题处如是说道。[3]清白无辜的岁月即是历史未发生的岁月，即是社会未成体的岁月，也是"人"的概

---

[1] 荀况：《荀子·礼论》，收入《四部丛刊初编缩本》，册17，卷13，页1，总页136。
[2] 此时的巫觋应当是遍布各地的祭司王，杨向奎曾引章太炎的守山川之灵的"神守之国"之说，指出："在阶级社会的初期，统治者居山，作为天人的媒介，全是'神'国，国王们断绝了天人的交通，垄断了交通上帝的大权，他就是神，没有不是神的国王。"参见杨向奎：《中国古代社会与古代思想研究》(上海：上海人民出版社，1962)，页164。
[3] 此义承笔者的同事张旺山教授告知，谨致谢意。

念尚未正式运作的岁月。"只有动物才是完全清白的"一语如果借用戏剧学者葛罗托斯基（J. Grotowski）的话，可以译成在前历史的年代，即使有"人"活动于天壤之间，它的活动也是依赖人的"脊椎爬行体"（reptile body）的功能运动，而不是依赖意识运作的。[1] 脊椎爬行动物体运动的意识功能不在思想，不在情感，而是在情知未分化之前的运动之流。此时其身心没有分化，意识诸功能浑然，可视为个性尚不发达的个体的原始行动。这种个体的原始行动如果用种属发生学的语言讲，也就是绝地天通以前，人处在主客对立之前的原始乐园时代。

然而，严格而言，"人"的概念即蕴含着"主体性""时间性"的内容，"完全清白的历史"是不存在的，没有纯粹在个体内的神话，神话是个体的而又是集体的创作，神话的秘密在社会。"社会"这个概念是圣/俗、神/民、天/人这样的原始分裂的意识发生以后才形成的，社会大事在祀与戎，"戎"如果指的是社会建立的暴力原则，"祀"则指社会建立的宗教存有论原则。作为社会的宗教存有论原则的"祀"有待能够通天的异类人士如巫觋为之主持，乃能运作。依据观射父所说，社会或历史的成立与神/民的分化或巫觋/百姓的分化，是同时成立的。在早期"民神异业，巫觋通天"的时代，天地已分而人的主体意识尚未明确化，人将通天的权力集体地委托巫觋。因而就意识浑然于世界之中的状态，大致而言，巫觋当家做主的年代仍可以视为绝地天通之前的乐园时代。

---

[1] 葛罗托斯基（J. Grotowski）的戏剧重视发挥人潜存的古老的身体，也就是作为动物身体的脊椎体的能量。动物身体是人的身体的本来面目，但动物身体在一般人及修行者身上，发挥的功能不一样。修行者的身体之于动物的脊椎体就像有道者之于浑噩的赤子，其回归乃是更深层的精进所致。参见钟明德：《从贫穷剧场到艺乘：薪传葛罗托斯基》（台北：书林出版，2007），页139。

在观射父所说的历史发展的第二个阶段，也就是"夫人作享，家为巫史"的年代，其时的社会现象即是原本为巫觋特权的通天的资格受到了挑战，人人通天，事实上也就是人人通鬼神。人人通鬼神，一方面表示通天权力的下放，它对每个人开放；一方面表示人将自作主宰的判断权力让渡到他界的鬼神手里，掏空主体。主体掏空，鬼神当道，人间秩序必然大乱。由于宗教在初民社会占有核心的地位，宗教的仪轨、仪式的象征代表一个社会的规范体系，如果人界与天界，或人界与神界的界限混淆了，无异于存有基础的崩盘，它会带来人格解体与社会解体的后果。天人混淆是一切混淆中之大者，传说中的原始恶魔蚩尤要为这场灾难负责。后世周孔之教的兴起，很大的动力来自他们想划清人与鬼神的界限，要敬鬼神而远之，并批判一切不符合礼仪的祭祀行为。周孔之教的旨趣反映了圣人对上古时期"夫人作享，家为巫史"阶段的警惕。

颛顼在历史发展的第三期出现了，他出现的意义在于重整天人秩序，此时的天当然不是所谓的"义理的天"，而是他界的鬼神，所以"重整天人秩序"也可以说是重整人与鬼神互动的秩序，让人与天（鬼、神）各就各位。此际虽然号称"绝地天通"了，实质上天地并没有完全隔绝，联系天地管道者，仍是颛顼帝。他这时仍是上帝之代表，或许该说即是人间的上帝。但他也是政治领袖，他的命官重、黎开始做经天纬地之事业。以前的巫觋直接通天，这种特权被收回了，现在则由颛顼直接负责，重、黎分层承担，重、黎可以说是进化的巫觋，也是官僚体系下被收编的巫觋。《大戴礼记》说颛顼帝"依鬼神以制义"，[1]"义"如果指"宜"的话，"依鬼神以制义"说的即是颛顼通鬼神以获得来自天界的讯息，因而可以恰当地处理人间的事务，他

---

[1] 参见王聘珍：《大戴礼记解诂》（北京：中华书局，1983），页120。

垄断了天地相通的管道。至于分裂以后的世界秩序则由重、黎负责，他们两人站在大地上，[1]分别处理业已分离的天之事务与人之事务，天人秩序重上轨道，彝伦攸叙。

重、黎绝地天通以后的世界和蚩尤作乱之前的天地相通的原始世界，两者究竟是什么关系呢？观射父的解说其实仍有待解释。我们不妨说当民神不杂、天人沟通有待巫觋的帮忙时，这样的天地相通仍是有待于"代理人"作为媒介的。否则，为什么要有"巫觋"的称呼？"巫觋"的出现意味着社会已经分化，有种可以通鬼神的特异功能人员承担了社会人士对于他界的向往。反过来讲，当天人再度和谐时，也就是当颛顼全面介入人间事务，人此后须于此世之上安居，"绝地天通"是否此后即一绝永绝呢？事实上不会的，在神话的世界中，不管曾经发生过如何严重的神话灾难事件，贯通天地的宇宙轴始终是存在的。在《山海经》中我们看到不少提及日月山之处，日月山多少有些宇宙山的性质；我们看到通天的宇宙树，比如建木；我们看到可以承天的帝王之台，如颛顼之台等。宇宙山、宇宙树、帝王之台等都是通天的宇宙轴，只是这些通天的宇宙轴不必对凡夫俗子、平常百姓开放，它有待于拥有特殊能力的神人去拜访。

"绝地天通"的神话事件从来没有彻底地完结过。换言之，我们即使依《尚书》的经典意识为准，也可了解重黎的绝地天通不可能真正割断天与地的关系。因为颛顼所代表的圣王在绝地天通事件以后，就完全取代了作为祭司王的巫觋，扮演全面安顿宇宙秩序的角色，天地透过圣王此中介者，已断绝的管道还是联系上了。也就是"通天"的权力由"巫觋"这个阶层的宗教人员落到君王"余一人"手中，颛

---

[1] 重、黎一为南正，一为火正。即使南正属天、作为通天的象征，它仍属于立足于大地之上的人的宗教法门。

项成为一位更大的巫,重黎是他的助手,是低一个阶级的巫。至于后来以心性论为主轴的中国思想的发展与"绝地天通"神话的联结,那是另一个阶段的故事了。

　　回到《国语·楚语》的文本,我们发现观射父说天人各安其业,他说话的内容点到为止,未再引申,世界似乎就此安顿好了。但"绝地天通"的叙述是为了说明人间秩序如何形成,只说到天地的分离,仍未尽其意。人在天地间生存的秩序不可能只限在人与自然的关系,人与社会的关系总是生存于天地间的人的本质性因素。因为人一旦站在大地上,此际"历史"即发动了,个体意识也形成了,只是文明尚未启程,因为基本的配备仍未配齐。观射父的故事只说了一半,《国语》的文本需要补足。我们且再回到观射父观点之所出的《尚书·吕刑》的内容,以观重黎绝地天通以后,"皇帝"如何继续整顿人间事务:"乃命三后,恤功于民。伯夷降典,折民惟刑。禹平水土,主名山川。稷降播种,农殖嘉谷。三后成功,惟殷于民。"[1]三后为伯夷、禹与稷,三后中的伯夷制定了法的秩序,《吕刑》的主要内容即是有关法的确立之叙述。三后中的禹的功绩则是平定了洪水,掌管并命名了山川,他掌握了"名"的秘密。三后中的稷管理农业,稻谷出现了。稻谷在初民社会不只是食物,它更是圣物。[2]刑罚(法)、地理定位(名)、农业生产(谷)构成世界大乱之后初步的秩序,"人"与"国家"步上了时间的舞台,历史开始了。《吕刑》的"绝地天通"事件包含了自然事件的说明与人文秩序的说明两面,这样的结构

---

〔1〕孔安国传,孔颖达疏:《尚书正义·吕刑》,收入李学勤主编:《十三经注疏整理本》,卷19,页636。

〔2〕伊利亚德批评将初民仪式中的获食情节等作世俗化解释的不当,他说:"所有古代社会里,摄食确实都有仪式意义,我们所谓的生机价值即可视为是以生物学语汇表达的一种存有论。对古人而言,生命是绝对的实在,因此也就是神圣的。"耶律亚德著,拙译:《宇宙与历史:永恒回归的神话》,页55。

有很大的启示作用。《尚书·吕刑》版的"绝地天通"内涵胜过《国语·楚语》版，只可惜内容仍嫌简短，它有待其他篇章加以补充，甚或取代。

另类的天地开辟神话：洪水息壤与捞泥造陆

"绝地天通"之后，天（鬼神）从人间撤出，人别无依靠，他要回到世间来，以后的行事后果要自行负责。依据《吕刑》的解释，重构人间秩序的主角，一是伯夷，一是大禹，一是稷。这主持三件大事的人物，都是神话、历史难分的人物。在《尧典》中，伯夷是四岳之一，舜命为"秩宗"。在《史记·伯夷叔齐列传》中，"伯夷"则是位孤介的高士，他因不食周粟而饿死首阳山。《吕刑》提到的第二位人物大禹治水有功，舜帝传位给他，传说他是夏王朝的建立者。第三位人物稷，亦即后稷，传说中的周之始祖，《诗经·周颂》的《思文》一诗即高度赞美这位"立我烝民，莫匪尔极"的先王的伟大事迹。人类初期的历史虚实难分，《吕刑》亦不能免。它所述绝地天通的情节乃依神话立义，此事当无可疑。但绝地天通后重整人间秩序的事迹虽然不免近乎神迹，其人物却不无可能是历史人物，虽然他也许爱凡麦化（euhemerize，指神话的历史化）；爱凡麦化的神祇实质上就是神祇，脱胎换骨了。

由于初民的思维容易化个体为典型，历史很容易变为神话，或融入神话，所以《吕刑》的"三后"即使是历史人物，这样的历史书写很可能仍建立在深层的神话叙述的精神架构上。伯夷与后稷此处姑且不论，禹的事迹则值得仔细分析。《吕刑》论及禹的事迹不多，禹的故事更大规模地见于以下将要阐释的《尧典》系列篇章,笔者认为这些篇章蕴含了更为丰富的天地开辟神话的因素——笔者将《尧典》以及创世神话相关主题的篇章合在一起,称为"《尧典》系列",《尧典》系列以《尧典》为主帅,《吕刑》也并入这个系列中一并考虑。在这个扩大版的《尧典》中,鲧禹治水神话将和重黎绝地天通神话并列,并融为一体,经由如此的阐明,《尧典》在太初存有论层面上的情节及意义才可以更完整地表现出来。

《尚书》中有关"禹平水土,主名山川"的故事除了见于《吕刑》外,也见于《尧典》及《洪范》,但更详细的情节见于《禹贡》。这一则有关洪水滔天的叙述不无可能反映了上古时期的一则史实,或许可能不只是一则。它是种历史影响极为深远的故事类型,传播极广,许多古文明的文献多有记载,先秦典籍中也到处可见。[1]综合先秦时期各方的信息,我们可以认为这则故事由底下的几个情节环构而成:一,大洪水发生,淹没一切。二,禹的父亲鲧治洪,没有成功。三,大禹得到了一种可以自行生长的土壤"息壤"的帮助:土地不断自行生长,因而掩盖了洪水造成的深渊,人类有了立足的大地。四,在获得息壤的过程以及重新划分土地区域的行动中,大禹得到海底神秘动物玄龟的帮助,因而得以重建世界。五,大禹随后给山川大地重新命名,并给九州的土地定了性,确立了各种准则。依据上述的叙述结构,大禹显然做了重整乾坤的工作。

上古有无洪水?大禹有无其人?大禹是否曾经治水?这是一回事。即使上古时期曾患洪水,大禹真有其人,而且曾经治水,经过了一段时期神话思维的转换过程,历史的性质也会转变。这种转换把个

---

[1] 参见梁启超:《太古及三代载记》,收入《饮冰室合集》(北京:中华书局,1989),《附:洪水考》,册8,页18—23。弗雷泽著,苏秉琦译:《洪水故事的起源》,收入徐炳昶(旭生):《中国古史的传说时代》(台北:里仁书局,1999),页261—278。

别的历史事件转化为非时间性的典范事件,时间不一定要很久。[1]我们观看古代文献所见的大禹治水的工作不一定涉及实际发生过的历史事件;通过比较神话学的途径,我们现在发现大禹治水的叙事结构是神话,洪水息壤事件不折不扣地是创世神话中"捞泥造陆"神话的一种。这种神话在环太平洋地区是很常见的,我们且看底下的两则神话,略作比较,"大禹治水"的图像应该就可以浮现上来。第一则故事见于北美阿尔衮琴印第安人的神话,此神话描述洪水过后,劫后余生的动物忙于寻找弥补洪水灾难损失的方法。神话说道:

> 一场大洪水淹没了整个陆地。只有少数几个人侥幸逃脱,他们爬到一只老海龟的背上,以此为避难所。这只老海龟年龄很大,背上长满苔藓,像是河流的堤岸。大龟在漂流中遇到一只潜水鸟,人们乞求它潜入水底带出一些土壤。潜水鸟应召下水,但找不见底,后从远处带回来一小块土,大龟游向那有土的地方,人们走下龟背登陆,从此定居下来,再繁衍出人类。[2]

第二则见于加拿大蒙台格奈斯印第安人的神话:

> 狼、乌鸦、水獭等动物都未能找到土壤,最后派出一只麝香鼠(musk-rat)潜入大水底,终于找出一小块土,原始巨灵梅索(Messou)用这块土创造了陆地,他本人娶麝香鼠为妻,他们生

---

[1] 伊利亚德曾经举一个平凡的山难意外事件为例,它经过一段时期的渲染后,即变为电神人恋爱的嫉妒所引发的事件。这段时间其实并不长,当事者仍健在,但传播者与听众不想听平凡的事件,他们需要原型神话故事,所以经过几次转述,事件的意义就变了。参见耶律亚德著,拙译:《宇宙与历史:永恒回归的神话》,页36—37。
[2] 弗雷泽著,叶舒宪、户晓辉译:《〈旧约〉中的民间传说——宗教、神话和律法的比较研究》(西安:陕西师范大学出版社,1993),页128,引用有改动。

下的子女使世界上有了人烟。[1]

上述两则神话都有洪水、神秘海兽与会生长的土壤的题材，洪水、息壤与神秘海兽乃是"捞泥造陆"神话的三个主要因素，"大禹治水"的事迹刚好三者都有，这种类似不太可能是巧合，笔者认为这是同一种创世神话的反映。[2]这一种神话为何会环布在泛太平洋地区？有无起源地？如何传播？笔者所知有限，无法更置一词。也许上古时期环太平洋地区的文明有过交流，[3]"大禹治水"的故事就是在这样的背景下产生的。

如果"大禹治水"的原型是"捞泥造陆"的话，它何以后来会被整编到"绝地天通"的故事下，使禹成为"三后"之一，并成为颛顼（或其他神祇）事业的继承者，其过程尚多暧昧，不可解。然而，此故事与"秩序"的关联却不难理解，因为洪水淹没了一切，所有结构瓦解了，世界再入黝黯的混沌，此后更需要有神人出世，重构秩序。所以我们看到"大禹治水"神话的一个主环节乃是划定九州，主名山川。在神话的世界中，语言即创造，名即实，命名即掌握其名所指之个体。卡西勒说：

> 语言意识和神话——宗教意识之间的原初联系主要在下面这个事实中得到表现：所有的言语结构同时也作为赋有神话力量的神话实体而出现；语词（逻各斯）实际上成为一种首要的力，全

---

[1] 引自叶舒宪：《中国神话哲学》（北京：中国社会科学出版社，1992），页351。
[2] 相关研究参见李道和：《昆仑：鲧禹所造之大地》，载《民间文学论坛》，1990年第4期。叶舒宪：《中国神话哲学》，页358—363。萧兵：《中国文化的精英——太阳英雄神话比较研究》（上海：上海文艺出版社，1989），页767—774。更细的研究参见胡万川：《捞泥造陆——鲧禹神话新探》，收入胡万川：《真实与想象——神话传说探微》（新竹：台湾清华大学出版社，2004）。
[3] 参见凌纯声：《中国边疆民族与环太平洋文化》（台北：联经出版，1979），册上，页329—500。唯凌书对"捞泥造陆"神话没有着墨。

部"存在"(Being)与"作为"(doing)皆源出于此。在所有神话的宇宙起源说,无论追根溯源到多远多深,都无一例外地可以发现语词(逻各斯)至高无上的地位。[1]

山川因被命名了而存在,山川之名尔后即由使用属于自然的语汇变为使用属于政治的语汇。在《尚书·虞夏书》所记载的神秘的尧舜朝廷中,禹被任命为管理土地的"司空",这位治好洪水、划定九州的英雄是"任官"。"大禹治水"此事件蕴含了政治地理学的内容,或许一般的"捞泥造陆"神话不会有这类叙述。通过大禹的努力,世界重上轨道,《禹贡》说是"地平天成","地平天成"之语和"绝地天通"成了强烈的对照,前者似乎是后者的完结篇。"地平天成"此语的宇宙论特征很浓,它似乎也是个具有深层历史积淀的特殊词语,我们下文还会见到。

典型的"绝地天通"的神话在天地间的通路断绝后,总会再续之以"人如何在大地上重建秩序"的情节。这种建立秩序的情节在《禹贡》的"大禹治水"的故事中,大概集中于"平治水土,主名山川"之义,很少涉及人的事务,这种空白是原初的空白,还是缺失了环节呢?笔者认为这个重要的环节在《禹贡》被定本化的过程中遗落了,而且遗落未必是无意的,而是有特别原因的,也就是它的结构被重新安排了。我们的证据在《尚书》中的《洪范》一篇,《洪范》此文描述武王克殷之后,拜访殷商的著名遗老箕子,向他请教治国之道,箕子言道:"我闻在昔,鲧堙洪水,汨陈其五行,帝乃震怒,不畀洪范九畴,彝伦攸斁。鲧则殛死,禹乃嗣兴。天乃锡禹洪范九畴,彝伦攸

---

[1] 参见恩斯特·卡西尔著,于晓等译:《语言与神话》(北京:生活·读书·新知三联书店,1988),页70。

叙。"[1]洪范九畴的名称如下:"初一曰五行,次二曰敬用五事,次三曰农用八政,次四曰协用五纪,次五曰建用皇极,次六曰乂用三德,次七曰明用稽疑,次八曰念用庶征,次九曰向用五福,威用六极。"[2]

《洪范》的内容与鲧禹神话有关,白纸黑字,一五一十,固不待多言。然而,如何联结《洪范》与鲧禹神话,则有待更进一步的思索。依据箕子的说法,"洪范"是上帝规范世界的大法,"洪"者,大也;"范"者,轨范也。当洪水混乱了世界,鲧治不了它,上帝便不将这个法宝赐予人类。捞泥造陆神话中的鲧相当于绝地天通神话中的蚩尤,两者都是原始的破坏者。当禹治好洪水,主名山川后,上帝才赐给他这"洪范九畴"——安置秩序的九样法宝。捞泥造陆神话中的禹相当于绝地天通神话中的重黎,两者都是原初秩序的建造者。上帝与鲧禹的关系呈现"原始和谐—混乱—再度和谐"的过程结构。

上帝赐给大禹的洪范九畴可说是九个大的知识分类,是形成秩序的依据,"畴"可说是"度"。[3]这九种知识中有务实的敬用五事、农用八政,有政事的建用皇极、乂用三德,有原始天文学的协用五纪、念用庶征,也有非理性、非非理性的五行、明用稽疑等知识。我们不太知道这些知识成立的知识论基础为何,正因是非知识论导向的,才更显示出它是建立在神话学第一章的"绝地天通"上的一环。《洪范》是上帝赐给人间的绝大礼物,是《禹贡》的完结篇,而如前所述,《禹贡》又可视为《吕刑》的续篇。至于《洪范》为何没有和《禹贡》结为一篇,形成结构更清楚的"捞泥造陆"叙事,详情不得而知,但我们有理由认定"捞泥

---

[1] 孔安国传,孔颖达疏:《尚书正义·洪范》,收入李学勤主编,《十三经注疏整理本》,卷12,页353。
[2] 孔安国传,孔颖达疏:《尚书正义·洪范》,收入李学勤主编,《十三经注疏整理本》,卷12,页355。
[3] 《尚书大传》所谓:"《洪范》可以观度。"参见《尚书大传》,收入《四部丛刊初编缩本》,册2,卷5,页14,总页66。

造陆"的创世神话题材出现在武王请教保存宇宙开辟神秘知识的智能老人箕子的事件中,此事件和夏、商、周三代概念的证成有关。当不同的族群分享了同样的创造神话事件以后,它们就是同一个族群的人了。

另类的天地开辟神话之二:昔天二后

《吕刑》的重黎"绝地天通"的神话不只融合了捞泥造陆的神话,它尚有余韵,如前所述,《国语·楚语》的"重黎绝地天通"的故事依据《尚书·吕刑》而来,《吕刑》与《山海经》所述,显然是同一个内容,由此可见"重黎绝地天通"的故事流传甚广。依据《尚书》与《山海经》所说,"绝地天通"的故事与蚩尤有关,蚩尤是扰乱世界秩序的罪魁祸首。提及蚩尤,我们马上会想到黄帝与蚩尤的战争,这是传说中的上古最重要的一场战争。这场战争的记录见于《山海经》及先秦两汉许多古书,然而,在《逸周书》中,我们看到一则极古老的记载,此记载与广义的"绝地天通"的情节有关,它事实上也可视为创世神话,蚩尤在此再度出现了。《逸周书·尝麦》云:

> 昔天之初,诞作二后,乃设建典,命赤帝分正二卿。命蚩尤宇于少昊,以临四方,司□□上天未成之庆,蚩尤乃逐帝,争于涿鹿之河,九隅无遗。赤帝大慑,乃说于黄帝,执蚩尤杀之于中,冀以甲兵释怒,用大正[1]顺天思序,纪于大帝,用名之曰绝

---

[1]《尝麦》前文有言:"命大正正刑书。"朱右曾注:"大正盖司寇也。"兵是刑之大者,刑是法的分身,《尝麦》论兵、刑、法之起源,实即论宇宙秩序之形成。引文见朱右曾:《逸周书集训校释》(台北:世界书局,1957),页164。

嚳之野。乃命少昊清司马鸟师，以正五帝之官，故名曰质。天用大成，至于今不乱。[1]

此文文字古雅，年代应该甚早。[2]此段关于遂古之初的故事先由大正讲述于国家大典尝麦祭，亦即把新收的初麦献予祖灵的仪式。大正讲述完毕后，还要笔抄下来，献予祭祀大室的两楹之间。这种将新收获的第一批稻谷或新捕获的第一只鸟兽献予神明的仪式传布甚广、流传甚早，我们称此仪式为尝新祭。[3]在中国古代文献中，《尝麦》描述的尝新祭特别典型，它举行时，要在作为圣厅的太室或明堂举行，天子以下的朝廷重要官员都要参与，聆听大正讲述一段发生于遂古时期的事件。"昔天之初"一语顾名思义，它的语式指向洪荒时期开天辟地的传说，是溯源的语言。这种将整个帝国的基础寄托在远古的创世神话，并且以农耕所获的第一批或第一株麦呈献于上的尝新祭，内涵丰富。"遂古的神话"与"首次的收获"两个因素结合，成为立国基础的设计，它既反映了典型的"太初存有论"的内涵，更反映了周人"返本开新"的精神。

《尝麦》记述遂古时期文明如何出现的神话，它应当也是西周初期载录下来的文献，但或许因文章收入《逸周书》，没有受到后人足够的正视。神话依附在尝新祭的仪式上面，尝新祭之"新"已论，神话内涵之"古"犹可再论。故事的记载由"诞作二后"开始，二后当

---

[1] 朱右曾：《逸周书集训校释》，页165—166。
[2] 参见李学勤：《〈尝麦〉篇研究》，收入《古文献丛论》（上海：上海远东出版社，1996），页87—95。
[3] 许多民族都有祭祀第一束收成的作物的枝叶或谷粒的习俗，象征生命力的汲取，此习俗流传甚广。参见 M. Eliade, *Patterns in Comparative Religion*, pp. 335-337。《尝麦》所述，伦理的成分更浓，因为在太室或明堂举行，自然有更深层的对血缘的追求，它和追求民族起源的神话意识及报本的伦理情怀结合起来，内涵特别丰富。

是赤帝与黄帝，赤帝有可能即是炎帝，"赤"或为"炎"字之误。[1] 二后为何诞生？他们诞生之前的世界如何？文献没有解说，如是如是，历史永恒，二后就这样诞生了，这是神话作为开端的特征。在各文明的创世神话的题材中，二位神祇并世而生的叙述乍看颇特别，但创世神话中多有原始二神这一类型，他们或为兄妹，或为兄弟，或为夫妻。在中国的古老文献中，也可找到他们的痕迹。后世《淮南子·精神训》有言："古未有天地之时，惟像无形，窈窈冥冥，芒芠漠闵，澒蒙鸿洞，莫知其门。有二神混生，经天营地。"[2]《精神训》所述这二神即是《原道训》所说的"泰古二皇"："泰古二皇，得道之柄，立于中央，神与化游，以抚四方。是故能天运地滞，转轮而无废，水流而不止，与万物终始。"[3]《淮南子》这两段文字有些干枯，显然是哲学化了，但不会是淮南王刘安脑中制造出来的。如论母本，《尝麦》所述，当是《淮南子》所本的来源。

"昔天二后"的创世模式似乎没有受到学界太大的重视，但此模式在中国文明的脉络下，意义颇特别。我们如要探究它传下的血胤，《易经》的阴阳概念，或《乾文言》与《坤文言》的"乾元"（"大哉乾元"）与"坤元"（"至哉坤元"）两者同元、乾坤并建的架构，应当也是来自这种古老的传说。和犹太教、基督教、伊斯兰教的至高神创造模式相比，《尝麦》的"昔天之初，诞作二后"的模式并重阴阳两仪，平视天地两端，俨然成为中国黄土文明"皇天后土"之说的原型。后世中国有关"太极与阴阳"或"公因与反因"或"太极本体与乾坤并建"的诡谲同一的关系，很可能都可从此则"昔天之初"的二元并置的神话里得到理解的线索。不管就宗教或就哲学的意义来论，

---

[1] 李学勤有此看法，参见李学勤：《古文献丛论》，页87—95。
[2] 刘文典：《淮南鸿烈集解》（北京：中华书局，1989），页218。
[3] 刘文典：《淮南鸿烈集解》，页2。

《尝麦》都有独特的意义，兹不赘述。

黄帝平定蚩尤之乱后，原本尚未完成的创世伟业，所谓"上天未成之庆"，乃得完成。完成的步骤，先是起用管理人间赏罚法则的"大正"，"顺天思序"，至于如何顺，如何序，未见说明。但观"顺天"一词，我们有理由相信这种原初的秩序与原始的天文学密切关联，原始的天文学在初民诸多事业与技术中，往往首先脱颖而出，因为此种知识和原始秩序的形成有关。初民如不了解天道秩序，农、牧、狩猎都不可能，日常生活也必然无序，所以"顺天思序"是第一步，天界的规则为人世的规划做好准备，前者是后者的模型。第二步即有少皞质以鸟名官，正五帝之官的事迹，人间的政治秩序初步形成。《左传·昭公十七年》曾记载郯子追述他的先祖少皞如何以鸟名官的故事："我高祖少皞挚之立也，凤鸟适至，故纪于鸟，为鸟师而鸟名。凤鸟氏，历正也。"[1]"挚"即为"质"，郯子所述其高祖少皞挚"为鸟师而鸟名"的故事，亦即为《尝麦》所述"昔天之初"发生的"历史"事件。黄帝经由上天下地的整顿，乾坤重光，"天用大成"，以至于今。在先秦文献中，"天成"之语似乎都暗示了一段"经天纬地"的世界开辟过程，《尝麦》所说"天用大成"与《禹贡》所说"地平天成"，都当含有此意。[2]

《尝麦》"昔天之初，诞作二后"的故事没有原始乐园的题材，时间诞生时即有原初的二后炎帝与黄帝，两人似乎是兄弟，又似乎是仇敌，但太初时期，兄弟之争如寇雠的记载并非罕见，炎黄之争看来是古老的"邪恶兄弟"争斗的题材。[3]《旧约》的该隐与埃布尔相残，为

---

[1] 参见左丘明传，杜预注，孔颖达正义：《春秋左传正义·昭公十七年》，收入李学勤主编：《十三经注疏整理本》，卷48，页1568。
[2] 《庄子·在宥》有"玄天弗成"之语，笔者怀疑此叙述也有神话的源头。
[3] 遂古时期，兄弟相残之说，参见 René Girard, *Violence and the Sacred* (Baltimore: The Johns Hopkins University Press, 1977), pp. 59-67.

历史开了个头。《尝麦》这篇古老的二后相争的文献牵涉到炎、黄这个古老的民族起源议题,《国语·晋语》:"昔少典娶于有蟜氏,生黄帝、炎帝。黄帝以姬水成,炎帝以姜水成、成而异德,故黄帝为姬,炎帝为姜。二帝用师以相济也,异德之故也。""炎""黄"这两族乃因"水"而成,最后兵刃相向,用师以相济,"师以相济"或许指的是阪泉之战。姜水在陕,炎帝一族的活动区域当在渭河流域。姬水不明,但衡诸黄帝陵等相关记载,黄帝一族"以今陕北、陇东为最早活动中心",后来才扩大至河北平原。[1] 此则神话传说为秦国的司空季子游说晋国重耳娶秦穆公之女怀嬴所追溯出来的始祖神话,它带有很深的风土渊源。炎黄之始或许源于陕、甘、晋等华西黄土地区,至于黄帝后来神通广大,遍及四隅,那是另一个阶段的故事了。

《尝麦》的"昔天二后"神话既涉及了炎、黄二后,也牵涉到蚩尤,黄帝与蚩尤之战是中国上古神话中的特洛伊战争。在战国、秦汉的文献中,有关黄帝、蚩尤之战的铺陈特别丰富:从人界打到天界,风伯、雨师也加入了这场爆发于无何有之乡的战局。虽然在《尝麦》这篇可能编成于西周的文献中,我们看不到黄帝、蚩尤之战与"绝地天通"主题的直接关系,然而,"蚩尤"是先秦文献记载的"绝地天通"事件中关键的角色,他以太初恶魔的形貌出现于"昔天之初",而且还和黄帝发生了一场神秘的太初之战,此事岂能无故?因为有蚩尤这位原始造反者的记载,我们很难相信《尝麦》可以脱离原始版的"绝地天通"的架构,何况此文还有"天用大成"的暗示。如果"秩序的失落与重建"是"绝地天通"叙述核心的环节,那么"昔天二后"的模式仍是"绝地天通"神话的一种变形。《尝麦》与《吕刑》

---

[1] 神话时期的地理位置很难证实,上述的理解参见白寿彝:《中国通史》(上海:上海人民出版社,1994),册3,页173—177。

有互文的关系,《吕刑》是《尚书》记载"绝地天通"题材最明确的一篇,但它的内涵其实也包含了"捞泥造陆"及"昔天二后"两种类型的开天辟地,只是其图像较晦涩,引而未发而已。

尧天舜日的三开辟

将"捞泥造陆"与"昔天二后"引而畅发的是《尧典》,或者说《尧典》系列的篇章。虽然《吕刑》明文记载了绝地天通的故事,作为文明开辟的第一章,它具有太初存有论的始源地位。何况记载此则神话的《吕刑》还融合了"捞泥造陆"神话与"诞作二后"神话,底蕴不弱。但《吕刑》的叙述确实只是张弓蓄势,未尽创世之意。更何况依其内容所示,"绝地天通"神话除了宇宙开辟的内涵外,还当包含解释人间各种文化的开辟的内容。所以,天地通路断绝、天地对分的格局形成后,接着还需要有再造人间秩序的叙述。《吕刑》确实也说及了灾后的重建工作,此文所说的伯夷、禹、稷三后即是创造人间礼法、政治地理与农业的神人。完整的"绝地天通"的神话除了要解释自然秩序的形成外,也要解释人文秩序如何从混乱中升起,《吕刑》对此进行了解释,但除了刑法外,其他文化领域的记载仍是简略。

《吕刑》省略的有待《尧典》补足,三后之名不仅在《吕刑》中出现,他们在《尧典》中再次出现了,而且故事更完整。大禹受任司空,"平水土,惟时懋哉";后稷也在"黎民阻饥"的情况下,受尧任命,"汝后稷播时百谷";伯夷则被任命为"秩宗","夙夜惟寅,直哉惟清"。《吕刑》与《尧典》的叙述自然有差异处,如《尧典》不说"三后"一词,但无其名不表示无其实:伯夷在《尧典》是任礼宗之职,在《吕刑》则是行"降典"功能的官员,更像做"司寇"的工作。但"降典"的"典"如果指向秩序,它应当包括积极意义上的礼仪"礼"以及消极意义上的礼仪禁忌、刑罚,《尧典》的伯夷与《吕刑》的伯夷两者其实是包含的关系,[1] 两者职务上的差别无改于结构功能及内容上的相似。二后之名及其职务同见于《吕刑》与《尧典》,它们如果没有源流相续或共享来源的关系,这些内容的相同是很难解释的。但《尧典》的内容详细多了,如何解释?

论及典范的"绝地天通"的议题,《尚书》中除了《吕刑》一篇外,我们更应当严肃考虑《尚书·尧典》的叙述。《尧典》是《尚书》首篇,它是被后人追忆出来并放置于历史开头的第一章,尧是第一位被置放在文明起源的天子。他在东周儒家典籍中的传布极广,地位极高。仲尼即"祖述尧舜",孟子也"言必称尧舜",但祖述尧舜者,何止孔、孟两人,任何儒者无不祖述之、称道之。朱子宣扬道统论,继承前贤之说,即以尧为始建者,他还说道:"尧是初头出治第一个圣人。《尚书·尧典》是第一篇典籍,说尧之德,都未下别字,'钦'是第一个字。如今看圣贤千言万语,大事小事,莫不本于敬。"[2] 第一复第一,尧是第一个圣人,《尧典》是第一篇文章,连朱子哲学最重要的德目"敬"字的出世都可溯源至第一个圣人尧的德行"钦"字。朱子对尧的扬誉极高,所论极切,更是明确地说尧是"出治第一个圣人"。

"出治"即出而治理世界,使世界文明化,儒家古史的建构即始于帝尧其人,就结构的功能而言,《尧典》叙述的是人文世界的创造,是后世儒家版的"绝地天通"。尧天舜日一直被视为儒家理想中的黄金岁月,它以往被置于三代之前,当代学者则多认为它发生于无何有之

---

[1] 反过来说,《尧典》说及的伯夷为"秩宗",此宗也要有"刑罚"的功能为之补充。《尧典》说及的"秩宗"职务的司寇职能由皋陶承担,后世言及刑罚职责,也多言及皋陶。
[2] 黎靖德编,王星贤点校:《朱子语类》,册1,卷12,页206。

乡的年代。相对于其他文明普遍地以宇宙开辟神话为"史"的首章,儒家的古史结构似乎特显人文化,特别带有后世儒家价值的色彩。我们不妨回想《尧典》此典的叙述是如何开头的:"曰若稽古,帝尧,曰放勋,钦明文思安安,允恭克让,光被四表,格于上下。克明俊德,以亲九族。九族既睦,平章百姓。百姓昭明,协和万邦。黎民于变时雍。"[1]帝尧真是天生的圣人,他一出现即是人君的典范,内外兼修,伦理齐备,自个人德行、家族伦理以至天下万邦的秩序,无不雍雍穆穆,共享淳风。《尧典》中没有我们看人世间的圣贤豪杰从事道德实践时,常会见到的角色冲突、善恶挣扎的情节,尧的人格不需发展,他是当下如如的静好美满。尧的时代具备乐园气象,他一出世,即人伦攸序。乍看之下,似乎看不出《尧典》和开辟神话的关联。

影响后世儒家价值体系这么深远的圣之系谱,它与绝地天通神话的关系真的只有结构功能上的相似性,内容却与开辟神话无关吗?笔者认为恰好不是如此,《尧典》所述刚好是人文化成之始,也是天文化成之始。乍看之下,《尧典》此篇的叙述主轴几乎都放在人间秩序的建构上,我们看不到天地被硬性分割的痕迹。然而,秩序建立之前理当有另一段待重拾山河的混乱岁月,没有大规模的混乱,何来如此大规模的秩序之建构。帝尧开天辟地的讯息早已蕴藏于《吕刑》中,我们还是得回头省视《吕刑》的记载。《吕刑》里执行绝地天通的"皇帝"不一定是颛顼,《国语·楚语》说是颛顼,"伪孔传"则认定"绝地天通"者是帝尧,而非颛顼。[2]郑玄也含糊其辞道:"皇帝

---

[1] 孔安国传,孔颖达疏:《尚书正义·尧典》,收入李学勤主编:《十三经注疏整理》,卷2,页29—31。
[2] 孔安国注:"君帝,帝尧也。哀矜众被戮者之不辜,乃报为虐者以威,诛遏绝苗民,使无世位在下国也。""君帝"一本作"皇帝",兹不考证。孔安国传,孔颖达疏:《尚书正义·吕刑》,收入李学勤主编:《十三经注疏整理本》,卷19,页631。

哀矜庶戮之不辜'至'罔有降格',皆说颛顼之事。……'皇帝清问'以下乃说尧事。"[1]一个主词在同一篇短文中前后指涉不同,造成理路跳脱,这是相当奇特之事。不但如此,东汉时期,谶纬之说大行,张衡深感忧虑,乃上书言其事。文中有言道:所有谶书都以为黄帝伐蚩尤,《诗谶》独以为"蚩尤败,然后尧受命"[2],言下之意,也就是伐蚩尤者当是尧。谶纬的叙述多怪诞,但未必全属向空虚构,怪诞之言往往源于神话,神话被采入经典即成为经文,谶纬之书有些记载看来也是有本的。

绝地天通者是颛顼?是尧?"昔天之初"的二后之一是黄帝?或是尧?神话的叙述很难提供确切的答案,但混乱未必不符合神话的逻辑。依据杨宽的说法,上古时期的"帝"通常指的是上帝,人间的五帝都是上帝的化身,尧也有上帝的身份。[3]至于尧与黄帝的混淆也不是不可解,事实上,黄帝与尧都带有日神的性质,两帝的形象特别"光被四表"。[4]帝尧如果曾"绝地天通",又曾打败蚩尤,并非不可思议之事。换言之,也就是帝尧是"绝地天通"创世与"昔天二后"创世的主要人物。至少,我们可以据此理解《尧典》文中的帝尧的形象。

如果绝地天通者是尧,那么《尧典》里大量的重构人间秩序的叙述就不那么突兀了。它前有所承,所承者正是一段由天地相通至天地不通的神话史的过程。在一个无法辨认的遂古之初,很可能是蚩尤作

---

[1] 孔颖达《尚书正义》引郑玄之说。孔安国传,孔颖达疏:《尚书正义·吕刑》,收入李学勤主编:《十三经注疏整理本》,卷19,页635。
[2] 范晔:《后汉书》(台北:中华书局,1965),《张衡列传》,册5,卷89,页10。
[3] 参见杨宽:《五帝传说之起源与组合》,见《中国上古史导论》,收入吕思勉、童书业编著:《古史辨》(上海:上海古籍出版社,1982),册7上,页246—269。
[4] 参见拙作:《黄帝与尧舜:先秦思想的两种天子观》,收入杨儒宾:《道家与古之道术》,页203—255。

乱引发的神话历史效应，使得原初和谐被撕裂了，彝伦攸斁。帝尧在上，他具有上帝的位格，见之大怒。依据神话版的蝴蝶效应，一个轻微的人间疏失就会影响到宇宙的运作，于是上帝做了神义论的惩罚，天人自此分离。接着，他再分派一些半人半神的传说人物建立事业，整顿秩序，永垂典范，儒家传统的第一位圣人出现了，他是以作为人文之祖的圣王出现于儒家的经典《尚书》的第一篇的。帝尧既有上帝的性格，但又具足作为历史人物的圣王形象，这种矛盾现象正是神话的基本特质。至于这一段"绝地天通"的关键性情节何以在今本《尚书·尧典》中脱落了，造成环节的失落，其过程不可知。笔者认为是故意删落的，也就是《尧典》将神话事件转述为人文事件；"绝地天通"情节的失落乃是后世哲人经由创造性的诠释——也可以说是创造性的破坏——蓄意去除掉这个叙事所致。

《尧典》何时成为目前通行的今文本《尚书》中的那种形象，或者经由何人写定、成为定本，很难查究了。但可以确定的是《尧典》成为《尚书》的第一篇以后，后世儒者对尧的理解，也可以说对转型了的神话的意义的理解即是透过《尧典》显现出来的。《尧典》里的尧也因为《尚书》这部经典的影响力，成了圣人中的圣人，典范中的典范，他的行事也因而成了后世君王效法的模型。但《尧典》在将宇宙之始的神话转化为人文之始的准历史事件中，并没有破坏性地将前者的因素一扫而光。恰好相反，《尧典》毋宁做的是转化、嫁接的工作，它吸收了原来神话的神圣意义，改造了原先神话的荒诞叙述，帝尧以崭新的形象重新登上历史的舞台。

笔者的诠释是有文本基础的，我们要举出另一则叙述，以兹证明。这则叙述太清楚了，因此很容易被忽略，此即"羲和"此官职提供的线索。"羲和"是执行"绝地天通"工作的神人，但我们现在看到最早其实也是最详细的羲和之官的工作内容却是见于《尧典》的记载,《尧典》的叙述比《吕刑》详细多了。尧帝是这样任命羲和工作的：敬授人时,历象日月星辰。接着,再分别展开中国文献学史上规划最详尽,也可以说规模最大的一次重奠乾坤的工作。由于此义在以往的儒学研究中尚未充分展开,本书再略进数言。

> 分命羲仲,宅嵎夷,曰旸谷。寅宾出日,平秩东作。日中,星鸟,以殷仲春,厥民析,鸟兽孳尾。

> 申命羲叔,宅南交。平秩南讹,敬致。日永,星火,以正仲夏。厥民因,鸟兽希革。

> 分命和仲,宅西,曰昧谷。寅饯纳日,平秩西成。宵中,星虚,以殷仲秋。厥民夷,鸟兽毛毨。

> 申命和叔,宅朔方,曰幽都。平在朔易。日短,星昴,以正仲冬。厥民隩,鸟兽氄毛。[1]

羲和四兄弟的工程极大,如果说这是帝尧施政所兴的第一道工程,显然他做的工作不是人间帝王可以胜任的事,他不仅肩负人间事务的重担,而且还要统管宇宙事务。上述的引文文字古奥,内容也颇离奇。但羲仲、羲叔、和仲、和叔四兄弟的工作一字排开,结构却又清清楚楚。

首先,他们分别坐落在东、南、西、北方的一个地区,定位了空

---

[1] 以上引文参见孔安国传,孔颖达疏：《尚书正义·尧典》,收入李学勤主编：《十三经注疏整理本》,卷2,页33—35。

间。"四"是秩序原理,曼荼罗结构的秘密。四兄弟分割了空间四方,也可以说体现了天地四方。对初民而言,"四"这个数字概念不能从神话空间抽离出来,"四"所指涉的物理空间的概念对初民而言也太抽象了,缺乏意义感。只有代表方位的神人居于其间,空间通过神人的形象进入人的意识,空间的性质变形了、具有浓厚的情感色泽,它才变成了意义的世界。

其次,他们于四方分别观察太阳的行程,测定了时间。经文所述"平秩东作""平秩南讹""平秩西成""平在朔易"四词文义艰涩,可能来自于古老的专业术语。从孔安国、孔颖达以下,皆解作依天文以农耕之义。但我们有理由相信这四词所指不当是农作之事,而是描述太阳与月亮的行程,属于天文学语汇,而非农学语汇。[1]在羲仲、和仲处——也就是春、秋两季,他们还要举行迎日、送日的仪式。

第三,在原初的世界秩序中,四方分别居住析、因、夷、隩四民,这四民之名何所来,其义云何,一向是《尚书》学的难题。20世纪殷墟考古大兴,由于有几块记载四方风的甲骨出土,问题的解决才露出曙光。《尧典》的定本不管成于何时,它的记载基于"古层",应是合理的设定。《尧典》的四民能得到甲骨文的印证,已令人啧啧称奇,再经由《山海经》的印证后,学者赫然发现这四民是四方风神的改写,四方风神也是四季神,此义基本上已获得学界的共识。

第四,在四地区、四段太阳行程、四方风之外,也就是在时间、空间的创造外,另有四种与之配合的星辰与鸟兽型态的叙述,也就是

---

[1] 平秩东作,辨秩东始也。平秩西成,成,平也。曾运乾引陈寿祺《左海文集》之说,力主其言乃指春、秋致月之事。"寅宾出日,平秩东作。""寅饯纳日,平秩西成。"言日月之行于是始,日月之行于是正而平。"平秩南讹"与"平在朔易"也都是冬、夏致日之事。前人于东作、南讹、西成、朔易四者,均就农事泛言,按之历法及文例,均有未合。参见曾运乾:《尚书正读》(北京:中华书局,2015),页5—12。

自然的创造完成了。尧的第一道工程的内容极特别，它涵盖了天文、地理、鸟兽，人文之祖的工作越过了"人文"的范围，他也要为自然负责。

我们说《尧典》涵盖天文、地理，还不只是一般的天文、地理的特殊内涵，如草木鸟兽的分布或时令节气的变化，这些内容当然都是有的，但更重要的乃是羲和的工作，即设定时、空本身的结构，也就是设定康德所说的作为一切知识前提的形式。在邃古时期，时间意识的形成往往离不开天文的架构：太阳每岁、每日的行踪自东徂西，月亮每个月固定的圆缺弦变，永恒如是，规则如是，这种定时循环的节奏最易形成时间的概念。四方风的变化，则容易带来四时季节的转移——不是季节变了，带来不同的风，而是不同的风带来季节的变化。经过这么繁复的工程后，一年三百六十六日，"以闰月定四时成岁"的架构终于完成。尔后，尧接着再做人间的政治事务。

《尧典》里的时空建设的内容太清楚了，强光眯遮了瞳孔，其意义反而容易遭到忽视，但此事和《尧典》开天辟地的内涵有关，不容错过。我们不妨再观看《舜典》下半部所记舜代尧之职、巡守四方的叙述："岁二月，东巡守，至于岱宗，柴，望秩于山川，肆觐东后。协时月正日，同律度量衡。修五礼、五玉、三帛、二生、一死贽，如五器，卒乃复。"接着就是"五月南巡守，至于南岳，如岱礼"，"八月西巡守，至于西岳，如初"，"十有一月朔巡守，至于北岳，如西礼"。舜的巡守是亘古洪荒第一次的"帝"的行程，是曼荼罗的图示：时间空间化，空间时间化，时空一体化。舜帝先于四时巡四方，在四岳行燎烟之柴祭，上告天帝。并于此时协调四时月日，调整宇宙时钟，还要整齐"律、度、量、衡"，也就是整齐用以衡量人间事务的诸种标准。四岳可说是四方的宇宙山，在宇宙山行柴祭则是升中于天。舜的工作可说是圣化空间的工程，他再度强化了羲和的工作。

巡守完毕后，舜还做了两件与圣化空间有关的工作，一是"肇十有二州，封十有二山，浚川"。这项工作真像大禹治水后的工程，事实上，我们真可以这么联想。因为两则故事都是整治山川，标名山川，也就是将自然的山川纳入人文的秩序当中，其义下文处理。舜做的另外一项工作是"流共工于幽州，放驩兜于崇山，窜三苗于三危，殛鲧于羽山，四罪而天下咸服"。这则故事的表层结构说的是流放四凶于四裔的情节，但深层结构说的是共工、驩兜、三苗、鲧这四凶所代表的混乱被流放到四方边际去，中土净化了，世界自然就上了轨道。流放四凶于四裔仍是象征性的神话故事，此故事可以视为圣化空间的叙述。

依据《尧典》的叙述，舜做完流放四凶的工作后，尧即殒命，舜帝继位。尧在位期间，他做的工作最重要的有两项，一是透过羲和兄弟的坐镇四方与舜的巡守两个步骤，建构时间、空间的架构，二是找到舜这位继承者，并禅让帝位给他。尧舜时期的伟大文化创造基本上是舜在位期间完成的，例如禹平水土，后稷播百谷，契敬敷五教，皋陶作士（大理官），垂共工利器，益驯草木鸟兽，伯夷典三礼，夔典乐，龙为纳言；这些都是舜的治绩，《尧典》做了详尽而生动的记述。遥远的上古时期，舜接了尧的棒，他继续整顿乾坤的工作。

《尧典》的内容基本上由尧、舜两人的政治事迹组成，它描述的是太初时期的秩序的构造，太初秩序的形成经由三个阶段：首先是时空秩序的确定，其次是尧舜禅让的天子继位制度的出现，三是文明制度，如农业、教育、刑法、礼制、音乐、工艺等诸种人间重要活动由此建立。我们观看这三个阶段的秩序的建立，与《尚书·吕刑》《山海经·大荒西经》的叙述稍作比较，不难发现它除了缺少"天地之道断绝"的叙述外，与"绝地天通"神话的其他情节如出一辙，不，应该说《尧典》的叙述更完整，也更具人文性格。而它缺乏的"天地之道断绝"的叙述，我们如稍加爬梳，不难发现除了"断绝"这个原始的创伤之外，其他的情节都更完整地蕴含于《尧典》的文本中。何况尧败蚩尤，受命而王，并非没有文本的依据。《尧典》缺乏上帝震怒、命令重黎绝地天通那一幕，应当是《尧典》作者做了神话批判的结果。

我们试比较《吕刑》与《尧典》两文，不难发现《尧典》是扩大版而且是精致版的《吕刑》，《吕刑》的"绝地天通"神话主要是为人间的刑法悬起神圣的帷幕，《尧典》则是通过三种创世神话的整编，亦即《尧典》一文包含了"捞泥造陆"与"昔天二后"及其扩大版"绝地天通"的神话，为人间的整体文化奠下了存有的根基，它补足了《吕刑》的疏漏，可以说是"绝地天通"神话的完成者。

《尧典》系列的智慧

论及儒家哲学的起源，我们可以将"绝地天通"这则神话事件当作精神发展的开端、文明的奠基工程。在此事件之前，人人活在巫教文明的氛围下，一种未断裂的整体的氛围笼罩了一切。没有罪恶，也就没有道德；没有过错，也就没有律法；没有失序，也就没有秩序。历史未开展，个性未开展，死生、天人、群我未分裂，因此，也没有"思"的可能。这是个乐园，却不是作为天壤间特殊种属的"人"适合居住的园地。

"绝地天通"的典型叙述以及这个词语，主要见于《尚书·吕刑》及《国语·楚语》所说的颛顼令重黎绝地天通的故事。除了《尚书·吕刑》《国语·楚语》外，对于另外两种有关天地开辟的神话，亦即《逸周书·尝麦》所说的"昔天之初，诞作二后"，以及《尚书·禹贡》所说的洪水滔天、息壤造陆的情节，我们仔细分析其内容，发现这两篇的文字也都带有开辟神话的内涵。甚至《洪范》一文——此文可视为捞泥造陆神话的一环——也可并入开辟神话的架构下考虑。"捞泥造陆"与"昔天二后"的题材在《吕刑》都可见到，它们都化为"绝地天通"神话的一环。但中国经典中，如论"绝地天通"此神话的内涵，窃以为意义最丰富而完整者当是《尧典》。尧以"人文之祖"的身份出现于《尧典》之中，《尧典》此篇经典则冠于《尚书》第一篇，引领历史展现它的行程。《尧典》此文的人文气息浓，儒家的政治哲学可以说建立在它的基础上。但我们分析它的情节，不难发现它虽然已经历过对神话的批判，但整体结构依然坚固地建立在"绝地天通"的基础上，"绝地天通"不是帝尧开创人文传统的前尘往事，它实质上已化为此篇鸿文巨制实质的血肉，为之做好奠基的工作。为什么上述五则来自《尚书》与《逸周书》的不同叙述（《尧典》《吕刑》《禹贡》《洪范》《尝麦》），都有开天辟地的神话题材？为什么这些来源不同的开天辟地的神话最后又统于《尧典》所代表的经典中，并创造出了更丰富的内容？

笔者认为《尚书》所以隐藏了那么多种类型的开天辟地的创造神话，很重要的原因当是远古中国由多族文明组成，每个民族很可能拥有不同的对世界始源的想象。20世纪的学者探讨上古文明的分类时，持二分说（如傅斯年的夷夏东西说）、[1]三分说（如徐旭生的华夏、东夷、苗蛮三分说）、[2]四分说（如印顺的神羊［姜］、神鸟［夷］、神鱼

---

[1] 傅斯年:《夷夏东西说》，收入陈槃等校订增补:《傅斯年全集》(台北：联经出版，1980)，册3，页86—157。
[2] 徐炳昶（旭生）:《中国古史的传说时代》，页2—164。

［鱼］、神龙［氏］的说法）[1]者皆有之。进入 21 世纪，经过近一个世以来中国考古学的突飞猛进，中国的考古业绩出人意表，中国上古文明的灿烂、多元，已不待多言——关键还不在多元，而是多元中的交流。我们仅以良渚文明的传播为例：具有良渚特色的琮在四川的金沙文明、陕西的石峁文明皆有发现；牙璋这种特别的礼器，我们在中国内地各地、香港，甚至南到越北，皆有发现。这么密切的交流，不可能只交流"物"之文明，它不可能没有将支持"物"之文明的价值理念带进来——物的交流总会带来物的象征的交流。

在我们上述所说的"绝地天通""昔天二后""捞泥造陆"的创世神话母题中，"捞泥造陆"母题与洪水传说、鲧禹故事关联甚深。夏朝的起源、文化性质如何，乃是当代中国考古学界关心的一大议题。1959 年徐旭生一团豫西之行，探索夏文化遗址，此事乃是当时文物考古领域的一大事因缘。夏文化的性质问题，已超出笔者的能力所及，门外汉不宜说出一些门外话；如依据傅斯年《夷夏东西说》此名文所示，夏应该位于中国西部，但从见于《吴越春秋》《越绝书》等先秦古籍的记载，或分布于浙江的禹穴、会稽等与夏文化有关的地方来看，夏与吴越地区有密切的文化关联，或许不是突兀之说。而依据当代人类学的研究，吴越地区与环太平洋文化有关，或许也不是无根游谈。吴越早期文化如可视为环太平洋文化中的一环，说它和其他的文明共享了共通的文化底层，就不是无稽之谈了，而是上古史一个值得注目的现象。我们如说"捞泥造陆"的神话来自东方海滨的文化，或许江浙的良渚文化或环渤海区的大汶口文化与之相关，应该不失为一个合理的假设。

如果"捞泥造陆"神话、鲧禹传说、环太平洋文化是一系，底

---

[1] 印顺：《中国古代民族神话与文化之研究》（新竹：正闻出版社，2005）。

蕴相通，二后神话当与黄帝传说、姜族文化有关。"黄帝"学说在战国时期大盛，三晋地区是黄帝学说大盛的地区；炎、黄以姜水、姬水成，最后却"用师以相济"，这样的讯息相当古老，或许与晋、陕、甘地区的传统有关。燕齐海滨也可以看到它频繁的足迹，战国以后，黄帝学说与稷下学派的关系非比寻常。如果依马王堆出土黄老帛书来看，黄帝学说与楚文化的关系也足以成说。黄帝后来所以成为华夏民族共祖，司马迁也以他为历史起源，其原因当与黄帝的传闻特别广有关系。如果我们往上追溯黄帝传说的根源，并换成考古学的语言的话，也许多少和三种文化的混合有关，亦即红山文化—夏家店文化一线、庙底沟文化—夏商文化一线，还有河套地区的青铜文化，这三种文化交集于今日河北的涿鹿地区。[1]华西地区、河套地区的先史文明的性质是个颇饶趣味的学术议题，晚清民国时期，颇盛行文化西来说，连王国维、闻一多、苏雪林等学者都曾为之目醉神迷，所谓"回首西陲势渺茫，东迁种族几星霜。何当踏破双芒屐，却上昆仑望故乡"[2]。"中国文化西来说"在当代学界似已声歇，但我们如说先史时期的华西地区，中西各民族往来频繁，其时的中原文明曾受西边影响，此说或许仍不算过时。[3]

在本章所说的三个天地开辟的神话中，典型的"绝地天通"的神话源头不易溯源，从"苗民弗用灵"之语来看，它可能与西南方的苗族文明有关。在蚩尤神话中，这位捣乱宇宙秩序的原始恶人是被视

---

[1] 参见郭大顺：《追寻五帝》（香港：香港商务印书馆，2000），页113—116。
[2] 王国维：《咏史二十首·其一》，王氏生前未刊行，卒后始由吴宓刊载于《学衡》，第66期（1928年11月）。参见吴宓：《王国维咏史诗》，收入吴宓：《空轩诗话》（台北：鼎文书局，1979），页18。
[3] 易华《夷夏先后说》是部有趣的书，他力主黄帝代表来自西北的游牧民族领袖，他将来自域外的青铜文明、战争文化带入中原。参见易华：《夷夏先后说》（北京：民族出版社，2012），页55—60。

为苗民领袖的,这位领袖率领苗民造上帝的反,最后才导致天地的撕裂,人天永隔。但类似"绝地天通"的主题常见于萨满教流行地区,萨满教在中国东北、西北相当流行,所以它的混合性更强。而且依据前文分析,《尧典》系列的"绝地天通"的神话叙述结构更稳固,它事实上并合了另外两种开辟神话("捞泥造陆"与"昔天二后")的意义。这两种天地开辟神话与"绝地天通"神话混同,化为文明起源的尧舜原型。尧舜叙述建立在扩大版的绝地天通情节的基盘上,但构成更有机而完整的"原型"的意义,它永为后世有国者的典范。《尧典》为何要整合三种类型的天地开辟神话?为何当时有三种天地开辟神话?如前所述,我们或许可以从三代之前的族群的多元性以及各地区的文明交流获得一些进入的线索。这是历史的解释,但历史的解释之外或许还有些更重要的因素可谈。

"绝地天通"神话无疑很符合伊利亚德的开天辟地神话"原型"的说法,天地的开辟是一切开辟的基础,是原型中的原型。但在儒家的传统内,我们却发现"绝地天通"的故事被尧舜论述取代了,或者不该说取代,而是转化;"绝地天通"的内涵融入尧舜论述之中,后者成为更成熟也更具精神内涵的绝地天通的构造。在作为儒家人文叙述典范的《尚书》中,尧而不是颛顼,才是历史的起源,精神发展的开端。尧舜事迹具有基源的存有论的位置,尧舜事迹转化而成的象征事件乃是人文活动最终的基础与典范。

在上古几则开辟神话中,就表层叙述而言,《尧典》的叙述并不典型,尧的神性也不如颛顼、黄帝甚至大禹来得强,因为关键性的"天地撕裂"此重要情节未见突出。但在"从神话到哲学"的演变过程中,尧的地位却最后胜出,超迈诸帝。"命重黎绝地天通"的帝尧吸纳了捞泥造陆神话的大禹的事迹,在《尚书》及后代的各种叙述中,洪水此奇特的宇宙性灾祸事件,常被安置在帝尧时代发生,而大禹出现的历史也总排在帝尧之后。不但如此，即使"昔天之初，诞作二后"的黄帝、蚩尤之争的起源神话相当古老，黄帝的地位实质上也让给了尧。就二后神话的表层叙述结构而言，二后神话说的是黄帝与蚩尤之争。但就历史的结构而言，反而是尧与黄帝之争。尧与黄帝有太多的类似点：两者皆有日神的属性，皆有人文之祖的印记，皆为太初的君王。但在后世的儒家传统中，黄帝除了在《易经》与《大戴礼记》露面一两次外，再无踪迹。他的影响主要见于黄老道家、兵家、阴阳家、法家。至于成为孔子以下历代儒者向往典范的厥为尧，或者说尧舜，孔、思、孟、荀无不如此，"致君尧舜上"是历代儒者共同的理想，黄帝实质上已融入尧的叙事构造中。"黄帝"后来的荣运，如秦汉之后成为周边各民族的始祖，在20世纪更成了人文始祖、中华民族的共祖，这是另一个阶段的故事。[1] 在19世纪之前的儒家传统中，一切价值的提供者基本上是帝尧。

《尧典》或《虞夏书》的内容从何而来？何时编成的？大概不容易找到明确的证据，一言而定。但如果我们笼统地将它的内容当作后人对远古的追忆，一种发生于经典成立初期的叙述，大概是不会有问题的——虽然这种叙述也是经过后人诠释的追述，追述的内容到底反映的是被追述时期的事还是追述者本人的意识，不容易分，但透过合理的诠释过程，其精神应该还是可以考索出来的。通过较细致的文本分析，我们发现"绝地天通"的神话主题在《尚书》中除蕴藏在《周书》的《吕刑》外，《虞夏书》中的《尧典》《皋陶谟》以及《禹贡》，还有《周书》的《洪范》皆可见到，彼此互文，交相诠释，《尧典》尤其起了总揽全局的作用，起了引领《尧典》系列诸议题的功能。

---

[1] 详细的内涵参见沈松侨：《我以我血荐轩辕——黄帝神话与晚清的国族建构》，载《台湾社会研究季刊》，第28期（1997年12月），页1—77。

《尚书》这些篇章为什么会散在全书各部分，而没有集中在全书前头，作为文明起源的叙述，详情不得而知。不得而知的原因除了《尚书》经历严重的散佚、全貌难窥外，主要是我们对《尚书》编著的原则与编者了解也不够充分，无法进入"作者原意"这个诠释学的谜团。然而，我们将这些篇章视为同一系统的文献看待，笔者称之为《尧典》系列，也许可以看出些端倪。白川静早年撰有《吕刑系统書篇について》[1]一文，对《尚书》各篇章的关联做了介绍，他将记载内容与"绝地天通"有关的篇章合为一组，《尚书》中的《吕刑》与《尧典》《皋陶谟》被他编为一组，隶属内涵相互支持的同一个系统，他称作"《吕刑》系统"。白川静的主要考虑点是这三篇都是主要由神话题材所构成的古代圣王的叙述，他说的神话当然是以"绝地天通"的议题为主导的。白川静透过较详细的文本分析以及文字的解释，指出《吕刑》与《尧典》《皋陶谟》有类似的构成法。其分析与笔者上述的说法颇近似，白川静的解释当然早多了，分析也更仔细。

白川静此文是针对日本汉学前辈学者中江丑吉的《尚书》学的一个观点而来，中江丑吉研究《尚书》，将廿九篇章分成五个系统：这五个系统中有《尧典》系，下辖《尧典》《舜典》《皋陶谟》及《益稷》四篇；另有《洪范》一系，下辖另外几篇。至于《吕刑》一篇则属于《康诰》系。白川静对中江丑吉的分类原则及分类内容皆有所批评，主要的修正就是将中江丑吉的《尧典》一系归到《吕刑》一系之名下。笔者同意白川静的重新归类，他的分类更有理据。但基于经学的理由，笔者认为《尚书·吕刑》包含的创世神话的题材虽然颇完整而显赫，但此篇文章在《尚书》一书中的地位显然不如《尧典》，绝

---

[1] 参见白川静：《神話と思想》，收入《白川静著作集》（东京：平凡社，1999），卷6，页245—259。

地天通后的人文秩序的建立之叙述也远不如《尧典》，甚至"绝地天通"事件中的关键性神人重黎、羲和的叙述，《尧典》的载录也完整多了。《尧典》对"绝地天通"题材的"绝"字诚然着墨不足，但其不足却是种转化，而且此篇对于混乱中"度"（秩序）的考量更形突出，与其他篇章的联结更构成了一组有深刻意义的关联网。笔者基于上述各篇章的互文性，以及《尧典》在《尚书》及儒家传统的重要性，还有《尧典》对于人文化成工作的大量铺陈，将《尧典》置于《吕刑》之上。

笔者所以要重整白川静的组合，另一个重要的原因是白川静对于《吕刑》与《尧典》蕴含的其他创世神话的题材没有给予太大的注意，笔者认为"绝地天通"的神话主题进入了《尚书·尧典》此经典中，经过了我们不知其详的转化工程，产生了意义的变形后，它不但拥有了经典人文化成的作用，神话叙述与文明叙述达成了有机的结盟，同样重要的是，它也与其他的创世神话母题，如"捞泥造陆"及"昔天二后"的神话，达成了有机的融合。所以我们重组《尚书》中的创世神话的篇章时，有理由更进一步将关于洪水神话的《禹贡》与《洪范》也列入《尧典》系列中，而且扩大版的"绝地天通"神话叙述系列只能以《尧典》为首，联结其他各篇，组成《尧典》系列。

《尚书》的《尧典》系列各篇章已经构成了一个相当完整的绝地天通的叙述，如果再加上与《尚书》有相当密切的关联的《逸周书》的《尝麦》，我们将看到这些篇章互相指涉，实质上形成了意义相当完整的创世神话的情节。《尚书》追溯文明的起源，显然经历了某位不知名的圣王天才式的转化，骨子里仍是建立在"绝地天通"的神话叙述上；文明批判了神话，转化了神话，最终吸纳了神话，只是这则神话叙述又经过了特别的历史文化的过程。我们现在经过逆历史的反溯过程，发现《尚书》对于三代之前历史的理解，固然依循着"绝地天通"的架构；它所呈现的三代的体系，包含夏代的鲧禹治水、商周之际的箕子洪范，这些内容也仍在"绝地天通"神话的巨大叙事的笼罩中。"绝地天通"的叙事经过经典的过滤与调整作用，与遥远的三代传说结盟，一起化为后世夏、商、周之史的部分内容，牢不可分。"隆比三代"更成为后世中国历朝施政的目标，不管它被实践到什么程度，但终究是个理想主义的理念。

《尧典》里的帝尧朝廷的理想色彩太明显了，它树立了一种道德政治的典范。但我们如看"昔天之初"在帝尧朝廷上献言行事的君臣，不难看出大规模的人文精神的转换工作，此文不仅将三种创世神话熔为一炉，还统合了以往不同族群对太初的想象。当日帝舜咨询的二十二人当中，有契此商民族祖先，稷此周民族祖先，还有虎、豹、熊、罴、[1]夔、龙这样的大臣，这些大臣顾名思义，大概可以确认是从神话动物转换成的神秘人物。即使我们从图腾的角度解释帝舜朝廷里上奏的这些怪兽，依图腾时代的思考方式，图腾动物与它所代表的族群仍可等同视之，虎、豹、熊、罴、夔、龙等图腾动物即是此图腾动物所象征之人或民族。帝尧时期是儒家政治的理想国，但我们看出人才济济、文质彬彬的帝舜朝廷蕴藏了神话伦理化的巨大工程。

儒家经典并不缺乏神话，也不是毁灭神话，神话是不可能被毁灭的，它只能被转化。这种神话议题的融合转化似乎不是出之于纯理论的兴趣，它应当是建立在现实的基础上，很可能反映先史时期华夏大地上各民族往来、冲突、协商以至融合的结构。最终，它形成了创世事件与三代叙述的整合，《尧典》自混沌中崛起。中国古代文明被视为精神一贯相连的纵贯轴，连绵不绝，前后呼应，这是《尚书》的智慧。

---

[1]《尧典》里的名称是朱、虎、熊、罴，笔者认为朱、虎、熊、罴当是《山海经》里常见的"四鸟"：虎、豹、熊、罴。

结论:"度"之书的出现

　　世界的起源是神话的重要议题,有各种竞争的类型。经过长期竞合的过程,《尧典》转化版的"绝地天通"最后胜出,而且成为人文化成的典范事件,当然这桩事件中间得经历曲折的改编过程,改编过程也就是再诠释的过程。我们不会忘掉两个平行的事实及问题透露出来的讯息:首先,为什么《尧典》这么具有儒家价值的叙述在《尚书》中会被编排在历史的第一章,尧成了第一位圣人?另一个是为什么在先秦时期帝尧会成为儒家传统最重要的圣人,《论语》《荀子》《孟子》这些典籍中带有道统意义的篇章都以尧作为文明的开头?这两个平行的现象看来不会是巧合,帝尧这位传说中的古帝应该不会留有太多的事迹以供东周的儒者考证索取,如果博学如孔子,连他都感叹杞宋文献不足以证实夏商的文明,那么,他又如何证实帝尧呢?但孔子对这位古帝却大加礼赞。看来,帝尧性格的确立与《尧典》的编成应该和儒家的传统有关。

　　如果儒家传统介入帝尧与《尧典》的塑造,也许我们还应该严肃考虑底下另一个为什么:为什么第一次经书大集结时代的汉代的经学家多认为《尚书》为孔子手编,甚至《尚书序》都是孔子写的?没有了孔子,《尚书》的意义即无从谈起。孔子说:"唯天为大,唯尧则之。荡荡乎!民无能名焉。"(《论语·泰伯》)对于尧之德,孔子不只怀之,"仲尼祖述尧舜"(《中庸》),他多少已"辩之以相示"了。在确立帝尧的象征意义的儒家传统中,几乎可以确定,孔子居间扮演极重要的角色。

　　不论《尧典》是否"曾经圣人手",但《尧典》的叙述构成了后世儒者对于原初历史的想象,这个原初历史的形象具有原型的地位,这是确定无疑的。尧的人格及"由个人至天下"的实践步骤构成了后世儒家实践论的标准程序；尧舜禅让成了后世政治的楷模；时空秩序的安顿被视为人间秩序之祖；天下观的模式则成为尔后国际政治观的祖型；刑法、诗歌、教育在人间秩序的建构上居有优先的地位，这些人文活动都可在《尧典》中找到原型。"绝地天通"的神话如果不只是记载一则发生于遂古之初的幽渺事件，而是为尔后的"人在天地间"的实践铺陈背景，那么，"绝地天通"情节的变化无异于人文精神对神话意识的批判性地转化，这个演变过程毋宁是合理的发展。《尧典》故事作为"绝地天通"神话主题的演进，它不是背叛了母体，而是精进了母体，它不折不扣地是"绝地天通"叙述最佳的范本。

作为"绝地天通"模板的《尧典》何以脱落掉天地断绝这一段关键性叙述？或者反过来说，《尧典》何以人文化成上古的创世痕迹时，代之以尧的人格以及"修身、齐家、治国、平天下"的内涵，使道德叙述成为一切创造中之首要，拥有了"基源存有论"的位置？由于作者不可考，作者真正的意图也跟着不可考了，但文本清清楚楚，它自行展开了经典的意图。我们应该可以确定目前的《尧典》的架构，甚至《尚书》内容的安排，乃是儒家价值意识渗入的结果。关于文明初期的理念，东周时期的文献有较详细的叙述，当时的诸子百家对于作为历史源头的初民社会都有想象。在《老子》的想象中，原初的社会是小国寡民、社会未分化发展的社群，一切处在混沌的和谐中。在《韩非子》的想象中，原始的社会是暴力而混乱的社会，秩序是由混乱中生起的。虚无起源说与混乱起源说是东周时期常见的论述。

"绝地天通"神话的原初混乱状态大概很不合儒家的价值意识，原初的未分化之混沌也不是儒家擅长运用的模式，我们观看《尚书》中与"绝地天通"有关的章节，不管是尧舜的行政措施、大禹治水后"主名山川"的伟绩、箕子所陈述的上帝下赐人间的洪范九畴，还是

"昔天二后"神话的"皇帝"在平定蚩尤之乱后的"天用大成",这些叙述的主轴都是"度"的建立,度是秩序。《尚书》中的"度"包含了自然秩序、人文秩序与个体的德性秩序,横贯这些绝地天通系列文献的内容常是三"度"并立,度是对存有根源的肯定。确立"度"即确立秩序,我们应该正视《逸周书》中一篇与"度"有关的篇章《度训》的内容的意义。以往的研究往往将这一篇章的年代往后拉,意义通常也就跟着往下降。现在由于清华简《命训》的公布,[1]我们对于包含《命训》在内的"三训"《度训》《命训》《常训》的年代已宜重估,我们现在或许该正视它们可能是西周时期的文献。[2]"三训"中的《度训》是《逸周书》的第一篇,应该更受重视。此篇破题即言"天生民而制其度,度小大以正,权轻重以极,明本末以立中"。上天生民,首先就要"制其度",对"度"的考量是创世神话常见的题材,汉画像中的《伏羲女娲持规矩图》也是此义。没有度(秩序)就没有人的世界,《逸周书》第一篇《度训》想传达的内容和《尧典》的内容是一致的。

如果"度"与中国神话关系如此密切,我们可以合理地设定它与中国文明有极密切的联结,《尧典》何以胜出也就不难了解。我们可以设想在一个难以实证的年代,"度"的意识抬头,混乱起源说不为缙绅先生所喜;"绝地天通"的神话情节经由古之君子之手,它的蛮荒性质变淡了,精神的规范意义增强;神话的上帝化为人间秩序奠基者的帝尧,记载帝尧事迹的载录即成为《尧典》。帝尧性格的确立与

---

[1] 参见清华大学出土文献研究与保护中心编,李学勤主编:《清华大学藏战国竹简(伍)》(上海:中西书局,2015)。
[2] 参见季旭升:《谈〈洪范〉"皇极"与〈命训〉"六极"》,收入复旦大学出土文献与古文字研究中心、耶鲁-新加坡国立大学学院陈振传基金汉学研究委员会合编:《出土文献与中国古典学》(上海:中西书局,2018),页135—152。

《尧典》的编成既有对古代神话的批判，也有回应远古时期民族冲突的用意。它收编了三种类型的开辟神话的情节，转化巫教内容为礼乐教化内容。完成转化功能的《尧典》一旦变为儒门圣典，"太初存有论"的架构即不能不融入"圣贤存有论"的架构内，巫术的幽暗之力转化为建构地平天成的能量，天人相通的管道事实上更稳固地建立起来，更合理的世界秩序也因此建立。

原初的世界有度，所以原初的世界有德，所以原初的世界有理。前后游观儒学发展的全程，我们或许可以理解帝尧为何成为文明的第一人：历史自此开始了。

第四章

大禹与九州原理

本章初稿刊于《杭州师范大学学报（社会科学版）》，2020年第4期，页1—19。

前言：良渚文明的讯息

儒家道统中的人物依设想的时序安排，尧、舜居首，次为大禹，朱子《中庸章句序》所说即是如此，往上溯源韩愈《原道》，所说亦是如此。这样的序谱继承先秦儒家的讲法而来：《论语》最后一篇《尧曰》论"天之历数在尔躬，允执其中"[1]，即引尧、舜、禹代代相传之言；《孟子·尽心下》最后一章论"五百年必有王者兴"，也是依尧、舜、禹的次序。从孔、孟以下一直到民国成立前，尧、舜、禹、汤、文、武、周公、孔子这样的圣人系谱虽不是没有变动，[2]但上述这些圣王大体被包含在内，他们形成儒家价值体系的纵贯轴，其学不会被质疑，其象征的价值更被奉行，朱子名之曰"道统"，良有以也。

---

[1] 何晏注，邢昺疏：《论语注疏》，收入李学勤主编：《十三经注疏整理本》，卷20，页302。
[2] 比较重要的变化是"伏羲""黄帝"两人扮演的角色，前者和《易经》的形成相关，后者则有"尚象制器"的功德，所以多曾被列为道统系列中的圣人。由于《易经》在形塑儒家世界观上影响极大，伏羲所扮演的角色对儒家哲学而言相对更重要。但黄帝带有强烈的国族共祖色彩，在近世的国体论述中，其地位又远非其他圣王可以比拟。历史起源于伏羲、黄帝或起源于唐尧，意义不同，但尧、舜领航的历史观的内涵更为丰富，此朱子的道统观所以肇始于尧舜。道统人物之增损不是本章的主要关怀，兹不赘述。

道统论系谱中的圣人，从商汤以下，大概都是真实人物，他们如不是圣王，就是素王。商汤之前的尧、舜、禹的性质不好确定，可确定的是他们即使曾是历史人物，也多受凡麦化了，尧、舜尤为明显。在本书第三章"帝尧与绝地天通"，笔者探讨了帝尧其人及《尚书·尧典》其文在儒学史上的意义，笔者认为被视为中国文明史的第一章的《尧典》及作为文明之祖的帝尧，其意义都不能只限于在文明开辟的架构下理解，帝尧其实带有日神及上帝的性质，而《尧典》此文既指向了中国文明的开辟，也指向了世界的开辟。《尧典》此文不但绾结了文明开辟与世界开辟两个因素，它的世界开辟因素还包含了"绝地天通""昔天二后"以及"捞泥造陆"三种天地开辟的类型；一种开辟，三种类型，而且与三种开辟有关的神话人物共聚于"昔天之初"（或说"曰若稽古"）的时代，他们都是帝尧王朝的官员，大家共同为自然秩序及人文秩序的建立努力，最后建立起理想的王国，永为后世的典范。

　　笔者上述的结论是通过较密集的文献分析而获得的，主要的对照系统是与《尧典》同属《尚书》篇章的《皋陶谟》《禹贡》《洪范》《吕刑》，以及《逸周书》[1]的《尝麦》。笔者将上述《尚书》的相关篇章视为《尧典》系列。《尧典》一文之所以会包含三种类型的创世神话，而且含创世因素于文明的创造中，是因为这种篇章的结构出自业已佚名的原经学时期儒者的伟大创造。《尧典》融三种创世模式于一，这种融贯的精神反映了先周时期多元的族群活跃于华夏大地上，他们各有世界观，也各有创世神话，曾冲突，曾交流，经过长期的互动过程后，形成宽松而统一的政治形态，拥有共享的文明传统。三种创世模式不是排他的，而是在融合中共享彼此的内容；它们在圣王帝尧的名义下，将世界的创造事件融入文明创造的构造，最后完成天人关系

---

[1]《逸周书》从今名，其书书名理当称作"周书"。

的整合，形成典范性的人间模式，《尧典》就是这种历史过程的结晶。《尚书》各篇章中，叙述结构和《尧典》最接近的当是《吕刑》，《吕刑》写成的年代为周穆王时期，[1]内容应当来自更久远的传说年代。在仪式中颂扬先祖事迹，尤其是肇始事件，乃是宗教礼仪的常态，《吕刑》所述内容当是历代相传的诰命，其发生年代真是无从考起了。《尧典》定本的年代争议很大，[2]窃以为定本的年代不管是早于或晚于《吕刑》，篇中的内容比如"历象授时"或创世神话，年代只会更久远。整体而观，《尧典》与《吕刑》有互文性，但年代先后不易判断。可是就《尧典》文中显现的精神倾向，我们恐怕只能把它放在周、孔之间看待，笔者认为《尧典》此文反映了西周儒家的义理，它是后代孔、孟道德政治重要的源头。

《尧典》与《吕刑》皆提到鲧禹洪水神话，笔者认为此神话乃是环太平洋地区捞泥造陆神话的中国版。夏人的民族起源或夏人的活动地区曾是20世纪考古学的大事，尤其殷商考古取得重大成就以后，与商、周两朝并称为三代的夏朝，其文化内涵为何，自然会引发学界与人们极大的兴趣。传统所说夏人活动的地区，大约集中在豫西、晋南一带，1959年徐旭生做的那次著名的夏墟调查，[3]即从这块地区着手。目前学界对夏代及商代时期的探讨虽涵盖了二里头、郑州商城、

---

[1]《史记·周本纪》及《书序》皆认为《吕刑》为周穆王时期作品，后儒咸少异议。民国后，异议蜂起，傅斯年、钱穆、郭沫若、张西堂，以及屈万里先生本人皆下看此文著作年代，可见一时风潮。《尚书》中《周书》各篇的年代比较不会有争议，《吕刑》例外，但窃以为新说的推翻力道依然不足，笔者仍从旧说。关于"后出说"此一新说，参见屈万里对《尚书·吕刑》的篇解，文见屈万里：《尚书集释》（台北：联经出版，1983），页250—251。

[2] 民国前的儒者大体都接受帝尧其人及《尧典》其文在年代上的优先及经学意义上的根源地位，民国以来，则多不同解读，而且对其年代的看法差异很大。即使此文有四中星等天文学的信息，应该比较容易取得共识，结果仍是各说各话。参见屈万里：《尚书集释》，页3—6、12—13。

[3] 徐旭生：《1959年夏豫西调查"夏墟"的初步报告》，载《考古》，1959年第11期，页592—600。

偃师商城、陶寺遗址等重要考古收获，但由于缺乏像殷墟那种规模的考古出土以及庞大的甲骨文资料，它们的真正面貌仍嫌模糊，很难说有决定性的突破。虽然豫西、晋南的夏人活动区还是有力的假说，支持者仍众，但同样在早期文献的记载里，安徽、浙江一带也颇有与夏朝及大禹相关的传说，这些资料一样也提供了不能被抹杀的讯息。[1]尤其20世纪良渚文明文物的大量出土，浙江作为三代之前的重要文化中心——至少是之一——已告确定。越人溯源其祖，溯至大禹，[2]此做法可能有知识的讯息，民族传说不见得是空穴来风。我们对于鲧禹洪水神话与捞泥造陆神话的关系，或者说与环太平洋地区底层文化的关系，或许需要更严肃地看待。

夏人与浙江地区或良渚文明的关系，或许尔后还会有更多的出土文物可以说明，但即使仅就目前所见的考古资料与传世文献来看，已不能排除其间的关联。[3]至少鲧禹洪水神话与捞泥造陆神话的亲密性应当是可以肯认的，这种关联应该有助于说明太平洋西岸的浙江原始文明与鲧、禹的关系。笔者在上文所列的《尧典》系列是依目前的古文《尚书》版本立论，汉景帝孔壁出土的《尚书》版本比目前的《尚书》多出十六篇，我们如果比较两个版本看，孔壁版本的《尚书》尚有《汩作》，《书序》说《汩作》为"帝厘下土方，设居方，别生分

---

[1] 夏朝的存在，现代学者质疑者不多，但夏人与夏文化的性质、起源似乎尚未取得共识。有关夏文化的讯息，参见田昌五编：《华夏文明（第一集）》（北京：北京大学出版社，1987），以及北京大学震旦古代文明研究中心等编：《早期夏文化与先商文化研究论文集》（北京：科学出版社，2012）所收各文。
[2] "越之前君无余者，夏禹之末封也。"参见赵晔：《越王无余外传》，见《吴越春秋》，收入《四部丛刊初编缩本》，卷下，页1。"越王勾践，其先禹之苗裔。"参见司马迁：《史记》（北京：中华书局，1982），《越王句践世家》，卷41，页1739。
[3] 参见陈剩勇：《东南地区：夏文化的萌生与崛起——从中国新石器时代晚期主要文化圈的比较研究探寻夏文化》，载《东南文化》，1991年第1期，页1—22。郭大顺：《追寻五帝》，页56—71。

类",此篇文章久佚,但观《书序》所述,很可能其内容与鲧禹洪水神话有关。《书序》在《汨作》后,尚列有《九共》九篇,唯列名而没有说明。然《汨作》与《九共》既列在一起,且置于《虞夏书》部分,此篇也有可能涉及九州洪水之事。[1] 伪古文《尚书》尚有《大禹谟》与《益稷》两篇,这两篇文章现已不被认为是先秦古籍,但原来的《尚书》文本中固有之,这两篇内容与大禹有关,观篇名与内容自可了解;除《尚书》外,先秦古籍言及其人其事的文献亦不少。

由于禹在儒家道统系谱中居有重要位置,他与尧、舜具有不同的象征功能。如果说帝尧体现了天道原则,确立了中国的政治原型,大禹即体现了大地原则,实体化了中国形象。没有了大禹,我们即无从了解土地原则落实而成的"九州"的概念;不了解捞泥造陆的环太平洋创世神话文化背景,我们对"九州"概念的理解即不免狭隘化。在良渚文化遗址已被列为世界文化遗产之后,我们重思大禹在儒学史上的位置,应有助于了解原经学时期形成的儒家价值。

三代巫风:鲧、禹、启

作为夏朝开辟人物的禹有可能是史实人物,也有可能是神话人物——在上古时代,传说中的人物兼具历史的真实与神话传说的缥缈,并不是太特别的事。杨宽在《中国上古史导论》中提到五帝都是

---

[1] 宋儒钱时有言:"先儒谓古文丘、共字形相近,九共即九丘,九州各一篇,凡九篇。然则帝厘下土,其殆水平之后,未肇十二州之先欤!"参见钱时:《融堂书解》,收入《景印文渊阁四库全书》(台北:台湾商务印书馆,1965),卷1,页29。书缺有间,钱时之言虽然言之成理,但也是揣测。

上帝的化身，此说固然有理据。但反过来说，真实人物因为理性化或传说化的过程，化为神话人物，爱凡麦化这样的历程也是有的，大禹有可能即是爱凡麦化的人物。不只大禹如此，夏朝君王多少都带有半史实、半神话的性质，神话性质的王也就是带有巫术性质的祭司王。我们仅就与大禹关系最密切的其父与其子来看，也可看出夏朝初年独特的文化氛围。我们从儒学史的观点理解大禹，首先就当将他放在"从神话到历史"这个大的转型工程下看待。

大禹之父名曰鲧，大禹之子名曰启，鲧、禹、启三人是夏史上的著名人物，他们开启了中国史上的第一个王朝。鲧、禹、启三人就像世界上各文明初期的人物一样，他们的事迹总是传说与史实不分。我们如仔细观察他们的传说的因素，不难发现有一个共通的背景，此即他们都有神奇的出身，都有变形的能力，又可以往返天上地下两界，神通特别广大。他们不是今日的世界可以有的政治人物，他们一方面开启了历史，一方面却又处在历史大门之外。更直截了当地说，作为夏王朝最早的奠基者，他们却具巫性，都是"绝地天通"以前的人物，所以可以上天下地，而且还可变形自在。大禹所以要治洪，赋则九州，就是要走出巫教的氛围，立足于坚实的大地上。

夏后启是大禹的儿子，据说他原本不在大禹传位的考虑之内，事实上，大禹好像也没有传位给他，夏后启的江山是自己以武力争取来的。夏后启实质上是夏王朝真正的开创者，有关于启的事迹，在政治上最著者当是他与有扈氏的甘之战，此战可视为奠定夏王朝根基的第一战。另外即是他与继承王位的益之间的牵扯，[1]这个过程到底是和平还是战争，只能端看陈述者的立场而定，可见他的登基事迹在战国

---

[1]《战国策·燕》说大禹传位给益，启不服，乃出兵攻益，抢夺了天下。《竹书纪年》说益有意于启的位置，被启杀掉。其他异说尚多，启的天下大概得来不易。

前尚未成为定论，真相也永难追究了。但夏后启这两件事都与王位的争夺有关，政治性浓；相形之下，大禹诛防风氏的传说，更多地是文明转变的性质。就此而论，夏后启倒是揭开了后世中国政治斗争的序幕，他建立最早的帝王事业，此说倒也很真实。

然而，夏后启在上古最显著的形象或许还不是他与有扈氏的大战，而是他从天庭取得音乐与舞蹈，降到人间，而又沉湎其中，不理国事。《山海经》记载其事如下：

> 西南海之外，赤水之南，流沙之西，有人珥两青蛇，乘两龙，名曰夏后开。开上三嫔于天，得九辩与九歌以下。此天穆之野，高二千仞。开焉得始歌九招。(《大荒西经》)[1]

> 大运山高三百仞，在灭蒙鸟北。大乐之野，夏后启于此儛九代；乘两龙，云盖三层。左手操翳，右手操环，佩玉璜。在大运山北。一曰大遗之野。(《海外西经》)[2]

在神秘的帝尧朝廷中，掌管音乐、舞蹈的神是夔。尧朝中的夔是位称职的官员，他所掌握的音乐"直而温，宽而栗，刚而无虐，简而无傲"，最后达成"八音克谐，无相夺伦，神人以和"，完全是周人礼乐文明的风格，而不是野性的巫乐，虽然我们有很强的证据显示夔是神话人物，长相不是太"文明"。[3]作为音乐神原型的夔的本来面目恰好

---

[1] 袁珂：《山海经校注》，页414。
[2] 袁珂：《山海经校注》，页209。
[3] 《山海经·大荒东经》记载："东海中有流波山，入海七千里。其上有兽，状如牛，苍身而无角，一足，出入水则必风雨，其光如日月，其声如雷，其名曰夔。黄帝得之，以其皮为鼓，橛以雷兽之骨，声闻五百里，以威天下。"袁珂：《山海经校注》，页361。夔是上古著名的神兽，传说黄帝制伏蚩尤的武器即是夔皮之鼓及其魔力。先秦有关夔的记载中，夔都为神怪之兽，唯有《尧典》所述特别文明。

并不文质彬彬,而是有极大的魔性,我们从他回应舜帝的话"予击石拊石,百兽率舞",还可看出一些夔的原始面貌的端倪。萨满教和动物的关系特别密切,我们在商周的青铜器与玉器上可以明显地看出。[1]

相较于夔这位业已文明化的乐神,作为夏朝实质开国君王的启却带有更多的野性。夏后开即夏后启,而且由"三嫔于天"的记载,可以了解音乐《九辩》《九歌》是他从天庭得到的,或偷来的。嫔通宾,此字为到天庭做客之意。[2]《山海经》中如"大乐之野""天穆之野""大遗之野"之类的地理名词通常多有重要的神话事迹存焉。在所有艺术形式中,音乐无形无状,与巫术功能关联较深,据说两者连手,甚至可以将月亮从天界引到地表来。[3]夏后启上天庭得音乐的故事大概很出名,所以千年后,楚国诗人屈原仍歌咏其事曰:"启九辩与九歌兮,夏康娱以自纵。"(《楚辞·离骚》)[4]且他一歌再歌曰:"启棘宾商,九辩九歌。"(《楚辞·天问》)[5]《楚辞》中有《九辩》《九歌》之辞,很可能它们的母本即是来自启之创造的神话事件。屈原之于诗乐,继承的似乎是夏后启的传统,而不是夔之乐。据墨子所说,夏后启不只沉湎音乐,他还纵情歌舞,他喜欢带有性爱暗示且可能是巫乐性质的"万舞"[6],墨子说是"万舞翼翼"[7]。听说"知

---

[1] 参见张光直:《商周神话与美术中所见人与动物关系之演变》《商周青铜器上的动物纹样》,两文收入张光直:《中国青铜时代》,页327—387。

[2] 郭璞云:"嫔,妇也。"郝懿行注:"宾、嫔古字通",郝注是也。又夏后启得"九辩""九歌"于天,实窃取于天,参见袁珂:《山海经校注》,页210。

[3] 奥维德(Ovid)的《变形记》引女巫米西勒的说法,引自卡西勒著,黄汉清、陈卫平译:《国家的神话》(台北:成均出版社,1983),页349。

[4] 姜亮夫:《屈原赋校注》(台北:华正书局,1974),页57。

[5] 注家或以"商"字为"帝"字之误,此说当是。参见姜亮夫:《屈原赋校注》,页310,引朱骏声之说。

[6] "万舞"的性质,参见闻一多:《高唐神女传说之分析》,见《神话与诗》,收入《闻一多全集》(北京:生活·读书·新知三联书店,1982),册1,页113,注56。

[7] 参见张纯一编:《墨子集解》(成都:成都古籍书店,1988),《非乐上》,页226。

道舞蹈之力的人，与神同在"[1]。启既识音又知舞，具足了音乐神的资格。我们如果要找一位可以代表萨满时代的巫师王的人物或神人，启应当是最佳人选了。

如果启还活在绝地天通前的岁月，大禹之父鲧也是如此。大禹、启的出生都不是自然生产，大禹相传是从鲧腹中所生，启则是从石头中生的，这样的生产方式当然是神话。虽然鲧的出生可追溯到黄帝，门户清楚，但见之于《海内经》的载录，却说鲧是"白马"。"白马"何意？何以鲧是白马？《海内经》毫无解释，后人亦难得其解。[2] 鲧的现实因素极稀薄，我们找不到可靠的线索理解他的背景。

鲧的事迹最重要者厥为治水，治水可能是他唯一或唯二流传的重要记载。[3] 他在治水方面的名声和大禹并称，但评价两极，《海内经》记载其事如下：

> 洪水滔天。鲧窃帝之息壤以埋洪水，不侍帝命，帝令祝融杀鲧于羽郊。鲧复生禹。帝乃命禹卒布土以定九州。[4]

此条鲧、禹治洪水的神话乃《海内经》最后的章节，也是《山海经》一书的垫尾，不知《山海经》当时的编者是否有比照孔、孟皆以尧、舜事迹终结一书的做法之用意？鲧、禹神话在先秦时期颇为流行，或许洪水此事有史实的成分，但即使有史实的成分，先秦文献中的治水

---

[1] 波斯诗人穆拉纳·亚拉卢丁·拉弥的诗句，引自卡西勒著，黄汉清、陈卫平译：《国家的神话》，页48。
[2] 《山海经·海内经》："黄帝生骆明，骆明生白马，白马是为鲧。"郭璞、郝懿行各有解释，只是读者仍不易知晓何以白马是鲧。参见袁珂：《山海经校注》，页465。
[3] 他的另一个重要事迹是造城，《吕氏春秋·君守》《淮南子·原道》皆有记载。
[4] "鲧复生禹"的"复"字通"腹"字，有关鲧腹生禹的故事，参见袁珂：《山海经校注》，页473。

事迹仍可确定是神话，至少是神话化了。鲧在《海内经》的结尾处是以悲剧英雄的面貌出现的，滔滔洪水，淹没大地，鲧见之不忍，乃偷窃上帝的"息壤"，普施到人间。《海内经》的鲧无异于希腊神话中的普罗米修斯，普罗米修斯偷火到人间；他给人世带来光明，但天帝宙斯因为他的偷窃行为而大怒，将他锁在高加索山上，受鹰啄之苦。鲧的下场更惨，"帝令祝融杀鲧于羽郊"。"羽郊"可能是夏郊的羽渊，[1]羽渊可解释成太阳西落若木处的虞渊。[2]鲧死后，化为黄熊，"黄熊"可能不是熊，而是一种水中动物，[3]鲧因水而死，也因水而生。至于鲧何以化为黄熊，尔后他尚有何事迹？线索至此中断，古籍不再说话了。

鲧在儒籍中的形象是负面的，但在《山海经》此古代巫书的记载中，他却是位悲剧英雄。其时的"帝"倒是有些昏庸、是非不明了。诗人屈原除了曾对夏后启有所感慨外，也为鲧发出了不平之声："鲧婞直以亡身兮，终然殀乎羽之野。"(《离骚》)[4]鲧不是治水失败而死亡，而是知道如何治水，但为了民意背叛了帝意，乃惨遭横祸。屈原眼中的鲧简直是屈原本人的化身，同样是顽强殉道的烈士，他对这位神话人物充满了难以掩抑的同情。但神话英雄是不死的，鲧事实上是化为"黄熊"，他以另一种模式存在下去。

窃以为黄熊或许与鲧的名称有关——名称也就是本质。"鲧"字从鱼，鲧的身份或与水族有关，化为黄熊乃是回归本来面目而已。倒

---

[1]《左传·昭公七年》："昔尧殛鲧于羽山，其神化为黄熊，以入于羽渊，三代祀之。"
[2] 艾兰著，汪涛译：《龟之谜：商代神话、祭祀、艺术和宇宙观研究》(成都：四川人民出版社，1992)，页75。
[3] 古籍言鲧死所化之物，一曰黄熊(《左传·昭公七年》)，一曰黄能(《国语·晋语八》)，一曰黄龙(《归藏·启筮》)。"能"或解为"三足鳖"，其字亦作"能"字下加三点，或言此物乃似熊非熊而可水居之动物。神话变形，神通广大，其理路疑不能明。其考证参见袁珂：《山海经校注》，页473—475。
[4] 姜亮夫：《屈原赋校注》，页47。

是他的儿子大禹为了治水，竟化为熊，大约取熊力大无比之故。大禹娶妻涂山氏，这场婚姻可能牵涉到上古时期族群结盟的故事；婚姻从来不是两人之事，而是两姓之好。涂山氏怀胎时，大禹治水在外，化为熊，以开山辟路。阴错阳差，涂山氏竟然看到大禹的另一面貌。她乍见大惊，慌乱奔跑，于嵩山处遽化为石。大禹在她后面追喊道："归我子！"于是石破儿生，其名为启。[1] 鲧、禹皆有变形能力，禹之子启乃破石而生，鲧之子禹则是鲧死后由其尸身剖腹而生，《海内经》所谓"鲧复生禹"。禹、启父子两人神性十足，都不是正常出生，其行径也不能以常理衡量之。

除了化为黄熊与尸腹生禹这两个奇特的结尾外，鲧的形象自始至终都是和治水这一个神话事件捆绑在一起。在后世文献中，他几乎都是以禹的对照人物的面貌出现的，是位刚愎自用的失败者。但在更原始的《山海经》中，他是为承担人间苦难而自己受害的英雄，很奇特的是，后人大概只有屈原特别同情他。鲧为拯救世人而背叛上帝，这样悲怆雄伟的故事竟然没有形成儒家经学的重要议题，这是令人感到讶异的事。后世儒者事实上是把救世英雄的光环给了大禹，他们传颂的大禹故事应当也是有所本，不太可能是他们创造出来的。只是禹的故事虽然也动人，但更多道德理性的内涵，缺少鲧事迹那种为义背叛天命的强大张力。有可能鲧更像是天界下凡人物，世间味淡，而儒门中的圣王是要在世间承担责任的，他要有更强的人间性的内涵，所以儒者的取舍去彼取此。

大禹本身充满了许多巫教文化的讯息，不难看出，影响后世道教施法步骤的"禹步"之说即是效法大禹在治水此事件中的步伐特

---

[1] 见屈原《天问》："禹之力献功，降省下土四方，焉得彼嵞山女，而通之于台桑。"洪兴祖补注引《淮南子》之说，参见洪兴祖：《楚辞补注》（台北：长安出版社，1984），页97。

征而来。[1]即使大禹治水此重要的事件，其过程自始至终仍是充满了巫教的气息。我们不会忘了大禹治水完后，安定九州，上帝因此赐给他"玄圭"，奖励他的成功。[2]除了玄圭以外，依据《洪范》所说，上帝还赐给他帮助治理天下的九种治世大法，所谓"洪范九畴"。如果说鲧的一个重要事迹是自天庭偷得息壤以治水，夏后启就是自天廷窃取天乐后下凡，大禹则是奉天帝之命而治水：祖孙三人都有特殊的体质，与天相通，重黎绝地天通此事件对他们似乎没有影响。三人的出身反映了时代转型的讯息，作为中国第一个朝代奠基者的祖孙三代都活在巫教的氛围中，这样的现象显示从巫教文明转到制度文明的过程。但就儒家象征学的角度看，大禹的转型具有更重大的意义，此意义当从有名的大禹治水、禹贡九州的神话主题着眼。

大禹治水与女娲治水

大禹被视为历史上的三代的肇始者，但环绕在他四周的却多是虚实夹杂的传说，其中最有名的故事当然还是他治水并划定九州的事迹。鲧禹治水是中国上古史（或上古神话史）极惊心动魄的一章，其

---

[1] 扬雄《法言·重黎》说："巫步多禹。"禹步特殊，此事自《荀子·非相》以下，历代多有人言之，可见流传已久。
[2] 《禹贡》结尾言："禹锡玄圭，告厥成功。""伪孔传"以为帝赐禹玄圭，蔡沉《书集传》则以为大禹献玄圭于天子。蔡沉的解释是人文化的解释，"伪孔传"则是神话的解释。《禹贡》开头即言"禹敷土"，窃以为"敷土"即《山海经》所说"帝乃命禹卒布土以定九州"的"布土"。禹的"土"和鲧的"息壤"都是取自天廷，差别在有没有得到上帝的同意。准此，"伪孔传"之说更贴近旨义。

复杂似乎不下于黄帝、蚩尤之战。中国的神话主题中，洪水神话的载录特别多，不只汉族有，许多少数民族包括台湾的少数民族皆有。[1]其这么频繁的出现难免让人想到其中总有史实的成分，但即使如此，这些史实的成分经过一二传后，恐怕也已变成了神话，历史神话化并不是罕见的现象。不管洪水故事的虚实如何，我们知道从文明第一章起即有大洪水的载录，面对这场可怕的天灾，帝尧开始担忧，他询问群臣："咨！四岳。汤汤洪水方割，荡荡怀山襄陵，浩浩滔天；下民其咨。有能俾乂？"[2]四岳都推荐鲧，但我们都知道鲧治水失败了，也知道他的下场。尔后才有大禹治水的故事。以下，我们即将重点放在"大禹治水"这则故事结构的分析。

大禹治水，他动员的人力、物力是相当惊人的。依据神话学的规律，再怎么伟大的英雄都需要神话人物或神话动物的帮助，大禹亦然。神话人物助臂之事姑且不论，我们且看神话动物如何介入治水事件：

禹尽力沟洫，导川夷岳，黄龙曳尾于前，玄龟负青泥于后。[3]

黄龙当是应龙，《楚辞·天问》云："河海应龙，何尽何历。"王逸注："有神龙以尾画地，导水所注，当决者因而治之也。"袁珂总结上述两段资料云："青泥当是息壤之属，使龟负之，以堙洪水。相传禹治水所以成功，源于疏导与堙塞并施，龙与龟所做的工作，应即是此。"[4]"玄龟负青泥"另有旨趣，见后。"黄龙"除了具备"土"或

---

[1] 参见鹿忆鹿：《洪水神话》（台北：里仁书局，2002）。
[2] 屈万里：《尚书集释》，页14。
[3] 王嘉：《拾遗记》（台北：艺文印书馆，1966），卷2，页2。
[4] 袁珂：《古神话选释》（台北：长安出版社，1986），页300。

"中"的象征意义外，[1]它首尾相交，其长相是标准的"圆"之体貌。黄龙兼具天与地的象征："圆""中"象征天；它又为中央土的代表兽，也象征大地。黄龙地位之重要，不言而喻。导河治水是大地的再创造，大禹需要用到黄龙，以土应土，此顺理成章之事。

有正面的神话动物，自然也有负面的神话动物。洪水在遂古神话的叙述中，以黑龙的面目出现，它的形象首先见于共工，女娲治水，曾"杀黑龙以济冀州"，论者以为黑龙即共工，其言甚是，论述见后。共工在上古时期的不同的帝王时代里出现过，颛顼灭共工，女娲灭共工，大禹攻共工，皆是著名的故事。共工的年代扑朔迷离，神话事件不易定位固然是重要原因，但也有可能是洪水为患不止一次，所以作为水神的共工不时要出现，中州都要在颛顼、女娲、大禹杀掉黑龙（共工）以后才可得救。共工的角色一到了大禹治水的情节中，即由黑龙变为相柳，相柳固黑龙之亚也，其情节更为生动。《海外北经》记载其事如下：

> 共工之臣曰相柳氏，九首，以食于九山。相柳之所抵，厥为泽溪。禹杀相柳，其血腥，不可以树五谷种。禹厥之，三仞三沮，乃以为众帝之台。[2]

《大荒北经》对相柳的性格亦有补充，其言如下："九首蛇身，自环，食于九土。其所歍所尼，即为源泽，不辛乃苦，百兽莫能处。"[3]共工是水神，共工之臣自然也带着水的性质。相柳"蛇身"，蛇正是表

---

[1]《淮南子·天文训》云："中央，土也，其帝黄帝，其佐后土，执绳而制四方。其神为镇星，其兽黄龙。"刘文典：《淮南鸿烈集解》，页88。
[2] 袁珂：《山海经校注》，页233。
[3] 袁珂：《山海经校注》，页428。

征水之动物。它"自环",不管此自环之形状如何,我们不会忘了:水是圆道[1]。在所有几何形状中,圆的象征意义特别重要,它代表始源、圆满,它是乌洛波鲁斯(uroboros),始卒若环,既是起点也是终点。[2] 相柳所过之处"不辛乃苦",此事不知有无反映现实的痕迹,但相柳带来的祸害相当清楚,"其血腥臭,不可生谷,其地多水,不可居也"[3]。破坏自然秩序的祸源如果不清理,自然就不可能恢复正常。如果说太初大母神是双面夏娃,既是慈让女神,也是吞噬女神,昔天二后是兄弟相残,手足既相连,也不相容,那么原初的大水也是正负兼具,既创生也毁灭。水一旦变成洪水,即成了毁灭秩序的混沌,即需要整治;大禹治水译成神话,就是大禹杀相柳的故事。

大禹杀掉相柳以后,想以土塞之,但土满即陷,[4]由此可见代表水之相柳带来的祸害有多大,它瓦解万物依托之根基有多深。大禹最后只好建立"台",以镇压相柳的恶气。《山海经》中的"台"多指"帝台",有帝尧台、帝舜台、黄帝台、帝喾台、帝丹朱台,台带有神秘的功能,所以可以镇压得住代表无限能量的混沌动物——相柳。但大禹治水所用的方法,主要倒不是到处建立帝台,而是他得到了"息壤",用"息壤"止住洪水。前引《山海经·海内经》说鲧窃取上帝的息壤,上帝大怒,命令祝融处死他。禹得到息壤,似另有途径:他得到了上帝的恩准。大禹治水是件伟大的宇宙事件,参与者除了上帝、神话人物之外,正如前文所述,黄龙、玄龟这样的神话动物也参与了。大禹治水,玄龟为什么要负青泥?此事看似怪异,但我们

---

[1] 陈奇猷校释:《吕氏春秋校释》(台北:华正书局,1985),《季春纪·圜道》,册上,卷3,页172。
[2] 参见拙作:《浑沌与创造》,收入杨儒宾:《五行原论:先秦思想的太初存有论》,页65—101。
[3] 袁珂:《山海经校注》,页428。
[4] "三仞三沮"的"仞"读为"牣","满之意"。"沮"乃陷坏之意,参见袁珂:《山海经校注》,页235、429。

如果知道"青泥"即是息壤,[1]一切疑惑自然迎刃而解。玄龟所负青泥如果是息壤的话,我们对《楚辞·天问》那句扑朔迷离的"鸱龟曳衔"[2],亦自然可得其谛解。"鸱龟"当如蒋骥所云,乃是鸟首虺尾之玄龟或鹰吻海龟之类。[3]鸱龟为什么会牵引(曳)?它"衔"何物?我们如果对照"玄龟负青泥"以及环太平洋地区的"潜水型创世神话",则不难揣测:鸱龟所衔者当亦是息壤。

息壤为何?为什么它具有这么大的神奇力量,可以镇压住浩浩滔天的洪水?郭璞有注云:

> 息壤者言土自长息无限,故可以塞洪水也。《开筮》曰:"滔滔洪水,无所止极,伯鲧乃以息石息壤,以填洪水。"[4]

息者,生也。息石当指生生不息之石,息壤也当指生生不息之土壤。正因为此种土壤可以不断成长,它才可以填满浩浩洪水造成的基盘流失之空洞,这是"息壤"之"息"的第一个意思。但"息"除了"生息"之义外,它尚含有"始"意。"息"从"自"从"心",《说文》"皇"字解云:"皇,大也。从自王。自,始也。始王者,三皇。大君也。自读若鼻,今俗以作始生子为鼻子。"[5]罗焌引申其义曰:"许氏谓自、鼻为一字,是也。盖人生受气之初,在于鼻能呼吸,而后百体由之生成,故自、鼻二字皆训始。杨子《方言》云:鼻,始

---

[1] 参见袁珂:《古神话选释》,页300。
[2] 姜亮夫:《屈原赋校注》,页288。
[3] 蒋骥:《山带阁注楚辞》(台北:长安出版社,1984),页75。
[4] 袁珂:《山海经校注》,页472。
[5] 参见许慎著,段玉裁注:《说文解字注》(上海:上海古籍出版社,1981),一篇上,页18—19,总页9—10。

也。"[1]生命从鼻孔呼吸开始,呼吸、空气与生命一体同源,这是许多语言与神话共同分享的主题。由"生命之起源"而有"始"字之义,此事似乎亦言之成理。就神话的观点来看,"息"作"始"解,"息壤"乃最初之土壤,此解意义之重大不下于"生息"之义。这表示"息壤"具有开创之义,它是尔后一切土壤之鼻祖,也是尔后一切治水事迹的原型。

息壤生生不息,它填满了洪水造成的大大小小的渊洞。填满渊洞?大禹不是疏导洪水吗?然而,填满之事确实无误。诚如许多学者业已指出的:大禹和鲧治水的方法根本没有什么不同,两人同样使用湮没法。[2]至于两人后来的命运有天壤之别,个中当另有事在。古书记载大禹处理洪水的事迹时,常说他"敷土"。比如"洪水芒芒,禹敷下土方"(《诗经·商颂·长发》);"禹敷土……奠高山大川"(《尚书·禹贡》);"禹敷土,平天下"(《荀子·成相》)。"敷"或作"治"解,[3]但"敷"字和"布"字古音通,我们为什么不将"敷土"解成"布土"?事实上,《山海经·海内经》即说:"帝乃命禹卒布土以定九州。"[4]20世纪出现的西周遂公盨铭文也说:"天命禹敷土,随山浚川,乃差地设征。"[5]"敷下土方",当是禹自天帝处取得息壤后,将此土遍撒天下,埋平坑洞。大禹随山刊木,这些名山都是洪水坑洞被填埋而堆积起来的。《淮南子·墬形训》说大禹命令太章及竖亥测量天下,最后测得的成果

---

[1] 罗焌著,罗书慎辑录:《石鼓文集释·说文补正》,收入冯天瑜主编:《人文论丛》(武汉:武汉大学出版社,1999),页195—196。另参见叶舒宪:《中国神话哲学》,页341。
[2] 参见袁珂:《山海经校注》,页475。吕思勉:《先秦史》(上海:上海古籍出版社,1982),页73。
[3] 屈万里:《尚书集释》,页48。
[4] 袁珂:《山海经校注》,页472。
[5] 李学勤:《遂公盨与大禹治水传说》,载《中国社会科学院院报》,2003年1月23日,页1—23。

是"凡鸿水渊薮，自三百仞以上，二亿三万三千五百五十里，有九渊。禹乃以息土填洪水以为名山"[1]。这些数字不知怎么来的，但大禹治水，不专赖疏导，洪水之渊确实是被息土"填"满的。

"大禹治水"的故事包含"洪水"与"息壤"这两个因素，这两个因素从神话象征学的角度看，即牵涉到"水"与"土"这五行中的两行的关系，两者皆具创生义。《管子·水地》描述两者的功能如下："地者，万物之平原，诸生之根菀也，美、恶、贤、不肖、愚、俊之所生也。水者，地之血气，如筋脉之通流者也，故曰：水，具材也。"两者的功能似稍有区隔，地似乎像托体，水则是此托体上的具体构成因素，万物皆由它所决定。但就"万物之本原，诸生之根菀"而言，两者根本上是同等的。但水与土并不是只具创生义，它们的关系并不是永远那么亲密。水与土两者皆是善恶同体，创生与毁灭兼具，土的双面性姑且不论，水是创生的来源，但也是毁坏的力量。水适时适量润土，可使土获得生机，但水如果泛滥成灾，不但会冲毁地上的一切可见物，还会崩坏土的结构。水是混沌，它是一切可能性的胚胎，它也是一切存在的吞食者。带来祸害最烈的水即是洪水，水土互克，水固可瓦解土，土不断成长后也可反过来克水，大禹事迹和土的运使紧密相关。

土、水的相生相杀，在中国文化土壤上有很深沉的积累，大禹治水的故事扎根于深层的神话意识。洪水在帝尧时期发生过，在大禹时期发生过，在传说中的女娲时代也发生过。我们所以举女娲的故事，乃因女娲事迹颇可和大禹事迹相诠释：同样有水、土相争的神话内涵。而且，女娲的身份之一正是大禹之妻室，《世本·帝系》云："禹娶涂

---

[1] 刘文典：《淮南鸿烈集解》，页132—133。引文据刘文典引王念孙说改。

山氏女，名女娲，生启。"[1]两者事迹纵然不能视为一事之分化，但视为彼此相关联的互文性事件，并非不可理解。女娲的故事多得很，除补天、造人外，她还有同等重要的故事，我们且看如下原始文献的记载：

> 往古之时，四极废，九州裂，天不兼覆，地不周载，火爁炎而不灭，水浩洋而不息，猛兽食颛民，鸷鸟攫老弱。于是女娲炼五色石以补苍天，断鳌足以立四极，杀黑龙以济冀州，积芦灰以止淫水。苍天补，四极正，淫水涸，冀州平，狡虫死，颛民生。背方州，抱圆天。[2]

这就是女娲补天的故事，出之《淮南子・览冥训》。"补天"的传说极为奇特，它是比较神话学上少见的主题。本章的重点不在此，而想探讨的是，为什么会发生这么大的灾害？灾害的深层内涵是什么？为什么这场男性神祇或英雄争权夺利造成的灾殃，最后竟然要由象征土德创生力的女娲处理了事？

《淮南子・览冥训》没有明说往古之时四极废、九州裂的原因，但同书《天文训》篇却有解释："昔者共工与颛顼争为帝，怒而触不周之山，天柱折，地维绝。"[3]共工何许人耶？共工是水神。颛顼何许人耶？颛顼是北方水神，辅佐他的辅助神是代表混沌力量的玄冥。[4]为什么是水神共工与另一水神颛顼争天子？这当中恐怕不能没有蹊

---

[1] 宋衷注，张澍补注：《世本》（台北：艺文印书馆，1966），册2，卷4，页11。《世本》此段话，后人引用，文字多有不同，参见张澍补注。
[2] 刘文典：《淮南鸿烈集解》，页206—207。
[3] 刘文典：《淮南鸿烈集解》，页80。
[4]《淮南子・天文训》云："北方水也，其帝颛顼，其佐玄冥。"刘文典：《淮南鸿烈集解》，页89。《楚辞・远游》亦云："从颛顼乎增冰，历玄冥以邪径兮。"屈原：《楚辞章句》，收入《景印文渊阁四库全书》（台北：台湾商务印书馆，1983），卷5，页7。

跷。洪水在古代文献频频出现，20世纪新人文知识的建立者梁启超等人已注意过此事，考订其地理者也多有其人。[1]古籍记载中的洪水是否发生过？在何地？规模多大？此事乃历史地理学之事，事涉专业，笔者无能置一词。

　　回到洪水主题，我们看女娲面对共工灾难，做了四件事，除了第一件"炼五色石以补苍天"是补天的动作外，其余三件恐怕都和治水有关。"断鳌足以立四极"很可能牵涉到先秦时期对地理的认识，《列子》记载其事如下："渤海之东……有大壑焉……其中有五山焉……而五山之根无所连箸，常随潮波上下往还，不得暂峙焉……帝恐流于四极，失群仙圣之居，乃命禺强使巨鳌十五举首而戴之。"[2]巨龟负山与印度神话的观念有相近之处，两者或许有渊源。[3]但即使《列子》的记载与印度神话同源，而关于女娲的叙述又是此故事的分化，它们的意义也不见得就一样，因为分化已经发生了。从《列子》的记载，我们看到巨鳌所以要托山，乃因想避免海波上下振动，使仙山漂走。这个叙述除了论及神话地理的原因外，已隐含"治水"之意。回到女娲的事件上，笔者认为依据上下文的脉络以及女娲与大禹千丝万缕的

---

[1] 如据徐旭生的考据，洪水即共水，原为专名，其地域在今日辉县及它的东邻各县境内，辉县古为共县，故水以地称。共水后来由专名变为共名，此事与黄河流向有关。黄河上游地势较高，不能为患，及流到河南省东部，地势突变，共县正当黄河转折地方的北岸，共水在此流入黄河时，力道较弱，黄河则水流奔腾，因此两水汇合之时，不免有水流倒流的现象。孟子说洪水是"水逆行"，他说的当是两水汇合产生的力道冲击之形状。如果共工氏与共水有关，颛顼似乎也可找到相应的地理位置：徐旭生认为颛顼之墟为帝丘，今日河南的濮阳县，它与共工氏所在的辉县相去不远，与空桑相去亦不远，所以颛顼共工之战以及"振滔洪水，以薄空桑"的神话才有可能出现。以上说法参见徐炳昶（旭生）:《中国古史的传说时代》，页48、页128—143。

[2] 杨伯峻：《列子集释》（北京：中华书局，1979），页151—153。

[3] 参见姜亮夫：《屈原赋校注》，页323—324。苏雪林：《天问正简》（台北：广东出版社，1974），页119、187。出石诚彦则持中国本土说，参见出石誠彦：《上代支那の「巨鼇負山」說話の由来について》，收入《支那神話伝說の研究》（东京：中央公論社，1973），页325—343。

亲密关系，我们有理由相信，"断鳌足以立四极"乃是大洪水以后宇宙重新开辟的事件，"鳌足"与"玄龟"也不无牵连。

女娲"杀黑龙以济冀州"，冀州是传说中九州的中土。如果我们接受徐旭生对洪水发生地点的解释，那么，女娲"济冀州"一事，即保存了历史的记忆。此事与共工、颛顼之争是连续的，它们组成一出壮观的历史戏剧。但我们如果不采取实证的态度，此事依然讲得通，而且意义更为丰富。因为土是生命的象征，而中是通往神圣的唯一管道，诚如伊利亚德一再指出的，对前近代的人民而言，世界的创造及此世的意义都是从神圣的"中"之显现地开始。[1]女娲杀的"黑龙"，论者认为可能是共工，[2]笔者相当赞成此一解释。共工蛇身、人面、朱发、戴角，其长相与其佐相柳不相上下，两者的遭遇也近似。共工水神，龙、蛇用以象征水，黑用以代表水德，这是中国文化史几千年来未曾断裂的传统。从实证的观点看，人只有治好了洪水，大地才可以重获生机。从神话学的角度看，唯有象征原始破坏力量的混沌之水被制服了以后，宇宙才可以重新取得秩序，混沌复化为宇宙。

"积芦灰以止淫水"更明确地指出这是件治理大洪水的事件，女娲用芦苇之灰湮堵淫水，此事颇值得留意。水上静夫在早期的一篇文章中曾提到古代中国从畜牧时代至农耕时期，中国到处是潮湿的"原隰"，遍布在原隰之上的就是芦苇之类的植物。《周礼·地官》："五曰原隰……其植物宜丛物……"郑玄注："丛物，萑苇之属。"[3]这些萑苇之属后来变成居民房屋最好的建材。由于芦苇是原隰地最常见的景物，芦苇的多功能用途又深刻地渗进了当地居民的生活及意识当中，

---

[1] 参见耶律亚德著，拙译：《宇宙与历史：永恒回归的神话》，页9—16。
[2] 袁珂：《古神话选释》，页24。
[3] 郑玄注，贾公彦疏：《周礼注疏》，收入李学勤主编：《十三经注疏整理本》，卷10，页287—288。

因此，芦苇遂成为信仰的对象物。《逸周书·作雒》云："将建诸侯，凿取其方一面之土，苞以黄土，苴以白茅，以为社之封，故曰受列土于周室。"[1]此段叙述很值得玩味，"黄土""白茅"用作诸侯"受土"的象征，此处的茅（芦苇之属）显然与土同化了。[2]芦苇既然用以指涉生活、生命，芦灰指的当是有生机的草灰，它止住了淫水以后，水渊变为平芜，百姓自然可以"颛民生"了。

我们花了那么多文字分析女娲治水的秘密，乃是要为大禹治水的神话意义作见证。其实，我们只要想到女娲大母神的身份、共工水神的身份，以及大禹、女娲作为原初配偶的"昔天二后"的身影，[3]故事的情节已可思过半矣！结合大禹与女娲两人的治水事件，可以发现它们的结构都深沉到水土相争的神话意识。作为中国文明重要奠基者的大禹与女娲，他们联手，意在奠定作为一切存在基础的大地，他们的象征意义不能被政治功能稀释掉，它的意义深玄多了。

大地原理与九州原理

我们联结女娲的"杀黑龙以济冀州，积芦灰以止淫水"和大禹治水故事，将两者视为同构性的叙述，其意不只在负面性的表述"治洪

---

[1] 朱右曾撰：《逸周书集训校释》，页129—130。本段引文上面，《作雒》还有"乃作大邑成周于土中……以为天下之大凑"。"诸侯受命于周，乃建大社于国中。其壝东青土，南赤土，西白土，北骊土，中央衅以黄土。"这些语言摆在一起看，"土"的政治意义可以说呼之欲出了。
[2] 参见水上静夫：《葦と中國農業—併せてその信仰起源に及ぶ》，载《東京支那学報》，1957年第3号，页51—65。
[3] "昔天二后"或为兄弟，或为夫妻，中国神话中，最重要的原初对偶神的载录见之于《逸周书》的《尝麦》篇，其二后为黄帝与炎帝，这两位是原初兄弟，大禹、女娲此"二后"则是原初夫妻。

水""止淫水",更在积极的方面"济冀州"与"定九州"。女娲"济冀州"的"冀州"虽为九州之一,然居中位,实即九州之异称。[1]差别在于女娲缺乏大禹为经营九州所付出的辛劳代价,她的关怀大概大半放在补天的工程上,但我们在她身上可以看到大禹的影子。洪水神话牵涉到水的破坏性与土的生命性,治水的成功意味土地以文明的要角走上历史的舞台,在大禹与女娲身上,我们同时看到土地原理。

女娲与土地的关系非常紧密,在有名的造人神话中,女娲即依土造人:"俗说天地开辟,未有人民,女娲抟黄土作人。剧务,力不暇供,乃引绳于絙泥中,举以为人。故富贵者,黄土人也;贫贱凡庸者,絙人也。"[2]这则故事自然带有阶级分化以后的意识形态,不管女娲是大母神,还是始祖神,这位原始女性神祇出现时,应当不属阶级分化的阶段。但就"土"与"创造"的关系着眼,女娲依土造人之说显然来自深远的神话传统,不会只是一则有趣的民谭,因为土地的一大功能即在它的创造性,包括创造人。事实上,与新生婴儿被视为从大地出生的观点有关的习俗或仪式分布得极广,从北欧到非洲,从新西兰、澳大利亚到北美,都有将出生婴儿置于大地上之习俗,借以吸收大地之精气。女娲不只依土造人,她也是土地之所出,[3]是土地的象征。

女娲的创造象征相当明显,就连她的名字"呙"字旁带有的旋转、核心之义,都具有根源性的创生内涵。[4]"禹娶涂山氏女,号女

---

[1] "杀黑龙以济冀州",刘文典注:"冀,九州中,谓今四海之内。"刘文典:《淮南鸿烈集解》,页206。刘文典注甚是,《淮南子·墬形训》曰:"正中冀州曰中土。"正中之地通天,冀州可象征中国。
[2] 《太平御览》引《风俗通义》所说,参见李昉:《太平御览》(北京:中华书局,1960),册1,卷78,页365。
[3] 《抱朴子·释滞》:"女娲地出。"
[4] 女娲与创生的关系,详见杨儒宾:《五行原论:先秦思想的太初存有论》,页405—416。

娲也"，女娲既为大地之象征，大禹自然不能不承负类似的功能。大禹事迹多流传在今日江南，顾颉刚曾有大禹为南方民族神话人物、南方民族的社神之说。[1]作为大母神的女娲可说即为地母神，女娲也有女皇之号，以女皇配社神，孰曰不宜。在大禹治水故事中，先有息土填补洪水坑洞，息土急速孳生，长出名山，继而地平天成，万物繁衍，因而划定九州；物阜财丰后，再有大禹划定九州赋则，禹域概念正式确立。大禹一生重要的事迹可说为治洪而奋斗，也可说为土地的谋划而奋斗。

大禹作为大地的象征，主要是将洪水的灾难排除出华夏大地，或者说将洪水化为田水、泥淖化为沟渠，以便为华夏大地服务。具体的事迹见于《禹贡》一文，此文记载他到九州的每一州导水流，查田地，定赋则，明贡物；这是极大的工程，范围是"东渐于海，西被于流沙，朔南暨，声教讫于四海"。这是大一统政权的格局，其效果则是"九州攸同，四隩既宅，九山刊旅，九川涤源，九泽既陂，四海会同。六府孔修，庶土交正，厎慎财赋，咸则三壤，成赋中邦。锡土、姓，祇台德先，不距朕行"。单单看"九州""九山""九川""九泽"这些词语的"九"字，以及"四隩既宅""四海会同"的"四"字，我们也可了解其间神秘的内涵。"九"本来即是"天"的数字，在萨满教地区，多有天数为九之说；而"四"是大地之数，四方构成了空间的构造，《尧典》的四方风叙述即是空间的秩序化工程。这些伟大华丽的词语自然不能当作史实，我们很难想象这是大禹时期的文字，也很难想象大禹的版图可以如许大。它明显地只能是追忆出来的，但追忆出来的景象

---

[1] 参见顾颉刚：《讨论古史答刘胡二先生》，收入《顾颉刚古史论文集》（北京：中华书局，1988），册1，页130—174。顾颉刚后来放弃此说，主张鲧、禹传说源自陕、甘地区的戎族，参见顾颉刚：《鲧禹的传说》，收入《顾颉刚古史论文集》，册2，页117—124。由顾颉刚前后判断之不同，可见鲧、禹传说分布之广及线索之乱。

如果被接受，它即是心理的真实，自然会发出该有的力量。

大禹发挥出的力量就是"禹域"概念的形成，也可以说"九州"概念的形成。"州"本来是"水中土"的意思，《说文解字》："州，水中可居者曰州，水匋绕其旁。从重川。昔尧遭洪水，民居水中高土，故曰九州。"[1]州的背景是水，它是川与川之间的高地，换言之，土地由水环绕，它是在河之州，"州"实质上可谓"岛"。洪水治好了以后，水、土的位置变了，"州"变成了"九州"，"冀州"在东河与西河的两河之间，"豫州"在南河至汉水之间，雍州在西河与黑水间，扬州在江南与大海之间，"九州"皆在更大的两水之间。[2]"九州"得名，不只是空间的扩大，"州"的性质也变了，水、土的权力结构颠倒了，土的主体性正式确立，它提供了安居的基础。

在上古的神话史里，大禹的出现第一次正式地形成今日"中国"的地理意象。在大禹之前，传说中的圣王不是没有筹划空间的意识，恰好相反，相关载录不少。空间是形成知识的重要条件，它是一切秩序的母体，远古圣王的任何作为绕不开空间的秩序化。但我们观其时圣王的治理，都极壮阔，如颛顼帝"乘龙而至四海，北至于幽陵，南至于交趾，西济于流沙，东至于蟠木。动静之物，大小之神，日月所照，莫不祗励"（《大戴礼记·五帝德》）[3]。或如尧帝分命羲仲、羲叔、和仲、和叔到旸谷、南交、昧谷、幽都坐镇，这些地点是当时所理解的四方尽头；他们坐在四方尽头，实质上的工作是管理时空秩序。五帝的气魄极大，都有上帝掌管宇宙的格局，事实上，五帝可视为上帝的化身，他们的眼界总是放眼普天之下，无暇仅仅着眼东亚黄河、长江流域之事。他们跃出了中国，神游洪荒，因为当时尚无"中国"的意识。

---

[1] 参见许慎著，段玉裁注：《说文解字注》，《十一篇下》，页4，总页569。
[2] 臧克和：《说文解字的文化说解》（武汉：湖北人民出版社，1995），页405—408。
[3] 王聘珍：《大戴礼记解诂》，页120。

在大禹之前，舜帝大概是较贴近大地原则者，他即位时，"询于四岳，辟四门，明四目，达四听"，这些"四"字自然是空间的象征。他曾巡守岱宗、南岳、西岳、北岳，望秩于山川，这四岳是今日中国境内的名山。然而，"五岳"或"四岳"这类山岳乃是曼荼罗式的宇宙山，这些名山仍属宗教升中于天的意义，观舜于泰山行燔柴告天之礼可知。他曾"流共工于幽州，放驩兜于崇山，窜三苗于三危，殛鲧于羽山"，这些叙述也是神话语言，与他流放"四不才子"[1]到"魑魅"之境的意义相同。至于"四目""四听"之说也是广开耳目之意，无关具体的地理位置。

大禹本人自然也带有巫教的气息，治洪水、定九州也有神话的背景，但比起以往的圣王筹划天地，禹的九州说却被后人认为是真实的事件。禹不但是真实人物，定九州也是真实的历史，"禹域""九州"也是真实的地理概念。比起以往圣王的空间筹划，大禹的工作相对之下历史性更强，我们从与大禹有关的两则著名故事中，可以看出大禹作为大地的筹划者，固然可能有"社主"的身份，但这位社主为了安顿大地，使之适合人民，也就是使之从蛮性区域成为文明之地，需要做转化大地巫性的工作，也可以说是控管巫性力量的工程，让具血气心知、喜怒哀乐的人民可以悲欢离合于斯，生老病死于斯。这两件故事一是《左传》记载王孙满响应野心勃勃的楚庄王，因而论及"铸鼎象物"此事件；二是《国语·鲁语》记载吴伐越，获巨骨，其骨节专车，吴国君臣上下不识其物，因而请教孔子，孔子告以此乃防风氏之骨，及禹何以诛杀防风氏之故。这两则故事都突显出大禹的九州概念中如何包含将巫术性的成分从新兴的九州概念中排挤出去——或重新

---

[1] "四不才子"事见《左传·文公十八年》："舜臣尧，宾于四门，流四凶族浑敦、穷奇、梼杌、饕餮，投诸四裔，以御魑魅。""浑敦""穷奇""梼杌""饕餮"四语都是连绵字，大概用以表难以归类的混乱状态，此所以为"不才"。

安排——"地平天成"乃得告成的内涵。

前一则禹铸九鼎的故事见于《左传·宣公三年》的记载,其故事如下:

> 楚子伐陆浑之戎,遂至于雒,观兵于周疆。定王使王孙满劳楚子。楚子问鼎之大小、轻重焉。对曰:"在德不在鼎。昔夏之方有德也,远方图物,贡金九牧,铸鼎象物,百物而为之备,使民知神、奸。故民入川泽、山林,不逢不若。螭魅罔两,莫能逢之,用能协于上下,以承天休。桀有昏德,鼎迁于商,载祀六百。商纣暴虐,鼎迁于周。德之休明,虽小,重也。其奸回昏乱,虽大,轻也。天祚明德,有所厎止。成王定鼎于郏鄏,卜世三十,卜年七百,天所命也。周德虽衰,天命未改。鼎之轻重,未可问也。"[1]

此事发生于鲁宣公三年(公元前606年)其时的周王为周定王姬瑜,他刚即位不久。此年,周王室东迁洛阳已约一百七十年,这段时间掌握天下实权的是陆续兴起的列强之"霸"。《左传》所记载的这则故事之所以发生,乃因楚庄王想争霸中原,因而趁兵力所及,逼近洛阳,向已大权失落而只成象征的周王询问禹鼎的轻重。"鼎"在此自然是象征天下,此象征的来源应当很早,黄帝、大禹都有铸鼎传说,[2] 而

---

[1] 参见左丘明传,杜预注,孔颖达正义:《春秋左传正义·宣公三年》,收入李学勤主编:《十三经注疏整理本》,卷21,页693—695。

[2] 黄帝铸鼎事参见司马迁《史记·封禅书》:"黄帝采首山铜,铸鼎于荆山下。鼎既成,有龙垂胡髯下迎黄帝。黄帝上骑,群臣后宫从上者七十余人,龙乃上去。余小臣不得上,乃悉持龙髯。龙髯拔,堕黄帝之弓。百姓仰望黄帝既上天,乃抱其弓与龙胡髯号。"司马迁撰,裴骃集解,司马贞索隐,张守节正义,杨家骆主编:《新校本史记三家注》(台北:鼎文书局,1981),页1394。

之所以要铸鼎，是因其有一统天下的意涵。黄帝和大禹正是有华夏世界政治意味的"天下"概念的打造者，楚庄王向周王询问鼎的轻重，自然也是要问鼎中原。周王派王孙满慰劳这位北来的南方贵客，并答复这位不怀好意的贵客的疑问。王孙满以很有智慧且充满儒家风格的话语回答道"在德不在鼎"——鼎的价值无关轻重大小，而是和拥有者的德业相关。"周德虽衰，天命未改。鼎之轻重，未可问也。"他也是借鼎使力，堵住了楚庄王之口及其称霸之野心。

楚庄王与王孙满的对话有很浓的政治意味，这种政治内涵确实也是"禹铸九鼎"的重要成分。但春秋时期的禹鼎故事，或者尔后陆陆续续的鼎的传说，都缺乏禹鼎铸成时的特殊机缘，也就是大禹作为传说中打造大地秩序的圣王，如何将原已存在的巫世界转化为较具人文意义的世界。问题的答案就在"夏之方有德也，远方图物，贡金九牧，铸鼎象物，百物而为之备，使民知神、奸。故民入川泽、山林，不逢不若。螭魅罔两，莫能逢之，用能协于上下，以承天休"这段话，这段话当中的关键当在词语"物"的内涵。

"物"在后世儒家，尤其程朱哲学当中是个重要概念，对物的处理也就是"格物"，格物的目的是要达到格物者及被格之物齐登法界的"物格"层次，神秘之至。就儒家的价值体系衡量，这种工夫论当然比一般对"物"的理解更为重要，但后世所用的"物"的意思，大抵泛指具有人伦性或人间性的事事物物，即物即事。就算"物"有宗教的或祭祀的内涵，如祠堂或先人茔墓的祭拜，它依然属于人伦的事务，是孝道的体现，其意义仍可依道德理性解之。但在先秦，物的重要内涵之一恰好不在人的事务，而是他界事务，"物"特别指向宗教祭祀的某物；由于中国上古几近泛鬼神论，他界之"物"特别多，他界之物不时会介入人间事务，天神、地祇、山精、水神、祖灵、妖魅，无一不在人间流窜。殷商时期已是如此，上游的有夏恐怕更是人鬼杂处、阴阳相混了。对初民而言，生活世界周遭都是妖魅之力流动之区，初民只有了解之、称呼之，才能处理之，所以需"格物"。

王孙满所说的夏鼎的"远方图物""铸鼎象物""百物而为之备"的"物"不是一般的物，而是宗教性的神魅之物。如果我们观看现在流传下来的三代青铜器，虽然夏代的青铜器较罕见，也不容易辨识其年代，但商周青铜器存世不少，鼎这种器物的存世量也很可观。这些青铜器上的人物或动物有现实人物、动物，也有神话中的动物，但即使现实的动物，比如青铜器上常见的蝉纹、鸟纹——大概可以设想它们与"变形、飞翔"的功能有关——还是被视为有神奇的巫术力量的。如果我们参考三代的玉器，观赏其人物、动物图形，对"物"的内涵应该也可以获得类似的理解。

王孙满所说之物不是凡物，而是大有来头的巫风之物，张光直说它是"牺牲之物"，也就是可以助巫觋通天地之动物，[1] 其意殆是，但范围或许可以更广一点。《礼记·祭法》说："山林、川谷、丘陵能出云，为风雨，见怪物，皆曰神。"物也可以是作怪之物。具有咒术内涵的"物"字虽然后世较罕见，但先秦典籍中多可见之，且看底下《周礼》及《国语》各两条资料：

> 凡祭祀百物之神，鼓兵舞、帗舞者。(《周礼·地官·鼓人》)

> 凡六乐者，一变而致羽物及川泽之示，再变而致臝物及山林之示，三变而致鳞物及丘陵之示，四变而致毛物及坟衍之示，五变而致介物及土示，六变而致象物及天神。(《周礼·春官宗伯》)[2]

---

[1] 张光直:《中国青铜时代》，页366。
[2] 郑玄注，贾公彦疏:《周礼注疏》，收入李学勤主编:《十三经注疏整理本》，卷12，页375；卷12，页687。

> 伯夷能礼于神以佐尧者也，伯翳能议百物以佐舜者也，其后皆不失祀，而未有兴者。(《国语·郑语》)

> 三日姑洗，所以修洁百物，考神纳宾也。(《国语·周语下》)[1]

上述所说的"物"或"百物"大概都和宗教有关，《周礼》两段资料的舞与乐，为的是要"祭祀百物之神"或引致山川天地之物。《国语·郑语》的"议百物"和"礼于神"相呼应，《周语》的"修洁百物"和"考神纳宾"相诠释，这些"物"的来头都不会太小。在上古未除魅的年代，鬼神出没，幽明混杂，固是人间常事。初民如没有相应的神话知识，出门即有碍。如何面对鬼神，应当是国之大事，也是民生大事。所以夏后在一统天下后，曾将具有神奇力量的"物"铸于九鼎上，以供天下百姓认识。百姓有"物"的知识以后，入陌生的山林，依图辨识，依法行礼，即不会碰到不顺之事，鬼怪"百物"也就不会伤害到他。通过古代文献以及青铜彝器的双重证据，我们可以了解王孙满这段话的意义。他说的"铸鼎象物"的目的在通过对"物"的了解，提供行人处理"物"的方法，以期协于上下，以承天休，大吉大利，这样的解释似乎是合理的。

其实禹鼎"远方图物，使民知神奸"的内容，虽然细节不见于传世文献，却不是那么难以了解。"禹铸九鼎"的故事既然脱离不了巫教的思维，很好的参照资料即见于古之巫书《山海经》。[2]事实上，在《汉书·艺文志》里，《山海经》即是列入《禹贡》类型的书，是

---

[1] 韦昭注：《国语》，收入《四部丛刊初编缩本》，卷16，页185；卷3，页45。
[2] 洪亮吉引孙星衍的话："今《山海经》《海内》、《大荒》等篇，即后人录夏鼎之文也。"参见洪亮吉：《春秋左传诂》，收入洪亮吉：《洪北江先生遗集》(台北：华文书局，1969)，册11，卷10，页8。洪亮吉、孙星衍的说法没有实际证物可为佐证，九鼎能否承载《山海经》的字数，也颇可疑。但因为两者都是关于山精水怪的知识，窃以为仍足以成说。

形法书。《山海经》记载天下名山大川无数，每一山一川，皆有神妖怪物居焉，行人经过其山其川，皆须依礼行之，或具鸡黍，或埋玉沉玉，以祈平安。比如《山海经》开头的《南山经》的开头厥为誰山，经文说："自招摇之山，以至箕尾之山，凡十山，二千九百五十里。其神状皆鸟身而龙首，其祠之礼：毛用一璋玉瘗，糈用稌米，一璧，稻米、白菅为席。"[1]经文说的"鸟身而龙首"者，当是山神，而诸山的一些神鸟、怪兽如类、九尾狐、獾獾、旋龟、鹿蜀等各有形状、特色、功能（比如"佩之不聋""佩之无瘕疾"）。这些神人与神鸟、怪兽即是"百物"，它们在人类的文明之外。民入川泽山林，若能先了解这些"百物"，知道如何与之打交道，比如用玉、稌米祭拜等等，即可"不逢不若，螭魅罔两，莫能逢之"。

夏后铸鼎，此一传说应当传之已久。鼎曾随国势演变流转，夏亡入商，商亡入周——周人大概是这样相信的，所以楚庄王才想问禹鼎的轻重大小。禹铸九鼎的政治含义不言可喻，但这则传说还传达了同样重要的故事，此即如何面对"百物"这样的巫术力量。由"远方图物，贡金九牧，铸鼎象物"看来，大禹定九州，成了天下共主后，还要面对巫术力量的问题。他一生的事业既包括治理洪水，也包括治理巫术。他的九鼎如何教导百姓"不逢不若"，我们可从《山海经》想象一二。九鼎的效用是否真能"协于上下，以承天休"，我们不得而知。我们可以确定大禹虽然身在世间，却仍游乎绝地天通之前的岁月。但身为再创世界秩序的圣王，他虽然也满身巫灵，却需要整治巫教的魔咒力量，所以这位兼具神性、人性于一身的圣王很自然地对巫术展开批判性的工作，这位由父性生殖出的英雄之应世工作是双线进行的。

类似意义的工作，我们可在孔子回答巨人之骨的源由之文字中，

---

[1] 袁珂：《山海经校注》，页8。

重新获得确认。《国语·鲁语》及《述异记》皆记载大禹曾于会稽山大令诸国领袖,"执玉帛者万国",防风氏后至,大禹乃杀而戮之云云,孔子所述及的这则故事的脉络如下:

> 客执骨而问曰:"敢问骨何为大?"仲尼曰:"丘闻之,昔禹致群神于会稽之山,防风氏后至,禹杀而戮之,其骨节专车。此为大矣。"客曰:"敢问谁守为神?"仲尼曰:"山川之灵,足以纪纲天下者,其守为神;社稷之守者为公侯。皆属于王者。"[1]

关于防风氏其人,孔子尚有叙述,防风氏的故事可能牵涉到东夷文化的深层积淀,兹不续述。[2]

本章关注的现象乃是大禹大会诸侯,《国语》却说是"致群神于会稽之山",如就字面意义了解,能够致群神者大概只有权力或法力更高的神祇,号令才发得动;除非我们将"禹"解作"上帝"之类的至高神,否则不好理解。然而,"山川之灵其守为神,社稷之守为公侯"之说给我们提供了有意义的线索:章太炎论"封建",论古代有社稷之守的国度,有管领山川之灵的神守之国;神守之国,"不守社稷,而亦不设兵卫","以神守之,国营于机祥,不务农战"。[3]借章太炎的话进一言,神守之国也就是巫师做主的原始部落。章太炎的解释很有启发,大禹定九州,"致群神于会稽山"的意义,我们可解释为一个具有组织原理的新时代来临了。守山川之灵的神守之国,也就

---

[1] 韦昭注:《国语·鲁语下》,卷5,页72—73。
[2] 江林昌《从"长翟"、"鲋鱼"看"防风氏"的起源》一文对防风氏的传说与东夷文化的关系有一解释,足以成说。参见钟伟今编:《防风神话研究》(合肥:安徽文艺出版社,1996),页58—67。
[3] 章太炎:《封建考》,见《太炎文录初编》,收入上海人民出版社编:《章太炎全集》(上海:上海人民出版社,1985),册4,页101—117。

是依巫教文化统治的部落，面临巨大的挑战：防风氏不遵王命，以致见杀，可视为大禹作为一位王朝的奠基者不能不采取的政治行动。尔后，巫教空间要转为王命空间，九州人民要开始纳税，神守之国要走入历史，化为封国，化为郡县。

"铸鼎象物"以及"神守之国"两则故事的叙述，指向了一个文明空间的形成。大禹建立政治意义的领土概念，后世文明的开拓则是建立在禹绩的基础上的，我们上文的解释并非只是源于理论的推演，此事是得到三代人民认可的。《诗经·商颂·长发》云："浚哲维商，长发其祥。洪水芒芒，禹敷下土方。外大国是疆，幅陨既长。有娀方将，帝立子生商。"《长发》是祭祀商汤之诗，并追溯商之立国于始祖契之母简狄，商人将他们民族活动的区域溯源至大禹治水后创造出的大地上。商人追溯先祖，追到禹这一源头，周人亦然。我们且观《诗经·鲁颂·閟宫》："閟宫有侐，实实枚枚。赫赫姜嫄，其德不回。上帝是依，无灾无害。弥月不迟，是生后稷。降之百福，黍稷重穋，稙稚菽麦。奄有下国，俾民稼穑。有稷有黍，有稻有秬。奄有下土，缵禹之绪。"鲁为周公、伯禽封国，《鲁颂·閟宫》所说即是周人的传承。此诗盖为赞美鲁僖公新修周人始祖后稷之母姜嫄的宗庙而作。后稷和恩养天下百姓的菽麦大概都是上天降给下国的"百福"，后稷和他引导的周民族尔后要在这块上天赐福的大地上继承大禹的事业。《长发》《閟宫》两诗追溯民族源头，皆溯源至原初的民族始妣（不是始祖），简狄、姜嫄都有高禖神与大母神的内涵。[1] 而殷、周两民族的起源，都奠基于大禹整顿过的大地上。就此而言，夏、商、周不但是并称的三代，它们也可以说都是大禹的继承人。

---

[1] 参见闻一多：《高唐神女传说之分析》，见《神话与诗》，收入《闻一多全集》，册1，页98。拙作：《吐生、报本与厚德——土的原型象征》，收入杨儒宾：《五行原论：先秦思想的太初存有论》，页389—445。

禹域原理与海洋文化

在20世纪的"古史辨"时期,大禹传统的真实性甚或其人是否存在,曾引起极大的争论,俨然形成一时的风潮。但在中国文明形成的原经学时期,大禹的真实从来不是问题,他治理洪水,划分了大地,他的存在早已和中国的大地联结在一起。《禹贡》不管定本于何时,它的文化意义都在于:洪水泛滥,大禹整治大地,将天下土地分成上、中、下三等,定下税赋之则——《禹贡》所谓"厎慎财赋,咸则三壤,成赋中邦"——九州的土地遂从原生的野性大地变为文明灿烂的家园世界。没有大禹,就没有九州,也就没有了"华夏文明"这类概念。《禹贡》的记载不只意味一个具有神话意义的治洪事件的完成,它还意味着东亚大地的历史以后再也不能归诸自然史,而当是文明史的范围,"中国"的概念正式成立。

我们现在看到的"中国"一词最早的载录当是见于何尊的记载:"肆文王受兹大命,唯武王既克大邑商,则廷告于天,曰:余其宅兹中国,自兹辥民。"[1]何尊于1963年出土,1965年由宝鸡博物馆征收。宝鸡是青铜器之乡,出土精金美器曷可胜数,在众多国之重宝中,何尊可视为宝鸡青铜器博物院的镇馆之宝,关键的原因即在何尊是武王伐纣成功后,周初先王所制的礼器。尊是国之重器,"中国"一词又首先在此器上出现,它既是历史的见证者,也是"中国"概念从历史中兴起的记录者,自然有重要的意义。

记载武王伐纣事件的何尊出现"中国"一词,因为它和本章的

---

[1] 何尊之器形及铭文,参见吴镇锋编:《商周青铜器铭文暨图像集成》(上海:上海古籍出版社,2012),卷21,页311—312。

内容相关，所以需要提及。殷商是伟大的帝国，姬周曾长期臣服于它，武王伐纣成功以后，如何安定战后的秩序，是新统治者必须面对的大难题。除了政治、军事上仍有后续动作外，武王还举行了大规模的祭礼活动，在上古时期，宗教祭祀本来即是政治活动的重要环节，在春秋时期，仍有"国之大事在祀与戎"之说，殷周之际的情况可想而知。《逸周书·世俘》记载武王于癸丑这一天，献上俘虏的殷王朝"士"百人后，即奏乐舞蹈，当时奏的是"大享"乐。隔天甲寅，典礼上的乐师奏的是"武"乐，并献上"万"舞。第三天，也就是乙卯这一天，乐师演奏的是"崇禹生启"，三次后，仪式完成，武王才坐下，完成礼仪过程。《世俘》篇类似武王伐纣时期的起居注，颇具"实录"的架势。[1]他于甲寅日参与的"武"乐"万"舞之事，《诗经·周颂》尚留有记录。癸丑的"大享"乐，顾名思义，是一场规模隆重的大礼。就我们现在仍能看到的《周颂》有关"武"的记载，可知其内涵以祭拜周人祖先太王、王季、文王为重。然而，在祀礼的最后一次，胜利者祈天永命时，所演奏的主题竟然是"崇禹生启"的故事。《世俘》对"崇禹生启"之文没有进一步地解释。但比较同一时期同一事件的两则记载——何尊的"宅兹中国"以及《世俘》的"籥人奏'崇禹生开'三终"——我们有理由相信，新兴的周朝的奠基者面对新运的到来想到"缵禹之绪"，他要在"中国"这块由大禹辟定的大地上延续前圣与先王的事业，完成上天的使命。

大禹作为领土概念"九州"的奠基者，作为"中国""禹域"这些带有特定文化内涵的符号的相关者，不太可能是任何人创造出来

---

[1] 关于《世俘》篇的史料价值，参见顾颉刚：《〈逸周书·世俘篇〉校注写定与评论》，收入《顾颉刚古史论文集》，册2，页226—299。夏含夷著，黄圣松等译：《武王克商的"新"证据》，收入夏含夷著，黄圣松等译：《孔子之前：中国经典诞生的研究》（台北：万卷楼图书，2013），页31—65。

的，他和中国的黄土一样古老，九州是他平治的，名山是他创造的，[1]"大禹－九州－华夏"这样的意象早在孔子之前已传播于周天子辖下的九州大地。周灵王二十二年（公元前550），谷洛二水斗，将毁王宫，周灵王想壅防谷水，太子晋规谏其事，举共工失败之例，并进言道："伯禹念前之非度，厘改制量，象物天地，比类百则，仪之于民，而度之于群生，共之从孙四岳佐之，高高下下，疏川导滞，钟水丰物，封崇九山，决汩九川，陂鄣九泽，丰殖九薮，汨越九原，宅居九隩，合通四海。"（《国语·周语下》）[2]太子晋这段语言简直像《禹贡》的翻版，大禹的事功被高度赞美，还有他本人。鲁昭公元年（公元前541），周景王派刘定公慰劳赵孟，有言："美哉禹功，明德远矣。微禹，吾其鱼乎！吾与子弁冕端委，以治民临诸侯，禹之力也。"（《左传·昭公元年》）周灵王二十二年、鲁昭公元年，其时孔子或刚出生不久，或尚属幼年，但若此之言，已充斥先秦古籍。"茫茫禹迹，画为九州，经启九道"（《左传·襄公四年》）显然已成了后世九州人民的集体记忆。

禹的九州故事告诉我们开辟事件的落实原理："中国"意识的兴起。但我们晚近对鲧禹神话的比较研究，又让我们发现九州神话的另一个面向。晚近学者时九州在东亚世界升起、鲧禹治水最大的发现，当是挖掘出其中"潜水型创世神话"的因素。潜水型是创世神话的一种，这种类型的神话流传在环太平洋地区，笔者在"帝尧与绝地天通"一章中已引用过两个具体的神话，以示此类神话和大禹治水神话的相似性。笔者仅再引用一例，借以阐其幽，发其微。我们且看下列黑脚印第安人的创世神话：

---

[1]《诗经·大雅·韩奕》："奕奕梁山，维禹甸之。"《诗经·小雅·信南山》："信彼南山，维禹甸之。"大禹所甸者何止梁山、南山，而是尽九州山河大地。
[2] 韦昭注：《国语》，卷3，页35—36。

太初之时，所有陆地都覆盖着水，有一个老者和所有动物漂浮在一只大筏上。一天，老者让海狸下水带一些泥上来。海狸去了，过了很长时间也没能到达水的底部。接着潜鸟又尝试着去做，还有水獭，可它们都嫌水太深。最后，麝鼠钻进了水里，它最终上来的时候几乎断了气，大家把它拉上大筏，发现它的一只爪子里抓了一小把泥。有了这把泥，老者造了世界，随后又造了人。[1]

　　笔者所以特别选择此一神话故事，乃因黑脚印第安人为北美印第安人，而印第安人文化和殷商文化可能同源而发，其神话颇有相互发明之处。我们试比较这则神话与鲧禹神话，不难发现两者结构的雷同之处：麝鼠与负青泥的鸱龟、创造大地的老者与大禹、成长的泥土与息壤、混沌之洋与茫茫洪水，它们彼此间应当是有对应关系的。环太平洋地区文化关系密切，这早已是个普受注意的现象，潜水型神话因素加上考古出土，无疑更可增加相关说法的解释力。[2]

　　潜水型神话母题其实不是那么陌生，弗雷泽（J. G. Frazer）《〈旧约〉中的民间传说》搜罗了大量的洪水神话，其中即有不少潜水型创世神话的案例，此书早在1918年即已出版。1943年徐旭生出版《中国古史的传说时代》，即已附有苏秉琦译成的弗雷泽的《洪水考》的部分文字。早期的神话学者如郑振铎、江绍源也多熟悉弗雷泽的著作。汤普森（S. Thompson）在《民间文学母题索引》（*Motif-Index*

---

[1] 弗雷泽著，叶舒宪、卢晓辉译：《〈旧约〉中的民间传说——宗教、神话和律法的比较研究》，页133。
[2] 相关研究参见李道和：《昆仑：鲧禹所造之大地》，载《民间文学论坛》，1990年第4期。叶舒宪：《中国神话哲学》，页358—363。萧兵：《中国文化的精英——太阳英雄神话比较研究》，页767—774。胡万川：《捞泥造陆——鲧禹神话新探》，收入胡万川：《真实与想象——神话传说探微》。

of Folk-Literature）的"原始大水"处列出 A812：Earth Diver（大地潜水者）和 A812-1：Devil as Earth Diver（大地潜水者是魔鬼）的条目，所说即是大地潜水者捞泥造陆的类型，[1]文字虽简约，但内容并没有缩减。汤普森关于民间文学母题的著作早已在 1932 年开始编纂出版。大林太良 1966 年出版的《神话学入门》更已将潜水神话（亦即捞泥造陆神话）和大禹治水神话联结起来讨论。《〈旧约〉中的民间传说》《民间文学母题索引》《神话学入门》三书皆非冷门书，应当说它们是学术书中的普及读物。但捞泥造陆这个神话母题似乎直到 20 世纪末才在中国学界或汉学界受到普遍的注意，其时机和浙江以及江汉地区的重要考古出土，如石家河文明、良渚文明遗址日渐受到重视的时间颇为一致，这组现象的出现应当彼此相关。当大禹治水神话有和东南地区的江流海域联结在一起，甚至有跨越河海界线、响应太平洋彼岸传说的可能，此神话的内涵应该给我们提供更多的省思。大禹神话的跨界规模超越了李济所说的长城的界线，凌纯声生前所说的"环太平洋底层文化"的提法似乎可以得到另一层的印证。

　　大禹治水的事迹一方面具有强烈的中华文明的色彩，他划定九州，定下赋则，形成一种带有强烈夷夏之辨的集体情感积淀的禹域意识。但由大禹自天帝处取得息土，敷下土方，我们可以看到九州意识是在"天下"意识的框架下形成的。我们由大禹治水神话与环太平洋地区的捞泥造陆神话的相通来看，禹贡九州有普遍性的秩序原理。我们尤其不能忘了典型的鲧禹治水神话是在《诗》《书》等儒家典籍出现的，儒家典籍的作者或编者采录这则故事时，已明显地

---

[1] S. Thompson, *Motif-Index of Folk-Literature* (Bloomington: Indiana University Press, 1955), pp. 161-162.

对它做过神话的批判，不再局限于血缘连续的封闭性，《禹贡》《洪范》等篇章是经由道德理性的透光镜展示出来的。我们从《尧典》《禹贡》的叙述看来，《尚书》编者显然认为洪水的劫难、英雄的救赎、道德与理性的胜利都是历史的事实——虽然这个事实是发生在那么玄妙的传说时代。

大禹就像任何远古传说的英雄一样，他的历史成分和神话成分搅混在一起，难以过滤澄清，但我们就《尚书》及古籍中呈现的大禹事迹来看，禹贡九州及敷土治水应当是最突出的，而这样的事迹汇聚在号称第一个统一王朝奠定者的大禹身上，或许不是偶然的。因为不管大禹以息壤湮没洪水，还是他随山刊木，主名山川，并给九州划定赋别，还是他所铸造的九鼎具有评论包含了政治意义的天下的作用，这一些事迹都指明了他功绩的内涵关键在于使一种作为领土原理的禹域（九州）原理出现。土者，吐也，土是生命原理，没土就没有个体与民族的生存。土者，均也，厚也，没有土就没有承载个体与群体的基盘。[1] 在部落时期，土承载了部落与牛羊牲畜的活动；在农作定耕时期，土承载了方国共同体与菽麦稻稷的春生夏长、秋收冬藏；在一统王国时期，土承载了政治群体运作的物质基础并决定了其组织形式。后来中国历代的领土不管有何变迁，它们基本上都是在"九州"这个概念下呈现的。

但作为九州原理的禹的象征不能只从狭隘的夷夏观或民族主义观点看待，《尚书·禹贡》因为探讨今日所谓的"领土"的形成，确实容易酝酿出民族主义的情绪。大地一旦变成了领土，落实原理也就成了限制原理：没有大地转换成领土的落实过程，国家、民族、文化的

---

[1] 刘熙《释名》："土，吐也。"郭店出土竹简《语丛一》："有地有形有尽，尔后有厚。"《语丛三》："地能均之生之者。"内涵参见拙作：《吐生、报本与厚德——土的原型象征》，收入杨儒宾：《五行原论：先秦思想的太初存有论》，页389—445。

概念是空虚的。大地是承载原理，但落实于"领土"的局限，就意味着排挤、独占、限制；有土斯有财，土的魅力和血的贪嗜结伴而来，土地也是吞噬原理。土的内涵处在具体化与局限化之间，它的理想性质当是在具体化的结构里展现普遍化的精神，截长补短，取精用宏，端看其人。

"大禹"这个符号将"华夏""九州""中国"这些概念带到东亚的土地上来，但《禹贡》形成于"民族主义"概念形成之前，也形成于明确的夷夏观念形成之前，它描述的是遂古洪荒时期先民在大地上英勇奋斗的故事。更重要的是，我们不宜忘了《尚书》此典籍具有平冈武夫所说的普世的"天下的世界观的内涵"。[1]在先秦时期，禹的足迹传说已从中原走到江淮、浙江地区，但他并不于此止步。如果我们分析治洪神话，不难发现它还可以和更广阔的环太平洋地区文化产生关联；即使这种关联是隐性的，有待阐释照明，但大禹的意义不能封限于禹域，这是很显明的。我们不会忘了上古时期有比较明确的越界——亦即超越华夏中心世界，甚至远至四海之外、渺渺大荒——的旅行载录，也多与大禹有关，《山海经》传说是他作的。不仅如此，禹的意义还可延伸，一种带有宇宙神秘性质的世界也是在他手上完成的。据说他命令竖亥衡量天下，自东极到西极，共五亿十万九千八百步；自北极至南极，共二亿三万三千五百里七十五步。[2]这种数字恍兮惚兮，如天外飞来，它怎么来的，令人好奇。战国后，汉字世界有关中国与世界的想象，或者大地边界的想象，大概都脱离不了禹的因素。

---

[1]"经"具有"天地之常道""先王之鸿教"之义，关于经书的普世意义，参见平冈武夫：《經書の成立——天下の世界觀》(东京：創文社，1983)，页5—17。
[2] 上述数字，参见袁珂：《山海经校注》，页258。刘文典：《淮南鸿烈集解·墬形训》，页132。

结语：圣人无间然的禹

《尚书》所示鲧禹治水、禹贡九州、铸鼎象物的故事应当是流传已久，孔子生前，这些故事已流传在各国人民之间。如前所引《左传》《国语》或新出土西周遂公盨的铭文，无一不显示"大禹治水"的故事应当有很强的风土性，而且应该已传之久远。不管大禹或夏族起源何地，也不管洪水原先的起源为何，但在孔子之前，"大禹治水"的故事已是当时文化传统的重要成分，它被视为信仰意义上的真实。所以其记录才会传布得那么广，相传的大禹事迹及夏代的版图也才会超出中原的范围，殷商或姬周的诗人追溯他们民族的起源时，也才会以缵禹之绪自豪。后世的中国历朝常以"禹域"代称王命所至的辖区，"禹域"顾名思义，即是由大禹所建构成的地域。

大禹和土地的关联那么深，我们如果将大禹视为土地原理，也就是继承皇天原理的尧或尧舜之后的文明发展的第二步，这种神话版的文明发展史的理解似乎不为过。百年前，白鸟库吉建构"尧舜禹抹杀论"，曾主张尧、舜、禹皆不是史实人物，而只是象征天、地、人的寓意人物：尧象征高空，舜象征人伦，禹象征大地。"禹"字通"寓"或"厲"，"禹""宇"相通，表特定区域。[1]白鸟库吉的论述颇简略，也容易和现实政治发生勾连，但就学术论学术，白鸟库吉的解读不能不说切进了早期文明发展常见的样态，亦即文明是在天地的架构下形成的。[2]

---

[1] 参见白鸟庫吉：《支那古伝説の研究》，收入《白鸟庫吉全集》（东京：岩波書店，1970），卷8，页381—391。
[2] 《吕氏春秋·序意》："爰有大圜在上，大矩在下，汝能法之，为民父母。盖闻古之清世，是法天地。凡十二纪者，所以纪治乱存亡也，所以知寿夭吉凶也。上揆之天，下验之地，中审之人，若此则是非、可不可无所遁矣。"此段话反映了早期文明的人在天地间的理念。各种知识部门中，天文学容易脱颖而出，成为各文明较先发展出来的知识体系，亦缘此故。

其说在当时引发了中日学界极大的兴趣，不是没有理由的。白鸟库吉假说能否成立，姑且不论，但他提到禹与大地的关联，倒不失为一条有意义的线索。我们如果重新架构白鸟假说，将此一洞见放在《尚书》由尧到禹的文明创造过程来看，正可以看出经学意识下的中国文明的发展，乃在继消纳苍天的因素后——此责任由帝尧承担——容纳了大地的因素，此责任由大禹承担。

《尚书》作者在《禹贡》《洪范》诸篇呈现大禹的事迹时，事实上已做了神话的批判：大禹治洪水、定九州，此文化英雄的事业不只传述一则远古的动人传奇，它也以英雄的伟绩传达了深刻的道德内涵。简言之，处在神话传说中的大禹的儒家化乃是分两步骤完成的，第一个步骤是《尚书》的诠释，第二个步骤是先秦儒家诸子在《尚书》的基础上所做的更进一步的深化。《尚书》的《虞夏书》中，大禹以及夏初的事迹的底层当是半神话半史实。作为传说中第一个王朝的创始者，大禹的事迹到底是神话的历史化，还是历史的神话化，不太容易确定。但可以想象，在邃古洪荒时期，治理洪水这么艰难的事业几传之后很容易有神话的氛围融入，成为虚实相生的叙述。《尚书·禹贡》等篇作者在各种传闻中融通淘汰，呈现了一位更人文化的圣王。我们现在看到的《尚书》，《禹贡》《洪范》《皋陶谟》各篇的内容因此有了重层的构造，所述事件蕴含了底层的神话构造与显层的经学构造。《禹贡》既描述了洪水神话，也描述了治理洪水的勤劳美德；既描述了地平天成的神话式天地开辟事件，也呈现了第一个王朝兴起的"体国经野"的九州事件。同样地，《洪范》既描述了上古政治的神意起源——"洪范"此治国大典是上帝犒赏大禹治水有成的大礼——也描述了王朝开辟后君王的理性经营；刚推翻殷商统治的武王鉴于天命不易，故严肃地考虑尔后的新人间秩序该如何形成。

大禹的事迹在孔子之前已传播九州，而且可以相信已传了相当久远的一段时间。他作为一位完成伟大事业的文化英雄的形象也已树立，否则，商、周的民族史诗不会溯源于他。然而，大禹由远古的圣王变为人格的典范此种道德意义的转换应当是在春秋时期形成的，这是大禹圣人观第二阶段的完成，孔子是其中的关键。孔子是第一位以平民身份在"禹域"上寻求政治机会的行道者，也是第一位全面整理三代文化，并将"六经"普及化到庶民阶层的哲人。他在汲汲遑遑的生涯中，行走于魑魅魍魉仍未从人间撤退的大地上，不可能没有听过大禹的诸种神奇事迹。[1] 这些传闻有的真实，有的荒诞，孔子居间做了选择，择其道德之善者以阐释之，所以才有我们今日熟悉的大禹形象。孔子对大禹相当礼赞，他的礼赞可以说是批判地继承。《论语》中的大禹不但继承传统所说的大禹治水的苦劳形象，而且孔子又赋予了他更深刻的意义，我们且看《论语》一书中关键性的三段话语。

《论语·泰伯》记载孔子赞美大禹道："禹，吾无间然矣。菲饮食而致孝乎鬼神，恶衣服而致美乎黻冕，卑宫室而尽力乎沟洫。禹，吾无间然矣。"[2] 大禹不仅治水有成，他还将洪水导向有利农耕的沟渠，大禹所象征的大地原理因此也发挥了农耕产粮的作用，九州提供了大地此母体及大地上的粮食的双重恩典。孔子眼中的大禹是自奉甚俭，注重孝道、公共礼仪以及劳动价值的圣王，是非常典型的农业文明模式下的理想人物。[3] 这样的圣王于今观之，似乎卑之无甚高论，但孔子当日提出总体性的判断前，大禹未必有如此清晰的图像。我们不会忘了在他之前，王孙满响应"楚子"的话中之大禹，仍是一身黏滞的

---

[1] 前引禹杀防风氏此则有名的故事即是孔子传出来的，见《国语·鲁国下》以及《史记·孔子世家》。
[2] 何晏注，邢昺疏：《论语注疏》，收入李学勤主编：《十三经注疏整理本》，卷8，页122。
[3] 《论语·宪问》记载南宫适之语"禹稷躬稼，而有天下"，夫子不答。孔子当场不回应，南宫适离开后，却大加赞美道："君子哉若人，尚德哉若人。"可见孔子也是赞成南宫适的判断的。

神话气息。孔子秉持西周以下神话批判的精神，将大禹提升为人格的典范，他这段话对道统论下的大禹性格之塑造，不能不说是关键性的一步。此后，大禹不但拥有大地原则，也具有强烈的伦理性，典型的儒家版的大禹观正式确立。

我们看到第二件有关禹的事迹如下："巍巍乎，舜、禹之有天下也，而不与焉。"(《论语·泰伯》)[1]孔子在远古的圣王系列中，选择了尧、舜，而排斥了炎、黄，《中庸》说"仲尼祖述尧舜"，子思的判断和《论语》传达出来的讯息是一致的。《尚书》断代自尧始，孔子应该也是相信的。孔子赞美尧，尧之值得赞美者，在于他是儒家道德政治的体现者，他既行禅让政治，而且注重个人道德与公共道德的连续性。相对之下，禹在政治领域的形象乍看却是禅让政治的破坏者，他将天下传给了儿子夏后启。然而，有关禹、启之间的传位，后世异说甚多，孔子显然认为大禹在公天下方面的用心和尧、舜没有两样，他们都是"有天下而不与焉"。如果禹也是公天下，何以夏后启会继承其位？孔子没有回答这个议题。但是后来孟子做了极详细的阐释，他认为应当是当时的百姓都跟随夏后启，而不跟随大禹指定的继承人益。[2]孟子的阐释或许也是想当然耳，但他的观点显然承自孔子，孔、孟都相信大禹在政治领域仍继承禅让精神。先秦儒家一再宣扬禅让政治，晚近出土的战国儒简《唐虞之道》《容成氏》《子羔》诸篇中，多有记载。从郭店、上海博物馆新出的相关资料中，我们看到儒家的禅让队伍竟意外地长，尊卢氏、赫胥氏、乔结氏、仓颉氏、轩辕氏、神农氏、樟乙氏、垆毕氏，这些或熟悉或陌生的传说中的上古统治者都

---

[1]何晏注，邢昺疏：《论语注疏》，收入李学勤主编：《十三经注疏整理本》，卷8，页118。
[2]孟子的解释原文如下："禹荐益于天，七年，禹崩。三年之丧毕，益避禹之子于箕山之阴，朝觐讼狱者，不之益而之启，曰：'吾君之子也！'讴歌者，不讴歌益而讴歌启，曰：'吾君之子也！'"(《孟子·万章上》)

是实行禅让政治的。《唐虞之道》甚至说："不禅而能化民者，自生民未之有也。"[1]先秦时期宣扬禅让政治者，自然不只儒家，墨家、道家也提议过禅让的政权转移方式，但儒家毕竟是旗帜最鲜明的一家。顾颉刚曾力主禅让说源于墨家，其说甚辩，其文甚长，[2]但论证很难有说服力，此文的作用应该是明日黄花了。可惜，大禹是经学史上最后一位具禅让精神的圣王了。禅让政治在三代以后的历朝也不能谈了，讴歌大禹的"有天下而不与焉"变成了天鹅最后的挽歌。

孔子对大禹的诠释中，影响后世道统论最深远的一段话当是《论语·尧曰》所述的尧、舜、禹的传承："尧曰：'咨！尔舜！天之历数在尔躬，允执其中。四海困穷，天禄永终。'舜亦以命禹。"[3]"中"在上古神话中具有神圣的意义，它不但是政权正当性的基础（承天意），它还是存在的基础。清华大学出土文献研究与保护中心于2009年公布了该单位典藏《保训》，[4]此文一再说到"中"字："恐求中""舜既得中""假中于河""追中于河"。文中的"中"字该如何解，学者各有诠释。窃以为此"中"字不管作何解，它不能脱离伊利亚德所说的"作为宇宙轴"（axis mundi）此义。初民因山、树等自然物或庙宇、国都、社坛等文明物的参天，而获得个人与文明的保障。孔子认为上古圣王传承了这种神秘的传授，尧、舜、禹相承皆须"允执其中"，文王也期待武王能像舜一样"得中"。但经过周公、孔子创造性的转化，神秘因素"中"的内容在传承中已发生了质的变化，它变成了民意、

---

[1]《唐虞之道》不但是儒家经典，而且可能和思孟学派的关系相当密切，参见周凤五：《郭店楚墓竹简〈唐虞之道〉新释》，收入《"中央研究院"历史语言研究所集刊》，第70本第3分册（1999年9月），页739—759。
[2] 顾颉刚：《禅让传说起于墨家考》，收入《顾颉刚古史论文集》，册1，页295—369。
[3] 何晏注、邢昺疏：《论语注疏》，收入李学勤主编：《十三经注疏整理本》，卷20，页302。
[4] 清华大学出土文献研究与保护中心：《清华大学藏战国竹简〈保训〉释文》，载《文物》，2009年第6期，页73—75。

人民的福祉，公共的意义非常明朗。君王一旦不能体贴民意，造成百姓困穷，"天禄"就不会有了。

孔子之于三代文化传统，述而不作，事实上是述中有作。他于大禹的评价亦如是。《论语》中的大禹形象如与《尚书》呈现者相比，两者具有连续性：都是天下的经营者而不是占有者，都有勤劳刻苦的形象，都有神秘的与天相连的管道。但在继承中，我们看到的大禹更具人间性，他显然是位儒家的圣人，有公天下之心，有天人相通的管道（执中），有强烈的超越感官欲望之外的道德的追求。孔子最后还以"无间然"一词，反复言之。"无间然"云者，没有任何微隙可以批评了。我们如比较孔子对尧与对禹的赞美，不太容易确定哪一位的价值更高，虽然我们有理由相信尧可能具有更根源性的地位。但比较孔子对其他贤者的赞美，比如管仲，他眼中的尧、禹的格局自成一类，他们是道德理念的体现者，孔子的评价特别高。孔子显然将发生于邈远过去的一位文化英雄视为人格的典范——无疑，孔子已做过神话批判。

在儒家的传统中，孔子对大禹的评价一锤定音，他的判断成为后儒跟进的依据。孟子在孔子的基础上，又加上了禹拜"昌言"的美德，这位治水的英雄闻善言则拜，体现了大地谦虚宽宏的美德。《皋陶谟》一文中多记载"昌言"之事，孟子的判断应当是依据《皋陶谟》所说。荀子也将禹视为人格美的体现者，他以"涂之人可以为禹"（《荀子·性恶》）的命题突显他的性恶论与人成圣成德的目标并不冲突。除了儒家外，特别宣扬大禹美德者当为墨家。墨家以禹为表率，禹为治洪水，劳身役形，腓无胈，胫无毛，刻苦至极，非人情所能堪。墨家信徒以兼爱、非攻为念，也当效法大禹之所为。墨家眼中的大禹和儒家眼中的大禹基本上类似，都是道德的化身。后儒有关大禹的叙述在先秦时期可以说已全部完成。韩愈、朱子所说，只是在原有的基础上再次重申而已。

大禹的治洪水、定九州，乃是远古中国极富传奇色彩的传说事件。中国的历史是不是洪水泛滥的历史，中国的社会是不是可以用"水利社会"一语论定，此事应当留给经济史家或社会史家判断。但中国历代水患不断，治河是历代政府的重大职责，这是活生生的事实。"大禹治水"放在这样的历史脉络底下具有特别的意义，"禹"变成了华夏文明的象征，以"九州"为核心的中国意识走上了历史的舞台，华夏文明此后即在这块大地上展开；对历史上的中国人而言，"大禹治水"变成了一件"原型"事件，大禹成了原型人物。[1]对仍活在受水患、兵灾、饥馑威胁的历代中国人而言，他们相信：只要人们进德修业，勤于农耕，努力不懈，没有克服不了水患的道理，美好的田园仍将重回大地上，而九州就是他们的田园。它是禹域，它是夏、商、周三代在此诞生成长的土壤，是上帝应允的土壤（息壤）生长成的。在大地上劳动具有无与伦比的价值，大禹已给三代以后的历代子民立下了很好的榜样。[2]

---

[1] 我这里用的"原型"不是荣格的用法，而是借自伊利亚德。参见耶律亚德著，拙译：《宇宙与历史：永恒回归的神话》，"序言"。

[2] 我们不妨举后人回应的两例为证："悠悠万世功，矻矻当年苦，鱼自入深渊，人自居平土。红日又西沉，白浪长东去。不是望金山，我自思量禹。"参见辛弃疾《生查子·题京口郡治尘表亭》，引自徐汉明编：《稼轩集》（台北：文津出版社，1991），页240。"山行六七里，到往杳冥中。船远闲闲去，天长漠漠空。岭环村落北，湖际寺门东。男儿莫空死，请看神禹功。"原出自伊藤东涯《古学先生行状》，引自貝塚茂樹编：《伊藤仁齋》（东京：中央公論社，1983），页13。前首词作者为辛弃疾，他到京江，望见江水滚滚，有感而作。后首诗作者是伊藤仁斋，他望见相传因为陆沉而成的湖泊，不禁缅怀起神禹事功。活在水患、饥馑交加的前近代人对神禹其人、治水其事自然而然会生发强烈的情感震荡，并闻风兴起。

第五章

飞翔年代：巫教工夫论

前言:"遂古"之义

本章探讨遂古时期的巫教工夫论。"遂古"是时间概念,但它就像《尚书·尧典》说的"曰若稽古",《逸周书·尝麦》说的"昔天之初"。这些句子中的"古""昔""初"固然都属于述古词汇,却也都属于先民的存有论语汇:没有遂古的范例,即没有后世的个例。[1]只是"遂古"距今已远,证实甚难,"遂古之初,谁传道之?"[2],屈原提出了他的质疑。

"遂古之初的工夫论"之说乍看甚怪,因为完整的儒门"工夫论"或"存有论"叙述要到宋代才出现。[3]理学兴起是公元11世纪的事,

---

[1] 伊利亚德称之为"太初存有论",参见耶律亚德著,拙译:《宇宙与历史:永恒回归的神话》,页1—4。
[2] 语出屈原《天问》。参见王逸注,洪兴祖补注:《楚辞集注》(台北:大安出版社,1995),页124。
[3] 典型的宋明儒的工夫论意味着一种超越的人之本性及世界的本质之体现,人的本性与世界的本质通常被视为是同质、同层,甚至是同一的。相对于超越而圆满的"原初"之本性,现实的人性与世界之意义则是有缺陷的,两种本性与两种世界的差异构成了实践的张力,此工夫论之所以兴起。工夫论也者,学者通过各种的身心实践法门,转化或融会所谓的现实性与本来性之差距,以证会一种超越的真实境界。

遂古之初，何工夫之有？何本体之有？[1]然而，我们应当严肃考虑建构儒学工夫论体系的宋明儒的观点，宋明儒对工夫与本体的理解虽然彼此之间也有差异，但这无碍于他们都将自家体系的工夫论溯源至两个远古的源头。首先，他们都主张他们的工夫论来自先秦孔孟，是古学正宗；孔、孟、子思、颜、曾是他们的人格典范及理论源头，"四书"是"性命之书"，也就是他们工夫论荟萃的总旨归。有关先秦儒家是否有理学家眼中的性命之学的问题，此处姑且不论。[2]

先秦已古，作为原始儒家人物的孔、孟已够原始，但宋明儒者推演他们的工夫论之系谱时，不只逆推到东周时期为止，他们通常还将工夫论的渊源更溯至遥远的传说时代。在儒家的圣典《诗经》《尚书》《周易》或《山海经》《逸周书》诸书中，都记载了华夏文明初期的钦明文思安安，彝伦攸叙，那是个只能企盼却永难企及的黄金时代，是个梦幻而又真实的年代，也是神话与正典交集的古圣时代。经书是对昔天之初的黄金岁月的追忆，后世儒者永恒的乡愁。如要按"历史"对号入座，笼统说来，彼时也就是三皇五帝的时代。古籍中的"三皇五帝"充满了各种冲突矛盾的材料，[3]但这无碍于他们被编入"道统"

---

[1] 简单地说，工夫论意义的证成预设了个体的转化，没有转化以个体为中心的一些质性如人欲、意念、我执、私情、气禀等，也就是没有转化构成现实的个体概念的那些身心属性，即无工夫可言。围绕着天人合一的实践导向，理学家提出了"太极""本体""良知""德性""本心"这种超越论的依据或源头概念作为"工夫旨归"。这样的工夫论词汇是先秦儒学或隐而未发或缺乏的，理学首度完整而有体系地将它们建构出来。

[2] 如果从"工夫论"与"本体"的勾连这种典型的性命之学的观点着眼，孔孟儒学对打通天道性命隔阂的工夫论叙述显然仍不够充分，所以后世才会有各种质疑的声音出现。但"四书"之所以被宋明儒者视为性命之源之书，也无疑是有凭有据的，因为对于个体的限制、主体的努力、人天之间的转化，"四书"都有指示。但或因理论工具的不足，或因时节因缘不同，先秦儒学工夫论终究关怀者别有事在，缺少宋明时代浓烈的性命之学的风格，但其恐亦有宋明理学不及的精彩处。

[3] 参见杨宽：《中国上古史导论》，收入吕思勉、童书业编著：《古史辨》，册7上，页175—277。另参见顾颉刚、杨向奎的《三皇考》及吕思勉的《三皇五帝考》，两长文收入《古史辨》，册7中，页20—275、337—381。

中的资格。从理学家的观点看,传说中的古圣王反而因年代邈远实证甚难,而其性弥淳,其圣弥真,其格弥高,离天弥近[1]——他们也是因有工夫而成圣的。

理学家道统论中的"古"有孔孟之古与六经之古,孔孟之古是轴心时代的儒家奠基期的哲学传统之古,六经之古则是文化传统分化为诸子百家之前的古圣教之古。六经之古则既有商周之古,也有传说中的五帝之古。商周之古是有文字传述的早期历史意识之古,五帝之古则是新石器时代口述传统的文化类型。古义各有所当,各种古义皆有其学,本章要处理的是经书中所呈现出的遂古时代之古学。[2] 遂古时代的古学,笼统说来也就是古籍所说的三皇五帝时代的古学,其时文献不足,其学征考实难,以今日的学术观点判断,其时当属口传文学占主导的神话时代。理学家对于考古学、人类学、神话学领域的遂古之初学问的理解当然很不足,这些知识在宋明时代不够成熟,但他们对儒学工夫论的溯源是应当被严肃面对的。纵然我们知道他们所推崇的往古盛世与文化英雄很可能不是历史,但真理是千面英雄,宗教的叙述不一定是历史的叙述,宗教的真理不一定是历史的真理;神话有它的逻辑,有可能曲折地反映了一个久被掩没的特殊年代的价值意识。

---

[1] 王阳明在论圣人"成色"问题时,即主张尧舜"万镒",文王、孔子"九千镒",他们同样是圣,但分量不同。参见《传习录·上》"希渊问"条。王阳明之说只是举例说明"本质"与"量"的关系而已,但因牵涉到"尧"与"孔子"这两位大圣人的排序等第,争议遂不能不起。王阳明的"圣人成色说"姑且不论,他的举例无意间倒切切实实地反映了一种"太初存有论"的思维。

[2] 本章所说的"古学"是泛称,将学问的基础追溯至远古的学问的类型,日本江户时期有反理学的儒学,其中一支借返回孔孟以反理学,此即伊藤仁斋为代表的堀川学派(亦即古义学派)。另一支以返回孔孟之前的六经为宗,荻生徂徕的萱园学派(亦即古文辞学派)可为代表。除堀川与萱园学派外,山鹿素行也被划归为同方向的儒学,世人统称这三支儒学为"古学派"。然而,江户儒学的"古学派"此种意义的"古"不是此处所说的"遂古之初"的"古","古学派"的"古"是反心性论的、反形上学的文化哲学,遂古之初的古学是神话学的用语,各古其学,其古皆可自立。

中国上古的神话年代也是"巫觋"占据主要文化舞台的年代，在一种神话意义的遥远的年代，如何作工夫？巫觋的功能为何？这样的问题不能不令人感到好奇。本章将指出：巫觋的人格特质在于解体人格的能力——人格解体才有灵魂的飞翔，"人格解体"此现象意味着一种对灵魂论的考量，也牵涉到巫教特殊的文化背景。[1]

透过经书的神话与今人对上古巫文化的理解，笔者相信中国遂古之初的巫的大宗是萨满，巫文化是萨满教文化。如后文还要指出的，萨满教文化的特征在于萨满具有人格解体的体质与掌握巫术知识的能力。遂古之初的宗教人常被设想处在与天合一的状态，传说"人之初"时，"天下通，人上通，旦上天，夕上天。天与人，旦有语，夕有语"[2]。这样的"天"当然是有人格神意味的他界存在者，"天"与"人"都可上下天界与此界，[3]他们可以用言语沟通。此际的他界其实不怎么"他"，因为"天"固可"下"，人也可"上"。

遂古之初的黄金时代似乎是天人相通的岁月，人人具备通天的能力。然而，既然"人"中有了"巫"之专称，表示有些精英阶层已从芸芸众生中脱颖而出，因而才需要被标记。上古之巫从芸芸众生中脱颖而出，显示其人有异于常人之特质，纵使此特质乃天纵神授、非关人力，但总还是要有些保任的工夫，也就是仍有工夫论可言。本章所说的遂古工夫论即指上古巫教时代神巫使自己成为神巫的修行历程及

---

[1] 本章从"主体的转换"的角度诠释"巫"在中国早期文明所扮演的角色，以"离体"及"凭灵"的萨满诠释巫自然只是一种切入点。两者一指灵魂离开个体，一指主体暂时空缺以让位给其他的神灵，本章关心的重点尤在离体远游的类型。关于巫或巫教的研究，从民间新学术的奠基者王国维、刘师培以下，累积极多，较宏观而专业的解释，参见林富士：《中国古代巫觋的社会形象与社会地位》，收入林富士编：《中国史新论（宗教史分册）》，页65—134。
[2] 龚自珍：《壬癸之际胎观第一》，见龚自珍：《定盦续集》，收入《四部丛刊初编缩本》，卷2，页58。
[3] 萨满教的世界观通常将世界分成天上、大地、地下，亦即三界，参见 M. Eliade, *Shamanism: Archaic Techniques of Ecstasy* (Princeton: Princeton University Press, 1972), pp. 259-266.

能力。巫教时期的神巫的宗教修行也要有主体转换的过程，这种早期的工夫后来改头换面，被整编到后世的工夫论上去，就像早期的神巫后来成为儒门传统的圣王或圣人。

本章说的"工夫"是新词古义，神巫未必有后世高僧大儒体证本体的境界，但未必没有转化现实身心状态的工夫，理学家的工夫论是"接着"先秦儒家讲的，先秦儒家的工夫论又是接着神巫讲的。但所谓"接着讲"，在"接"的过程中其实已落入巨大的断层：从神巫到儒的工夫论之演变，乃是从灵魂的提升到本体的体证之变革。本章所说的"太初存有论"的工夫论即围绕着"绝地天通"此一神话事件的前因后果而展开，并认为这事件关联着人的主体的构建，而且这种构建跨越了极长的一段历史，这种特殊的主体构建因而具有工夫论的文化内涵。

宇宙轴之中

遂古之初，谁传道之？遂古之初，宪章古之道术的诸子之学偶传道之，作为民族智慧宝库的圣典常传道之，作为古代道术总汇的巫书更屡传道之。但传道古史，以为今用，传道者需要具备解读古典的理论。

任何人要进入先史时代的先民的精神世界，他首先要面临如何辨识先民的精神的难题。先史时代之不同于历史时代者，在于缺乏文字的载体。我们要探讨先史时期的先民之精神世界，通常只能依赖非文字性的出土文物重构，这是考古学、宗教象征学、文化人类学的领域。然而，中国作为右文之国，有特别强的史传传统，上古世界的文化形貌通常也会见于后世追忆的文字，其中，作为民族圣典的"五经"即颇有这样的内容，"五经"是巫文化转化为礼乐文化的记忆库，它的内涵有待于后人的解码。其次，诸子百家应运而起，是基于原始的文化土壤，因此也都具有含量不等的巫文化基因。《山海经》一书包含的遂古文化的讯息尤为丰富，它是华夏传世古籍中最古老的巫书，提供给我们进入先史时期先民的精神世界的管道。出土文献加上经、子等历史文献，两者构成王国维所说的"二重证据法"。二重证据法当然不足以解释先民的精神内涵，因为缺少理论文字引导的解释只能是平面铺陈；证据总要加上理论的框架以后才能成立。

《山海经》是部古巫书，它曾被视为地理书，也曾被视为小说家之言，此书性质如何是后人观点介入的结果。顾名思义，《山海经》就是描绘山岳江海的经典。但就像其他文化出现的情况一样，亘古时期的巫术、科学是不分的，《山海经》这部巫书是一种独特的地理学典籍，或者可说是引导巫师的实用手册。这种巫术的地理学记载了巫术变化的地貌，表现了神话地理与神话历史的混合架构。它既是宗教的，也是科学的；既是想象的，也是认知的。巫术的地理学为了巫术而存在，中国的巫教就像广大的萨满教世界一样，有独特的世界观。事实上，遂古时代的巫教如换成今日宗教学界较常用的语言，当是萨满教；华夏地区的巫教文化可视为广大的萨满教世界中的一个分支，而且是极重要的分支。

"巫教"一词是我们较熟悉的，"熟悉"表示它有文化风土的优势，但也可能因熟义熟用而失掉原初的内涵，我们如转以萨满教界定之，将古词衔接现代的学术概念，或许可使语义活化。当然萨满教也是个内涵复杂的词语，我们不妨参考伊利亚德、弗斯特（P. T. Furst）的看法及相关材料，[1]罗列其特色如下，以便讨论。

---

[1] M. Eliade, *Shamanism: Archaic Techniques of Ecstasy*, pp. 93-95, 259-274. 张光直：《中国青铜时代（第二集）》（台北：联经出版，1990），页135—137。

第一，萨满教的宇宙不是自然科学意义的宇宙，也不是制度性宗教的那种教义下的宇宙，而是巫术性的宇宙。它的宇宙一般分成上天、大地、地下三层，大地四隅通常还有四方之神或四土之神。宇宙的三层之间有通天的山、树、柱此类中央之柱（所谓"宇宙轴"）直达天听。宇宙轴这个天柱与萨满的各种向上界与下界升降的象征物在概念上与在实际上都相结合。萨满教的地理是天地人相贯通的魔幻地理，"通天"是它的核心因素。《山海经》一书保留了许多天地相连的记载。

第二，动物或神秘动物在萨满教中的地位相当崇高，它们用神秘的语言或非语言与人相互沟通。而且，人与动物之间可互相变形，没有等级之差。萨满们一般都有动物助手，这些助手可称作助灵，助灵可帮他们到彼界进行神秘之旅。

第三，自然环境中的所有物都有生命，都拥有特殊的生命力或灵魂，萨满世界因此是"力动的剧场"，没有我们所谓"无生物"这种事物。换言之，萨满教的世界是物活论的世界。

第四，萨满教相信灵魂的独立存在，它可以与身体分开并到各处旅行，萨满是有能力离体远游的宗教人，它通过"成巫"的经历旅行到天界或地下的鬼魂世界。萨满也可以不是远游的宗教人，而是被凭附的灵媒。

第五，萨满是巫教时代的知识人，他掌握了成为宗教人的精神修炼技术，也掌握了原始的自然知识，尤其是与时空构造相关的天文知识，以及与人类生命相关的医疗知识。

除了上述五个特点之外，萨满教还有些重要的特性，如不怕火烧，灵魂或生命力常驻骨头，以及嗜食麻醉性强、易导致幻象的植物等等，但上述五个要点——空间形式、神秘鸟兽、物活论的世界观、脱体的主体、萨满知识人——与我们要探讨的主题最为相关，也特具思想史趣味。第四点离体远游的人格形态更是特殊，它与后来佛教与理学追求的圆满人格相去绝远，但在中国史的发轫期却非常重要，所以我们将它特别标明出来。本章下文所说的"巫""巫教""巫文化"，说的就是这种人格解体形态的萨满及其文化母体萨满教。

如果在遥远的年代，"天"的特性主要是以宗教的意义出现，代表一种超越于此世之外的圣显之作用，那么，如何由此世通天，遂不能不是初民关心的核心议题。前引龚定盦语，可见天人相通确实是神话时代明显的文化现象，然而，既言天与人可相通，彼此互语，其前提当是天与人"不通""难以相语"：没有天人的区隔，就没有天人相通的目标以趋近之。但如果天人真是无法跨越的区隔，"天人相通"势必只是永不可达的彼界幻想。在遥远的神话时代，天界与人界事实上是有沟通管道的，如何使之畅通，遂不能不是遂古工夫论的重点所在。以下，笔者将以探讨"宇宙轴"及"鸟兽飞翔"两个概念为主，勾勒这两个概念背后蕴含的工夫论内涵。

在先民世界图像里，此界与彼界之间虽有间隔，但也有连系的管道，这些连系的管道即是宇宙轴。宇宙轴的面貌也是多重的，当初民从野性的、处在其自体性内的状态中挺立而出，即不能不借用象征的手法，导引宇宙轴的理念进入自身的生活世界，以期自己仍然能够活在天地相连的宇宙格局中。这种宇宙轴的象征见于屋宇的栋梁，见于社坛的社树，见于宗庙的石柱，见于都城的设计。[1]宇宙轴的意象可说无所不在，因为初民的世界观离不开宇宙轴；宇宙轴是秩序原理，是大大小小的秩序的根本依据。

《山海经》这部巫教的地理书记载的内容虽然以初民眼中的"自然地理"为主，但也有"人文地理"的内涵，在这种神话版的人文地

---

[1] 参见耶律亚德著，拙译，《宇宙与历史：永恒回归的神话》，页4—13。

理当中，我们看到不少的古帝之"台"，如帝尧台、帝喾台、帝丹朱台、帝舜台、轩辕之台、共工之台等，[1]笔者相信这种帝王之台也是宇宙轴。传说文王作《灵台》——《诗经·大雅》有《灵台》一诗，《诗序》说此诗乃文王"受命"所作，受命也者，接受天命之意，文王时期的"天"仍是带有人格义的至高神，文王则是具备接受天上旨意能力之古圣人。《说苑·修文》解释"灵台"一词之义时说道："灵台之所以为灵者，积仁也。神灵者，天地之本而为万物之始也。"《说苑》述文"积仁"云云，"仁"自然只能是东周以后的概念，但"仁"可"积"，颇有积累某种神秘力量之谓；至于"神灵"云云，其不可思议更不用说。"灵台"的解释还可更玄秘，笔者相信文王的灵台是有本的，本于古帝曾建高台；他"受命"时，建立此台，以与天相接。后世帝王的楼观台阁有些恐怕承身早期的用途，[2]后者不免幽邈玄冥。古帝之台、灵台都可视为文明阶段的宇宙轴，由此往上，我们可以设想一种更原始的"初民"状态的世界观。

在地理空间上，我们看到了此界与彼界的藕断丝连——不当说是"丝连"，而是钢索般地系连。在《淮南子》一书中，我们看到上天与下地通过四条绳索紧紧地缠绕在一起："帝张四维，运之以斗"。维者，车盖维也。[3]所谓"四维"，乃指"东北为报德之维也，西南为背阳之维，东南为常羊之维，西北为蹄通之维"。[4]"四维"用了天似穹庐或车盖的隐喻，天与地或车盖与车身之间需有绳索系住。《初学

---

[1] 前四台见《海内北经》，轩辕之台见《大荒西经》，共工之台见《大荒北经》。袁珂：《山海经校注》，页313、399、430。
[2] 《史记·封禅书》记载汉武帝接受方士公孙卿"仙人好楼居"之言，乃作蜚廉桂观、益延寿观、通天茎台，以"招来仙神人之属"。司马迁撰，裴骃集解，司马贞索隐，张守节正义，杨家骆主编：《新校本史记三家注》，册2，卷28，页1400。
[3] 许慎撰，段玉裁注：《说文解字注》，十三篇上，页30，总页658。
[4] 以上两段引文皆出自《淮南子·天文训》，参见刘文典：《淮南鸿烈集解》，册上，页110、96。

记》引《淮南子》又说:"天有九部八纪,地有九州八柱。"这里的八柱为何,前代注解颇纷歧。然观后世常言"昆仑山铜柱"之说,则此八柱当也是通天之柱,蒋骥以为此八柱即是《淮南子》所说之八极,也就是八荒的宇宙大山,这个解释是合理的。[1]《淮南子》的神秘地理学不会是凭空想象的,而当是来自作为原始科学总汇的巫教传统。

四维、八柱在巫教的修行传统中似乎不占重要地位,但这些概念显示对于天地相连的极强信念。作为天地相连之山而具有修行意义者,首先是文字记录重出叠现的日月山:《大荒东经》说及日月所出之山有"大言、合虚、明星、鞠陵于天、孽摇頵羝、猗天苏门、壑明俊疾"。《大荒西经》言及日月所入之山有"方山、丰沮玉门、龙山、日月山、鏖鏊钜、常阳之山、大荒之山"云云。这些日月山固然有可能是原始天文学的记载,因为日月的升没在此山会合了,并且由于各地所测者不同,日月山也就随地而有,然而即使明山不是宇宙轴,我们仍不会否认早期的天文学也是占星学,天文也是天意所显——我们观日月山之意义,它不正反映了基于高山向着天空仰视所得启示的记号吗?何况,"猗天苏门""丰沮玉门""孽摇頵羝"这类语词充满了异国风情,我们很难不将它们和巫教的宗教功能联想在一起。

观日月山之名,我们很自然会想起《尚书·尧典》著名的"寅宾出日""寅饯纳日"的记载,亦即以礼仪迎接或恭送太阳之出与没。《尚书·尧典》的记载也是有本的,它源于殷商的"宾日""出日"的仪礼。殷商的"宾日""出日"的祭仪虽然年代古远,但我们有理由相信:宗教心理学在这点上会比宗教史学给我们的帮助更大,因为对初民而言,太阳每日的升降无异于太阳每日的生生死死,对于太阳生死的祈求呼唤,应当是初民宗教巫术中重要的一环。

----

[1] 蒋骥:《山带阁注楚辞》,卷3,页70—71。

如果"日月山"只是一种向上企求系连的符号，那么《山海经》更进一步提供了可以升天的"阶梯"：当时遍布宇内者多有作为宇宙山的名山，宇宙山是世人可沿之以通天的自然天梯。中国古籍中，赫赫有名之昆仑山即是最著名的通天之山。"昆仑"是连绵字，其意如同"浑沦""混沌"，意指乾坤未凿的宇宙原点。但这原点的规模极大，光怪绚丽，不可方物。如昆仑山者，中土各地都有，大抵而言，不同的民族坐落的地理位置不同，其所仰望的通天之山也不同，中土的五岳、塞外的祁连等山恐都是通天的宇宙山。其中，泰山作为宇宙山的资格更为显著，它与昆仑山几乎混同化了。

除了宇宙山外，另一种常见的天梯即是宇宙树，宇宙树是株被视为贯通上天、人间与地下三界的神话巨树，如就《山海经》实际的文字记载来看，此经的宇宙树似乎只有建木一种。然而，载太阳升迁的扶桑树贯穿三界，是日月之所会，因此也不折不扣地是宇宙树。[1] 如就象征而言，遍布宇内的各社之社树其实也是宇宙树。只要有通天要求的地方，宇宙树或其代替物（如柱）即不可能不产生，就像宇宙山一样，圣王与神巫即由此树上下天地。[2]

萨满教的世界是个流动的、变幻的剧场，它具有天地相连的构造。一株与众不同的巨树有可能成为宇宙树，它通向天；一座与众不同的山岳有可能成为宇宙山，它通向天；一间与众不同的人类建筑可能成为灵台，它接通天。至于没有形状优势或历史优势的众多存在

---

[1]《玄中记》云："天下之高者，有扶桑无枝木焉。上至于天，盘蜿而下屈，通三泉。"郭璞：《玄中记》，收入《续修四库全书》（上海：上海古籍出版社，1995），册1264，页282。贯穿三界这样的树正是宇宙树。

[2] 古典传说中最著名的宇宙树当是建木，若木、扶桑、寻木也有宇宙树的姿态。至于可上下于天的宇宙山首推昆仑，至于肇山、登葆山、灵山诸山，也都可视为宇宙山，参见袁珂：《山海经校注》，页450—452的考证。宇宙山、宇宙树的思考相当普及，笔者相信泰山、嵩山、祁连山等山对该区域的民族来说都曾是宇宙山，《山海经》所记载者尚不能穷海内之数。

物也各有类似的欲望，一切有情无情，皆指向了灵气弥漫的苍空。我们还将看到，在芸芸万物中，尤为特别是许多通灵通天的飞鸟与飞兽，它们带来了圣界的讯息。

神兽高飞

《山海经》可视为古之巫书，此书保留了许多独特的巫教之宗教经验，其中包含变形经验，"四鸟"此议题即为个中显例。此义久沉，笔者试加勾勒其要。"四鸟"之说常见于《大荒东经》，如底下所云：

> 有芳国，黍食，使四鸟：虎、豹、熊、罴。

> 有中容之国。帝俊生中容，中容人食兽、木实，使四鸟：豹、虎、熊、罴。

> 有司幽之国。帝俊生晏龙，晏龙生司幽，司幽生思士，不妻；思女，不夫。食黍，食兽，是使四鸟。

> 有白民之国。帝俊生帝鸿，帝鸿生白民，白民销姓，黍食，使四鸟：虎、豹、熊、罴。

> 有黑齿之国。帝俊生黑齿，姜姓，黍食，使四鸟。[1]

---

[1] 袁珂：《山海经校注》，页343、344、346、347、348。

我们见到的"四鸟"叙述，主要见于《大荒经》所列的荒唐国度，尤其是《大荒东经》，共十一见。上述这些记载是较清晰的，这些记载显示：第一，使"四鸟"之国的先祖大部分皆可追溯到"帝俊"。第二，这些国的国民"食黍"，或"食兽"，或兼食黍、兽。第三，他们说的"四鸟"指的是"虎、豹、熊、罴"这四种哺乳类的大型动物。

"帝俊"是《山海经》的主神之一，在卜辞中，"夋"一词常出现，可视为殷人的先祖。依据王国维的解释，"帝俊"当是帝喾，[1]但持帝舜之说者亦大有人在。有关帝舜的特征，儒家传统的《尚书》和流传于中国各地的传说显有不同。儒家的帝舜带有较多的道德内涵，民间流传的帝舜则依然带有浓厚的巫教色彩。依据《列女传》的解说，帝舜为逃避其父瞽叟的迫害，而可穿"龙衣""羽衣"，化为神龙或神鸟，或高飞，或深潜，悠然而去。舜是带有巫术力量，尤其是解体远游能力的大巫，所以才可穿羽衣高飞。《列女传》所述，当亦有本，如果我们观帝舜之子无淫的生平，或可略知一二。《山海经·大荒南经》记载："帝舜生无淫，降载处，是谓巫载民。巫载民盼姓，食谷。"接着叙述此国一片乐园景象："爰有歌舞之鸟，鸾鸟自歌，凤鸟自舞。爰有百兽，相群爰处。百谷所聚。"[2] 载民国有巫载民，经文已明确告诉我们帝舜之子为巫，其姓为盼。笔者怀疑《山海经》之"巫盼"或《楚辞·离骚》所说之"灵氛"其人，与此盼姓之巫载民或有关系。我们不会忘了：舜之子到载处是"降"下来的，舜子如是，舜当亦如是。想《山海经》所言之陟"降"，指的往往是往返天界、地界的垂直动作，是异界异质的移动。由此可知：升天远游，似

---

[1] 王国维：《殷卜辞中所见先公先王考》，见《观堂集林》，收入谢维扬、房鑫亮主编：《王国维全集》（杭州：浙江教育出版社，2009），卷8，页264—266。
[2] 袁珂：《山海经校注》，页371—372。

乎是蕴藏于舜帝性命的一项奥秘。

食黍、食兽之说牵涉到饮食问题，作为带着巫术性质的地理之书，方国的饮食问题应该也就是经济形态的问题，"食兽"最方便的解释当是狩猎时期的生活形态，黍是三代时期华北主要的农作物之一，食黍指向定居的农耕生活。或食黍或食兽，则意指农、牧、狩猎混合的生活形态。经济生活形态和宗教类型有关，典型的萨满教散见于北亚、西伯利亚地区，范围极广，可视为极古老的宗教形态之一。《大荒东经》有可能是记载古老东方民族的风俗志，亦即有关东夷的载录。食兽、食黍迭换，显示其时正处农业文明与狩猎文明的过渡期。帝俊乃五帝中人，孟子说"舜……东夷之人也"（《孟子·离娄下》）[1]，如果此传说时代的圣王可换成历史语言形容的话，则他或许是新石器时代东夷民族的文化英雄。

最令人疑惑的是豹、虎、熊、罴这四种动物，它们明明是四兽，却谓之"四鸟"。上述几处的记载都一样，不太可能是文字讹误所致，个中谜团待解。目前有关"四鸟"之解释有三种，首先，郝懿行注解道："经言皆兽，而云使四鸟者，鸟兽通名耳。使者，谓能驯扰役使之也。"其次，则有袁珂之说，其言如次："帝俊之裔之有'使四鸟：豹、虎（或虎、豹）、熊、罴'能力者，盖出于《书·舜典》所记益与朱、虎、熊、罴争神神话。……益与豹、虎、熊、罴四兽争神而四兽不胜，终臣服于益，《舜典》'帝曰："往哉汝谐"'之实质盖指此也。四兽既臣于益，故益之子孙为国于下方者，乃均有役使四兽之能力。"[2]第三种可称"图腾说"，刘毓庆先生最近另出新解，他主张："用图腾制解之，疑团便可冰释。所谓中容、司幽、白民等，皆当为

---

[1] 赵岐注，孙奭疏：《孟子注疏》，收入李学勤主编：《十三经注疏整理本》，卷8，页252。
[2] 袁珂：《山海经校注》，页344。

部落名。这些部落都是帝俊之后,以鸟为图腾。每个部落中都有虎、豹、熊、罴四个氏族。因为这些氏族都出于鸟图腾,他们属有各自的图腾,但都是鸟族的后裔,故而总谓之曰'四鸟'。"[1]

上述三说言各有当,但郝懿行所谓的"鸟兽通名"之说,不知其"通"到什么地步?理据为何?"四兽为鸟"之说,除了《山海经·大荒东经》有此记载外,古书中罕见其他例证。我们看到的古典文献,大抵是鸟归鸟,兽归兽,古代辞书所见也是如此。袁珂之说颇可得到经典文献的支持,"益"为舜臣,传说曾与夏后启争天下。他与"朱、虎、熊、罴"争,这四者与"四鸟"只差一字,或许"朱"与"豹"有关,我们不妨存此悬想。但袁珂之说虽然提供给我们有益的线索,然而此线索对"鸟兽通名"此关键现象却没有解释。倒是刘毓庆之言可备一说,只是"虎、豹、熊、罴"何以是"鸟族"的后代,仍可追问。笔者认为最方便的解释,乃是从"四兽是否有飞行能力"此点着眼,如四兽可飞的话,先民对此四兽进行分类时自可将之归类于鸟。如就现实经验考虑,虎、豹、熊、罴恐怕都不能飞,除非我们有另类的思考:在遥远的上古,或许有些目前认为早已绝种的兽,如能飞翔的翼手龙之类者,仍残存于世,先人也可见到,因此被归类为鸟。然而,除非古生物学者有极重大的突破,发现到新石器时代中原地区有会飞翔的大型哺乳类动物,否则会飞之兽成立的可能性不高。

然而,我们如不从现实经验考虑,而是出自巫教的幻觉经验,则会飞之兽并非不可解,恰好相反,关于巫师的神幻之游,亦即灵魂出窍之游的记述中,会飞翔之兽是相当常见的。先别说当代人类学民族

---

[1] 参见刘毓庆:《〈诗经〉汇通三题》,收入刘毓庆编:《国学新声(第三辑)》(太原:三晋出版社,2012),页3—4。

志中的各种记载，我们且看《楚辞》所述这些动物："驾八龙之婉婉兮，载云旗之逶蛇"；"为余驾飞龙兮，杂瑶象以为车"。上述这些用语里的动物虽然不见虎、豹、熊、罴之名，但都可以飞。依照初民的逻辑思维，此类动物自可称之为"鸟"。

　　虎、豹、熊、罴四兽之所以得称为四鸟，正因在巫教的世界中，这四兽是会飞的。我们且再观察商周青铜及玉器中一种常见的纹饰，看是否传达了相关的消息。这个有趣的观察是由楚戈（袁德星笔名）提出的，他发现动物立体雕刻直到商周还多写实之作，但"平面花纹中，动物之足则有统一现象，即鸟纹绝对都是采用鸟爪足，牛、羊、鹿、虎、龙、鸟大多用爪足"[1]。雕刻花纹，鸟类用爪是可以理解外，其余动物也用爪足，这个普遍的现象很难说没有特别的含义。

　　且看下列三件文物的图像：[2]

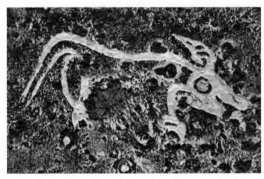

图1a　牛方鼎（商代晚期殷墟）　　图1b　牛方鼎内的牛图像拓片

---

[1] 袁德星编：《东西方艺术欣赏》（台北：台湾空中大学出版，1992），册上，页231。
[2] 图1、2出自"中研院"历史语言研究所历史文物陈列馆典藏在线，图3为安徽蚌埠出土青铜龙虎纹尊及其上图案的描绘，原图参见中国青铜器全集编辑委员会：《中国青铜器全集·夏商1》（北京：文物出版社，1996），卷1，图版，页116—118；说明见页34。

图 2a　鹿方鼎（商代晚期 殷墟）　　　　图 2b　鹿方鼎内的鹿图像拓片

图 3a　青铜龙虎纹尊（商代晚期）　　　图 3b　青铜龙虎纹尊的正面图案

观看上面三组图片中的兽蹄，它们是蹄还是爪？这些图像不是显示这些动物更像鸟类吗？先民观察力再如何薄弱，[1]也不太可能鸟爪兽蹄分不清楚。除非这些动物是祭牲动物，其灵可升天，或为助灵，或为"他我"（alter ego），并且具有能够飞翔的特质，否则，我们很难理解这些蹄类动物何以会有鸟爪。若有鸟爪，则此动物被归类为"鸟"，事属合理。

---

[1] 事实上，原始民族的观察力非常敏锐，记忆力相当惊人，这一点是不少研究初民文化的学者共同的结论。参见列维-斯特劳斯著，李幼蒸译：《野性的思维》（北京：商务印书馆，1987），页3—13。列维-布留尔著，丁由译：《原始思维》（北京：商务印书馆，1989），页103—109。

何止虎、豹、熊、罴会飞翔的观念传来万物朝天的讯息，飞翔是这些圣兽深层的梦想。在遂古时期的文物，比如新石器时代的良渚、红山、齐家、大汶口或三代早期的玉器、铜器、石器、骨器中，带有飞翔意象的云饰或蝉、鸟等动物纹饰一直占有重要的地位。如果我们说，只要将带有飞翔意象的纹饰、雕刻从新石器时代及三代早期的文物中抹除，中国文明早期的艺术特质就消失不见了，此说绝不为过。这种艺术特质的消失同时也意味着我们无法进入先人的精神世界。

飞翔的精神追求不仅见于日、月、云饰这种天之意象，也不仅见于实质上会飞翔的蝉、鸟，它还渗透到其他的生物世界：植物不会动，但可参天；走兽有力、能走，它很快即参与了圣显、力显，由走而飞。巫时代是力动变化的时代，动、植、矿物的生命都涌动着向上跃起的力道，迸裂而出。力道滚滚，总有方向，"天"是总体力道的旨归，凌越于大地之上的存在。所以矿物、植物、动物的生命动能或驱赶自身作越界的飞跃、超越的指向，或因变形而实现。有翼者固然可飞，无翼者也可作无翼之飞，飞向上天。

从羽人到圣王

如果遂古之初的有情无情都有向上一机，它们常以飞翔之姿或参天之姿参与了天的存在，人何能例外？遂古时代虽然是个魔幻的时代，但魔幻不是事物的自然本质，魔幻的世界仍旧是"萨满意识"所映照出来的世界：没有萨满意识，世界不会呈现出魔幻的构造；只有萨满洞晓了宇宙的奥秘，掌握了灵魂转换的符码后，才可召唤助灵、役使鬼神，朗现巫教的空间结构，世界才因此成了流动、灵幻、恍惚的剧场。

"古愁莽莽不可说,化作飞仙忽奇阔"[1],龚定盦的诗确实勾勒出莽苍上古的时代气息。遥远上古的时空架构极不分明,叙事的架构也极不分明,但此中仍有极突出的人物形象。不管东西方,在传说中的遂古年代,总是英雄辈出,而且他们人而神,神而人,其形象特别高大,因而历史的萌芽期不能不笼罩在神秘的天启光晕之内。中国上古传说中的圣王也是如此,他们都是神话英雄,有尊贵的血统,有天生的能力,更特别的是,他们通常可掌握天文地理知识,而且可以升天、飞天,甚至乘着一些神话或现实中的动物远游。我们且看《大戴礼记·五帝德》记载的以下这些帝王行径:

(黄帝)黄帝黼黻衣,大带,黼裳,乘龙扆云,以顺天地之纪,幽明之故,死生之说,存亡之难。时播百谷草木,故教化淳鸟兽昆虫,历离日月星辰,极畋土石金玉,劳心力耳目,节用水火材物。

(颛顼)洪渊以有谋,疏通而知事,养材以任地,履时以象天,依鬼神以制义,治气以教民,絜诚以祭祀。乘龙而至四海,北至于幽陵,南至于交趾,西济于流沙,东至于蟠木。动静之物,大小之神,日月所照,莫不祗励。

(帝喾)历日月而迎送之,明鬼神而敬事之。其色郁郁,其德嶷嶷。其动也时,其服也士。春夏乘龙,秋冬乘马,黄黼黻衣,执中而获天下,日月所照,风雨所至,莫不从顺。[2]

---

[1] 龚自珍:《己亥杂诗》,见龚自珍:《定盦全集·定盦文集补》,收入《四部丛刊初编缩本》,页131。
[2] 王聘珍:《大戴礼记解诂》,页118—119、120、121。

五帝中的黄帝、颛顼、帝喾等帝无异于帝王式的天仙，或许不该说"无异于天仙"，而应说他们本来即是天仙的母型。他们"乘龙至四海"，教化鸟兽昆虫，整理日月星辰。他们的特征高度均质化，这是神话叙述的风格。不管其历史的本源为何，我们可以相信其本尊是上古祭司王的历史投影。这种帝王只有在神话的国度里才可找到，文明开启以后的历史世界是很难出现的，人世音书漫寂寥。

至于《五帝德》中的帝尧、帝舜，则无异于道教中的地仙，他们遍礼五岳，封禅名山，但他们比地仙更多了一层宗教的使命感，他们的地仙之旅乃意味着大地的文明化。仙者，"僊"也，他原本即是巫（萨满）的分身。当巫文化是一切未分化的文化的母体时，巫不能不扮演上知天文、下知地理的"人神"的角色。事实上，尧舜不但有这种"地仙"的身份，还有"天仙"的资格。"尧"作为天神，尤其是太阳神的身份，从马伯乐（H. Maspero）、白鸟库吉以下，[1]近代学者的研究已累积了相当的成果。舜的"本尊"同样也指向了他的身份：一位会穿"龙衣"飞翔上天、变化无端的帝王，其天神身份固已揭之欲出。

五帝之说当出现于人间秩序化后、城邦兴起之时，它显然是种文明初期的政治论述。文明期的政治论述中的圣王形象自然是"钦明文思安安"（《尚书·尧典》），这种"文"可设想为新石器时代文明的显影。在代代口传的文化传承下，所有的个别事件、个别人物都会与原型同化，其速度甚至可以快到惊人的程度；因初民的记忆很容易向原型靠拢，所以五帝才会被"说成了一样的德性，一样的仪容，一样的思想，一样的功业"[2]。如果我们能将五帝还原到祭司王，再还原到神

---

[1] 马伯乐著，冯沅君译：《书经中的神话》（上海：商务印书馆，1939），页3—20。白鳥庫吉：《『尚書』の高等批評》，收入《白鳥庫吉全集》（东京：岩波書店，1970），卷8，页393—398。

[2] 顾颉刚：《中国上古史研究讲义》（北京：中华书局，1988），页94—95。

巫,我们如果还知道神巫的特色在于掌握飞翔升天能力、神秘时空知识等等,那么,五帝何以会如此地类同,原因不难知道:圣王的本尊可说即是神巫。

《山海经》提供了联结圣王与神巫的讯息,在此经叙述的一些逸闻中,飞翔的议题不时可见。前引《大荒东经》的"四鸟"之说即是一例,上古帝王特征又是一例。尤有甚者,我们还看到举国之民皆长有翅膀者,参见下面所述:

> 羽民国在其东南,其为人长头,身生羽。一曰在比翼鸟东南,其为人长颊。(《海外南经》)

> 讙头国在其南,其为人人面有翼,鸟喙,方捕鱼。一曰在毕方东。或曰讙朱国。(《海外南经》)

> 有盐长之国。有人焉鸟首,名曰鸟氏。(《海内经》)[1]

羽民国、讙头国的人长头、长颊、鸟喙、鸟首、有翼,五个特点分明指出其人即是会飞——翼当然用以飞翔——的鸟人。除了明显指出有翼者外,凡国中之人为鸟面人身,或人面鸟身,或兽鸟混合体者,这些国的国民皆高来高去,以飞代步,大概都有羽人的嫌疑。

《山海经》中类似飞翔之国、飞翔之帝的记载不时可见。黄土平原的文化一向以水深土厚、气息深稳、德性笃实著称于世,然而,在遥远的上古,我们在平原上的祖先也曾在高空飞翔过,飞翔是圣王必备的能力。飞翔的时代传说中是颛顼以前的年代,那个年代的天地是

---

[1] 袁珂:《山海经校注》,页 187、189、447。相关事例仍可见他处,兹不再举。

相连的。所谓相连，意指人根本不需转化身心状态以合天，因为人本来即处在天地相连的构造上，中国的"绝地天通"前的颛顼年代即为希伯来神话的伊甸园年代。在天地相连的中国的伊甸园年代，个体意识、历史意识是没有的，烦恼的意识也是没有的；一切都是当下，一切都是原型，一切也都是永恒。

即使历史有了、个体意识发展了，在文明发展的初期，一种巫教式的天地相通的记载仍不时可见。前已引《山海经》"大乐之野，夏后启于此儛九代；乘两龙，云盖三层。左手操翳，右手操环"[1]及"（夏后）开上三嫔于天，得《九辩》与《九歌》以下"[2]。夏朝第二代君王启的通天本事相当著名，他右手拿的环当是通天的玉器，左手执的翳，应当是做飞翔之用。后世《楚辞》中有《九辩》与《九歌》，传说即为启自天界拿回人间的音乐，夏朝第二代君王大概通天的次数频繁，所以后人的追忆不断。启这位三代初期的天子的出身也是"不凡"的，不具人间味，他的行径极像绝地天通之前的一位大巫。

但伊甸园终究要失去，天地必然要分裂。工夫论这个词语既然指向天人合一，它的前提当是天人的分裂，只有在分裂的前提上才有合一的渴望可言。颛顼绝地天通以后，子民堕落，乐园就不再有了。"绝地天通"的前提是天地原本相通，"由天地相通而至天地不通"的神话主题流传得相当广，它可视为具有普遍性的神话题材，在萨满教流行的地区，此主题似乎更为常见。中国的文献中也有记载此事，最著名者当是前文所说的《国语》记载楚昭王与观射父讨论"绝地天通"传说的记载。[3]之后，一切苦难相续而来，人才有"返乡"——

---

[1] 袁珂：《山海经校注》，页209。
[2] 袁珂：《山海经校注》，页414。
[3] 相关的记载见《国语·楚语》，古老的传说可能出自《尚书·吕刑》。另《山海经·大荒西经》也记载了同一则传闻故事。

返回原始乐园——的念头。"绝地天通"的神话母题如果放在宗教精神史的观点下考虑，我们可以说：天地相通前的年代意指主体的非个体化的阶段，此时的主体很容易脱体以升降天地之间，或让位给他界的精怪鬼神盘踞其身。主体、个体、身体三者的绾结相对松弛，在前主体、前个体的年代，身体与人格绾结的纽带很容易因他界的存在者之介入而脱钩。

为什么绝地天通前的古人能够自在地神游他界呢？观射父指出了"巫觋"的角色道："古者民神不杂。民之精爽不携贰者，而又能齐肃衷正，其智能上下比义，其圣能光远宣朗，其明能光照之，其聪能听彻之，如是则明神降之，在男曰觋，在女曰巫。"[1]上古是否人人都可通天呢？也就是说，巫觋是否人人可当呢？还是说，巫觋只能是人中人、出类拔萃的精英呢？观射父的说明有些滑移，但很明显，观射父眼中的巫觋乃是孔子之前的君子所理解的圣人，这样的圣人能掌握宗教的真理，但同样不能忽视的是，他有体现这种宗教知识的体质。"精爽"也者，当是明亮而有巫术力量的体质。[2]巫觋的体质在于能使"明神降之"，观其语，似乎是说其体质比较容易被附身，《左传》所谓"冯之"。[3]"明神降之"的"明神"如果是具神灵贡位格的鬼神精怪，此时的巫觋当是"凭灵型"的觋。但"明神降之"也有可能指的是不具神灵位格的神秘力量的附身，所以观射父所说的巫觋不只有被神明凭附于身的那种类型，他也有可能是因明神赋予的力量而离体升天的出神之巫。

---

[1] 韦昭注：《国语》，收入《四部丛刊初编缩本》，册15，页129。
[2] 据白川静的解释，"爽"字的"㸚"指的是文身，爽字有"明"的意思，文身为的是去除旧岁，迎接新生。白川静：《漢字の世界》（东京：平凡社，1985），页29—40。
[3] 《左传·宣公三年》记载王孙满对楚子说禹铸九鼎之事，中有"魑魅罔两莫能逢之"之语，江绍源以为此处的"逢"字当作"冯""凭"的意思。参见江绍源：《中国古代旅行之研究》（台北：台湾商务印书馆，1970），页10。

飞翔的神话实质上乃是由"解体神游"此萨满现象书写的。有关巫觋解体以进入另一世界的概况，尤其牵涉到集体入迷的状态，事在上古，很难有具体的文献可以实证地解说之。然而，我们只要想到商代的巫文化那么浓厚，溯流而上，或许可想象新石器时代的巫文化于万一——众所共知，殷商文化带有很浓的巫文化因素，巫文化可视为殷商文化的主流。周公追溯殷商的盛世时说道："我闻在昔，成汤既受命，时则有若伊尹，格于皇天。在太甲，时则有若保衡。在太戊，时则有若伊陟、臣扈，格于上帝；巫咸乂王家。在祖乙，时则有若巫贤。在武丁，时则有若甘盘。率惟兹有陈，保乂有殷，故殷礼陟配天，多历年所。"（《尚书·君奭》）伊尹、保衡、伊陟、臣扈、巫咸、巫贤、甘盘这些名臣有可能都是大巫，[1]都曾掌权，殷商可谓巫教之国。在文明早期，全世界的萨满大概都是所在民族中的知识精英，他们垄断了知识，尤其垄断了升天的知识。《君奭》篇所说的"格于皇天""格于上帝"的"格"虽是"感动"之义，但大概也都有"陟升而至"的内涵，观"伊陟"之语可见一斑。

服药、食玉与行气

孔子之前的原始的儒如果源出先商时期的巫，巫的性命之学如果是出神之技，那么，原始之儒的性命之学为何呢？我们这里说的原始

---

[1] 巫贤、巫咸之名已经自道其身份。伊尹、伊陟有可能都是巫师，伊尹无父而生，生于神话地理的空桑；"伊陟"的"陟"字则有理由让我们联想到"陟降"的"陟"字；"保衡"的"保"字如果说和"神保"的职业有关，"甘盘"的"盘"字如果取法"式盘"，或许可备一说。详见本书"对越精神的兴起：周公的'制礼作乐'"一章。

之儒的性命之学指的也是一种可以产生身心变形经验,且可以融进更高或更深一层的萨满经验的能力,如身心分离、高空飞翔、幻觉中产生之森林动物、与鬼神沟通、跨时空的超知觉能力等,萨满经验指向一种比现实界之真实更高的萨满教之真实。[1] 类比地说,萨满教之真实在萨满文化中的作用类似后世所说的本我(self)或本来性的知识在三教体系中的功能。[2] 如果身心没有变形,意识没有离体高飞,巫的本质即无从朗现,他的社会功能即无从完成。神巫到底经历了何种职业训练,使他可以获得身心转换的经验呢?

从巫教的世界来讲,这个世界乃是个魔幻诡异的变形世界,其本质是流动且上下相通的。山通天,树也通天,但山、树原本是平等开放的通道,为何只有萨满可以沿着山、树通天?巫教中的兽高飞、器高飞,它们当有目的,也当有动力,何以只有萨满可以驱使有情无情齐飞天?萨满的这些能力需要经由特殊的巫性灵修才能获得,换言之,萨满当有"工夫"可言。然而,我们找到新石器时代的文献,用以支持巫教的工夫论,这种可能性几乎不存在。因此,逆势推演,从后世的相关记载推想遂古之初的情况;加上旁敲侧击,参考当世的人类学、宗教学的调查与研究,由此探讨巫教工夫论,或许也是条不得不行的道路。

神巫是遂古时代的宗教人,遂古时代的宗教人也是当时顶尖的知识人,他们通常拥有神秘的巫教专业知识。在神巫拥有的诸多古老职业身份中,我们最常想到的是医、巫、医时常并称,因为两者本来同

---

[1] 参见 M. J. Harner ed., *Hallucinogens and Shamanism* (New York: Oxford University Press, 1973)。此书收入了不同作者的十篇文章,这些作者对萨满教的内涵多有些实修经验,上述这些内容是萨满经验中常见者,简要的阐释见 M. J. Harner 在此书页 155—175 所述。

[2] 本我(self)用法借自荣格,"本我"与"自我"(ego)做了本体论断裂的区隔。"本来性"则借自荒木见悟,荒木见悟以"本来性""现实性"这组对立的概念描述东方修行论背后的人性论预设。

源而出。在巫教的时代，医治身体问题的人员，与医治灵魂问题的人员，也就是医与巫，本是一体难分。医治身体与转化身体两者的工作内容也高度相关。我们要论及巫教的工夫论，"巫医"之说恰好可以提供我们适当的进路。

巫的职业之重点即在医疗此事，《海内西经》："开明东有巫彭、巫抵、巫阳、巫履、巫凡、巫相，夹窫窳之尸，皆操不死之药以距之。""距之"乃指排斥死气，以求更生。郭璞说这些巫"皆神医也"。[1]《大荒西经》亦云："大荒之中，有山名曰丰沮玉门，日月所入。有灵山，巫咸、巫即、巫盼、巫彭、巫姑、巫真、巫礼、巫抵、巫谢、巫罗十巫，从此升降，百药爰在。"[2]"从此升降"当指从此山升降于天壤之间，"此"指灵山，灵山当与神明有关，袁珂认为即是巫山，[3]很可能也是宇宙山。巫咸、巫即、巫盼等这十位巫应当也都是神医，巫、医常连称为"巫医"，良有以也。这十位神医有"百药"，我们如联想到"巫山"地区有"帝药八斋"，图像可以更清楚；不管"斋"字如何解，[4]但神巫拥有"帝"这种神祇才有的药，意思还是很清楚的。这种神药不无可能即是长生不老的仙药，我们可合理地推测：巫医自有一套独特的医疗知识。

论及古代的医疗，我们很难不想到《神农本草经》，此经的来源至今仍是学术史上一个争议不断的课题，但可以想见，作为实务用途的《神农本草经》因代代均被迫切需要，所以其内容不可能没有后人的参杂增添。然而，即使其内容有后人添补的成分，我们也可以合理

---

[1] 袁珂：《山海经校注》，页301。
[2] 袁珂：《山海经校注》，页396。
[3] 袁珂：《山海经校注》，页396—397。
[4] 郭璞注："天帝神仙药在此。""在此"的"此"指的是"斋"，但斋为何，郭璞无注。依据周策纵的解释，"斋"者，"剂"字之通假，此可备一说。参见周策纵：《古巫医与"六诗"考——中国浪漫文学探源》，页88。

地推测：其学说有一部分的来源应当相当古老。我们且以《神农本草经》所列举的"上品"之药为准，[1]选择几例，罗列于下，我们可从中看到一些神秘的讯息。且看下列几条上品神药的功能为何：

丹沙：味甘微寒。治身体五脏百病。养精神、安魂魄、益气、明目，杀精魅邪恶鬼。久服通神明，不老。能化为汞。生山谷。[2]

太一禹余粮：味甘平。主治咳逆上气、症瘕、血闭、漏下，除邪气。久服耐寒暑不饥，轻身飞行千里神仙。一名石脑。生山谷。

赤箭：味辛温。主杀鬼精物，治蛊毒恶气。久服益气力，长阴，肥健，轻身增年。一名离母，一名鬼督邮。生川谷。[3]

兰草：味辛平。主利水道，杀蛊毒，辟不祥。久服益气、轻身、不老，通神明。一名水香。生池泽。

云实：味辛小温。主治泄利肠澼，杀虫蛊毒，去邪恶结气，止痛，除寒热。华，主治见鬼精物。多食令人狂走。久服轻身，通神明。生川谷。

---

[1]《神农本草经》："上药，一百二十种为君，主养命以应天，无毒，多服久服不伤人，欲轻身益气不老延年者。"

[2] 孙星衍、孙冯翼辑：《神农本草经》（台北：五洲出版社，1981），卷1，页2。以下五侧分别出身同卷，页8、21、31、34、35。

[3] 名"鬼督邮"者还有"徐长卿"此药物，《神农本草经》称此药物的功能为"主鬼物百精、蛊毒疫疾、邪恶气、温疟，久服强悍轻身"。这两种"鬼督邮"的功能非常接近。

升麻：味甘平。主解百毒，杀百精老物殃鬼，辟温疫瘴邪蛊毒。久服不夭，轻身长年，一名周升麻。生山谷。[1]

我们看上述药物，基本上都有"轻身延年"以及"杀鬼精物"的作用；有些药物在主杀鬼神之外，还有可令服者"见鬼精物""狂走"的药效，其效能可比模拟今日所见的迷幻药（LSD）等。功能类似的上品之药其实还有，如"木香""龙骨""麝香""牛黄""丹雄鸡"等等皆是，族繁不及备载。至于"轻身延年"一项更是上药共同的特点，"轻身"之说自然和"无有肥仙人"的传说有关，[2]更进一步讲，也就是这些上药至少有部分（如太一禹余粮）可以食之以升天远举。

"太一禹余粮"的名称甚怪，巫气十足，这种药物的名称很难想象是遂古时期的产物，反而颇有道教成立以后的文化形貌。但我们可以想象：这种药学知识应当是来自古老的巫教传统。如果依据另一种版本的《神农本草经》所示，"太一禹余粮"的药效或许是上品药物的共性，而不是个别药物的特性：据《抱朴子·内篇》引《神农四经》所示，上药的药效"令人身安命延，升为天神，遨游上下，使役万灵，体生毛羽，行厨立至"[3]。据今本《神农本草经》所示，上品之药的数量约占所有药材的三分之一，这些药的共同药效是可以使人成为升天的神仙，而且可以驱使"万灵"，后者可能包括升天的灵物，其很可能就是萨满教中常见的助灵（helping spirit），所谓"遨游上下，役使万灵"。《神农本草经》的内容不可能没有本的，我们很难想象它

---

[1] 同卷列有"麻蕡"，麻蕡是大麻的幼嫩籽实穗，我们看到其功能："治七伤，利五藏，下血寒气，多食令人见鬼狂走，久服通神明，轻身。麻子……补中益气，久服肥健，不老。""麻蕡"和"升麻"的作用相近。《神农本草经》很重视"麻"类药物，这些麻都有些神秘的功能。

[2] 世上"无有肥仙人、富道士"，参见《抱朴子》引俗谚之语。葛洪著，王明校释：《抱朴子内篇校释》（北京：中华书局，1985），卷16，页286。

[3] 葛洪撰，王明校释：《抱朴子内篇校释》，卷11，页196。

不是来自古老悠久的巫教传统。

《神农本草经》带有巫教知识的性质，此义不难知道，任何略懂古典知识或医药知识的人都可以看得出来。然而，此经在萨满教文化中扮演的重要角色并没有受到足够的重视。我们如联结《山海经》与《神农本草经》，可以很清楚地看出：上古巫师在遂古时代的社会所以特显重要，很重要的一个因素在于他垄断了神秘的医药知识，这些可以"轻身升天""杀鬼物"的药应当是古巫医的"葫芦膏药"，是他们用以和他界打交道的重要媒介物。此《神农四经》的佚文所述，不折不扣地是萨满教核心的要义。我们前面引文所说的"百药爱在"的"百药"，或"帝药八斋"的"八斋"，应当就包含了《神农本草经》中的这些上药。

上述所说的诸神上药，用道教语言讲，其实也可以称作仙药。其中如丹沙在后世的丹道中运用得极广泛，"未就丹砂愧葛洪"甚至成了有志成仙而不得遂其愿者的标准忏悔词。而和"麻"有关的诸药物也成为服食传统的常物，《楚辞·九歌》云"折疏麻兮瑶华"[1]，"麻"带有麻醉、引人出现幻觉的作用。在《神农本草经》中，与"麻"有关的麻属药物都带有升天、役使灵物的功能。可想见，"麻"和《九歌》狂热的祭典有关。"瑶华"是玉之精英，如果玉有神秘的通天与长生的功能，则与"瑶华"此美玉并称的"疏麻"的功能不无可能是使巫者在服食之后见鬼神。至于"兰"的作用，我们知道上巳节有沐浴"兰汤"被禊辟邪之习。上巳节固进行关乎生殖崇拜的仪式之节日，所以如何增强生命能量并涤除不祥之物，即成为仪式重点。《九歌》以"春兰兮秋菊，长无绝兮终古"[2]作结，"春兰"的作用恐怕不

---

[1] 姜亮夫：《屈原赋校注》，页238。
[2] 姜亮夫：《屈原赋校注》，页268。

仅作为美的植物而出现，它当与神秘的长生不老的巫教文化有关。有关巫药的系谱，我们点到为止。如前所述，那些上品的灵药很可能都有令人解体狂迷的作用。

在服食的对象中，除了灵药外，我们不可能忘掉"食玉"的神秘传统。玉在中国远古时代是极突出的礼器，遂古之初的远西各国殊少差堪相比者。学者甚至主张中国上古有玉器时代之说，玉器时代的精神表现类型可名为玉教。[1]此说不管能否成立，我们只要看红山文化、齐家文化、良渚文化的诸种玉器之温润神秘，就不能不赞叹先民的手工艺之精，与玉器情结之重。出土的高古玉器中，颇多是陪葬品，此时的玉带很可能有祈求长生的功能。但"玉"不仅是佩戴于身上而已，食玉可能同等重要。"服玉"的"服"有"服食"之意，它是远古时期一种修行方式。《山海经·西山经》云：

（峚山）多白玉，是有玉膏，其原沸沸汤汤，黄帝是食是飨。是生玄玉。玉膏所出，以灌丹木。丹木五岁，五色乃清，五味乃馨。黄帝乃取峚山之玉荣，而投之钟山之阳。瑾瑜之玉为良，坚粟精密，浊泽有而光。五色发作，以和柔刚。天地鬼神，是食是飨；君子服之，以御不祥。[2]

"石"在许多远古文化或初民文化中都扮演重要的角色，[3]但特别强调"石之美者"——"玉"的角色，甚至以食玉抵御不祥或益寿延年者，大概不多见，而这一点上中国文明不能不说极为特殊。上述文字平顺

---

[1] 玉器时代之说，晚近论三代之前文化者多持此论。最近的著作参见叶舒宪：《玉石神话信仰与华夏精神》（上海：复旦大学出版社，2019）。

[2] 袁珂：《山海经校注》，页41。

[3] M. Eliade, *Patterns in Comparative Religion*, pp. 437-446.

畅通，且押韵成文，在《山海经》书中可谓异类，很可能经由后代文士之手改写而成。然而，"食玉"之说在《山海经》虽然较少见到，但作为重要礼器之用的"玉"却不时出现，有抵御妖邪鬼怪的巫术功能。《西山经》所述，应当来自古老的巫教传统。

最可印证玉与长生关系者，莫过于很可能具有巫师体质的大诗人屈原的赋中所述：

> 吸飞泉之微液兮，怀琬琰之华英。玉色頩以脕颜兮，精醇粹而始壮。质销铄以汋约兮，神要眇以淫放。（《楚辞·远游》）

> 登昆仑兮，食玉英。与天地兮同寿，与日月兮同光。（《楚辞·九章·涉江》）[1]

两则材料都指出了服玉与长生的关联，《远游》篇所述尤为生动，从玉外表的颜色至服玉后身体内部转化的感觉，均被一一表出，其内容简直可当作报告文学看待。很可能巫师认为服玉之后确实可以使自己的体肤润泽，全身轻盈，甚至轻到可以高飞远行。"神要眇以淫放"一语的"神"隐含"灵魂"之意，此语指向灵魂将脱身而出的状态。《远游》篇在描述主人翁作完服气、服玉的修行后，果然升天飞行到神秘的宇宙山昆仑山去，展开一种非内非外的灵魂探险之旅。

论及服食，服仙药、服玉这样的"服"固然是巫师工夫论题中应有之义，但我们更会联想到"服气"。在后世道教徒眼中，"服气"显然比"服食"的地位高、功效强。屈原的《远游》一文曾列出上古一些得道的仙人，如赤松、傅说、韩众，他们都曾远离人群，独自修

---

[1] 姜亮夫：《屈原赋校注》，页540—541、403。

行，结果得到"因气变而遂曾举兮，忽神奔而鬼怪"[1]的旋乾转坤的效果。"服气"要达到"气变"的成果，"气变"是巫教版的"变化气质"，其效果似乎更急遽而可感。观后世丹道所述的"气"的修行，主要的形式有二，一是服气，一是行气，前者如是体外的修行，后者则是体内的修行。这两种修行方式在《远游》篇皆可见到，王夫之认为《远游》可视为丹道之祖，[2]而《远游》所传的王乔、赤松之道应当来自古老的巫教传统。[3]但不管修行在内还在外，两者皆意指修行者通过一种精微之物的气之转化作用，让个人的体质突破个体的限制，产生超凡入圣的结果。

"服气"在后世大概是用以养生，养生总是要强化身心的能量的，"服气"的养生功能在遂古时代当然和巫师攸关，但早期巫师的"服气"和宗教的实践之要求可能更有关系。"服气"的原始依据和呼吸脱离不了关系，呼吸与生命相关，是极明显的生理状况，在许多语言里，表示呼吸、灵魂、生命的词语是相同的，汉字中的"息"字兼气息与生息两义，也是一例。"气"有生命的内涵，而养气要依时辰、方位而作，显然，气便会分化，有的气的功能特别强，"精气"一词大概就是这样产生的。"精气"由代表美好、另类存在的"精"字与"气"字组合而成，我们可以看到人类学中"玛纳"此概念的影子。[4]"气"一词本来即是有形中之最无形者，无形中最可感者，在战国的思想体系中，它被视为组成物的基本因素，其地位颇可和西洋

---

[1] 姜亮夫：《屈原赋校注》，页532。
[2] 王夫之说此篇"所述游仙之说，已尽学玄者之奥。后世魏伯阳、张平叔所隐秘密传，以诧妙解者，皆已宣泄无余"。王夫之：《楚辞通释》（台北：广文书局，1972），卷5，页101。
[3] 依据蒙文通的说法，当是出自南方的吴越，参见蒙文通：《晚周仙道分三派考》，见《诸子甄微》，收入蒙默编：《蒙文通全集》（成都：巴蜀书社，1987），册2，页99—104。
[4] 裘锡圭引林惠祥的玛纳之说以解释精气，参见林惠祥：《文化人类学》，收入蒋炳钊、吴春明主编：《林惠祥文集》，册上，页414—419。

哲学的 Being 相比拟。而由"气"到"精气",更可视为跨入有无、形神背后的存在的统一的领域;如果在此深层的统摄领域上作工夫,即不能不牵涉到主体与世界关联的问题。

在身心内部修养气的工夫在战国秦汉的著作中不时可见,语其大者,有导引与行气,这一组概念虽然一以形躯的运动为核心,一以有意识地引导内在气息为标志,但两者的作用常联袂而来,《庄子·刻意》所言之"吹呴呼吸,吐故纳新,熊经鸟申,为寿而已矣,此导引之士"是也。《庄子》的说法在马王堆出土《导引图》中有更明确的指示,此古图有文字沐猴-引炅中、鹞背、鹤(唳)、龙登、俛蹶、猿呼、堂狼、熊经、龟恨(咽)、(鸟)信(伸)、鹳等,标记种种动作图形,图文并茂。我们观《导引图》各图的解说,颇多动物名称,这种以动物命名的身体训练在中国的武术传统中始终没断;在早期的文献中,导引或武术以鸟兽命名,其实也可视之为以鸟兽为师。[1] 遂古时代的人兽关系特别密切,两者可神秘地沟通,鸟兽甚至可成为人的另一个"分我"。以鸟兽为师的技术隐含的巫教文化是相当显著的。导引的传承如果在后世和道教的关系较密切的话,那么在遂古时期,同样的职责大概不能不由巫承担,"生命的学问"可说是巫师的专业。

导引既要引形,但因有气的概念,自然而然地也就不能不引气。引气、行气、守气这些工夫大概是连续而起的,我们现在最早而完整的行气资料见于罗振玉搜集到的一块玉器,其铭文载录于《两周金文辞大系》的"行气玉佩铭":"行气:阖则蓄,蓄则伸,伸则下,下则定,定则固,固则萌,萌则长,长则退,退则天,天其舂在上,地

---

[1] 如越女剑以白猿为师,华佗的五禽戏有虎、熊、鹿、鸟、猿,其法当是效法诸禽兽的动作而来。

其春在下。顺则生,逆则死。"[1]此铭文显然和养生以求长生的要求有关,仙气十足。但在身体内部搬运气机,以意引气行走体内的小周天之舆地,其过程不可能没有一种内在身体的知识。后世丹道所涉及的形气神关系的协调问题,在战国的这些文献中也可看到,这种"仙学"的始祖据说是王乔,他所授的"壹气孔神兮,于中夜存;虚以待之兮,无为之先"(《楚辞·远游》)[2],可视为贯通巫教、老庄以及后来的丹道的共法。探讨行气、守气至此,心、气的界限或形神的关系之问题即不能不浮上台面。"仙学"终究要落到"人"的身心上来讲。

斋戒与举国若狂

如果守气、行气这种仙学源自遂古时代的神巫的身心技术的话,那么这套身心技术应当和"巫"之成巫或巫之职业有关。成为巫的途径有多种,有的来自世袭,有的来自天选——天选之巫往往和巫病的经历有关。[3]但不管是世袭还是天选,不管是以依靠自力为主还是他力为主,笔者相信斋戒的宗教实践是关键,上述这些转换身心状态的

---

[1] 铭文引自郭沫若:《行气铭释文》《古代文字之辩证的发展》,收入《郭沫若全集·考古编》(北京:科学出版社,1982),册10,页167—171、页94—95。文字已隶定,另"其"字可作"机"字,郭沫若认为"机"字为宜。两文另见《两周金文辞大系图录考释》。

[2] 姜亮夫:《屈原赋校注》,页538。

[3] 萨满之病不属通常的医学症候学的领域,它带有通过仪式构造的特征,它再现一种传承的秘仪形态。备员的萨满虽然有可能导致人格的完全分裂与错乱——这是他的危机——但是萨满仪式中的死不是个人之死,而是回到宇宙开辟之前的混沌,这是种象征的还原。众所周知,在古代传统的文化中,象征性地回归混沌无异于准备新的天地之创造。职是之故,备员的萨满之精神之浑浑噩噩,其义乃是从人的俗质之解体迈向新的人格之诞生。参见エリアーデ著,久米博译:《豊饒と再生》(东京:せクか书房,1985),页184—185。

技术有可能都是在斋戒的脉络下成形的。我们还是从"仙学"往上逆溯，观察其可能的巫教源头。

"黄帝参见广成子"是道教史上的一则著名"仙话"，此仙话源自《庄子·在宥》的记载，广成子教导黄帝修炼之语，即"至道之精，窈窈冥冥"[1]一段，即使放在后世成熟的丹道经典中看待，仍是精粹之语。我们不要忘了黄帝在得到此法语之前做的工夫："退捐天下，筑特室，席白茅，闲居三月"[2]。黄帝所做的事情，应当就是斋戒之事。"特室"或许是太室之属，如后世所谓"精舍"。"白茅"则是斋戒的常用品，用以表示祓除不祥、洁净清静之意。

《列子》记载另一则黄帝游华胥国的故事，可以相互佐证。华胥国是理想的乌托邦，其国人民"入水不溺，入火不热。斫挞无伤痛，指擿无痟痒。乘空如履实，寝虚若处床。云雾不硋其视，雷霆不乱其听，美恶不滑其心，山谷不踬其步，神行而已"[3]。入水不溺，入火不热，高飞神行，只有道家的圣人才有此资格，往上追溯，则是萨满才有的体质。[4]黄帝到此华胥国是"神游"，而且是梦中所行之神游。黄帝到此理想国之前，"放万机，舍宫寝，去直侍，彻钟悬。减厨膳，退而间居大庭之馆，斋心服形，三月不亲政事"，结果在白昼的一场梦寐中，竟可神游八荒。[5]黄帝在做梦前的三个月所行者当也是斋戒事。

---

[1] 王叔岷撰：《庄子校诠》，收入《"中央研究院"历史语言研究所专刊之八十八》（台北："中央研究院"历史语言研究所，1988），册上，页390。
[2] 王叔岷撰：《庄子校诠》，册上，页389。
[3] 杨伯峻：《列子集释》，卷2，页41—42。
[4] 参见拙作：《升天、变形与不惧水火——论庄子思想中与原始宗教相关的三个主题》，原刊于《汉学研究》，第7卷第1期，页223—253；后收入杨儒宾：《道家与古之道术》，页301—352。
[5] "斋心"一词令我们联想到庄子的"心斋"，但不管"斋心"还是"心斋"，其前身应当都是斋戒。

斋戒是宗教人用以改变自身体质的常用方式，在遥远的遂古时期，斋戒的主要功能之一当是变化气质，以期登霞。登霞即登遐，即升天。可想见后世神巫修行常用的服药、服气、行气、斋戒不可能没有承袭前代礼仪的部分，服食、服气、存思、斋戒这些后世身心修行的法门应当渊源甚远。遂古时代，巫若想成为一位可以在巫术空间里执行巫师任务的宗教人，当然还是要从巫术知识体系里学习相关知识的：要驾龙，焉能没有龙的知识；要"使四鸟"，焉能不知虎、豹、熊、罴的知识；要神游昆仑，焉能不知有关宇宙柱的知识。这些知识是巫师之为巫师的必备条件，本章的重点不在此，细节不再讨论了。

遂古时代的许多案例显示，初民进不进入巫师这个行业不见得是自己可选择的，或取决于先天的体质，或取决于其候选资格有没有得到神选，但我们可以合理地猜想，工夫在此还是必要的。经由我们上述所说的服食、斋戒、行气等途径之后，巫师的体质会产生明显的变化。前引《国语》说的"其圣能光远宣朗，其明能光照之，其聪能听彻之"，即意指巫师除了有丰富的巫教知识外，他的耳目感官皆已深远透彻至"圣"的境地，也就是可能有超感官知觉的能力，所以才有执行巫术的资格。若回到"圣"字的古义，则从字形上可见巫师具有特殊的耳聪目明之感官能力——这或许才是古义的"圣"人。

巫师获得圣的资格，即可行使"役使鬼神、通神明、升天游雾"的功能。《远游》篇所述及的"玉色頩以脕颜兮，精醇粹而始壮。质销铄以汋约兮，神要眇以淫放"[1]，正是描绘巫师由此界跨入萨满意识界时身心变化的状态。此后，他超凡入圣，即可乘龙、骑虎、驾鹿、服象，神游八荒。张光直曾引后世道教龙跷、虎跷、鹿跷之说，

---

[1] 姜亮夫：《屈原赋校注》，页541。

以证宗教修行中的知觉变形经验的遂古残余。[1]其说如论年代，颇有距离——六朝时期形成的经典去古已远——但就宗教类型而论，则殊为有据。乘龙跷、虎跷、鹿跷，远游升天，乃是遂古巫师工夫有得的景象。

除了上述这些巫教的成巫法门外，酒这个常和狄俄尼索斯（Dionysus）精神联结在一起的"天粮"也提供了有用的线索。在商文化中，饮酒是那么明显的社会现象，以致群饮甚至被周代的先王一再地申斥，视为罪恶之尤。这种因宗教仪式引致的"非彝"现象，与其说是社会道德问题，不如说是宗教社会学的问题。但饮酒既是宗教社会学的问题，也有理由是宗教祭典的一部分。饮酒容易忘我出神，商人喝酒很可能是蓄意为之，与"解体"的宗教要求有关。如前所述，萨满以解体出神著称，殷天子为巫师之长，是祭司王，他居然会和群臣群饮以致制度失调、伦理错位。笔者怀疑此间或有典型萨满教集体入迷的故事。因为狂恣祭典的一大特色，也可以说是它的一大功能，乃是要打破固有的秩序，使人们集体进入浑沦黝黯的维度，以期获得新生。[2]殷天子要同时扮演祭司与王的角色，显然不太容易。

周代文献所以对饮酒，尤其是集体饮酒厌深恶绝，笔者相信和周代的先公先王对巫教的批判有关。但商代的文献主要以甲骨文为主，完整的叙事不彰，其他文献中最有记载集体入迷之事嫌疑者，当是《礼记》，其记"子贡观于蜡"之事。孔子在那场合问子贡："赐也，乐乎？"子贡回答道："一国之人皆若狂。赐未知其乐也。"[3]"狂"字

---

[1] 参见张光直：《中国青铜时代（第二集）》，页63—64。
[2] 在这种破旧立新的过程中，很可能"旧"已破而"新"立不起来，萨满教似乎不以建立体制见长。周公制礼作乐，正是对巫文化缺少建制功能的不满所致。此是后话，暂且不表。
[3] 郑玄注，孔颖达疏：《礼记正义·杂记下》，收入李学勤主编：《十三经注疏整理本》，卷43，页1423。

指示一种高亢的情绪,此"狂"是如"方相狂夫"般的"狂",[1]还是如欣喜若狂之狂——也就是其狂是否可进入到神话的世界,或出入阴阳两界,行径荒唐,如"方相氏"所为——确实难言。论及仪式与狂的关系,我们容易想到巴赫金(M. Bakhtin)的著名研究:在中世纪的仪礼中,颠倒秩序的嘉年华(狂欢节)盛典是常出现的,这种狂欢推倒了一切的围墙;禁忌的语言,扭曲的躯体,排泄的议题,性交的动作,一一以怪异之姿出现,因秩序化而衰老的社会获得了新生。[2]但这样的"狂"不必然会伴随人格解体,导致萨满的离体状态——虽然离不离体的界线有可能是模糊的。

然而,《礼记》所述的蜡祭可能需要更严肃地考虑。蜡祭是岁末之祭,与祭者"皮弁素服而祭",表示送终;"葛带榛杖",表示丧杀。郑玄说:送终、丧杀的对象皆指老物。老物当指妖精鬼怪之事。素服的"素"是原初的色泽,榛杖的"榛"是原始的材料,与祭的老人是即将回到生命原点的人。与祭者需念祝词道:"土反其宅,水归其壑,昆虫毋作,草木归其泽。"[3]这是出宇宙性的戏剧,一切事物随着天地的运行全部回到了原点。蜡祭意味着岁月循环的开始,一切老旧陈腐的人、事、时、地、物都要迈入转化变形的阶段,这是宇宙除旧布新的剧场周期性展现的戏剧。

蜡祭高潮时,有可能改变人现实的身心结构与意识的时空构造,可见祭者的意识承自远古的萨满意识。蜡祭这种季节性礼仪是相当

---

[1] 方相是宗教神职人员,方相之狂带有驱凡入圣的功能,《论语》里的"楚狂接舆"之"狂"也当是"神圣的发疯"之意。
[2] 参见巴赫金(M. Bakhtin):《长篇小说的时间形式和时空体形式——历史诗学概述》,尤其此长文中论拉伯雷的段落。此文收入钱中文主编:《巴赫金全集》(石家庄:河北教育出版社,2009),卷3,页271—453。
[3] 郑玄注,孔颖达疏:《礼记正义·郊特牲》,收入李学勤主编:《十三经注疏整理本》,卷26,页936。

普遍的，它不只是人间的礼仪，因为它也除掉"老物"，让非自然的妖氛鬼怪自此消失。蜡祭可视为早期农业文明很重要的"通过"仪式：从冬过渡到春，从老死过渡到新生。从主祭者的服饰、祝词，以及观者的"举国若狂"，我们有理由相信：这种仪式颇有引发参与者进入集体出神状态的可能。伊利亚德提到遍布欧亚的、展开于季节变迁之时的狂恣祭时，举出男女在播种时于田地性交以刺激谷物成长的例子。男扮女，女扮男，君为奴，奴为君；颠倒社会秩序，全体疯狂，一切的规范都打破，由这些行为构成的祭事现象是相当普遍的。我们如果再反省一下"蜡祭"时行仪的服饰，也可找到相关线索。"葛带"一词很值得追究，《礼记》书中同样记载了妇人居丧时是不可以"葛带"的，因为"葛"意味着生殖、婚姻、两性关系云云，而以葛为带，其象征意义更浓。[1]女士居丧"不葛带"，老人行蜡祭却要"葛带"，这种对照颇堪玩味，最好的解释当是：岁末的祓净世界、扫光妖氛，与紧接而来的春气倬发、万物萌动乃是相续而至，生死若环。

蜡祭的举国若狂是否会导致男女大防的颠倒，我们没有更详细的资料可证，但迟至春秋，"燕之有祖，当齐之社稷、宋之有桑林、楚之有云梦"[2]，都有"男女之所属而观"之事，也就是都有类似上述季节产生仪式会发生的"男女不禁"的习俗，[3]蜡祭不无可能也有这种颠倒乾坤的行径。然而，这些行径不宜只从道德的角度窥视之，虽然道德角度的判断从古至今都不可免，社会到底不能没有规范，

---

[1] 参见周策纵：《古巫医与"六诗"考——中国浪漫文学探源》，页15—31。
[2] 墨翟：《墨子·明鬼》，收入《四部丛刊初编缩本》，卷8，页4。
[3] 参见郭沫若：《释祖妣》，收入郭沫若：《甲骨文字研究》（北京：北京图书馆出版社，2000），册1，页1—23。闻一多：《高唐神女传说之分析》，见《神话与诗》，收入《闻一多全集》，册1，页81—116。

但这种混合大地生殖与人之生殖的仪式有其逻辑,因为这些看似疯狂的举动背后其实蕴有宇宙开辟的意义,正如伊利亚德所说:"就如种子深入泥土,解体了,化为异物。人在狂欢中,也忘我了,与群生同体。在高昂情绪的汇合下,既无模亦无法,他们进入原始未化的混沌状态。"[1]

这种打破一切规范的狂恣祭既见于性别差异、婚姻关系被跨越,死生之别也浑然无分了,事实上,"祖先、谷物与性的联结如此紧密,它们的仪式时常混合为一"[2]。鬼魂在生命仪式中是不缺席的,我们看蜡祭中有很多非常怪异的服饰与行径,对"老物"特别抱有戒心,即可略知一二。中国的蜡祭可能也有"见鬼惊呼"的场合,[3]亦即可能有因出神进入他界或他界鬼神降临祭祀场合,而造成空间结构变形的情况。"一国若狂"之语如果意指一种大规模人群进入神话事件的氛围,如《淮南子》所说的"万民猖狂,不知东西",[4]这种假设不是讲不通的。

我们将蜡祭的举国若狂往萨满教的出神经验上诠解,未必有足够的文献佐证,但未必不可以成说。事实上,类似巫者入迷出游的精神状态,甚至集体入迷,即使直至今日亦非罕见。格尔兹(C. Geertz)在20世纪的人类学名著《文化的解释》中,提到巴利人的仪式宗教的神灵附身状态时说道:

---

[1] M. Eliade, *Patterns in Comparative Religion*, p. 358.
[2] M. Eliade, *Patterns in Comparative Religion*, p. 350.
[3] 此说得自中钵雅量的解释,中钵雅量指出"傩"与"魖"字音近义近,《说文》云:"魖,见鬼惊词。"参见中钵雅量:《死と再生》,收入中钵雅量:《中国の祭祀と文学》(东京:創文社,1988),页85—86。
[4]《淮南子·俶真训》所说的"万民猖狂,不知东西"的祭礼功能,以及转化祭者与观者的意识状态,此解释参见中钵雅量:《神話·祭祀と老荘》,收入中钵雅量:《中国の祭祀と文学》,页302—308。

巴利人陷入极度的游离恍惚状态，并作出各种惊人的举动——拧断活鸡的脑袋、用匕首捅自己、疯狂地四处摔自己、说粗话、表演非凡的平衡技术、模仿性交动作、吃粪便等等——比我们多数人入睡要容易得多、迅速得多。神灵附身状态是各种仪式的关键部分。在有的仪式上，会有五六十个人一个接一个地倒下（如一位观察者所说"就像燃放的一串鞭炮"），在五分钟到几小时之后苏醒过来，对他们的所作所为完全没有意识。尽管记忆缺失，却相信自己已经有了一个人所能有的最奇特的让人深深满足的体验。[1]

格尔兹的描绘极生动，这种集体入迷以进入另一个存在维度的现象在萨满教世界大概不会太陌生。巴利人称这种入迷的状态为 nadi，nadi 源于 dadi，是"成为"（to be）的意思，[2] 意即指向另一种存在的状态。巫觋当是能够自行解体以进入这个神圣的宗教世界的人。不仅如此，他甚至可在仪式中带领参与仪式的群众集体进入出神状态，再神游宗教幻境。

格尔兹的宗教理念很值得留意，身为人类学的代表人物，他对巴利宗教的出神特点的观察是很有解释功效的。笔者看到格尔兹对巴利人 nadi 一语的解释，不免联想到中国古代文献中说到的"侲子"一词。侲子是驱逐厉鬼的巫童，他的体质特征在于会"振动"，[3] 振动是原始宗教人员抖落俗质、趋近圣界的身体过渡状态，格尔兹描述的巴利巫者

---

[1] 格尔兹著，纳日碧力戈等译：《文化的解释》（上海：上海人民出版社，1999），页42。引用有改动。
[2] 格尔兹著，纳日碧力戈等译：《文化的解释》，页133。
[3] 《说文解字》云："侲，僮子也。"《广韵》："侲子，逐鬼童子也。"《东京赋》："侲子万僮。""侲"作振，振动也。《左传·庄公二十八年》有"振万"一词，注云："振，动也。万，舞也。"万舞此舞蹈特别标举震动的因素，我们从之或许可想象一种舞蹈时转得出神的状态。

第五章　飞翔年代：巫教工夫论　　225

正是有这样的身体特质。侲子终日摇晃,终身摇晃,成功的摇撼意味着巫师进入圣域的大门已经打开。侲子的振动和巴利萨满的 nadi 一样,都是以外观的身体的振动与内观的意识之恍惚作为越界的门槛。[1]

结论:不再飞翔之后

　　任何文化门类的第一章都不好写,因为它进入了无当时文字载录的口传年代,后人通常只能凭借古文明留下的遗迹,如塑像、器物、石雕、废墟等等,努力依当时所能掌握的相关知识重建远古的世界图像。随着新中国考古的大量发现,我们目前所知的中国文明的历史当然已远非以往所说的"五千年的岁月"可以框定。中国文明的第一章是神话的年代,任何人要进入神话年代的神话事件,都会碰到如何断代与如何解读的问题。笔者追溯中国思想中工夫论的起源问题时,除了需借助当代的神话理论外,同样不免需通过同时研究出土文物与后世追溯这一问题的文献此二重证据法的帮助,然后才得以在神话事件中寻找一个恰当的切入口。笔者所找的切入口即是"绝地天通"的神话事件。

　　"绝地天通"这种神话事件在古代文献中不时出现,也见于非汉语区的许多文明,这种普遍流传的神话事件很值得注意。幸运的是,中国的文献提供了线索较多的记载。我们知道绝地天通曾被视为古史中重要的一章,根据《国语·楚语》的记载,我们还知道巫、古圣人与工夫论的隐微的关联。我们知道上古曾是地天相连的乐园时期,后来有了堕落、灾难的故事,地天因而不通;接着有"圣宠"的巫与一

---

[1] Nadi 一词也令笔者联想到佛道的高僧高道于悟觉体验时常说的"囡地"一声。

般人分化,巫垄断了再进入天地相连的世界的管道。这种可以身心分离、神游太虚的神巫,虽然其资格或因神选所致,但他显然也是需要努力"转型"的,"转型"意指转成萨满的体质与人格,这个过程不能没有遂古的工夫论。

"绝地天通"是中国的乐园与失乐园神话,乐园丧失了,才有失乐园的神话,就像天地不通了,才会兴起"绝地天通"的神话一样。我们不会忘了:《旧约》的第一章即记述了伊甸园的神话。"绝地天通"这个神话叙述了先民被逐出原初的乐园,与原初的和谐决裂。地天断层的意义,从表层上看乃指世人当居于大地,尔后再也不能随意地升上天界;从底层看,则是人的意识再也不离身,下民尔后的精神活动的焦点须转至身体所依托的大地上。人的意识和身体紧密结合,灵魂不再任意飘动,精神由浑化流行的状态聚焦于个体上,人格的概念初步巩固。身心的联结与个体性概念及人格的强化,三者当属同一项"主体确立工程"的不同面向。

有关灵魂固着化与身体主体的建构之生理学与哲学的诠释,其理论内涵非笔者所能及,但就工夫论的观点来看,萨满的"出神之技"出现于历史及从历史淡化而出,其意义仍是相当清楚的。萨满的出神之技虽然半由天授,但也是要有意识地修养的。在修养的过程中,不能没有意识的转化,如果没有意识的突破与转化,人格性的意识即不可能成为可升天下地、入火不烧的萨满主体。"身心转化,以契圣界"原本是工夫论的核心义,宋明时期如此,夏商时期也如此。早期的巫教所领会的身心状态与圣之境界显然带有那个时代的标志及限制,不能不被超越,但此阶段的工夫作为精神史的一道曙光,甚或第一道曙光,它的价值应该还是要肯定的,它成为后来儒、道两家精神发展的基础。

"出神之技"的工夫论毕竟是要被超越的,"出神之技"意味着遂古时期的巫文化是"出神"的文化类型。在出神的文化共同体中,巫因掌握了丰富的巫教知识与实践步骤，不能不成为那个时代出类拔萃的"圣人"，但这种遂古时代的圣人毕竟只能反映遂古时代的精神。在遂古时代的出神文化中，人格是很不稳定的，人可上升至神话世界，鬼神也可凭灵于人身之上，这种神游的主体在那个时代固然可以完成与圣界交通的使命，但这样的主体的特点就是相当不稳定，这种主体面对社会日益复杂化、人格日渐深层化的时代提出的要求，并没有足够的力道响应。至少从今日的观点看，巫文化的规范意识相当薄弱，既缺乏理性建构的力量，也缺乏道德意识的感通的润身淑世功能。我们只要想到巫文化常见的集体破坏规范行为，比如代表巫文化的晚商时期的社会现象——集体酗酒、烙刑、剖骨骼等，即可略知其规范力量薄弱之一二。笔者认为这些被归罪为道德问题的文明病症其实是巫文化显现于外的表征，宗教的意义大于政治的意义。但鉴于文明的复杂化与主体的深化，巫文化需要被超越是必然的，笔者相信殷周之际是文明转型重要的关键点。虽然殷商已进入有史的年代，但巫文化的批判原本即是与时俱进的工程，不是一次性的，不会在"绝地天通"的神话历史时刻到来之后停下脚步，中止它的行程。巫教的批判与转化没完没了，因为巫教意识深藏于人性的结构中，这是另一个层面的问题。

　　随着人格概念的深化，出神之技是不可能不被超越的，巫文化无疑从来没有被消灭过，"出神之技"事实上也从来未曾断绝，但它在后世文明中的位置确实被重新安置了。就宗教的功能而言，随着理性化的历史进程，它的位置不能不空出来，被体系性的儒、释、道所取代，出神之技的地位也不能不让予心性论的叙述。巫教则被置于下层的生活中，或人的幽暗意识中，持续它在遂古时期所扮演的角色——直至今日，天堂游记、地狱游记、观落阴等文化元素依旧存在于活生生的现实——它仍能满足部分人士的心理需求，完成部分社会功能，至于其是非、得失，姑且不论。

巫教"出神之技"留下的一项重要的文化遗产乃是它蜕变成飞行的象征，对于精神的本性而言，"自由"大概是很核心的目标。如何自由？自由为何？从佛教的般若、王阳明的良知到黑格尔的理念，解释各不同，但回到精神本身，摆脱所谓"外在"的束缚应当是很核心的要求。神巫时代之后，进入诸子百家时期，中国的轴心文明于焉形成，飞翔已不再可能，但偏偏我们在中国诗歌经典《楚辞》中，却看到飞翔意象的反复出现，升天远游、翱翔苍空成了屈原这位悲怆的诗人最重要的意象，也是他用于心灵疗伤的灵丹。同样的飞行意象也见于被视为中国自由象征的庄子身上，庄子这位不世出的哲人在人类的灵魂探索之旅上的贡献极大，他也是中国工夫论的奠基人物之一，他的心斋、坐忘、朝彻见独之说，隐然成为后世儒道工夫论的楷模。但庄子描述体道的圣人时，所用的意象之大宗却是如姑射仙子般"乘云气，御飞龙，以游乎四海之外"。姑射仙子的意象显然来自上古神巫，庄子用而化之。

历史会过去，但精神的力道会延续下去。飞行是人类之梦，是潜意识中极深沉的欲望；"出神"的意象可以由巫教的意义转为人格象征的意义，我们在古今的诗歌、绘画中不时可以找到飞行的题材，这是一种重要的转化。"出神之技"也可以有创造性的转化——早期的修炼技术自然不能不带有那个时代的文明的标记，也就不能不有它的限制，但笔者相信自由是在历史中展现的，遂古时期的修行模式经由后世哲人的融通淘汰，辩证发展，会以新的面貌重现于中国文明的舞台。笔者也相信殷周文明递换，儒道诸子兴起，大约都有对巫道修行法门进行继承与批判的经历，此过程甚为曲折，兹不细论。[1]

---

[1] 拙作《道与玄牝》《庄子"由巫入道"的开展》已简略触及个中议题。两文收入拙著：《道家与古之道术》，页49—87、353—398。

第六章

恍惚的伦理：先秦儒家工夫论之源

本章初稿《恍惚的伦理》，收入梁秉赋、李晨阳主编：《比较视野下的先秦儒学国际学术研讨会论文集》（新加坡：南洋理工大学，2016），页143—186。

前言：儒与斋戒

我们如要论儒家工夫论的源头，不能不牵连到儒家的起源问题。追溯先秦诸子的源头，尤其追溯儒家之源，曾是民国学术的热门议题。先是章太炎曾撰有《原儒》[1]一文，文中提及"儒"有广狭不同的三种说法："达""类""私"之名。"达名"之"达"意指通达。儒者，术士之称也，其含摄最广。"类名"之儒意指懂六艺之学，以为乡帮桢干之人。"私名"则意指"儒家"一词的专门名称用法，"儒"为九流十家中的一家。章太炎之文出现后，学者或从之，或反之，后续的文章陆续出现。

对章太炎此文的回应之最著名者当是胡适的《说儒》[2]一文。胡适此文高屋建瓴，将孔子思想拉升到非常高的高度。胡适对孔子的解释以及文中的细部论证多为专家之学，当时学者颇有议论，[3]笔者

---

[1] 章太炎：《原儒》，收入章太炎：《国故论衡》（台北：广文书局，1977），卷下，页151—155。
[2] 参见胡适：《说儒》，收入《胡适作品集》（台北：远流出版，1986），册15，页6—98。
[3] 如钱穆、郭沫若等人皆曾撰文反驳，相关的文章收于耿云志编：《胡适论争集》（北京：中国社会科学出版社，1998），中卷，页1760—1847。此书收拢相关的重要文章于一编，颇便参考。

无能更置一词，个中曲折姑且暂存不论。然而，笔者认为：胡适此文特别提出儒家的原始身份乃是执行仪礼之人，尤其是执行丧礼的专业人员，此一论断很可能可以成立。我们观胡适援引《礼记》诸书，在在都可以看出儒门人物对丧礼非常熟悉，丧礼知识显然构成儒门知识重要的一环。[1]胡适《说儒》一文从"儒者，柔也"此声训入手，探讨儒的来源，此声训是否有那么大的说服力，或许见仁见智。后来徐中舒取"濡"之说，或许更可显示"儒"字和早期宗教以水祓除不洁的仪礼有关。[2]他更指出甲骨文常出现的"子儒"其人，乃为王室主持实际宾祭典礼、祭祀人鬼者，是专职的儒。我们如取"儒-濡"之说，仍然没有改变儒者是相礼之人的假说，事实上，反而强化了"儒"与"礼"的原始关联。简言之，作为相礼的专业人员，儒者——假如孔子之前已有此称呼——几乎不可能不碰到丧礼的问题。

丧礼只是相礼之儒的工作之一，在中国悠久的宗族宗教或孝道文化中，对于亲人的追思仰慕不会只在丧礼时表现出来，它还会延续到丧礼完后的一连串的礼仪中，并定型化、礼仪化，丧礼的意义由后于丧礼的祭礼加以补充完成。这种追慕先人的行为模式主要是通过"斋戒"的手段实施祭祀的典仪。祭祀是遗忘与记忆的拔河之争，亲丧之恸只有经由丧礼、祭礼等一连串的礼仪加以弥补，丧者才可以从渺茫

---

[1]《礼记》中《丧服小记》《丧大记》诸篇皆专言及丧礼，其余各篇言及丧礼处亦不少，丧礼构成《礼记》言礼之主干。
[2] 徐中舒云："上古原始宗教举行祭礼之前，司礼者须沐浴斋戒，以致诚敬，故后世以需为司礼者之专名，需本从象人形之大，因需字之义别有所专，后世复增人旁作儒，为趯事增繁之后起字。"徐中舒：《甲骨文字典》（成都：四川辞书出版社，1989），页876。更详细的解释参见徐中舒：《论甲骨文中所见的儒》，收入清华大学国学研究院主编，李懿选编：《徐中舒文存》（南京：江苏人民出版社，2016），页270—282。张亨采此说以立义，其文很有说服力，参见张亨：《说儒家》，收入张亨：《思文论集——儒道思想的现代诠释》（台北：台湾大学出版中心，2014），页535—574。

幽冥之处被拉回来。当阳世子孙与亲人亡灵间的断裂关系重新获得和解后，个人的道德情感与社会秩序的维系就可以更加巩固。

笔者探讨"工夫"的问题，之所以要将"祭礼"的议题带进来，乃因宗族伦理在中国文化中占有极特殊的地位，作为儒家文化显著要素的孝道思想渊源甚远，它无疑可追溯至太古洪荒的宗族祭典的土壤上去。如果说对死亡的思虑乃是宗教的核心关怀、"灵魂"一词也是原始宗教的核心要义的话，[1]我们不能不强调：对待亲人亡魂的方式更是儒家与儒家形成之前的国人特别关注的宗教事项。荀子说："事死如生，事亡如存。"（《荀子·礼论》）孟子甚至说："养生者不足以当大事，惟送死可以当大事。"（《孟子·离娄下》）这些说法虽是后起之论，但源头一定很早。学哲学即是"学死"，"送死"才是大事，如此带有斯多葛学派之风的断言，不用怀疑，乃是儒门的究竟语。

儒家的工夫论所以要更进一步推溯至斋戒，乃因"斋戒"意指通过宗教法条规训实践者的身心以达到一种"圣"的存在维度的修行。斋戒的功能因各种宗教的关怀不同而有差异，但这无碍于它是普见于各宗教的现象。[2]斋戒要经历一种与日常生活断裂的过程：空间隔绝了，实践者将自己安置在一个特殊的身心修行的空间；时间也隔绝了，修行者斋戒的时间乃是与圣的维度不断交会的异质性时间；自己的身心也要自行转化，因为只有通过对现实身心的鞭策使能量逆转，往深、往内潜化，突破才有可能。"斋戒"就本质言，即不可能不是一种工夫。

---

[1] 参见泰勒著，蔡江浓译：《原始文化》（杭州：浙江人民出版社，1988）。泰勒之说强调原始文化中万物有灵论的特殊地位。斯宾塞（H. Spencer）更进而强调灵魂崇拜是宗教最原始的形式。两说虽早，至今恐仍有参考之意义。

[2] 参见 J. A. MacCulloch, A. J. Maclean, "Fasting", in Hastings ed., *Encyclopedia of Religion and Ethics* (New York: Charles Sonibnen's Son's Press, 1951), vol. 6, pp. 759-771。

斋戒是圣事，圣事要有圣职人员加以实践，其功能才可显现，巫是中国最早出现的宗教人物。因此我们如论儒家工夫论之源，不能不追溯到前儒家时期的巫传统。巫传统下的"太初之儒"关心的是具有独立人格内涵的"灵魂"，而不是作为人与世界本质的"本心"（本体、太极、乾知云云）问题，当时也不存在这种大修行传统底下才会有的理念。笔者这里所说的"太初之儒"是后人追述所用的语言，其词意指在洪荒时期掌握宗教知识的知识人。在遥远的上古，如何对待灵魂，尤其是亲人的亡灵，乃是场伟大的精神修炼之旅，巫掌握了初民最初的精神表现形态，巫是原儒。

致斋与散斋

如果儒的出身和主持丧礼或祭祀活动的相礼之职业有关，他的起源只能出自巫传统。巫是上古时期的宗教人，当时的宗教人也是知识人，宗教的知识涵盖了一切知识，他们是宗教世界与人间世界的连系者。巫执行"礼"，沟通圣俗两界，因此，能知礼、行礼，乃是巫之所以成巫的资格。准此，"太初之儒"也是孔子之前"知礼""行礼"之人，儒是巫的嫡系子孙。我们现在要论儒家"天人合一"的工夫论的起源，不能不追溯到巫传统上去。

论及巫的历史，即很难不想到"绝地天通"的神话主题。在楚昭王与观射父讨论有名的"绝地天通"的传说中，观射父宣称"巫觋"的角色道："古者民神不杂。民之精爽不携贰者，而又能齐肃衷正，其智能上下比义，其圣能光远宣朗，其明能光照之，其聪能听彻之，如是则明神降之，在男曰觋，在女曰巫。"观射父与楚昭王的对话是发生于春秋时期南方大国的一场重要谈话，所以才会被载录流传下来。楚国巫风特甚，观射父的话语虽然充满了儒家价值体系的色彩，但可以想见的，他的话语有本，应当是出自古老的宗教传统，而不是自铸伟词之言。很明显，观射父眼中的巫觋乃是太古时期的君子所理解的圣人，这样的圣人掌握了宗教的真理，也有体现此真理的能力。巫觋之所以成为巫觋也是要有工夫的，也要有"成圣"的历程。

有关巫觋的工夫论内涵当另文细论，此处我们仅就观射父提及的"明""聪"——亦即耳聪目明的身体官能——稍加阐释。观射父这些话语常被忽视，观射父告诉我们：巫觋要有体现其宗教知识的体质。巫觋的体质在于能使"明神降之"，"降"者何？"降"自何处？观其语，似乎其体质比较容易被外来的鬼神附身，"降"用宗教术语讲，即是所谓"凭身"。"巫觋"是太古时期的宗教人，一般认为其人与当代宗教学所说的萨满相当。萨满的定义有宽有窄，宽者的解释包含凭附型与离体型两种，狭者则主张只有离体型者才是真正的萨满。"明神降之"指的当是凭附型的巫，但综观楚国的相关文献，尤其屈原作品所提供的大量离体远游的辞句，笔者相信：东周时期的巫觋有可能不只有被凭附于身的类型，他也有可能因神明赋予的神秘力量而离体升天。至于三代早期或之前的巫觋形态，具体内涵虽不可考，但由后世相关文献如《山海经》的记载，离体远游型的巫有可能占有相当重要的地位。[1]

原始的儒如果源出太古时期的巫，巫又是宗教学上所说的萨满的话，我们当注意离体远游类型的萨满的最大特征，乃在他是掌握出神之技（technique of ecstasy）的宗教人，"出神之技"是伊利亚德对萨满

---

[1] 主要的证据之一在于此书常见的宇宙山与宇宙树，神人可由此上下。

教的巫的能力所下的著名定义。[1]如果"出神之技"的"出神"之说可以成立的话，那么，周公、孔子之前的原始之儒的性命之学——我们这里说的性命之学指的也是一种可以产生身心变形经验的知识——为何呢？如果原始之儒是相礼的礼生，在相礼的职业中，他如何获得身心转换的经验呢？

孔子之前的原始之儒所相之礼显然不只一两种，由"出神之技"所代表的巫教文化有各种面向；即使在礼乐文明中，礼的内涵也不可能单纯地只有一个面向可谈。然而，我们由战国诸子对儒家的讥弹，比如《墨子·非儒》里列举的"黑材料"以及《礼记》《荀子》里相关的记载，再观《礼记》的《丧服小说》《丧服四制》《丧大记》《问丧》《服问》《祭统》这些篇名，太初之儒所执行的礼的主轴为何，可思过半矣：大概可以确定原始之儒的职业之大本大宗当是执行祭祀与丧礼的宗教人。"太初之儒"执行祭祀与丧礼时，势必要有"斋戒"这样的过程；不斋戒，作为宗教祭典的圣化事件没法完成，祭祀即无从举行。

斋戒也是普遍的宗教行为，如果圣凡的对立是宗教实践的前提，对神圣的追求是"宗教"一词的核心义的话，那么，克服圣凡之间的阻碍以进入圣之境，这样的要求就不可能不出现。一件完整的祭祀事件，其要素我们可以想象得到：时空形式的圣化是必要的——宗教场所不同于日常生活场所，宗教时间不同于日常生活时间，这是相当明显的。但更重要的是，宗教人如何改变自己俗化的体质，以期脱胎换骨，优入圣域，此事更迫切。"斋戒"就在此背景下出现，"太初之儒的工夫论"也是在这样的背景下才可成说。

斋戒本来即是早期儒者生活的一部分，孔子以"斋"为三件最

---

[1] 参见 M. Eliade, *Shamanism: Archaic Techniques of Ecstasy*。

需戒慎恐惧的事项之一，在斋戒时，"必有明衣布；齐必变食，居必迁坐"（《论语·乡党》），换言之，斋戒时，孔子的生活空间必须改变（迁坐），饮食习惯必定改变（变食），洗涤身体过后所穿的衣服也要改变（明衣布）[1]，更重要的是，心态必须改变（有"慎"的心态）。孔子的饮食的改变为何，很难确切地指认，从后世斋戒的情况来看，有可能是不茹荤，不喝酒。不茹荤、不喝酒这两点出自庄子阐述"心斋"理论的篇章，而"心斋"理论当然体现了其时的文化有"斋戒"之实，"斋戒"此文化概念的主体化即是"心斋"。庄子的心斋论是假孔颜师徒的对话而说出的，我们有理由认为：孔子的"齐必变食"所指即是"不茹荤，不喝酒"。朱子取庄子之意以为注，[2]他的选择是有道理的。顺庄子之语往前逆推，原初的斋戒也是要求时空的净化、身体的净化、意识的净化，太初儒者由此乃得进入另一种圣的存在的维度。

如果礼－祭礼、斋戒是太初儒者道德实践的主要方式，而祭祀是有行礼的对象的，那么，我们很难想象斋戒如何和祭祀的对象脱离出来。在三代强烈的宗族伦理的规范下，凸显祖宗之德更是祭祀时不可能跨过的重要环节，太初儒者"斋戒"的内涵由此展开，一种独特的斋戒工夫论成了儒学工夫论的重要侧翼。我们不妨看底下这则漫长的文字所言为何。

> 致齐于内，散齐于外。齐之日，思其居处，思其笑语，思其志意，思其所乐，思其所嗜。齐三日，乃见其所为齐者。祭

---

[1] 孔（安国）曰："以布为沐浴衣。"邢昺疏："将祭而齐，则必沐浴。浴竟而着明衣，所以明洁其体也。"引见何晏注，邢昺疏：《论语注疏·乡党》，收入李学勤主编：《十三经注疏整理本》，卷10，页147。
[2] 朱子云："变食，谓不饮酒，不茹荤。"杨氏曰："齐，所以交神，致洁变常以尽敬。"引见赵顺孙编纂：《四书纂疏》（台北：新兴书局，1972），《论语纂疏》，卷5，页34。

之日，入室，僾然必有见乎其位。周还出户，肃然必有闻乎其容声。出户而听，忾然必有闻乎其叹息之声。

是故先王之孝也，色不忘乎目，声不绝乎耳，心志嗜欲不忘乎心。致爱则存，致悫则著，著、存不忘乎心，夫安得不敬乎？君子生则敬养，死则敬享，思终身弗辱也。[1]

引文这段话出自《礼记·祭义》，这一篇文章也可算是《礼记》中较著名的篇章，不会没有人注意到，但此篇蕴含的天人之际工夫论的内涵确实没有受到足够的重视。"散齐"在室外举行，为期七天；"致齐"在室内举行，为期三天。祭者在此期间内要严守戒律，集中心力，"致齐"当是"散齐"的进阶版。《祭义》篇说，祭祀者通过心、耳、目三者十天的努力，可将先人的意象由幽暗中召唤而出；先人"谕其志意"后，祭祀者即可"恍惚以与神明交"。"恍惚"是身心感官变形的状态，此时所交之"神明"自然指的是先人之魂。

记述斋戒所引致的身心变形以见鬼神之效果，乃是《祭义》篇的一大特色，这种祭礼宗教学的叙述在心性论大兴之后没有受到重视，但斋戒确实有工夫论的内涵。我们不妨观此篇结束时所提"孝子将祭祀，必有齐庄之心以虑事"一节，以证此义。此节提及孝子在"祭之日"的身心状态要如何自处，奠时又要如何表现，等祭礼——不管送尸还是祭祀——完后，孝子的心情都须处在亲人临在的气氛下。这些步骤明显都是要转化祭祀者现实的存在，以逼近"与亲人亡魂共在的变形经验"。在段落结尾处，《祭义》篇再总结道："悫善不违身，耳目不违心，思虑不违亲。结诸心，形诸色，而术省之，孝子之志也。"

---

[1] 郑玄注，孔颖达疏：《礼记正义》，收入李学勤主编：《十三经注疏整理本》，卷47，页1529—1531。

行为聚于耳目，耳目聚于心思，心思聚于亲人，耳目—心思—亲人亡魂意象一贯而下，全身里里外外遂笼罩在亲人亡魂临场的氛围中，恍惚的效果就是如此产生的。

"恍惚"的前提乃是斋戒者转化现实的意识，使之由明而暗，由定而散，这种转化乃是斋戒者能否进入恍惚之境的关键。恍惚一生，对象意识即会融解，人的存在化入虚无之境。虚无可称作"莫"，恍惚之境因而也可称为"合莫"[1]。目前我们看到最详细的"恍惚的伦理"叙述当是战国时期写就的《祭义》《祭统》诸篇——《祭统》此篇也主张"交神明"之道[2]——它们构成儒家祭祀-斋戒论的工夫论内涵。由于这样的工夫论是孝道文化的一环，有重要的伦理意义，笔者称之为"恍惚的伦理"。

畅论"恍惚以与神明交"的《祭义》《祭统》诸篇虽然是战国文献，但我们有理由认定其源头应当很早。笔者颇怀疑"高宗谅阴，三年不言"（《论语·宪问》）之所以一再被后世儒者提及，恐怕与三年之丧的斋戒习俗有关。"不语"通常是斋戒时期的戒规，所以孔子支持的三年之丧的内涵恐怕与斋戒的要求脱离不了关系。"恍惚"的要求出自遂古时代的礼制，文献证据不足，姑且提此《论语》中的著名疑案，稍进一解。

恍惚境界是"交神明之道"的目的、终点站，但"交神明之

---

[1] 郑玄注："莫，虚无也。《孝经说》曰：'上通无莫。'"语见郑玄注，孔颖达疏：《礼记正义·礼运》，收入李学勤主编：《十三经注疏整理本》，卷21，页788。"合莫"与"恍惚以与神明交"的经验可以相互发挥，王梦鸥先生有此说，参见王梦鸥：《礼记今注今译》（台北：台湾商务印书馆，1984），册下，卷24，页750。

[2] 《礼记·祭统》言："故散齐七日以定之，致齐三日以齐之。定之谓齐。齐者，精明之至也，然后可以交于神明也。是故先期旬有一日，宫宰宿夫人，夫人亦散齐七日，致齐三日。君致齐于外，夫人致齐于内，然后会于大庙。"《祭统》和《祭义》两篇的主题显然相互发挥。郑玄注，孔颖达疏：《礼记正义》，收入李学勤主编：《十三经注疏整理本》，卷49，页1575。

道"是个连续的过程,这个过程展开了阳世子孙和业已去世的先人从丧失关系到再度复合的事件,这种事件以宗教经验现象学的模式刻画出儒家鲜明的孝道文化来。世人观看儒家的丧礼,最容易感受到的是其间的繁文缛节,令人透不过气来。然而,我们就丧礼心理学的角度入手,不难看出先秦儒家所主张的这些礼仪可以说都是在处理如何与介于有无虚实之间的"神明"打交道的问题。丧礼的"复""敛""奠""殡""祖""饰棺""遗车""明器"一步步展开。最初,"复"礼还在期待亡灵可以返回身躯,[1]也就是返回此世。然后,孝子一步步接受先人已走的讯息,他要敛,要奠。但当葬礼执行完毕,孝子折返旧家时,面对亲人已归于土的事实,他仍然"皇皇然,若有求而弗得也"。孝子面对先人已死之事,不会感到已一了百了,他要"以生者饰死者"。这些"饰"的曲仪可说都是通过"礼"的转化过程,以"相似"的连续性仿效其生,以送其死。"饰"意指"加于其上"[2],但这种"加"不是装饰,而是"看待","以生者饰死者"是"过渡礼仪"(rite of passage)的一环。这个礼仪要求祭祀者以如同对待生者的模样对待业已去世的先人,让先人之亡魂由肉身的存在转化为另类的存在。

当形躯不复存在的亲人告别此世后,阳世的孝子贤孙并非立即与亡魂切断关系,绝非如此。因为当他由墓地返回时,他并非彻底丧失作为其个人存在来源的血亲,变得一无所有,而是有所迎回,其迎回

---

[1]《礼记·礼运》记载"复礼"模式如下:"及其死也,升屋而号,告曰:'皋某复!'然后饭腥而苴孰……"这是召回亡魂的仪式。孝子以其深情孝思与死亡之神竞争,知其无效后,乃逐渐接受先人已转为另类存在的现实。郑玄注,孔颖达疏:《礼记正义》,收入李学勤主编:《十三经注疏整理本》,卷21,页777—778。
[2]《礼记·乐记》:"声者,乐之象也。文采节奏,声之饰也。君子动其本,乐其象,然后治其饰。"郑玄注云"以声而被之器","被"即"加以其上"之意。郑玄注,孔颖达疏:《礼记正义》,收入李学勤主编:《十三经注疏整理本》,卷38,页1297。

者乃是另类的存在,所谓"送形而往,迎精而反"。此处的"精"字当是"灵魂"之意。一往一返之间,孝子的心情大不相同,因"精"不可见,他不免"如疑",《问丧》云:"其反也如疑,求而无所得之也。入门而弗见也,上堂又弗见也,入室又弗见也。亡矣!丧矣!不可复见矣!"《问丧》更进一步描述其时的孝子的状态:"心怅焉、怆焉、惚焉、忾焉、心绝、志悲而已矣!"他只能在宗庙行祭礼,期待先人亡魂可"徼幸复反也"。如果先人亡魂不能徼幸见到,则通过致斋、散斋,心意齐一,他日未尝不可在"恍惚"中再度会合。

死生亦大矣!"祭礼"是一切关系改变的关键,是丧礼的补充法则。丧礼如果意味着此世内关系的丧失,至亲的亲人由存在进入恍惚虚无,祭礼则意味着此世内另类关系的复合,亲人的亡魂由虚无而恍惚如在。从"丧礼"到"祭礼"之间,孝子面对亲人死亡所引致的人格解体的情境,始终处于"如疑"的状态,"如疑"的状态是情感状态,不是认知状态,先人之亡魂存在与否因此不是理智认知的问题,而是情感安顿的问题。从《礼记》所说的"饰""如疑",以及底下要说的"如在"诸语,我们看到儒家思想中一种特殊的灵魂存有论/灵魂本体论,灵魂本体论要求的是一种另类的理解。《问丧》篇是丧礼文学的绝品,就如同《祭义》《祭统》两篇是斋戒现象学的绝品,它们的价值显然没有受到今人充分的评估。

《礼记》一书是先秦儒家礼论的总集,此书在礼制以及礼义上的重要,固然人所共知。我们如从精神修炼的传统看,其价值依然不减。我们发现《礼记》提供给我们一种具有相当强烈的华夏风格的祭典现象学,它如如地勾勒出遭逢亲人之丧的儿女之心境,这样的丧亲现象体现了属于人的本质的父子关系之巨变。关系为"伦",关系的道德价值为"理",此祭典现象学因此也是祭典伦理。由于祭典伦理要求阳世子孙观想、存念,以强烈的道德情感"逼"先人的身影重现于斋戒的境域,所以这样的祭典伦理也可以视为祭典的工夫论。一旦阳世儿女经过散斋七日、致斋三日的精神集中过程克服了与亲人死别的存有论断裂之不幸,伦理即可重得其伦。而在此"重得其伦"的过程中,主体的精神锻炼也完成了,"散斋""致斋"的祭礼可视为孔子之前儒门颇有代表性的原始工夫论。

双面"恍惚"

"恍惚以与神明交",神明存在于"恍惚"里。恍兮惚兮,其中有物,此事需要澄而明之。

"恍惚"是连绵字,它意指一种不定的暧昧状态。在文明建立初期,建构秩序,也就是使暧昧不定的状态稳定下来,乃是关键。《左传·文公十八年》记载上古帝王有四不才子:

> 昔帝鸿氏有不才子,掩义隐贼,好行凶德,丑类恶物,顽嚚不友,是与比周,天下之民谓之浑敦。少皞氏有不才子,毁信废忠,崇饰恶言;靖谮庸回,服谗搜慝,以诬盛德,天下之民谓之穷奇。颛顼有不才子,不可教训,不知话言,告之则顽,舍之则嚚,傲很明德,以乱天常,天下之民谓之梼杌。……缙云氏有不才子,贪于饮食,冒于货贿,侵欲崇侈,不可盈厌,聚敛积实,不知纪极,不分孤寡,不恤穷匮,天下之民以比三凶,谓之饕餮。[1]

---

[1] 左丘明传,杜预注,孔颖达正义:《春秋左传正义》,收入李学勤主编:《十三经注疏整理本》,卷20,页667—669。

浑敦、穷奇、梼杌、饕餮，这四个词语一看即知是连绵字，而且是表达难以定义的状态之词。这样的状态表达之语词基本上皆指向了无法驯化——也就是无法理性化——难以认知的混沌状。《左传》使用了大量负面的语言描绘这四不才子的恶行恶状、穷凶恶极。笔者怀疑：这四凶原本一凶。

一种暧昧不明的状态何以会蒙上这么多恶劣的形容词？它似乎比许多可以表列出来的人间罪行还要罪恶，事实确也如此。在许多文化体系中，无法归类被视为污亵神圣的不净；它动摇了整个宇宙秩序，罪恶焉得不重！[1] 四不才子之所以恶不可赦，乃因秩序感在社会的结构与人格的结构中具有最根本的定位作用。秩序感比许多价值还要来得重要，因为秩序感是一切价值的基础。[2] 反过来说，凡是破坏秩序，使得秩序无从产生的某某，既是最危险，也是最邪恶的事物，"任何一种分类都比混乱优越"[3]。四不才子皆是混沌未明，无从定义，它们之罪恶在于它们无从归类，超越了理性的范围。《左传》所用一大堆负面语汇，只是用以描绘其罪之深、恶之极而已。

四不才子的身份颇特殊，他们都是上古圣王之子，我们有理由相信：帝鸿、少皞、颛顼、缙云这几位神圣道统中的"帝"居然同样生下不才之子，这种现象不会是巧合。上述这四位君王都是人而神，而且都带有创世主的特征，[4] 四帝－四不才子的神话无异于说创世主创

---

[1] 参见玛丽·道格拉斯著，黄剑波、卢忱、柳博赟译：《洁净与危险》（北京：民族出版社，2008），尤其第三章《利未记》中的可憎之物"，页52—74。
[2] 且看列维－斯特劳斯引用森姆帕逊（G. G. Simpson）的话语道："科学家们对于怀疑和挫折是能容忍的，因为他们不得不如此。他们唯一不能而且也不应该容忍的就是无秩序。理论科学的整个目的就是尽最大可能自觉地减少知觉的混乱。"参见列维－斯特劳斯著，李幼蒸译：《野性的思维》，页14。
[3] 列维－斯特劳斯著，李幼蒸译：《野性的思维》，页21。
[4] "人帝"是"上帝"的分化混合之说，参见杨宽：《中国上古史导论》，收入顾颉刚等编：《古史辨》（台北：明伦出版社，1970），册7上，页120—155。

造了不明之混沌，亦即光明创造了黑暗。更明确地说，当是秩序与失序、光明与黑暗、道德与邪恶有极深的同体关系。直到舜帝执政时，乃将这四凶"投诸四裔，以御魑魅"。舜帝是上古圣王之一，位在上述四圣王之后，可见驯服四凶的时间极长，世历四古，人更四圣，最后仍只能将它们重新安顿位置，而不是消灭——四凶的位置被摆放在文明周边的四裔，借以抵御"魑魅"。"魑魅"又是一个非理性化之怪物，观其名也知道是另外一凶。四凶御一凶，其实意指以恶止恶，以毒攻毒，非理性的因素从文明领域内被挤出，融进一片黝黯阴沉的魍魉世界。四凶被安置在四方城门，意指非理性化的事物全被排除在文明之外了。

"四不才子"的神话内涵极丰富，言近而旨远。舜与"四"的关系特别深，《尚书》提到他"宾于四门"，此处又提到他将这四位怪胎投于四裔，"投于四裔"事实上也就是投于四门之外。在神话的象征体系中，城门通常意指意识与非意识、文明与野蛮的分界线。如果我们对神话象征不陌生的话，可合理地推论："四不才子"应应曼荼罗思维模式而生，圆中方外是典型的曼荼罗图像。舜的"宾于四门"与"投四凶于四裔"乃是同一个事件的不同描述，"四"是作为一种宇宙原理的"四象性"（quarternity）[1]，是一种秩序原理，"舜与四不才子"反映了"坛城"[2]的思维模式。如实说来，"四不才"其实只是一个"不才"的分化，这个"不才"最重要的化身是"混沌"，"恍惚"则是另一个重要的化身。前者较接近宇宙论述词，后者则是意识性语

---

[1] 四象性，荣格认为四象性是普见于全世界的原型，它是构成全部判断力的逻辑基础。在人的心理层面，也有四个方位，此即感觉、思维、情感、直觉，这四种功能构成人的心灵活动之内涵。如果说最圆满的形式是球形或圆形，则最自然的分裂形式当是四象。参见 C. G. Jung, *Psychology and Religion: West and East* (New Jersey: Princeton University Press, 1969), p. 167.
[2] "坛城"一词是梵语 Mandala 的译语，意指佛教唐卡核心的图像，内圆外方，即前述曼荼罗。

汇，但本质相同——同样是无状之状，无象之象。

混沌（即浑敦）虽是四凶之一，但也是位于天山的创造之神，[1]"混沌"是中国神话中最重要的创作母题。[2]"恍惚"也像"混沌"一样是"双面夏娃"，既是负面语词，也是正面语词。就像"无"可以是虚无，也可以是创造性之无。"恍惚"这个状词第一次出现及其重大意义见于《老子》书中，老子描述道之丰饶时，使用"恍惚"一词："无状之状，无物之象，是谓惚恍。"（第十四章）"惚恍"实即"恍惚"，"恍惚"此连绵字拆开用即为"道之为物，惟恍惟惚，惚兮恍兮，其中有象，恍兮惚兮，其中有物"。（第二十一章）道是无，但不是虚无；道是有，但不是限定物之有。"恍惚"一词联结了"道"与"物"，此词语指向了一种非经验现实的有无关系。"恍惚"一举摧毁了实体化的道之概念，也与性空幻化的缘起观大异其趣；它没办法归类，却使得一切类成为可能。老子这种用法，后来成了道家的传统。

"恍惚"既属于本体宇宙论语汇，也属于灵魂论语汇。如果道物之间的关系是恍兮惚兮，孝子之心与先人亡魂的关系也是恍兮惚兮，因为被"思"出来的亡魂不是世间性质的存在物，它虽然呈现于意识之前，但缺少一种被触及的真实感。"触"是人与外物互动的一种很重要的机能，人与鬼神沟通不可能"执子之手，与子偕老"，也不能"把臂同游"。"恍惚"就是"仿佛"，"仿佛"介于真幻有无之间，既非肯定，也非否定。屈原在灵魂神游时，也有了仿佛的经验："存仿

---

[1]《山海经·西山经》云："天山……有神焉，其状如黄囊，赤如丹火。六足四翼，浑敦无面目，是识歌舞，实为帝江。"引见袁珂：《山海经校注》，页55。
[2] 参见两文，罗梦册：《说浑沌与诸子经传之言大象》（上、下两文），载《东方文化》，第9卷第1期及第2期。以及 N. J. Girardot, *Myth and Meaning in Early Taoism: The Theme of Chaos (hun-tun)* (Berkeley: University of California Press, 1974)。

佛而不见兮,心踊跃其若汤"(《悲回风》);"时仿佛以遥见兮,精皎皎以往来"(《远游》)[1]。比较屈赋与《祭义》篇所述,虽然所述者一为亡魂,一为离体之生魂,然而同样是指脱离肉身形体之存在。"恍惚"这个连绵字状词因为一介入"道"的叙述,一介入"灵魂"的叙述,"冉冉孤生竹,结根泰山阿"(《古诗十九首·冉冉孤生竹》),在文化史上的意义遂不能不急遽地水涨船高。

"恍惚的伦理"一词牵涉到"恍惚",也牵涉到"伦理"。"恍惚"指的是不明确的状态,但此不明确的状态所以具有重要的道德价值,乃因它和"鬼神"之临场有关。《祭义》篇所述景象实即一种具有伦理内涵的"降神会",我们不妨将此小传统中的"降神"之"降"置放在经典的"陟降"一词下作解。笔者此处用"降神"翻译古籍中的"陟降"的"降",并非比附。严格说来,"陟降"一词更为妥当,因为它意指神灵之上下来去;"降神"的神似乎只是降,事实上,当然不能只是降,其也要升,也要上上下下。在《诗》《书》等古文献中,我们所见"昭假""陟恪""登假""登遐""昭登"诸语皆意指神魂之上下升降。[2] 这些语词虽然精简,但顾名思义,我们也可看出其字面意义有可作"飞举",也有可作"凭附"理解者。原居于彼界的鬼神可被召唤而至,此行为与于后世民间小传统的"降灵会""观落阴""扶乩"诸种与鬼神打交道的礼仪所见之景象,应该很接近。

在先秦的文献中,我们要找到如今日人类学者田野调查所显示的降神数据,显然是不切实际的,但也不见得没有任何机会。最早的诗歌即透露了个中的消息,我们读《诗经·皇矣》时,看到下列文字,

---

[1] 姜亮夫:《屈原赋校注》,页532。
[2] 参见王国维:《与友人论诗书中成语书》,见《观堂集林·艺林一》,收入谢维扬、房鑫亮主编:《王国维全集》,卷8,页30—32。

很难不讶异:"帝谓文王:无然畔援,无然歆羡!""帝谓文王:予怀明德,不大声以色,不长夏以革。""帝谓文王:询尔仇方,同尔弟兄。"《诗经》的上帝是会降灵说话的,理学的太极、天道、性理则从来不开口;《诗经》的圣人也可听见上帝的话语,理学的圣人则从来不用耳朵贴近至高存有的太极。[1] 明显地,古圣王与理学家处在不同的历史阶段,西周的王是有"资格"限制的,[2] 他要"不聪敬止,日就月将,学有缉熙于光明"(《诗经·周颂·敬之》)。聪者,耳朵圣明之谓。敬者,专一凝聚之意。文王要具有听到神的声音的耳朵,专一不乱的心力,豁然明觉的体质,这种体质和观射父所说的巫觋的体质极为接近。文王是儒家道德人格的典范,但我们观文王的形象,发现他仍带有巫术的能量。此一发现其实并不突兀,我们如果想到制礼作乐的周公居然还以"能事鬼神"出名,[3] 即可思过半矣!毕竟巫教的克服与转化是个持续不断的大工程,需要代代接力,文王、周公并没有毕其功于一役。

另外一则著名的降灵会见于《离骚》。楚国巫风特别兴盛,屈原作品充分地展现了楚国巫文化的特质,这是文学史的常识。我们读到《离骚》后半部即可看到一出生香活色的降神会叙述。《离骚》后半部述及苍白漂泊的屈原借着降神仪式,向彼界的神祇请教进入昆仑山此宇宙轴之路。或许屈原真有巫师的嫌疑,神应其感召,即刻下凡,有求必应:"巫咸将夕降兮,怀椒糈而要之。百神翳其备降兮,九疑缤

---

[1] 我们在此不妨再仔细辨识"圣"字的构造:从耳从口,壬声。荀子说:"口耳之间,则四寸耳。"(《劝学》)儒家反对口耳之学,但邃古之初,圣人的"口耳之学"大大不同,圣人的口耳之间的四寸之地,乃是绾领宇宙奥妙之钥,圣人由此直透天意。
[2] 关于西周"王"的资格问题,参见加藤常贤:《詩經に見える周初に於ける王の資格》,收入加藤常贤:《中国古代文化の研究》(东京:二松学舍大学出版部,1980),页356—375。
[3] 语出《尚书·金縢》,参见屈万里:《尚书集释》,页128。

其并迎。皇剡剡其扬灵兮，告余以吉故。"[1]此则叙述是屈原作品为"巫系文学"之说很重要的见证，因为不是报告文学，所述自然不能精准，但也够了。"皇剡剡其扬灵兮"一句生动地刻画了诸神下降的盛会，颇有发生了集体入迷出神事件的可能。

　　文王、屈原的离体例子似乎不像我们今日田野调查所见的那般明确，然而，在没有田调意识，也没有独立的知识系谱学意识的先秦时期，文献到底能将这种宗教经验现象传达到什么程度呢？太初时期，神人互访，朝夕相语云云，当是显著的文化现象。至于这样的文化是真是幻，是否有知识的内涵，那是另一个问题。但至少对参与祭典的人而言，神降的感觉是存在的，而且此经验带有的变形的知觉意象也是存在的：惨惨阴风，幽影晃动，还有虚虚实实的声响，这些介于真幻之间的知觉经验会带来心理的真实感。从两千年前的降神会到今日的扶乩、观落阴，巫教的生命始终非常顽强，它虽然只能活在光明理性照耀不到的幽暗处，但当时机来临，它终究会伺机从缝隙处迸跃而出。[2]

　　恍惚的伦理明显是儒家宗族伦理的产物，祖先崇拜是一种宗教的形式，许多地区都出现过，罗马帝国即盛行此种宗教形式。但儒家可能是最典型的案例：规模大，历史久，内涵清楚。在目前有关儒家宗族、宗教的研究中，对于斋戒的主体经验殊少涉及，但这个面向是

---

[1] 姜亮夫：《屈原赋校注》，页111—112。
[2] 论及降神，我们不妨再举后世一则著名的记载为例：汉武帝宠姬李夫人早卒，方士齐人少翁说能"致其神"。他于夜"张灯烛，设帷帐，而令上居他帐，遥望见好女，如李夫人之貌……又不得就视"。汉武帝悲甚，乃作诗道："是邪？非邪？立而望之，偏何姗姗其来迟！"此则记载出自《汉书·外戚传》。汉武帝一代枭雄，传世作品却偏多儿女情长之语。此则故事的记载颇多非常奇怪之言，很难当真，方士的历史形象又不佳，更让人有理由认定他的召灵会是骗术。但"骗术"最多只能当成解释中的一种，降神会也有可能牵涉到意识变形经验，此经验属于宗教心理学的范围，兹不赘述。

疏忽不得的。《祭义》篇显示孝子如何通过斋戒的一般常见的准备工夫——时、空、身体的净化，再加上观想的作用——使原本在此世内的思念之情化为具体的形象，令先人亡魂再度灵现于子孙的意识中，甚至导致祭坛周遭的空间氛围也产生了变形。死亡本来造成了家庭共同体的缺口，也造成了家族成员主体的缺口，但现在家族成员经由此祭典的变形作用，召显亡灵，实现神人共在，他们似乎可以重新回复到"家"的情境。

这种恍惚的伦理牵涉到的观想作用，很容易让我们联想到一些宗教，比如佛教的净土宗的观想工夫论，圣依纳爵·罗耀拉（S. Ignatius de Loyola）《神操》（*Spiritual Exercises*）的冥思圣灵，道教上清教派的存思法，或者分析心理学派的"能动的想象"。这种筑基于观想作用的恍惚伦理在后世儒家的工夫论中确实不占重要地位，甚至可说被遗忘。祭祀还是重要的，而且始终是重要的，但进入圣的存在维度的模式基本上已被"主静"或"主敬"的工夫论所取代，虽然"主静""主敬"这两种工夫很着重于令身心的统摄在行动中进行——"主敬"尤为明显，它可视为"动的静坐法"。此"动"中自然也当包括祭祀在内。然而，无可否认的是，在宋明儒者的工夫论系谱中，经恍惚与已逝的亲人睹面相照此视觉意象的因素已不存在，至少是不重要了。[1]然而，在原儒这个阶段，这种恍惚的伦理并不只被视为一种主观的存在而已：在灵魂的概念还残存，血气相连的概念还被承认，建立在"气""神"上的那种感应概念还活生生地起作用的时候，"恍惚

---

[1] 罗近溪晚年携两儿再游两广，两儿先后罹疾身亡。罗近溪因异人之助，得以与儿子之亡魂沟通。罗近溪行的应当是观落阴般的降神会，他此举在当时颇受物议，可见"观想"此法在其时的儒家祭祀文化已是相当边缘。至于有些儒者如严复对扶乩之类的宗教仪式仍感兴趣，这是另一个议题，姑且不论。罗近溪事参见吴震：《罗汝芳评传》（南京：南京大学出版社，2005），页144—150。

的伦理"中的"恍惚"就不会只是主观的心境,而是表述人确已跨入圣的维度的用语。

恍惚伦理所以在工夫论的发展史上有重要意义,乃因此恍惚之境并非可凭空而至,也不是天宠所致,而是要经过具体的工夫步骤。此步骤包含身体的净化,身体必须通过斋戒和日常的身体经验截断关系;此步骤也包含意识的努力,因通过使意识集中于某一意象、排挤各种游思浮绪,达到心灵凝摄,用功日久,遂可臻乎恍惚之境,鬼神自然来会。《礼记·祭统》言:"故散齐七日以定之,致齐三日以齐之。定之之谓齐。齐者精明之至也,然后可以交于神明也。"斋戒可定可齐,《祭统》此处所言很容易让我们联想到《大学》的"定、静、安、虑、得",也容易联想到"主一之谓敬"的工夫,这种定、静、齐、一的工夫基本上都是经由意识的逆觉以体证更深层的本性。斋可达"精明"之境,"精明"是战国时期流行的一种对精粹感应的意识之叙述,此词语隐约可看出由原始巫教转化而出的痕迹。

恍惚之境确实使主体处在非明确的认知状态,比较这种召唤鬼神的心力集中过程与后世在主体上作转化工夫者,两者层次的高低姑且不论,但此中都有工夫,也都有工夫论可言。"恍惚以与神明交"的工夫乍看原始,但我们永远不要忘掉这种工夫的伦理内涵。恍惚的伦理可以更意象化地,也更肉身化地完成亲情的弥合,使破碎的伦类重新得其伦,永隔的亲情重新得其理。这种恍惚之境所见之象很难证实,事实上,至今也无明确的证据可以证实其"客观存在",但同样也很难否定,至少至今为止,任何经验性的证据都不能否定参与者的"孝子"之情感状态。在恍惚之间,时空的结构改变了,祭场化作了昔日的家庭一景,阳世儿女的心灵会受到多大的冲击,我们不难想象而知。

"如在"的"在"

"恍惚"一词如果不仅指向一种主观的情意状态,而且是事关灵魂的宗教术语,还被运用到宇宙开辟的无上至极第一义,那么,我们面对这个术语所指向的斋戒时之鬼神临在感,恐怕不能不严肃沉思其间蕴含的重要内涵,我们由此论述"如在"之义。

笔者在本节想从恍惚的伦理出发,对孔子的鬼神观,尤其对"祭如在,祭神如神在"此段名言重新反思。孔子此段名言着实令人费解。当我们将此段话当成理论问题时,"孔子是不是承认鬼神的存在"就成了辩论的重心。后代三教交流史上不时会出现神灭/不灭论的讨论,而凡持神灭或不可知论而又主张祭祀重要性的儒者,就会处在窘境。[1]因为如果鬼神不存在,祭祀的心情如何能够真挚庄严?如果鬼神存在,为何不能明白地陈述其存在?[2]事实上,从墨家非儒开始,儒家的这种鬼神论的立场就饱受批判,[3]而儒者的响应可想见地通常很尴尬,他既不能说鬼神存在,也不能说不存在,面对论敌一再抛出的老议题,历代儒者通常进退两难,无所措手足。

然而,孔子这段话很可能不是知识论的用法,而是祭祀的工夫论的语言。"如在"当然不是"在","在"是现实经验的"在",是连

---

[1] 在"神灭论"的争议中,"儒者"的立场最常受到佛教徒批判的,即在"若形神俱灭,复谁配天乎?复谁配帝乎?"此类祭祀对象的真实上。《弘明集》所收范缜与敌对者的辩论,有知识论的论证,也有伦理的论证,伦理的论证的核心义只在此点。引文为曹思文《难范中书神灭论》之语,引见僧祐撰,牧田谛亮校记:《弘明集研究·卷上(遗文篇)》(京都:京都大学人文科学研究所,1973),页217—218。

[2] 这也是当时反范缜的僧侣、居士常见的立场。

[3]《墨子·公孟》记载墨子反驳儒者公孟子的"无鬼论"道:"执无鬼而学祭礼,是犹无客而学客礼也,是犹无鱼而为鱼罟也。"类似的话在后代反"神灭论"的主张中还会不断出现。

着土地的物之状态,[1]是依赖感官知觉而成立的概念。"如在"当指另一种类型的"在",是对"在"的一种延伸,所以才冠上"如"字的限定语,它意指亲临祭典所要求达到的转化之境时的"在"。同样地,"如神在"也是对"神在"的一种修正,它意指"恍惚以与神明交"。"恍惚以与神明交"不是在认知意义上宣称"与神明交",因为"恍惚"的存在意识不是认知主体;但也不是主观的幻构,因为人和"神明"仍有某种"真实"的交会。

"如在""如神在"的"如"字缥缈恍惚,指义模糊,它似可作"象"义解,但"象"义又怎么解呢?是意象之旁通吗?祭祀所见之象"如神在",是否就如同"美人如玉剑如虹"中的"如"字?是否鬼神影像之于鬼神就如美人之于玉、名剑之于虹,两者只是意象相似,甚可模拟,但能指与所指本质上不相干,或只是两个体间具有相似关系吗?此一解就如同图像、镜像、影像之于真实个体,其关系仍是建立在 A 与 a 的相似性上。或者说,我们的思考当作大幅翻转:"如"字本来就不该当成关系字,它是同义反复的述词,是同一性的表达方式,语义内涵不增不减。其字就像后世禅子儒者"如其自如""如如不动"之说的"如"字。笔者认为后面这一种解释很值得考虑。

笔者后面这种解释乍看是新解,但"如"字在《论语》一书中确实孕育了不少奥义。佛教东来,高僧大德翻译佛典中梵文"bhūta-tathatā"时,费煞心神。"本无""实性""法性"诸词曾先后对译而出,但这些词都太实,难以活现"bhūta-tathatā"隐含的缘起性空、物物如是自显之感。后来,一个借助于比照《论语》"申申如也,夭夭如

---

[1] 许慎云:"在,存也。""从土,才声。"参见许慎撰,段玉裁注:《说文解字注》,《十三篇下》,页26,总页687。先有"土",才有"在","在"的字源学意义也有哲学意义。

也"之用法引入的"如"字胜出,因而有"真如"一词。"真如"意指"于实际理地,无所损益,如其所如地显现出"。[1] 由"如其所如"之说,我们对孔子评管仲"如其仁"之说的问题该如何解,也可得到线索。孔子不以仁的客观标准评价管仲,只是不增不损地评价管仲的仁恰合管仲原有的格局,他的"仁"的等第就只达到他的实际理地那样的"仁"的层次。

我们从"如在""如神在""如其仁"看孔子论述事物的存在时,有种"现量式"的 such as such 的解读,他以非关凡情的平等之眼平观天下事物,使天下事物依循同一性的原则展现自身。"如在"不是通俗意义上的在,而只是在祭祀时才有的在;用唐君毅先生的话语讲,也就是"非有一定之存在状态之在,而只是一纯粹的于此感通中之'纯在'"。[2]"如神在"不是论神存不存在,而是在斋戒时才有的神之在;"如其仁"不在于保证我们可认知地证实管仲之仁,而是说他的仁就是他本身所达到的那个境界之等第,不多也不少。孔子这种风格的解释似乎避开了认知的层面,沦于同义反复,但其实无所谓"避开",因为它本来就不属于认知心及知识问题,当然更不是采取诗的态度。[3] 我们可以明确地说:孔子的"如"字是无诤法,它消化了问题,而不是逃避难题。笔者的解释并不怪异,事实上,从宋儒以下,作此解释者不乏其人,甚至可说是相当主流,[4] 我们必须正视"斋戒"在儒家工夫论史上的重要地位。

---

[1] 此说已有人提过,日久失忆,其名待考。
[2] 唐君毅:《中国哲学原论·原道篇》(台北:学生书局,1986),页144。
[3] 冯友兰有此说,参见冯友兰:《中国哲学史》(台北:台湾商务印书馆,2014),页379—380。
[4] 朱子注《论语》,引范氏之说,见《四书纂疏·论语纂疏》,卷2,页13。刘宝楠:《论语正义》(台北:世界书局,1973),页54。朱子与刘宝楠的《论语》注释都是《论语》注释史上的名著,很有代表性。张岱甚至说得更白:"'如在'一语括尽一篇《祭义》。"见张岱:《四书遇》(杭州:浙江古籍出版社,1985),页105。

《礼记·祭义》这类带有恍惚伦理的文献出自孔门,这是很明确的,它说出孝子斋戒时会产生的带有人格转化意识的非常状态。至少从《祭义》篇作者的眼中看来,斋戒的功能克服了生死之间的断层,它使作为特殊"死亡"事件的亲人之死得到弥补。死亡是存在最大的秘密,在初民的世界中,死亡被"死亡不可能"的神话意识所取消。[1] 然而,神话意识只能完整展开于神话时期,进入绝地天通以后的社会,神话意识已不再完整,它如果没有让位给历史意识,至少也为历史意识大量地渗透转化。除非超越者介入时间,否则神话与历史的关系即是互斥的。[2] 当自然时间变为历史,人遂不能不离开遂古之初的神话乐园,死亡即是存在最核心的本质。然而,亲人之死亡不同于一般存在物之消亡;物没有"关系",因而物之消亡不会带动价值世界的改变。人则是具有"关系"的存在者,亲人之死亡是生者的本质之损伤,是其人格统一体之崩坏。不管人们如何解释恍惚的伦理所带来的"恍惚以与神明交"这个现象,它至少提供给孝子极大的安慰。孝子知道在他人格的深处或在世界的某个神秘处,先人还是存在的,而且是可通过斋戒重新会合的。

　　如果孔子注意成德之学中的祭典-斋戒的因素,而祭典-斋戒很可能会导致主体的转换,恍惚而与神明交,那么,任何生活在商周祭典文化中的人如有机会斋戒,这种"解体"的效果就很可能发生,孔子不可能不知道,他也重视这种"如在"的经验。但无疑孔子不言鬼神的存不存在,他虽很注重祭典,但比较他界的事务与此界事务的轻

---

[1] 正如卡西勒所说:"对神话而言,死亡不再是存在的冥灭,而只是通向存在的另一种形式……死者仍然'存而只是通向存在的在',这种存在被看到,并且只有用物质术语才能加以描述。"参见卡西尔著,黄龙保、周振选译:《神话思维》(北京:中国社会科学出版社,1992),页178—179。
[2] 超越者介入历史的行程有基督教那般的宗教型的方式,也有黑格尔式的历史哲学,参见耶律亚德著,拙译:《宇宙与历史:永恒回归的神话》,页127—145。

重，他毋宁将"事人"的价值位阶与优先次序置于"事鬼"之上。孔子对斋戒经验的暧昧立场很令人迷惑，因为如果"如在"的经验是有意义的，为什么孔子对于恍惚的主体转化经验的肯定止于此，不再往前推进一步，对此经验中的人神内涵也不再说明。相反，我们看到孔子言及日常的道德实践，皆指向了行仁，而仁的内涵一方面固然见于人与人之间的各种应然关系，但也见于人当下的道德情感。孔子说得清清楚楚："仁者，人也。"（《中庸》）仁的焦点就在人间事务及人本身。不管就概念的历史源流还是就概念内涵来看，仁和斋戒的关系都显得暧昧；两者诚然有渊源，但绝不是直接开出。

恍惚的伦理没有直接成为孔门仁学的源头，此事在以往的儒家思想史的研究中似乎不成问题，也未产生问题意识，自然不需讨论。但一旦论及宗教经验的转化此普遍的议题，即不能不面对"恍惚的伦理"的"伦理"议题。笔者认为最根本的原因当在于孔子对巫教传统的继承与批判。孔子一生以继承周公志业为己任，周公在中国文化史上最大的功勋不在其辅佐武王伐商，也不在东征，而是在制礼作乐。周公是中国史上数一数二的大政治家，这位大政治家何以伟大，王国维的《殷周制度论》此名文言之甚详。对于殷周"制度"是否如王国维所说的那般具有革命性，随着考古材料出土日繁，提出异议者越来越多，可见孔子当年提出的三代继承说恐怕还是有道理的。然而，如果周公制礼作乐没有所谓的革命性的意义，那么，我们很难想象作为儒家人格典范的周公为何会被孔、孟、荀这些儒林道统人物一再地追慕印证。周公是以"制礼作乐"的业绩列入道统之林的，"制礼作乐"不可能没有极重要的内涵。笔者认为一个比较好的解释乃是，即便在具体的制度方面，即所谓的经周公制礼作乐而有的"礼乐"，其体制也当有所衍承，但制礼作乐的精神已相当不同。

周公制礼作乐常被视为中国文化史上的大事，是所谓的"周初人文精神"的具体表现，[1]这种流行的论点并没有错，但更具体地说，当是周公的"制礼作乐"乃将礼乐从巫教文化侍奉鬼神的功能转化为"天人对越"的精神。巫教曾有"家家巫史"的光荣历史，但自从"绝地天通"以后，可想见其地位一定大受打击。随着历史的演变，颛顼的事业渐渐地被遗忘了，巫教再度在殷商的土地复苏。殷商巫文化的浓厚是有名的，殷王即是祭司王。当巫文化发展到一个体系无法负荷的程度时，就会很难维持。殷商传至末代纣王，其时的政风显然无法维系王朝体系正常的运作。流传于后世的商纣传说可想见地大多是政治运作及后人不断添加的产物，[2]然而，罪名总有本的，我们观商纣的几个罪恶形象——长夜集体喝酒、炮烙加炭之刑、敲碎人胫视其骨髓等，[3]几乎可在这些罪名与萨满教的典型特征中找到对应。[4]巫教文化浓厚，甚至吞没了文化的表现，这样的现象意味着人世会重新回到鬼魅流行的世界。

需要再度绝地天通了。这种再度主体化的历程可能不是始于周公，至少在文王时期已开始了。周初之所以一再追忆文王——文王"演周易"的传说也意味着他转化巫教之书为智慧之书的意义——是因为从文王的事迹看来，如前所述，他很可能是巫教文化转向礼乐文化的关键人物，一身兼有两种文化的特质，他是周人的"摩西"。然而，后世的记载将焦点集中于周公还是有道理的：周公使得天人的混

---

[1] 参见徐复观：《中国人性论史·先秦篇》（台中：中央书局，1963），页15—35。
[2] 详情参见顾颉刚：《纣恶七十事的发生次第》，收入《顾颉刚古史论文集》，册2，页211—221。
[3] 以上诸罪名散见《左传》《韩非子》《淮南子》，不及备载，较详细的清单参见前揭顾颉刚：《纣恶七十事的发生次第》。
[4] 殷人饮酒与巫教的关系，参见张光直：《中国青铜时代（第二集）》，页61—63。炮烙刑所牵引的火的控制问题，参见 M. Eliade, *Shamanism: Archaic Techniques of Ecstasy*, pp. 472-477；巫教的白骨观、头骨观参见同书，页158—165、434—437。

杂再度分开，主体的意识再度强化，换言之，周公重演了颛顼的伟大事功，他"接着"做了巫教的批判工作。孔子则是接着周公，再将礼乐的外在之"天人对越"模式转化为内在之"仁礼一致"的精神，他做了第三次的重新安顿天人的大工程。有关周、孔在此精神史中的作用，谨于此述其梗概，以见儒家精神之变迁。

宗族宗教形成了孝的道德，孔子对孝的提倡明显地继承了周初以来的传统，就像孔子对巫教的批判也是继承西周以来的传统。在"斋戒－恍惚以与神明交"这件事情上面，孔子的两个关怀有了交集，也可以说有了冲突。他显然相信斋戒的孝道意义，也相信在斋戒中人与亡魂会有种特别的会面模式；但他同样相信新兴的道德理性的价值，他要在事人与事鬼之间画下一道红线，令学者不可再踏入鬼神存在的辖区。上述这两种"相信"建基在不同类型的主体上面，一是祭祀时的斋戒主体，一是在此世内奋斗的道德主体，所以两种信念才不会相互否定。但即使划分了不同类型的主体，就现实的人而言，我们仍可以理解：要同时肯定两者，在技术上仍是不容易达到的，不然孔子面对斋戒不需要那么地"慎"。

孔子对死后生命之存在的"不置可否"，常令人怀疑他可能持不可知论的立场。不可知论者对于祭祀的热诚很难想象会有多高，然而，孔子却非常肯定斋戒的价值，他将祭祀提升到国之大事的等级，如果没有某种深信，这种热情是无从产生的，孔子显然别有怀抱。我们不要忘了孔子明确地说过："之死而致死之，不仁而不可为也。之死而致生之，不知而不可为也。"[1] 理智地认为死者已往，过去就过去，这是不仁；滥情地认为亡者未亡，仍有生命，这是不智。孔子对

---

[1] 参见郑玄注，孔颖达疏：《礼记正义·檀弓上》，收入李学勤主编：《十三经注疏整理本》，卷8，页265。

于死后的问题、灵魂的问题没有回答。他是不想回答还是认为不宜当作知识的议题来回答？关于死后灵魂存在与否的问题，孔子与康德（I. Kant）的回答居然颇有近似之处：两人似乎都认为鬼神问题属于道德理性，而不属于知识范围内之事。

孔子对死后灵魂存在与否问题所持的立场似乎存在滑移：他主张不可说存在，也不可说不存在，且不可持不可知论。孔子给我们选择的空间极狭小，他似乎主张鬼神只有对祭祀者才有意义，只能"如在"，笔者相信这就是孔子给予的答案。"鬼神只有对祭祀者才有意义"，此说需要再加说明：因为祭祀者的资格是有限定的，鬼神只有对同之有感应的人——比如说后世子孙——才有意义，反过来说，阳世子孙也只能祭拜自己的祖先，非其鬼而祭之，谄也，毫无效果。后来，祭祀的对象扩大化了，无血缘关系的世人可祭有德者、有功者，那是感应说的进一步深化。孔子始终主张鬼神的意义只存在于祭祀场合的祭祀者的心灵里，但此仰赖主体的存在模式却不能说是主观幻想的，它是"如在"的。

孔子这种看似暧昧的鬼神观在子思身上也可看到，《中庸》有段后人名为"鬼神"章的文字，我们再度看到了"如在"一词。我们不妨再稍加辨识一下其面目。

> 鬼神之为德，其盛矣乎！视之而弗见，听之而弗闻，体物而不可遗。使天下之人，齐明盛服，以承祭祀。洋洋乎如在其上，如在其左右。《诗》曰："神之格思，不可度思，矧可射思。"夫微之显，诚之不可掩，如此夫。[1]

---

[1] 郑玄注，孔颖达疏：《礼记正义·中庸第三十一》，收入李学勤主编：《十三经注疏整理本》，卷52，页1675。

《中庸》此处所说的"鬼神"当然不会是"二气之良能"[1],《中庸》一书有许多与祭祀有关的章节,它说的鬼神当指先人之亡魂。先人亡魂在此出场的细节不像《祭义》篇所说的如此活灵活现,所以子思引了《诗经》"神之格思,不可度思,矧可射思",用以劝导期盼"神格"显现的阳世子孙不要因为看不见(视之而弗见)、听不到(听之而弗闻)而否认鬼神的存在。因为如果世人"齐明盛服",还是可以感受到鬼神的"如在其上,如在其左右"。观此处的"如在"一词,笔者不能不联想到孔子的"祭如在"之"如在"。孔子志在天下,其学不私家人,但孔学也有家学,子思的论述很可能直接、间接得自孔子,子思说的"如在"应当就是孔子所说的"如在"。

孔学中的"鬼神"总是介于在与不在之间,它是种"如在","如在"比"在"少了物质性,但比"不在"多了可感性。孔子在人与鬼神之间画下一道红线,不可逾越,但他留下了"如在"的缝隙。这种"如在"的"在"只存在于子孙敬肃斋戒的场域中,但它不是想象,不是幻构,而需要被召唤而出。"如在"是实践的概念,是非认知意识的概念,它的真实不下于任何类型的"在",而其价值则比任何类型的"在"来得高。

恍惚之后:从"心斋"到"思之"

儒家在转化巫教的力道的过程中,斋戒扮演双面刃的角色。就连

---

[1] 二气指阴阳,理学自张载开始,即以阴阳释鬼神,鬼神被释为"二气之良能"。鬼神的巫教性质转化成宇宙论性质,鬼神论成了理气论下的一个分支,这是另一种更彻底的除魅化的工程。但除魅化未必除尽形上学,张载对祭祀的功能仍极重视。张载语见《正蒙·太和》,章锡琛点校:《张载集》,页9。

续面而言，斋戒是和降灵会的功能绑结在一起的，鬼神重降"如在"的世间，周公、孔子有意划下的天人对越之线被突破了，也就是被违反了，祭礼的斋戒延续了巫教的生命。但就儒者的关怀来说，面对着等同于自己存在的亲人之丧的终极关怀，儒家的家族伦理因为斋戒复活了先人的亡魂，死生契阔暂时得到了弥补，反而可以维系住。所以斋戒的恍惚论虽然替巫教意识保留了生机，却也强化了周、孔的伦理意识。不但如此，就结果而论，很吊诡的是，斋戒仪式的恍惚论居然脱下巫袍，换上儒服——它变成了儒门重要的工夫论。

斋戒的恍惚论所以既有强化伦理的功能，又有工夫论的意涵，乃因丧礼中的斋戒明显地可以强化深层的主体意识，眼、耳、鼻、舌、身、意都因观想的作用而得安居于逆返的觉识当中。和后世主敬或主静的工夫相比，我们看出太初之儒与宋明儒者两者的工夫都有逆反感觉作用的意涵，但太初儒者的返身逆觉仍带有感官的功能，也就是说其身体主体之思仍伴随着意象物在场。相对之下，理学的工夫论基本上直接面对心性本身，各种感官意象在"复""逆""反"的过程中被转化掉了，不再有重要的功能。但这种祛感官意象的法门不是在公元11世纪才产生的，战国时期诸子兴起之后，转化巫教意识的哲学即已踏上行程。

"恍惚以与神明交"的经验来自遥远的巫教传统，孔子存之，而不辩之以相示。然而，巫教释放出来的感性生命的爆发力道太强，对理性的建构有破坏的力量，后世儒者遂对观想所引致的降神作用相当谨慎，很快，我们就看到在儒家大传统中观想的作用迅速地被减杀。儒者在祭礼中仍重视斋戒，但斋戒乃是主体内敛于强烈的情感当中，先人的意象已不再被强调。事实上，《礼记》除了《祭义》等少数章节外，我们已不太看得到观想的作用，连《郊特牲》都说："岂知神之所飨也？主人自尽其敬而已矣！"说主体以无对象之思浸润在丧失亲人的氛围中,不必言对象之有无,《郊特牲》的立场似乎近于荀子,而比孔子多了一些断定之语。这种去掉观想的意象,令主体回到身体主体的自我省思状态,就大致的发展方向来看,乃是从巫到道的历程。孔子之后,我们看到儒家的工夫论的发展趋势即是从斋戒礼仪转化到主体工夫的历程。

这种转变的过程可以说儒家工夫论从以"灵魂"为中心转到以"心性"为中心,从"灵魂论"到"心性论"的转折乃是儒家工夫论史上的一大事因缘,也是先秦工夫论史上的关键性事件。此影响后世工夫论极为深远的转变的途径虽然已趋模糊,但轮廓仍在;由迹寻本,多少还可考证出演变的轨道。以下我们将从三本融合儒道的著作着手考察这一演变,其中轨迹最清楚者见于《庄子》一书,所以我们即从此书入手省视。

在《庄子》书中,论及由巫入道的叙述不算少,[1]《应帝王》篇言及神巫季咸与壶子的斗法尤具典范意义。至于由巫入道在工夫论的反映,庄子明确地以"斋"与"心斋"的故事表现出此历程。庄子在《人间世》篇安排了颜回与孔子对话的情节,巧妙地指出了工夫论的转变。故事起源于颜子欲前往卫国纠正卫君的错误,在向孔子辞行时请教如何避其祸。颜回说了几种态度,孔子皆不认可。最后,孔子指点颜回当"斋"。颜回甚乐,因为他"不茹荤、不饮酒"已好几个月了。孔子说:那是"斋",我们现在要的是"心斋"。所谓"心斋"乃是:"若一志,无听之以耳,而听之以心;无听之以心,而听之以气。听止于耳,心止于符。气也者,虚而待物者也。唯道集虚。虚者,心斋也。"颜回听了,赞叹道:"回之未始得使,实自回也;得使之也,未始有回也。"[2]

---

[1] 详见拙作:《庄子"由巫入道"的开展》,收入杨儒宾:《道家与古之道术》,页353—398。
[2] 王叔岷:《庄子校诠》,册上,页130。

"心斋"一词由"心"与"斋"组成，关于这组语词的内涵为何，最方便的解释也就是"其内涵由'心'与'斋'组成"。显然，没有"斋"即没有"心斋"，"心斋"一词意味着作为庄子主要工夫论的心斋法门在历史脉络中是由"斋"演化而来。我们观孔子进一步解释"心斋"的境界，可知他要学者离形去知，转化躯体与感知的外求意向，使之向内翻转。当学者能使自己从感官撤回到连心知都无作用的境地时，"鬼神将来舍"，亦即鬼神的灵知效果会自动被带出来，这也就是某种意义的"役使鬼神"了。"心斋"的"鬼神将来舍"让我们联想到下文将要论及的《管子·内业》所说的"鬼神将告之"，它们的意义是相连的。

　　在理论内涵方面，两者也有连续性的关系。"斋"与"心斋"工夫论的联结点落在对感官的安顿上面，斋戒时，学者"处必弇，身欲宁，去声色"（《吕氏春秋·仲冬纪》），这种行为模式和我们在庄子处见到的"无听之以耳，而听之以心；无听之以心，而听之以气"都显示了对感官的安顿基本上乃是要转化感官的感触作用，让它由与物相交之外感向内翻转。"向内翻转"也就是由意识层返身内化，直到维持日常人格同一性的机能慢慢松散，以进入"恍惚"之境。"斋"有恍惚之境，一种"无限心"模式的工夫论也有恍惚之境。"恍惚"也是老庄运用过的语言，巫教之恍惚与老庄之恍惚有连续，但也当有辨。

　　但"心斋"毕竟不是"斋"，"心"的出现转变了"斋"的意义，在后世儒道的工夫论中，"心"扮演关键性的角色。可以确定的是，作为三教性命之学的"心"都指向无限心，无限心跃出了个人意识的范围，跃进了绾合个体与世界、此界与超越界的先天之境，这样的无限心也可称为宇宙心。而最早提出心之下、之上或之后另有宇宙心者——《内业》篇所谓的"心之中又有心"的"心"——当为战国中期的思想家，庄子即是其中的一位奠基者。庄子明言"常心"，而且"常心"之朗现乃是通过对意识的修养而产生的质的飞跃，这就是"以其心得其常心""以无翼飞"之语义所涵。颜回最后的赞语表示，他所以有或没有达到心斋之境，乃取决于有无"颜回"居间作祟；无我所以有己，有己所以无我。在此，道我似乎成了对反的关系，实情当然远比表象所见者要复杂许多，庄子此处所述的是很典型的个体/非个体、有知/无知与道的玄妙关系。

庄子的"斋"与"心斋"的构造，在《易经》处即化身为"斋戒"与"神明"的关系，《系辞传》："圣人以此斋戒，以神明其德夫。"在此文句之前，《系辞传》复云："圣人以此洗心，退藏于密。"此处所说的"以此"皆指向了占卜的事迹。《易经》的前身本为占卜之书，此占卜之书后来成了性命之书，因为占卜之学成了性命之学。在这种知识性质的转换过程中，"斋戒"占了重要的角色。显然，占卜用的龟甲与蓍草即是"神物"[1]，"神物"与日常之物的区别在"神"与否：物有神即为神物，神物无神即为物。"神物"与日常之物有种本体论的断裂，占卜要灵，卜者必须跨越此断层，跨进"神物"作用的圣域，所以他需要净化主体；净化主体，则需要"斋戒"。

"斋戒"在后代的注家中，多有玄妙的解释，[2]中国的唯心论传统太强了，拥有"本体"意义的"本心"总是不断地被带进诠释的活动，其在历史上实际拥有的原始意义不断地被改变。然而，我们可以很合理地推测在《易经》中出现的斋戒当与占卜的实践有关。由于占

---

[1]"神物"一词即出自《易经·系辞上》"是兴神物，以前民用"，"神物"即"筮龟"。
[2] 韩康伯注云："洗心曰齐，防患曰戒。"王弼注，孔颖达疏：《周易正义》，收入李学勤主编，《十三经注疏整理本》，卷7，页339。朱子注云："湛然纯一之谓斋，肃然警惕之谓戒。"《易经集注》(台中：瑞成书局，1964)，页102。韩、朱之注当是引申义，而非本义，他们注的"斋戒"更像"心斋"。

卜是进入"神物"的存在领域、向神圣请示，问者不可能不依礼行事。朱子在《周易本义》中说明"筮仪"的内容，有卜筮当于蓍室中举行，将筮时，筮者要先洒扫拂拭，齐洁衣冠，布置香炉，焚香致敬，然后祷告道：

> 假尔泰筮有常。假尔泰筮有常，某官姓名，今以某事云云，未知可否，爰质所疑于神之灵，吉凶得失，悔吝忧虞，惟尔有神，尚明告之。[1]

朱子是思辨力极强的哲人，注解经典时，时常自铸伟辞，亦能自铸系统。但占卜是"术"，这种小传统有极强的生命力，传承性强，笔者相信朱子提出的这些具体步骤是有本的——至少论及准备工夫处，我们看到很典型的"斋戒"的因素。

《易传》说的"斋戒以神明其德"的"神明"当作为动词用，"神明其德"者，使德至神明之境也。"神明"是战国时期流行的神秘语言，属于先秦的"性命之学"所用的语汇，其义指向"心"或"道"之灵敏纯粹，但其源头恐怕仍在难以界定的幽明混蒙状态。《管子》："黄帝得六相而天地治，神明至。"《庄子》："今彼神明至精，与彼百化。"《墨子》："以鬼神为明知，能为祸人哉福，为善者富之，为暴者祸之。"《荀子》："亲之如父母，畏之如神明。故赏不用而民劝，罚不用而威行，夫是之谓道德之威。"《文子》："闭四关、止五遁，即与道沦，神明藏于无形，精气反于真。"《易传》："昔者圣人之作《易》也，幽赞于神明而生蓍。"又说："以通神明之德。"《易传》的用法反映了一时的学风。上述引文的"神明"都混夹了清明理性下的性命之

---

[1] 参见朱熹：《周易本义》（台北：世界书局，1979），页2。

学与原始心态下的巫教内涵,有时近于鬼神论的语言,有时近于心性论的语言。放在《易经》的占卜传统下考虑,"神明"一词的多重表现让我们看到类似于《庄子》所述的"斋"的思想从一般的"斋"到"心斋"的演变。

"神明"一词在《易传》中的前身即是"神"字,后身也是"神"字。前身的"神"是"鬼神"之义,《易传》说的"以神道设教"的"神"字仍用此义。后身的"神"是精敏之气或本体的作用之义。"神"与"神明"两者语义的演变史颇类似,但就思想史的意义而言,"神"此字更重要。《易传》脉络中的"神"字负担很浓厚的哲学内涵,"神"是"妙万物而为言","妙"字在此可谓妙到"莫名其妙",不易落实,其词或许意指物之神妙,这样的"神"已接近于道之属性之谓。《系辞传》又说:"唯神也,故不疾而速,不行而至。"这样的"神"字却又极接近后世心学的用法,接近本心、良知、般若的妙用之地位。《易经》在宋代之后的影响力极大,其影响不是来自占卜,而是这种作为道体、心体、工夫论之源的"神明""神""洗心""感通"诸概念介入的结果。

从"斋戒"到"神明"的过程中,显然视觉观想的法门已不起作用,因为超越者的神秘旨意会通过龟甲之纹与蓍草样式显现出来,不需现身。然而,就妙万物而言的"神"之本尊为何呢?[1]"神"常见于自然现象界,遍万物有神。然而,"神"字常和"鬼"字连用,如果说遍万物有神,那么,鬼何独不然!《墨子·明鬼下》谓:"有天鬼,亦有山水鬼神者,亦有人死而为鬼者。"三界不空,神鬼交锋。无鬼不在,即无神不在,鬼神不分,其"格"皆具有个体性之意。在有个体性之他界存在中,"神"尤其指向生前具有功勋、德业的祖灵,

---

[1] "神"字从申,《说文解字》云:"申,神也。"神字或许和闪电灵光有关。

神即是价值位阶高之鬼。[1]然"鬼神"固常连用也,神即鬼,鬼即神,兹不赘述。[2]

《庄子》《易传》在儒家工夫论的谱系中占有重要地位,它们的工夫论叙述中都可看到鬼神之为德的恍惚的伦理的演化迹象。我们前面讲到《庄子》的"心斋"论有"鬼神将来舍"之语的,曾引《管子·内业》的"鬼神将告之"之语以印证之。《内业》篇也是先秦工夫论的重要文献,其理论横跨了儒、道两家的辖域,在思想史上的位置和《庄子》很像。此篇文章也保留了从斋戒主体到心性主体的转化痕迹,转化所需的工夫也恍惚可见,我们即以《内业》篇此文蕴含的工夫论转化之遗迹作为本节的结尾。

《内业》篇保存的太初儒者的工夫论痕迹,主要是见于"思"与"精气"的概念。"思"在后世儒家的成德之学扮演重要的角色,孔子"学""思"并重,荀子重"思"之功能,此处的"思"字略等于我们今日所说的"思考"。然而,孟子所说的"心之官则思"的"思"字却不作"思考"解,它可指心之觉醒作用。马王堆及郭店出土儒简有《五行》篇,言及"德之思",如"仁之思""智之思"云云,其"思"之义大约也是指向道德心之诸属性的觉醒作用,都不是智性的"思考"之意。

---

[1]《礼记·祭法》云:"法施于民则祀之,以死勤事则祀之,以劳定国则祀之,能御大菑则祀之,能捍大患则祀之。"此所祀者即神也,郑玄注,孔颖达疏:《礼记正义》,收入李学勤主编:《十三经注疏整理本》,卷46,页1524。

[2] 钱锺书:"'鬼'、'神'、'鬼神'浑用而无区别,古例甚伙,如《论语·先进》:'季路问事鬼神',子曰:'未能事人,焉能事鬼?'《管子·心术》:'思之思之,思之不得,鬼神教之',而《吕氏春秋·博志》:'精而熟之,鬼将告之。'《史记·秦本纪》由余评缪公曰:'使鬼为之,则劳神矣,使人为之,则苦民矣','鬼'与'神'、'人'与'民','劳'与'苦',均互文等训。观《墨子》之书而尤明。如《尚同》中:'洁为酒醴粢盛,以祭祀天、鬼;其事鬼神也,酒醴粢盛,不敢不蠲洁';《天志》上:'其事上尊天,中尊鬼神,下爱人'……赅而无辨。"钱锺书:《管锥编》(北京:中华书局,1979),册1,页183—184。

然而,"思"在《内业》篇中很特别,它和"鬼神"联结在一起,中间不无一些精神史演变痕迹的瓜葛。《内业》篇云:"思之!思之!又重思之!思之而不通,鬼神将通之。"虽然作者马上跟我们讲,他想表达的不是"鬼神"之力,而是"精气"的作用。但《内业》篇的话语反过来看,就是"鬼神"和"思之"曾被联想在一起。《庄子》"心斋论"说及"鬼神将来舍"看来也不是空穴来风。"思之!思之!又重思之!"此语的原始义不无可能来自早期斋戒的论述,"思之"的"之"字指的是鬼魂之类的异类存在者,"思"是观想,"思之"的内涵即是《祭义》篇所说的"思其笑语"云云,这里所说的"之""其"都是他界鬼神的代名词。[1]

"思之"的"思"字如何解?可能还需要思之。《说文解字》云:"思,容也。从心,从囟。"[2]许慎以"思"为形声字,朱骏声则主张是会意字,因为"思考,心神通于脑,故从囟"。"囟"当指"囟门"之意。又:"思,容也。"[3]诸家解"容"字多作"宽容"解,心思广大,无所不包,作"宽大"解,义自可通。然庄子言慎到之学,有"语心之容,命之曰心之行"之主张,则"心容"的"容"字作"容态"解,义亦可通——意识状态难以描绘,出土《五行》篇对仁、义、礼、智、圣诸德行之状态却多有着墨,其描述之内容自可谓"心容"。

如果"思"是指心的容态,我们或许可考虑"思"与"鬼神"的关系。"鬼"字,《说文解字》云:"人所归为鬼。从儿,象鬼头。从厶。"[4]然而,所谓"鬼"头和"思"字所从之"囟",金文、小篆所

---

[1] 已故的东京大学教授赤塚忠已提出《内业》篇和《庄子》及《礼记·祭义》恍惚的伦理的关系,虽然未畅其义,但笔者认为其说值得注意。参见赤塚忠:《道家思想的原初の形態》,收入赤塚忠:《諸子思想研究》(东京:研文社,1987),卷4,页71—113。
[2] 许慎撰,段玉裁注:《说文解字注》,十篇下,页23,总页501。
[3] "容"字或云是"睿"字之误,然各家多以"容"字义可通,不烦改字。
[4] 许慎撰,段玉裁注:《说文解字注》,九篇上,页39,总页434。

出皆同，囟门位于头盖骨，所以"囟"字如解作"头盖骨"或许也说得通。我们所以取"头盖骨"之说，乃因在萨满教（巫教）区域，骨骼都有神圣义，类似"白骨观"的法门普见于萨满教流行地区，而"头盖骨乃灵气所聚"，也是萨满教常见的教义。[1]

如果"思"字是由"心""囟"会意而成，"思"与"鬼"所从之"囟"皆指头盖骨，则"思"字不无可能意指存于心与头盖骨的神秘力道。"思"的内涵，至少是早期的内涵之一，或许与后世道教的"存思"法有关。在战国末期即有存思日、月、气之功法，[2]日、月、气此自然物在行者的内省观想中可作为意象在其体内朗现，因而达成某种健身或神秘的通灵之效果。日月等具神秘力量之自然物可观想而召至，人、物、鬼、神之意象似乎也可应召而至，《山海经》的《大荒东经》云："有司幽之国……思士，不妻；思女，不夫。"郭璞注："言其人直思感而气通，无配合而生子。"[3]这样"思士""思女"可不交媾而生子，此"思"字当还保留因观想而可致实际效果之谓。《孝经》最后一章言及孝子"春秋祭祀，以时思之"。这里的"思"字有可能是"存思"意义之"思"，"存思"也就是召唤先人亡魂之意。[4]《孝经》的"思之"或后世道教的存思法都不是自我作古，我们可从中找到与《祭义》所说恍惚的伦理相同的血缘因素。

---

[1] 参见 M. Eliade, *Shamanism: Archaic Techniques of Ecstasy*, pp. 158-165, 434-437。
[2] 《楚辞·远游》："餐六气而饮沆瀣兮，漱正阳而含朝霞。"王逸注云："餐吞日精，食元符也。《陵阳子明经》言：春食朝霞。朝霞者，日始欲出赤黄气也；秋食沦阴，沦阴者，日没以后赤黄气也。冬食沆瀣，沆瀣者，北方夜半气也。夏食正阳，正阳者，南方日中气也。并天地玄黄之气，是为'六气'也。"
[3] 袁珂注：《山海经校注》，页346。
[4] 我们的解释看似怪力乱神，却是出自正统的经学论点，邢昺即引《祭义》篇："祭之日，入室，僾然必有见乎其位；周还出户，忾然必有闻乎其叹息之声。"参见李隆基注，邢昺疏：《孝经注疏》，收入李学勤主编：《十三经注疏整理本》，卷9，页72。

《内业》篇的工夫论当然已非《礼记·祭义》所说的那个模式，它在思想史上的位置在于将"精气"的概念引进先秦工夫论的论述中。"精气"的内涵或许可解作"玛纳"，但此词语的概念源头很有可能由带着鬼神气息的"精"字演化而来。[1]在宗教的演化过程，或者可说宗教人的主体之演化中，"玛纳"是前于"瞬间神"的位阶，它代表一种非个体的、非主体性的圣物。从玛纳到瞬间神，到功能神，到有伦理性质的宗教神祇，[2]其间的路途迢遥，不可以道里计。宗教讲永恒的真理，但神祇的性质却是在变化流动中形成的。"精气"之特殊者，在于此概念出现在《内业》篇或《易经》时，即与很精致的儒、道形上学结合在一起，它跳过了瞬间神、功能神的阶段，直入道之核心，像后世禅宗说的"布衣顿登九五"[3]。精气和道体、心体的概念结合，构成了儒、道形上学与性命之学的重要内涵。在流世界性的修行传统中，儒家与道家的"心气同流"之说占有极特殊的地位。

有关"精气"说的内涵，在此不赘述，笔者只想指出《内业》篇将"精气"放在"心中之心"的架构下立论，原本带有神秘色彩的"精气"变为带有主体属性意涵的"心气""意气"，这种结合使得《内业》的主体带有中国特色浓厚的感通、应会的性格，这种性格决定了儒家言心之重点和认识论模式的镜像论或解脱论模式的"海印三昧"论皆不相同。后世的张载、罗钦顺、王夫之的"心气说"，可说都是遥契《管子·内业》的精神而来。

鬼神渺渺，斋戒告退，诸子百家的兴起不能不以巫教告别历史舞

---

[1] 黄文山主张道的概念出自图腾，裘锡圭认为精气理论出自初民的玛纳观念。孟子、公孙尼子、荀子皆提及治气、养气之说，道家诸子亦多有相关的叙述，"行气玉佩铭"及《楚辞·远游》更是此道最明显的见证。
[2] 宗教观念的演变过程，参见卡西勒著，刘述先译：《论人：人类文化哲学导论》，页107—120。
[3] "世间不思议者，若有布衣顿登九五，即是世间不思议。"语出《神会语录》，收入《大正新修大藏经》（台北：新文丰出版，1985），册85，卷1，页100。

台为前提。但从《庄子》《易经》《管子·内业》诸书篇中，我们还是可看到魂魄行经历史留下的巨大足迹，这些足迹在后世虽然越来越模糊，但我们不难看出它起了极大的历史作用，它被导向了即将取而代之的真常心之工夫模式。

鬼神不死

从鬼神之思到心官之思，从斋到心斋，从神明到精神，诸子的兴起与巫教的撤退乃是同一个工程的两个面向，此消彼长；也可以说是两个历史阶段，先后代替，这是从"地天相通"到"绝地天通"的大突破。在这项完整的工程中，我们看到主体的深层化与固着化。进入战国诸子大兴的时代以后，灵魂基本上已不再升天飞翔，会飞翔的羽人只能存在于神话的国度（如《山海经》），或者民间的宗教传统（如扶乩），或者成为至人逍遥的符号（如《庄子》所述）。它的位置被儒家的道德意识或庄、老的道之意识取代了。

就工夫论而言，同样平行发展的乃是巫教的实践模式在斋戒论的转化过程中逐渐地被心性论的模式所取代。取代也是一种传承，恍惚的伦理也是有工夫要做的，初民斋戒时对身心状态的修养明显地与后世儒者主体修养的模式有相关联之处，这种转化的成熟期大约落在战国中期。子思、庄子、《易传》、《管子·内业》诸思想的年代差不了多少，它们代表一种共同的论述。然而，战国时期的心性论多少还保留了草创时期的气息，活力充沛，却不够细致。公元11世纪后，宋儒发展出更精致的心性论，一切关于意识的词语都在主流的"心""性""理""气"概念下被统编到其中。当这种精致的心性论和体用论的思考结合在一起后，一切的存在（包含自然的总体与超自然的存在）都变得理性化了，物与无妄。它们都是理气论格局下的事物，原始的巫性力量大为减弱。

在春秋之前的工夫论和在战国时期兴起的工夫论当中，孔子处于其间，他的立场似乎最暧昧。一方面，孔子对鬼神等他界之事，明确地切划出天人的界线，天是天，鬼神是鬼神，人是人，人只能安于人的世界行"人"之事。他不要学者涉入死后鬼神的议题，他的态度非常明确果决。然而，另一方面，孔子却又极力主张祭典很重要，儒家的重孝道、重祭祀，是个极显著的标帜。他对鬼神既不肯定，也不否定，也不持不可知论，又不认为鬼神乃是物自身，他只是坚持人行祭礼时一定要极虔诚，只要如此，鬼神自会降临。孔子对死后鬼神世界的诸般不确定、万般不断定，其实指向了一条狭窄而明确的道路：鬼神的性质不同于万物之性质，鬼神的存在是"如在"性的，只有在祭者以虔诚庄敬的态度参与下，才有意义可言。巫教世界曾经漫天飞舞的鬼神，经过周、孔的努力，被束缩在其后世子孙亲临致祭的场合，只有在这里"鬼神之在"才有可能呈现。

巫教世界在渺远的遂古华夏曾是唯一的世界，巫教世界中群鬼飞舞，人神混杂，"恍惚的伦理"即是发生于此段历史的社会事实。它的起源极早，其衰退期则不好确定，但可以确定的是如果就以主体转换为导向的工夫论的观点考虑，当绝对意识（常心、本心）的修行方式兴起后，观想亡魂引致的恍惚的伦理就很难再占据重要的位置。[1]

---

[1] 笼统说来，一种统合身心、主体与世界的绝对意识在战国时期已经兴起，儒家受到佛老刺激后，在宋代构成更完整的体系。这种无限心模式的思想影响甚大，因为这种类型的无限心（不管称作佛性、如来藏心，还是常心、良知、本心、道性）被后世三教视为成德的依据，也是成圣、成佛、成仙的理据，更重要的是，它被视为人蕴藏的真正本质，所谓"本来面目"。所以实践的主轴不能不落在如何朗现此隐藏的先天义之我，由此而有"复性"之工夫论。受此主流工夫论排挤，其他类型的工夫不能不调整自身，被收编在此唯心论导向的工夫世界里，以占一席之地，恍惚的伦理所依托的与神明交的工夫也不能免于边缘化的命运。

然而，就孝道此一关键的伦理考虑，斋戒引发的恍惚的与神明交，乃是先孔时期以至战国儒家都很重视的转化现实意识以契入价值之源的行为。这种行为显示死亡从来不能征服子孙对先人的思念，因此，也从来没有摧毁过鬼神的存在。我们看后世儒家的义理不管如何发展，人与祖先灵魂总有交通的管道，即使在理学大兴以后，鬼神仍被置放在先人、子孙共享的血气关系中，可在祭祀中不断地被召唤出来。即使此时的召唤不再有视觉意象，不再音容宛在，而是召唤某种灵气或阴阳二气，但阴阳之气本来就是构成每个人的生命基质，所以这种气息仍然可以使祭礼者恍惚感到鬼神的临场。

鬼神是很难被消灭的，鬼神如果不是认识论的问题，至少也是伦理的问题，对于血脉至亲的思念是人的生命中非常本质性的情怀。但是当孔子画下一道"事人"与"事鬼"的红线，"鬼"只能是消极性的存在，"事鬼"只能是主体与亡魂在斋戒的变形经验中会面。对许多平民百姓而言，他们毋宁要更明确的鬼神知识，也要更有效地安定灵魂的讯息，他们需要鬼神的"在"，而不是"如在"，这个绝大的心理需求缺口即由后来的佛、道两家所补足。佛、道两教在民间社会的构成形象，很多都和祈求亡魂安息的功能角色有关。净土宗的流行至少有一部分是源于此宗提供了西方净土的想象，也提供了亡魂救赎的管道。[1]

当儒家将关于灵魂的积极知识的空缺留给其他宗教时，并不是全面地弃地不守，因为它一方面还是扩充了鬼神论的意义。从战国起，先秦儒家即很强调"气"之感应，"气"原本无方所，其概念的确立不能不预设"公共"的意义，然而，直到宋代，理学家才特别将气的公共性突显出来。当气的感性属性及公共性质被揭举出来后，

---

[1]《梁皇宝忏》在放焰口时被大量吟咏，即是个明显的例子。

只要亡者有功德、能"谕意",即能倘恍现身;而能感应之者亦不再只限于阳世子孙,而是遍及所有尊崇之、效法之的后世学子、百姓。遍布各地的孔庙及先贤祠之存在理据,即源于孔、孟、程、朱的牌位被立于祠堂时,其魂魄已不再被视为是血缘性的,而是"文化血缘性"的。凡是有血气心知而又遵行其说者,即可与这些先圣先贤的生命联系得上,学者的生命可因与这些夙昔的典范人物精气交感而扩大人格格局。由此看来,鬼神不但会自寻出路,而且会提升自己存在的意义。

儒家兴起的一大事因缘可说是对巫教的批判,也就是对"离体与神明交"的宗教之批判,这是儒家精神史发展的主轴。但在孝文化的强力主导下,我们却看到儒家对巫文化不但网开一面,而且更精致地把人鬼的交通收在意识极精微的底层。在儒家的世界中,人与天地鬼神的关系始终是不即不离、疏远而又同在的,从文王、周公、孔、孟、颜、曾以至程、朱、陆、王,莫不如此。这种疏远的同在有极深厚的伦理内涵,虽然恍惚论在后世不是工夫论的主轴,但总也在某个侧面上牵引儒家,使之不能完全走向绝对唯心论的世界。儒家终究是儒家,人伦的价值是绝对的,贯通幽明有无、生前身后,都有秘响旁通。程颐言"知尽性至命,必本于孝悌"[1],"恍惚以与神明交"的工夫论反映了这种深层的精神需求。

---

[1] 程颐:《明道先生行状》,见《河南程氏文集》,收入程颢、程颐著,王孝鱼点校:《二程集》,册2,卷11,页638。

第七章

殷周之际的纣王与文王：新天命观的解读

本章初稿刊于《深圳社会科学》，2018 年第 2 期，页 39—61。

前言：文王与纣王的形象

公元前1046年，[1]武王经过多年的生聚教训之后，发现复仇时机已到，乃载文王木主，远从周原兴师，迢迢千里，向东伐纣。在会合诸多与国的兵力后，渡过孟津，"甲子昧爽"，到达商郊牧野。纣王部队以逸待劳，迎击来敌。不意两军对阵后不久，纣王部队纷纷倒戈，形势急遽逆转。纣王眼见不支，乃退回朝歌的鹿台，取"天智玉琰五环身厚以自焚"[2]。一个雄踞东亚大陆五六百年的大帝国就此崩溃，新兴的周民族取而代之，而且其历史将会绵延八百年之久。此后，殷商成了历史名词，"殷鉴不远"也就成了后世一个警惕世人的著名成语。

"武王伐纣"是三代历史一个关键性的事件，这个事件是一连串历史演变的高潮。商周的矛盾相持已久，如实说来，这个矛盾在太公

---

[1] 武王伐纣、周代殷兴的时代异说甚多，此处所取的数字乃采取李学勤等人的观点，参见夏商周断代工程专家组：《武王克商年的研究》，收入夏商周断代工程专家组编著：《夏商周断代工程1996—2000年阶段成果报告（简本）》，页38—49。
[2] 语见《逸周书·世俘》，朱右曾：《逸周书集训校释》，页99。

时期已明朗化，历经王季、文王，矛盾不断加深，到了武王时期才彻底决裂，一朝解决。武王在甲子兴师之前，周民族已连续遭受王季被杀、文王被囚的悲惨命运，两民族累积的仇恨已深。文王被囚后终被释放，不久，更"受命"为王。受命是受天命，"受命为王"的政治解读即是周已自立，不再受命于商，而且要"殪戎殷""殪商之多罪纣"[1]，商周已进入难以共存的敌我矛盾。武王伐纣，决战牧野，其实在牧野之战前，武王早已载着文王"木主"兴师伐罪过。武王善述善继，他正执行文王的遗志，只因其时或因时机不够成熟，乃中途罢师。殷周最后于甲子昧朝决战，虽然胜负立即分晓，但两者的争斗其实角力已久。

"武王伐纣"是一出长达数十年的历史剧，张力十足。这出历史剧当中的殷商方面的主角自当是纣王，周民族的主要角色则不易言，文王、武王、周公应该都扮演重要的角色。武王是公元前1046年事件的周方领导人，他的地位的重要自不待言，但诚如"载木主"一语所示，武王执行的是文王的意志。且如就文化精神的发展而言，文王与周公可能更重要。周公地位的重要当然和"制礼作乐"此一"万世久安"的制度设计有关，这桩设计是儒家思想史上标志性的事件，在宋代之前，周公常和孔子并称，周孔之教是儒家思想的一条主轴。文王相形之下没有留下那么突出的记录，但在有周一朝的文献中，文王的形象却相当清晰，他不断地被朗诵，被征引，被视为圣王的化身，他的影响无远弗届。在后世儒家的道统论述中，"文、武、周公"三圣也常被相提并论，文王在周代历史以及儒家传统中应当居有特殊的地位。

---

[1]《尚书·康诰》："天乃大命文王殪戎殷。"《逸周书·商誓》："上帝弗显，乃命朕文考曰：殪商之多罪纣！肆予小子发不敢忘天命。"

作为反方主角的纣王形象入周以后大坏，纣王成为暴君的代名词，如果纣王没有严重地违反统治者该有的品格，我们很难想象一个伟大的帝国何以会一夕崩溃。但诚如孔门高弟子贡所说的"纣之不善，不如是之甚也"，自从20世纪殷墟挖掘、殷商史料大量出土后，我们对纣王的理解已有机会超迈前贤。纣王南征北讨，拓地甚广，显然不是位荒怠政事的昏君，纣王是否"如是之恶"的旧问题又被提出来检讨。在翻案风潮中，郭沫若的态度最强硬，他甚至主张纣王平定徐奄、讨伐东夷，长期经营，大有利于中国的统一，武王反而阻碍了中国统一的工程，兴师灭殷，纯属侥幸。郭沫若有诗道："偶来洹水忆殷辛，统一神州肇此人。百克东夷身致殒，千秋公案与谁论？"[1]痛惜之情溢于言表。郭沫若喜作翻案文章，纣王公案能否翻得过去，仍待细论。纵然至今为止，这位末代君王尚未获得真正的平反，[2]但新出土的甲骨文至少带来新的问题意识，他的历史评价多少取得了一些平衡。

　　文王之圣与纣王之恶是儒家史观中两个著名的符号，两人在位年

---

[1] 郭沫若在早年已发出不平之鸣，参见郭沫若：《十批判书》，收入《郭沫若全集·历史编》（北京：人民出版社，1982），卷2，12—13。引诗参见郭沫若：《豫秦晋纪游二十九首·访安阳殷墟》，收入《郭沫若全集·文学编》（北京：人民文学出版社，1984），卷4，页32。此组诗中尚有《观圆形殉葬坑》十三首，其中第六首："武王克殷实侥幸，万恶朝宗集纣躯。中原文化殷创始，殷人鹊巢周鸠居。"第十首："秦始皇帝收其功，其功宏伟古无侔。但如溯流探其源，实由殷辛开其初。"第十一首："殷辛之功迈周武，殷辛之罪有莫须。殷辛之名当恢复，殷辛之冤当解除。"第12首："固当厚今而薄古，亦莫反白以为污。非徒好辩实有以，古为今用斥虚无。"第十三首："方今人民已作主，权衡公正无偏诬。谁如有功于民族，推翻旧案莫踟蹰。"这些诗彼此可以相互发挥，很能代表郭沫若及其前后时贤的观点，"纣"可视为另一位秦始皇。郭沫若：《豫秦晋纪游二十九首·观圆形殉葬坑》，收入《郭沫若全集·文学编》，卷4，页33—35。郭沫若是甲骨四堂的一大堂，他接触殷商史料的年代早，研究深，他对纣王的再评价有相当程度的代表性。

[2] 杨宽的长文《论周武王克商》重新肯定儒家传统对纣王的恶评，可代表此种观点。该文收入王孝廉编：《神与神话》（台北：联经出版，1988），页405—462。

代相迭,同享高寿,[1]都是公元前11世纪上半叶东亚大陆最显赫的政治人物,历史评价却相去甚远;两人变成了象征,其善、其恶在后世中不断被重演。就政治史的角度着眼,这应该是可以理解的,到底周代殷兴是三代历史上一次关键性的事件,而关键性的历史事件容易在反复追忆的过程中类型化,也可以说是典范化。但我们观看西周时期的史料,两人之圣与恶或许还有复杂的面向可以解读。就笔者所接触的史料而言,商纣之不信天命、不畏天命,与文王之相信天命,或说重造天命,形成了强烈的反差,造成这种强烈反差的原因不该只从"存心伦理学"的角度解释之。窃以为先秦时期,天人之际的演变是历史发展的主轴,商周之际"天人之际"概念的演变不能不是关键性的历史调整过程。文王与纣王在这场急遽调整的历史过程中分别扮演过不同的角色,可能两人的行为都反映了变化急遽的宗教变革,文王与纣王分别告别了巫教,但选择了不同的方向,其历史效应也就跟着不同。本章尝试从宗教变革的角度,解读纣王与文王所代表的精神革命的内涵。

纣王的酷刑与酗酒之解读

在西周的文献中,商末的社会风气是极混乱的,其时的礼乐之教已失去巩固共同体的作用,反而起了解体的反作用,纣王作为一位道

---

[1]《尚书·无逸》言:"文王受命惟中身,厥享国五十年。"《孔传》言文王即位时年四十七,四十七加上享国五十年,文王当寿高至九十七,《礼记·文王世子》即作此断言。纣王寿不详,但由他在位年限,可知寿命必不短。他在位有三十二年与五十二年之说,董作宾认为《竹书纪年》所载五十二年之说较正确,而且此五十二年乃下接周年所致,如计算至殷商灭亡,他在位其实达六十三年,实际年龄自然远不止此数,可谓长寿矣。参见董作宾:《殷历谱》(台北:艺文印书馆,1977),上编,卷4,页132。

德败坏者的公共形象形塑已久,他个人的人格特质还被认为导致了殷末的政治秩序大乱。周初先王是在这种"历史时刻"下,选择了另一种历史发展的方向。

商末的秩序大乱,这样的现象常见于西周时期的记载,商纣被视为罪魁祸首。周人对殷末风气的批判,基本上是道德的判断,道德的判断将一代之兴亡纳入个人修养的范围内考察。不管有意或无意,周人的政治道德判断缩小了政权更换事件的打击面,是很有智慧的政治艺术,对政局的演变也有部分的解释力道。但部分的解释力道毕竟不周全,我们如果从体制的判断入手,应该可以得到更合理的理解。所谓的"体制的判断",意指巫文化原为商王朝的主导力量,在殷商晚期却已失去统合的作用,其时的政局沦为涂尔干所说的"混乱"的社会。商末的秩序大乱,相当大的程度是源于巫教的风气的影响,即使后人基于道德主体对商纣或殷商晚期社会所做的道德判断或伦理判断,在某种范围内有解释效力,但这毕竟还和巫教失去统合的作用有关。我们由后人罗列的商纣的"罪状"分析其深层结构的因素,即可略窥其状。

后世论及商纣之大恶,拢拢总总,一言难尽,大体的趋势是越演越烈:年代越晚,罪状越清楚。如论其主要罪名,大约如下:淫声(新声)是其一,炮刑是其二,沉湎于酒是其三,忽略祭祀是其四,自信天命是其五。后面三项再加"不用贵戚旧臣,听信妇言,登用小人"这三项,即构成了顾颉刚所说的纣王的六大罪状。[1] 顾颉刚罗列的六项罪名已不算少,然而,笔者列的第一项沉湎淫声以及第二项好用酷刑(尤其是炮刑)的记载出现得同样频繁,就纣的公共形象而言,其反面作用尤大,不知喜欢搜罗故事的顾颉刚何以忽略它们,笔

---

[1] 顾颉刚:《纣恶七十事的发生次第》,收入《顾颉刚古史论文集》,册2,页211—221。

者认为我们没有理由不将之列入。笔者所以将它们列入，并不是有意在事件发生三千年后，重新撰写历史的"法律审判书"，而是这两项罪状可以让我们看到巫风影响下的商末风气。简言之，上述后人讨伐商纣的八项罪名，其中前六项和巫教有本质性的关系，"不用旧臣"一项与巫教文化有间接的关系，后两项则是巫风导致的失序所产生的政治后果。听信妇人、登用小人这两项罪名大概是任何亡国之君都会被贴上的标签，这两项罪名确实也是引发周公制礼作乐很直接的因素。

听信妇人、登用小人这两项是亡国灭族事件常被归纳出的两种病因，属于人君常犯的过错，无关于特定的社会性的因素。即使如此，我们如要找出些其与巫教相牵连的蛛丝马迹，未尝不能。纣王之亡常和宠信妇女的罪名联结在一起，妲己是中国史上"狐媚惑主"的第二位，妹喜是第一位，如果加上周幽王的褒姒，三人恰好可作为另类的三代论述：妹喜亡夏，妲己亡商，褒姒亡西周。妹喜、妲己和褒姒三人名称常相提并论，妲己身上的巫教氛围相对较少，但我们观妹喜、褒姒两人的记载，多少还是可以看出巫教风气在她们的行径事迹中留下的痕迹，[1]兹不赘述。至于"登用小人"一事，纣王颇有恶名流传后世，崇侯虎、恶来之名尤著。上述两项罪名与本章主题的关联较间接，相对之下，笔者认为前面的六项罪名提供了更具体的商周精神史演变的线索，以下我们不妨接着观察这几项罪名所提供的讯息。

商纣的滥刑在先秦两汉的文献中不时出现，丁山曾数其刑名道："有截、剖、刳、醢、炙、腊、脯诸种，似乎都比不上'炮烙刑'的

---

[1]《帝王世纪》记载夏桀日夜与妹喜饮酒，"两日斗蚀，鬼呼于国，桀醉不寤"。周幽王宠爱褒姒，褒姒传说为龙漦妖子，褒人收养之，后纳于王，故称褒姒。《史记·周本纪》说："褒姒不好笑，幽王欲其笑万方，故不笑。"司马迁撰，裴骃集解，司马贞索隐，张守节正义，杨家骆主编：《新校本史记三家注》，页148。

残酷。"[1]炮烙之刑意指取用火烧到炙热的铁块对刑犯的身躯加以酷刑,《荀子·议兵》说:"纣……为炮烙刑,杀戮无时,臣下懔然,莫必其命。"《韩非子·难一》曰:"昔者纣为炮烙,崇侯、恶来又曰:斩涉者之胫也。"刘向《列女传》说得更具体:"膏铜柱,下加之炭,令有罪者行焉,辄坠炭死。妲己笑,名曰:炮烙之刑。"炮烙之刑是借着火、炭、铜施酷刑于罪犯身体,以为惩罚,威吓群臣,甚至以为取乐。商纣的炮烙之刑名传遐迩,后儒多有记录,在晚近公布的上博楚简《容成氏》一文中也见到类似的文字,[2]可见此说传闻之早之广,看来丁山的归纳是可以成立的。在韩非子与刘向的文字中,我们还看到"崇侯、恶来、妲己"之名牵入其中,成了共谋者。在此,史书常记载的造成历代亡国共同的因素——著名的罪刑、无耻的小人与无知的妇人三者都有了,炮烙之为暴政的体现更清楚了。

周人相信商纣是实行过"炮烙"这种不人道的酷刑的,但商纣何以特别嗜好炮烙之刑呢?我们除了接受先人予以之的道德的谴责外,不妨注意巫风下的一种修行方式:制火(mastery over fire)。对于火的控制是普见于许多地区的巫术,[3]但在萨满教地区,"制火"对此放而言是更根本的,也许除了升天飞行的因素外,制火是最普见的巫教技术。萨满要成为萨满,也是需要经历种种磨炼的:他要能行走于火炭上、吞炭、碰触火红的铜铁;不但要能制火,他们"还要能体现火灵,在召灵会时,他们可以从他们的鼻、口甚至全身吐出火焰"[4]。萨

---

[1] 丁山:《商周史料考证》(北京:中华书局,1988),页172。
[2] 《容成氏》:"(纣)作为九成之台,置盂炭其下,加圜木于其上,思民道之,能述者述,不能述者内而死,不从命者从而桎梏之。"马承源主编:《上海博物馆藏战国楚竹书(二)》(上海:上海古籍出版社,2002)。
[3] 在东南亚及台湾民间宗教中,抬轿赤脚踏炭火以显神迹是极普遍的一种法术。此种法术遍布的范围很广,我们可以合理地推测它的源头应当很古老。
[4] M. Eliade, *Shamanism: Archaic Techniques of Ecstasy*, p. 256.

满要具备内在的巫咒之热，入火不烧，炙铁不热。我们看《列仙传》中的赤松子、宁封子等列仙，他们的成仙也是需要火的烤炼的：要不就是"入火自烧"，随风雨上下；要不就是"积火自烧"，随烟气上下。《列仙传》中还有啸父其仙，知得"作火法"，临终时以"列数十火而升"辞世；其弟子师门"能使火"，被杀时，"风雨迎之，讫则山木皆焚"，这是种独特的解脱之途。[1] 比照"兵解"之说，我们可以称上述列仙之尸解乃是"火解"。尤其要注意，赤松子、宁封子是《列仙传》中排名第一、第二的仙人，此排名或许也暗示了"制火"与成仙的关系。比较纣王的炮烙之刑与巫师的制火之术，我们或许可以找到两者间的演变过程。

纣王的其他酷刑，比如剖解之刑，也很著名。其刑或如《吕氏春秋·过理》所说的"剖孕妇而观其化，杀比干而视其心"之类，或如我们引文中已见到的"斩涉者之胫"。"斩涉者之胫"的故事还不完整，《吕氏春秋·过理》补充道："截涉者之胫而视其髓。"纣王不但要斩犯人之腿，还要观察斩下来的腿骨之骨髓；就像他不但要解剖孕妇之肚，而且要观察造化的生命过程。这些剖解人身的犯罪叙述超出常理的范围，后代读者读之，是很容易起愤慨之情的。

但我们如果对萨满教的内容了解得清楚一点的话，剖腹截骨这种酷刑似乎也可以有另类的理解。因为萨满在成为萨满的过程中，通常会犯有"巫病"，他处在这种"新进人员"的迷离状态中时，常需要有"脱胎换骨"的经验。神话中的神巫会在此新手巫师陷入昏迷之际，对他施以"1. 虐待及肢解，2. 刮肉后，余下骨架，3. 换器官及换血，4. 到地狱一段时期，得到鬼怪或死去巫师的灵魂的指导，

---

[1] 有关赤松子、宁封子的记载，参见王叔岷撰：《列仙传校笺》（北京：中华书局，2007），页1、4。

5. 升天，6. 复活"[1]。经过这一连串的修炼历程后，等新手苏醒，才会以"新人"——不，"新巫"之姿走向人间。

另外一个与剖腹观骨相关的巫教因素，乃在巫、医同源此一文化现象。子曰："人而无恒，不可以为巫医。""巫""医"两字不但连用，而且"医"字的古字之一即为"毉"，其字从"巫"。巫（萨满）的功能之一在于医疗，而医疗常需"解剖"，萨满常会借着一种巫术加持过的，也就是加过热的仪式之刀为病人治病。他宣称可对病人剖肠开肚，省视内脏，继而将病源处理掉。[2] 至于骨骸的仪式在萨满教中更是常见，佛教的白骨观很可能即源于古老的萨满传统。[3] 若此种种，我们似乎可找到纣王主要罪状的巫教文化的源头。

商纣另外的著名罪恶当是酗酒，本章将之列入第三项罪名。《史记·殷本纪》说纣王"好酒淫乐"，"大聚乐戏于沙丘，以酒为池，悬肉为林"，司马迁的记载当是综合先秦各种文献所得，"酒池肉林"一词成为描绘君王之恶重要的典故。纣王之恶，应当如子贡所说的"不若是之恶也"，但沉湎于酒，应当不假。《诗经·大雅·荡》此名诗记载文王严厉指责殷人的酗酒行为道："咨女殷商，天不湎尔以酒，不义从式。既愆尔止，靡明靡晦。式号式呼，俾昼作夜。"清中叶出土的西周重器大盂鼎亦言及殷商之亡实乃酗酒所致，所谓"殷坠命，唯殷边侯甸与殷正百辟，率肆于酒，故丧师已"。所以周人当以之为戒，不可因祭祀喝酒而误事。[4]

周初文献对酗酒的厌恶或者说戒心，应当是很明显的。《尚书》

---

[1] 参见伊利阿地著，陈炳良译：《启蒙仪式与现代社会》，收入陈炳良等译：《神话即文学》（台北：东大图书，1990），页96。
[2] M. Eliade, *Shamanism: Archaic Techniques of Ecstasy*, p. 256.
[3] M. Eliade, trans. by Willard R. Trask, *Yoga: Immortality and Freedom* (Princeton: Princeton University Press, 1969), pp. 324-326.
[4] 大盂鼎所谓"酒无敢酖，有柴蒸祀无敢扰"。

中的《酒诰》一篇所说尤为详细，此篇诰文指责纣王及其时的风气道："惟荒腆于酒，不惟自息乃逸，厥心疾很，不克畏死。辜在商邑，越殷国灭，无罹。弗惟德馨香祀，登闻于天；诞惟民怨，庶群自酒，腥闻在上。故天降丧于殷，罔爱于殷，惟逸。天非虐，惟民自速辜。"《酒诰》是禁酒令的代表作，义正词严，理据是很充足的。但笔者注意到此段话语的表达方式和《国语·楚语》以及《尚书·吕刑》所述及的"绝地天通"前的社会混乱情况极为类似，两者同样指向下民作虐，泯不畏死，上天在上只闻到腥味，未闻馨香，所以才降下大祸，纣王几乎可视为另一位蚩尤。这种全体失序的情况即是"淫泆于非彝，用燕丧威仪"。"威仪"是西周人极重视的道德规范，[1] 这样的道德规范见于人身的言行举止，礼仪的内身化。在礼为天经地义的年代，丧失威仪即等于道德堕落，甚至会导致社会解体。

共同体规范与共同体成员的身心表现脱钩的情况即是"非彝"，彝者，常也。饮酒后"非彝"的现象极值得注意，王国维《殷周制度论》有警句曰："周之制度典礼，乃道德之器械，而尊尊、亲亲、贤贤、男女有别四者之结体也，此之谓民彝；其有不由此者，谓之非彝。""非彝"意指制度典礼的败坏，尊尊、亲亲、贤贤、男女有别的结体之瓦解。可见酗酒已不只是社会风气问题，而是政治问题。如果说周人对亡国之君的指责难免有夸大之处，我们不妨观看殷人的自述，他们也是如此看待此一风气的。《商书·微子》记载微子提到其时风气道："我用沉酗于酒，用乱败厥德于下。"父师也说："天毒降

---

[1] 参见貝塚茂樹：《威儀—周代貴族生活の理念とその儒教化》，收入貝塚茂樹：《貝塚茂樹著作集·第五卷（中國古代の伝承）》（东京：中央公論社，1976）。以及拙著：《支离与践形——论先秦思想里的两种身体观》，收入杨儒宾编：《中国古代思想中的气论及身体观》（台北：巨流图书，1993），页415—449。

灾荒殷邦，方兴沉酗于酒，乃罔畏畏。"据郑玄注，父师当为箕子。[1]箕子与微子乃殷之"三仁"中的两人，他们的指责不只指向纣王一人，而是指向殷邦全体，他们的感慨是很有代表性的。

殷末社会风气唯酒是尚，当是事实，纣王有可能起了极坏的示范作用，所以同为殷商重臣的微子启、比干、箕子才会忧心若兹。但或许酗酒是其时的社会风尚，纣王酗酒只是一个突出的标志，他的道德未必比别人更颓废。如果我们从殷商的宗教入手，或许也可以有另外的解释。首先，酒在使意识混沌上的作用是很清楚的，萨满常用各种"外服"的饮食，如大麻、仙人掌等，以浑迷神识，入"萨满意识状态"[2]。酒也是常用的入迷饮料，印度文明中，神饮之酒名为苏摩（soma），尤为世人所知。中国后世论及得道状况时，也常以"酒醉"的语词形容之，如"先天气，后天气，得之者，浑如醉"云云。殷商巫风特盛，我们有理由猜测：酒有可能是巫师借之以出神入迷的法器。

其次，或许这一点是更重要的因素：酗酒的原因可能不在酒催化巫者出神的效果，而是祭祀频繁下自然产生的社会效应。殷人迷于巫风，好占卜，重祭祀，这是相当著名的。殷人几乎无所不祭，而凡祭不能没有酒。《说文解字》有"醴"字，与"礼"字同一字根，以酒祭祀乃是宗教礼仪所常见。祭祀以酒，且祭祀是共同体行为，故祭祀的过程中或结束后，共同体成员不能不喝酒，正如《诗经·小雅·宾之初筵》所说的"饮酒孔嘉，维其令仪"。此诗所述乃好的饮酒要不失好的仪礼，这样的情景正是"神人以和"的样态，是西周的饮酒文

---

[1]《尚书·微子》提到微子向"父师""少师"请教，郑玄以箕子为父师，比干为少师。丁山则以比干为父师，箕子为少师。微子启、比干、箕子乃殷之"三仁"，"三仁"对殷末酗酒之风皆甚忧虑。

[2]"萨满意识状态"（shamanic state of consciousness）一词借用哈纳（M. Harner）之言。参见 M. J. Harner ed., *Hallucinogens and Shamanism*。

第七章 殷周之际的纣王与文王：新天命观的解读

化预期要达到的境界。此诗也描述了一些醉酒的状态:"其未醉止,威仪反反。曰既醉止,威仪幡幡。舍其坐迁,屡舞仙仙。"如果我们如此设想,即拿掉此诗的规范意义,或者将此诗所述的内容常态化,整首诗的意境或意义即会大不相同。商文化重鬼道,隆祭祀,祭祀经年累月举行,酗酒之风很难不兴起,殷商末期的世风可能即是如此。

纣王的"创淫声""略祭祀""自信天命"之解读

我们由纣王施炮烙、沉酗于酒、剖妇人之腹等著名恶绩入手,可以找到其罪行与巫风的关系。这种关系显示商末巫教兴盛,在某种意义下,纣王当是巫风下的受害者。受害者云云,自然是后世对历史事件的判断,如就当时的当事者尤其是纣王而言,未必视之为害。很可能他既是一个解体时代的旧文化的承当者,但又是解体时代的新文化的推动者,我们由其时流行一时的"淫声新舞"可以见之,"淫声新舞"如用后世的语言讲,即是"郑卫之音""北里之舞"。

我们的推测之言在文献中可以找到有力的证据,《史记·殷本纪》记载商纣的生活云:"好酒,淫乐,嬖于妇人,爱妲己,妲己之言是从。于是使师涓作新淫声,北里之舞,靡靡之乐。"师涓作新淫声,靡靡之乐,终致亡国的故事应该很出名,《韩非子》及《史记·乐书》皆记此事。此事充满了神秘的色彩,《韩非子》之言如下:"昔者卫灵公将之晋,至濮水之上,税车而放马,设舍以宿,夜分,而闻鼓新声者而说之,使人问左右,尽报弗闻,乃召师涓而告之,曰:'有鼓新声者,使人问左右,尽报弗闻,其状似鬼神,子为我听而写之。'"文章后面提到师涓终于学得"新声"。后来在晋国的宴席上,卫灵公使师涓坐在鲁国乐官师旷之旁演奏，曲未终，师旷禁止其继续演奏下去，说这是"亡国之音"，是师延为商纣所作的"靡靡之音"云云（后人考之，《殷本纪》的"师涓"或为此"师延"之误，与《韩非子》所言"师涓"非一人）。

卫灵公的事迹令人联想到郑卫之音，郑卫两国恰好在殷商的故土上，郑卫之音代表某种类型的殷商音乐是可以想象的。郑国音乐代表淫风，此说出自孔子，后人亦"郑""卫"通用，一体看待。后世所谓"郑卫之乐"的"新声"，指的大概就是商末时期由师涓所代表的乐风。由于音乐是具有时间性的，是流逝的艺术，演奏结束，乐曲即消失，师涓之乐号为新音，新相对旧而言，故其新如何，后世之人盖不易言，但可以推测其新被视为一种不符合周朝规范的声乐，对习惯于周朝典范的艺术之人士而言，"新声"自然难以入耳。但从正面来看，我们可以说对感官麻木于旧乐曲的人而言，新奇的"淫乐"代表的是"陌生化"的作用，它带来的是新的生命感受。

"淫乐"与"周乐"的差别何在呢？荀子有言："修宪命，审诗商，禁淫声，以时顺修，使夷俗邪音，不敢乱雅，大师之事也。"诗有商声，何以要审而去之？朱子的解释是："商调是杀声，鬼神畏商调。"朱子说的是商调的实用效果——虽然很可能是想象的。王先谦说："商谓商调哀思之音，如宁戚之悲歌也。"王先谦说的是商调在听觉上引发的心理感受。依据考古出土资料，西周时期的编钟有羽宫角徵四音全而独缺商调之事。相对之下，郑国出土编钟不只五音俱全——事实上是七音俱全——变化还非常繁富。看来商音的有无，确实是代表商周文化变迁的一个指标。

音乐是最接近于作为生命韵律的意志的表现形式，不管在东方还是西方，音乐常和形上的理境或生命底层的韵律一起得到反思。在音乐代表集体意志甚于个人意志的年代，音乐风格的改变常被视为一国之风的变迁,反过来说,一国文化的特色即见于音乐的表现。《诗大序》即在国家的兴衰良窳与音乐的表现之间建立了相关关系。我们特别注意到所谓"亡国之音"的音乐特色是"哀以思,其民困"。上引朱子与王先谦论商调的说辞与之相近。音乐不只关乎美学,还是家国大事,甚至是宇宙性的事件,它甚至会把月亮从天上拉下来。[1] 师涓的音乐之详情不可得而知,但在东周时期,作为殷商旧域的郑卫地区的音乐是很有名的,《礼记·乐记》记载魏文侯与子夏论乐,魏文侯只要听到古乐即神思不清,沉沉欲睡,听到新乐则兴奋不能已。魏文侯所说的"新乐""古乐"的"新""古"需再辨认:他的"古"可能指向西周礼乐文化所代表的"古",他的"新"则未必真新,有可能是"返祖"意义上的"新"——或许即为孔子所谓"郑声淫"的郑声。

郑卫之音从殷商音乐演变过来,而且商纣时期的师延扮演重要角色。先秦时期各种记载显示,这种音乐乐调极为繁富、刺激感官,令人心神流宕,而且很可能和"鬼神情状"有关,也就是很可能和巫风有关。存在一种和鬼神巫风相关的繁富音乐并非怪异,唐代的丧歌即是普受欢迎的世俗流行之歌,唐传奇小说《霍小玉传》即为演述此种音乐的故事名篇。这种肃杀悲伤之音与感官的流宕不返之感的神秘联结,并不怪异,它毋宁是美学上"物极相反"的一种模式,《礼记》所说"哀乐相生"即指向斯义。

就美学的观点看,尤其对感官的刺激与消费社会的有机联结已结构化的资本主义社会而言,郑卫之淫声不应当受到道德的谴责,然而,三代的音乐不会是个人嗜好之事,"声音之道与政通",从伦理的角度来看,声乐在三代是被视为重要的共同体精神的象征的,至少依周民族的眼光,师涓的创作扰乱了灵魂的平衡,那种"直而不倨,曲

---

[1]《诗大序》由此下结论道:"故正得失,动天地,感鬼神,莫近于诗。"此处的诗乐不分。

而不屈；迩而不偪，远而不携；迁而不淫，复而不厌；哀而不愁，乐而不荒，用而不匮，广而不宣；施而不费，取而不贪；处而不底，行而不流"[1]的中和精神不见了。师涓的"淫声"之"淫"意指过度，"淫声"是哀而愁，乐而荒，处则必底，行则必流，新兴的淫声意味着原有的宗教精神的崩溃。殷末社会混乱，"殷罔不小大，好草窃奸宄"（《微子》），这样的社会呼应了师涓的音乐。师涓的音乐则是受纣王之命编成的，它代表了巫风之下的亡国音乐，纣王的耽迷新乐不能不是他的主要施政谬误之一。

最后，我们看到商纣的另两个主要的罪名是不敬天道鬼神，也就是忽略祭祀，并且自信天命。"忽略祭祀"与"自信天命"应当是同一种精神状态的两面，因为自信天命了，所以不再尊敬鬼神，也忽略了祭祀。因为忽略了祭祀，不再相信鬼神之力了，所以只能自求多福、自信天命了。武王伐纣与后代儒者批判他的理由往往集中在此处，我们一并讨论。

武王会师孟津，指责纣王："弗事上帝神祇，遗厥先宗庙弗祀。"（《泰誓上》）[2]《汉书·艺文志》亦云："纣在上位，逆天暴物。"此处的"物"可能不是凡物之物，而是《左传·宣公三年》所说"远方图物"那种带有宗教内涵的"神奸"之物，也就是带有巫术力量或神秘象征的图像、图腾、神器之类的"物"。商末的巫风兴盛，带来的不是虔信，而是亵渎。这种亵渎神明的风气，连殷人自己都看不过去，

---

[1] 上述引文出自延陵季札对《诗经》之《颂》所作的礼赞，"三颂"之中，《周颂》的诗风代表的中和精神更为典型。上述引文中每个句子都用到"而不"字这个连系词。"而不"字这个连系词可以说即是平衡词，它用于平衡两个相似而对立的概念，如哀而不愁、乐而不荒、用而不匮、广而不宣，因而达成辩证的中和效果。季札观乐于鲁是春秋时期的一件文化大事，事迹见《左传·襄公二十九年》。

[2]《泰誓》不见于今文《尚书》，但《墨子·非命中》及《天志中》皆引类似句子，原本《泰誓》篇当有此句。底下所引两段《泰誓》篇文字，情况类似，也见于《墨子·非命》。

《微子》篇记载父师（可能是箕子）说当时的殷民"乃攘窃神祇之牺牷牲，用以容，将食无灾"。巫教的兴盛要建立在庶民对神祇的信仰上面，如果君臣上下不信鬼神，窃取牺牲，其时似乎就不当视为巫风鼎盛的时期。

纣王逆天暴物，这是一个面向，另一个面向是自我主体膨胀得很厉害。换言之，"逆天"和自我意识的发扬有关，是一体的两面。在《西伯戡黎》此文中，纣王面对大臣提到周人兴起、步步蚕商的趋势，竟大言曰："我生不有命在天？""不有命在天"的反问等于说他"有命在天"，"有命在天"其实即是"有命在己"，纣王这种态度或言论大概很有名，传之甚广。同样在《泰誓》篇里，武王再批判纣王道："谓己有天命，谓敬不足行，谓祭无益。"又说他自言："吾有民有命，罔惩其侮。"武王这几句话互相指涉，环构出一位不信旧宗教而又极度自信的天子的图像。如果巫教的特色是人的自我掏空，听命于神，那么纣王的反映模式恰好相反：他是掏空鬼神，听命于己——他有可能是巫教的背叛者。

商末巫风盛，当是事实。但物极常反，兴盛的巫风带来的不见得是宗教感的虔诚，而是对神明的亵渎，以及自我意识的过度膨胀，这种诡谲的现象毋宁也是常态。亵渎神明的现象可能不是商纣时期才出现，而是晚商时期持续性的社会风尚。首先，我们可从"射天"的记载谈起。《史记·殷本纪》记载商代末期天子武乙之事，说道："帝武乙无道，为偶人，谓之天神。与之博，令人为行。天神不胜，乃僇辱之。为革囊盛血，仰而射之，命曰'射天'。"天居然成了被亵渎、羞辱的对象，"射天"一词具体地呈现了宗教权威衰微、君王的意志凌驾于上天之上的现象。武乙的行径令人联想到末代帝王纣，商纣的行为特色之一也是对天命的蔑视。事实上，依据《史记·龟策列传》所说，射天者还不只是武乙一人，纣王也做过这件事。[1]到底这是一件事的分化，所传闻异辞呢，还是从武乙到纣王——至少这两位王——皆有射天之举？此事已很难察究。但从武乙的"射天"到纣王的自信有命在天，至少显示旧时代的天的威权已丧失，人的狂妄自大，在在显露无遗。

其次，我们可从"占卜文化"的变迁着眼。晚商天子权威日盛，不再遵守旧日的宗教规范之事，甚至引来后世"忽略祭祀"之讥。我们如从晚商卜卦的贞人的数量之演变，多少也可看出一些端倪：武丁时期贞人有62位，祖庚、祖甲时期有26位，廪辛、康丁时期有14位，武乙、文丁时期有5位，帝乙、帝辛时期有6位。贞人数量呈现递减的趋势，武乙、文丁时期贞人的人数大量减少——人数只有5位——更是呈现雪崩式的速度，最后一个时期（帝乙、帝辛期）的贞人数字也只有6。相对之下，商王亲自占卜的次数逐渐增加，殷末期，殷王"亲贞"的数量尤为显著。这样的现象显为"王权加强、神权削弱的具体表现"[2]。最不信贞人的殷王就是武乙与纣王（帝辛）！

君王的意志抬头，削弱了神权的力量，这样的现象还不仅见于上述的记载，我们从帝王的称谓也可看出殷商末期君王对神权的反抗。纣王曾自称为"天王"[3]，"天王"不是"天子"，"天子"意指上天之子，意味着"君权神授"之义。"天王"则是两个平行字义组合而成的名称，"天"与"王"平起平坐了，就像"帝辛"一词意指"帝"

---

[1]《史记·龟策列传》："桀纣为暴强也，固以为常。桀为瓦室，纣为象郎。征丝灼之，务以费民。赋敛无度，杀戮无方。杀人六畜，以韦为囊。囊盛其血，与人县而射之，与天帝争强。逆乱四时，先百鬼尝。"列传内容神怪化，而且与天帝争强者不只商纣，也含夏桀。司马迁撰，裴骃集解，司马贞索隐，张守节正义，杨家骆主编：《新校本史记三家注》，页3235。
[2] 孟世凯：《商史与商代文明》（上海：上海科学技术文献出版社，2012），页154。
[3] "纣自谓天王"，参见贾谊：《新书·大政上》，收入《四部丛刊初编缩本》，册17，卷9，页68。

与"辛"平起平坐一样。殷人称呼最高神为"帝",这是专称。依卜辞所示,殷商初期的君王称祖甲、祖乙、太丁等,没有以"帝"自称的。然而,到了殷代末期的"纣王帝辛"却给自己冠上了"帝"号。在殷商时期,"名"不会只是礼俗,也不会只是称号,它也是魔力,"帝辛""天王"之语指向了宇宙真宰的垂迹降世。但纣王不是以上帝自居的始作俑者,在他之前,"帝乙"已称帝,纣王帝辛跟进。"帝"是周人的天,理学的太极,基督教的耶和华。以"帝"自称,明显地是将人间王的地位提升到与神同在,是名副其实的"天王",这个举动亵渎了至高神。由武乙发动的"人之独立"运动[1]传了两代,到纣王帝辛时达到了最高峰。

从武乙开始,继武乙者为文丁、帝乙,继文丁、帝乙者为帝辛。三位君王竟然都有反抗神权的举止,"射天""称帝"之事极富象征的意义。纣王的罪名中,"不信天命""忽略祭祀"等等,应当是罪中之重者。但这项罪名似乎不当只从个人的道德着眼,它有体系的因素。我们观武乙、纣王的行径,应当可以看出它指向了君权大幅抬高、天王成为人间神的含义。纣王这位亡国之君对上天应当是没有多少敬意的,因为上天已经具体地显相于地上的君王。上天如果还有意义,君王多少还需"亲贞",向它请示,至少显示它是"虚君共和"意义下的最高首长。与其说纣王的罪恶是个人的失德,毋宁说这样的现象更显示巫教已失去统合的力量,新兴的俗世力量崛起,但崛起的新兴力量却仍没有找到建构的轨道;旧神祇与新欲望相互拉扯,商末社会深陷终极信仰的危机,引致社会的解体——也许这样的解释更为恰当。

纣王的八大罪状中,"自信天命"与"忽略祭祀"都指向了鬼神

---

[1] "人之独立"是藤堂明保对武乙射天的象征之解释,他说这是中国史上最初的尝试。上述内容参见藤堂明保:《漢字の起源》(东京:现代出版,1983),页60—64。

信仰的淡化，不敬畏鬼神应当是最具关键性的项目。从后世儒家的观点看，鬼神的力量从此世远离，并非坏事。商纣的行为可以视为对于鬼神的反叛，但同时也是"人的独立"的最初的尝试。[1]然而，在反叛之后，并没有更正面的理性力量取而代之，纣王承担的种种罪名意味着统合社会秩序的原理业已丧失，所以构成原有宗教体系重要环节的酒、骨骼、火的作用，此时即从原有的架构中游离出来，变成了暴行的象征。至于信妇女之言、不重旧臣云云，毋宁是社会解体下所显现的现象。沈文倬说："尊神与尊礼、先鬼和近人，是殷、周对待鬼神的原则分歧；周人的事鬼敬神主要表现在祖先祭祀上，而殷人的率民以事神，则贯穿到施政方针中去了。"[2]沈文倬的说法依据《礼记·表记》之说而来。"事鬼神"是殷商政治的主轴，它的影响是全面的，但它入周以后却已分化为整体政治秩序的一部分，宗教事务占的比重较小，致祭的主体的样态也不一样。殷人率民事神之风到了晚商时期大为走样，失去宗教祭典该有的虔诚。由于"率民事神"之风渗透到社会各阶层，所以一旦巫教失去统率的作用，我们可以预期一个混乱的局面会紧跟而起。这种巫教文明解体的现象有可能不是纣王在位期间形成的，而是一个较长的历史阶段演变的结果，武乙时期是个关键点。只是到了商纣时期，各种因素加集，巫教文明的弊端才特别显著地显现出来，所有的恶评最后也都萃聚在纣王一人身上。

最后一项与巫教文明有关的罪名"不用旧臣"，似乎也有体制性冲突的意义，不纯粹是个人道德的问题。纣王在位的年代乃是殷商帝国面

---

[1]"人的独立的最初尝试"是藤堂明保形容武乙的用语，参见藤堂明保：《漢字の起源》，页61。武乙"射天"的意象很鲜明，藤堂明保之说是有理据的。但如果我们将"人的独立"的行动时间延长，纣王行为的征兆更明显，他似乎也可冠上此叙述。

[2]沈文倬：《宗周岁时祭考实》，收入沈文倬：《宗周礼乐文明考论》（杭州：浙江大学出版社，1999），页76。

临文化解体的时代，一种以"氏族上帝－人格解体－鬼神沟通"为社会价值坐标的巫教文明显然面临难以维系的窘境。面对此际巫教社会解体的情势，一位应世而生的君王需要做的工作是项重建社会秩序的大工程，这是体制性的革命，纣王应该有所感：我们看到上述所列出的五项罪名，前三项（酷刑、酗酒与创淫声）都与亵渎巫教的核心价值有关，后两项（忽略祭祀与自信天命）则是以一种扩张的自我意识取代巫教价值体系的权力来源——旧天命与贞人。在新旧文化激烈转变的时期，改革原本就是艰难之事，改革者即使有好的意图也不能保证其所作所为即比原先的状态好。我们在《尚书·微子》中所看到的微子之疾呼呐喊，恰好显示了老臣面对纣王的种种不合常规的表现产生的忧虑。

殷的三仁——比干、微子、箕子都反纣王，彼此成了强烈的对照。我们很难说传统对他们所做的道德判断是不对的，一位负行政大责的君王本来就有义务以责任伦理的态度促使新政顺利运作。"不用旧臣"与"登用小人"两项也是亡国之君常见的罪名，但放在殷末的局势来看，纣王之不用旧臣，很可能有新旧文化冲突的意义，他的"不用"并非仅仅是"亲小人，远贤臣"的后果：在儒家的政治哲学中，"三年不改于父之道"，可谓大孝。这种"率由旧章"的规范之所以能维系，通常只有在宗教戒令严格的上古时期或中世纪神权当家模式下的社会才有可能。纣王之不用旧臣，或许是他已不再接受旧臣言行背后负载的巫教文明了。

纣王的种种罪状都有体制性的因子，他是位大有为的君王，但显然不符合时代的要求。他似乎有些像早期的汉武帝，勇于征伐，怯于与民休息。他对巫教文化不太信任，但他的反应不是进行有效的反抗，反而沦为像是被巫教摄魂勾魄的猎物，其过度强化的自我意识反而加速了帝国的解体。他的一切反抗都无助于新时代精神的来临，"纣之恶"成了巫教文明"末路症候群"的象征。

新天命观与得中

　　文王与纣王并世而生,同样生活在巫教文化甚浓的年代,也同样面临巫教文化衰竭带来的诸多问题。两人同样走出了旧巫教文化的圈子,但纣王的走出促使了社会解体的加剧,没有增加文化的内涵;文王的走出是赋予旧文化以新义,他实质上是开启礼乐文明的先声。

　　西周礼乐文明兴起的负面现实诱因当是纣王之败德——虽然他的败德相当程度上是宗教的变迁所致,正面原因当是文王传下来的精神遗产。西周文献时常追溯先王创业的艰难,但没有一位先王比得上文王受到的那么深沉的怀念,文王不管在政治意义上还是文化意义上,都是周王朝的奠基者,他的事业是得到上天的印证的,所谓"受命"。"受命"代表一种新的精神从西边兴起,周初文献中的纣王、文王呈现强烈的对比。由文王开启的西周精神革命的意义远非一姓一国的变革,而是新天命观的对越理性的兴起,他让一种扩大化的伦理制度成为社会的建构力量,也成为重塑以往历史及指导以后历史走向的原则。一段历史若没有伟大的理念介入,便不会变得伟大。百年前王国维曾撰《殷周制度论》此名文,他对周代先王所立下的尊尊、亲亲、男女有别的制度赞美不遗余力。我们如追溯西周"纳伦理于制度"的设计,其精神应当可上溯至文王的"天命有德"说,王国维的观察极有洞见,值得我们再度注意。

　　王国维心系殷周之际,可谓慧眼独识,因为正是公元前1046年的牧野之战,在进行政治革命的同时,也带来了一场影响更深远的精神革命。这场革命宁静平稳,因为启发这场宁静革命的周初圣王并不是将他们的精神改革和胜国的价值体系作出截然的划分。相反地,他们很有智慧地在前代君王的文教事业中找出合理的因素加以继承,他们批判的是被革命的殷末君臣。他们认定殷末君王虽然在血统上承继商初先王的统绪，但在价值走向上却是对商初先王的背叛，反而周人才继承了殷商的价值体系。为什么上帝会支持作为"小邦周"的周人，而放弃长期的代理人殷商天子？因为天命有德，上帝不会偏爱任一方，上帝的选择是看下民的"德"而定。上帝是无限的，但它的无限却是有理则限定的：它有德，它的任何决定都只能依下民的德行作出。上帝的无限在于它受到的限制是它自己给自己下的，上帝并没有太多私人性的自由。

"天命有德"是殷末周初兴起的重要理念，这个理念赋予"天命"与"德"这两个旧词语以新内涵，并将它们再度带进了历史。"天命有德"说使"天""受命"和"德"三个概念一起出现，周初文献时常言及文王受命之事，如《尚书》所言：

我文考文王，克成厥勋，诞膺天命，以抚方夏。(《武成》)

天休于宁王，兴我小邦周；宁王惟卜用，克绥受兹命。(《大诰》)

在昔上帝，割申劝宁王之德，其集大命于厥躬。(《君奭》)

宁王即文王，文王受命的记载也普见于出土的青铜器铭文中，如下所见：

昔在尔考公氏克弼文王，肆文王受兹大命。(何尊铭文)

王若曰：盂，丕显文王受天有大命，在武王嗣文王乍邦……

> 今我隹即型禀于文王正德[1]，若文王命二三正。今余隹命汝盂，召荣敬雝德经，敏朝夕入谏，享奔走，畏天威。（大盂鼎铭文）

> 曰古文王，初戾和于政，上帝降懿德大屏，匍有上下，迨受万邦。（墙盘铭文）

授命者是天（也就是上帝），受命者是文王，命的具体内涵是天下，受命者的资格是有"德"。历代开国君王创业，多有"得天命"之说，但文王受命之说最具体，也最真诚，因为他将"德"字带上了历史舞台，赋予天命实质的内涵。

德者，得之于天的特殊禀赋，它应当是旧概念，否则千万人中何以天子得以脱颖而出，成为上帝之子？就像千万株树中何以只有建木可以脱颖而出，成为宇宙树？但在殷周之际，它有了道德的属性，实质性地成了"天命说"的新内涵。在殷商，作为最高神祇的上帝原本就不像一神论确立后的上帝那般专断而有权威，殷人占卜问卦的诉诸对象更多的是有名有姓的祖先神。上帝常是存有而不活动。在殷末的历史阶段中，作为祭司王的殷商天子和上帝的关系更疏远了，上帝对天子已不再有影响力，帝已"老化"，正急遽地退出历史的舞台。作为至高神的上帝会老化，会失去主宰的作用，沦为配角，甚至沦为受嘲弄的对象，并不少见，[2]但商代晚期的上帝的命运之悲惨似乎特别突显，也具有更浓厚的历史变迁的内涵。

潮起潮退，日落日升，与东边的天子与帝的关系呈现强烈对比

---

[1] 按："型禀于文王正德"即"仅刑文王"之意。
[2] 天（上帝）在宗教史上的地位相当崇高，但伊利亚德指出一个非常普遍的现象：对初民而言，上帝常是无力的，因而也不会成为祭祀的对象，反而一些更具动力、生产性的力量，如雨神、大母神，会受到更热烈的崇拜。参见 M. Eliade, *Patterns in Comparative Religion*, pp. 1-123.

者,乃是新兴的周民族与新兴的德性上帝正从西边崛起。这个德性上帝甚至有了另一个名称,虽然它不是崭新面世,而是由隐而显地出现于历史的舞台。"周"这股新兴的政治势力同时也带来新兴的宗教概念"天",一个道德性的上帝正照耀着中土大地。这个新兴的上帝在祭典中传达出新的讯息。《皇矣》一诗中记载上帝对文王的训示:"无然畔援,无然歆羡,诞先登于岸。""予怀明德,不大声以色,不长夏以革,不识不知,顺帝之则。"

上帝不但现身了,而且很可能和文王说话。《周书·康诰》:"帝休,天乃大命文王。"《尚书大传》云:"天之命文王,非啍啍然有声音也。文王在位而天下大服,施政而物皆听。命则行,禁则止,动摇而不逆天之道,故曰'天乃大命文王'。"上帝不说话,上帝的话语乃因文王的行为"不逆天道"而显现,这显然即为天之"大命文王"。《尚书大传》的说法是汉人的解释,很合理,但文意不通。而且这种解释的合理未必符合早期宗教的真理,经书中常言及"文王受命",这可能真的是作为人格神的上帝对文王的耳提面命,它不但命令文王的抽象的法则,还介入人间的事务,指导周民族的历史行程。上帝甚至还亲自下令了具体的军事方略,同样在《皇矣》一诗中,上帝说:"询尔仇方,同尔兄弟,以尔钩援,与尔临冲,以伐崇墉。"崇是商的重要盟邦,伐崇之役是周兴殷衰之转折中的大事,上帝也参与了,还贡献了具体的攻击策略。上帝与文王的关系不免让我们联想到犹太教的上帝与摩西的关系。

首先是上帝呈现的模式,犹太教的上帝是人格神,作为人格神的上帝是可以对先知显现的。在犹太教众多先知中,摩西所获得的上帝旨意似乎最具奥秘。摩西与上帝的关系特别,我们在《旧约》看到上帝在荆棘中向摩西显现。犹太众民中,只有摩西了解上帝的旨意。上帝在摩西处最明显的特征是上帝的奥秘只能通过摩西才可解，摩西作为上帝的代言人与上帝的交往始终是个奥秘。先知是无法模仿的，就像上帝的奥秘是无法窥测的一样，但摩西将他的旨意带到人间来。

上帝对摩西现身，也对文王现身，文王与摩西都接受了各自的上帝传来的讯息。宋明理学中的"天"基本上是不说话的，因为天不带人格义，但商周的上帝是有喜怒哀乐，也会发声的。作为早期民族的领袖，宗教领袖常不免身兼政治领袖，上帝所示的旨意也当带有指示民族出路之义。在世界各主要宗教之间，犹太教与犹太民族的历史关系尤为密切，犹太民族的历史被视为上帝奥义在时间中展开的历史。周初的上帝的旨意也是不可测的，天威匪忱，但它的旨意也要在周民族的创业过程中逐步地显现。从周初文献比如《周颂》中，我们看到早期周人建国的过程即被视为"天命"逐渐实现的过程。[1]

"天命"是传衍极久的老名词，文王的用法是旧词新说。在西周之前，五帝及夏商先王可能都有和上天直接联系的管道，他们是绝地天通以后的祭司王，但我们很少看到文王那般丰富活泼的案例。最重要的差别自然不在案例之活泼与否，而是上帝呈现的模式不一样。如果说周代之前的上帝处在重重的薄纱后，维持难以穿透的神秘，关心的是一族一国之事，且这个原本该具有普遍性价值内

---

[1] 17世纪耶稣会教士来华传教时，曾努力在早期中国经典与《旧约》之间找到联系的管道。这些来华耶稣会教士用意自然在传教，他们论证的主轴在于大体认为中国古代经典对上帝的理解近于《旧约》，这种联系的管道后来因为持无神论的佛教进入中国而断掉了。耶稣会教士的传教策略是否有说服力，或者是否成功，应当由专家另论。任何比较都有其限制，但17世纪的耶稣会教士对双方经典中的"天"（神、上帝）之比较特显关心，笔者认为还是值得省思的，不因其年代久远而失掉理论意义。作为早期中西两大民族的政教领袖，摩西与文王同样在精神突破的阶段反思作为终极真理来源的"天"（神、上帝）与人的关系该如何理解，这种平行的发展应该是有参照意义的。

涵的上帝的旨意却只选择与特定的选民之历史结合的话，那么文王的上帝透露了更多的内容，窃以为也更具精神的向度：它既透露了自己的本性，同时也透露了人与上帝结合的方式，用西周的语言讲，乃是上帝是有"德"之至上神，作为上帝的命令之天命有具体的内容，也具有德，而世间的统治者只能依德行事，上天感应到下民之有德，即会"天命有德"。"天命"的概念远有所承，并非周人首创，就像文王之前已有先王一样，但文王大概是首位将"天命有德"的内涵彰显出来的哲人，"天命有德"说自此正式走入中国政治史的舞台。

文王新天命说的"新"是"旧瓶装新酒"的"新"，是"周虽旧邦，其命维新"那种"返本开新"模式的"新"，巫教的重要概念经过周人创造性的转化，成为新的周文化思想的骨干。周文王也是要通天的，他的通天仍继承了巫教重要的通天象征——"中"，但赋予"中"新的意义。新旧天命说及新旧通天之"中"的转折的痕迹在清华大学藏战国竹简《保训》里仍可明显见出。清华大学收藏的竹简陆续公布后，引发学界热烈的讨论，其中《保训》一篇因为牵涉到周文王临终时的"宝训"，史料价值高，引发的讨论愈形热烈。《保训》以"唯王五十年，不豫"开头，其语与《尚书·无逸》"文王受命惟中身，厥享国五十年"之说相合。此文一再引前王，如舜，如先微之例，他们都是"翼翼不解""祗服不解"以成大命。"翼翼不解""祗服不解"可说即是一种"忧患意识"，"忧患意识"一转即是"敬"的道德。文王在此遗训中——即在《保训》此文中——提出的核心概念是"中"字，"天命"与"中"之获得有关。但"中"已有明确的道德意识，没有"祗服不解"即没有"中"。

文王的临终遗言对"天命"还有更具体的规定，也更具体地讲了有关舜和微的两个故事的细节，他的叙述有"求中""得中""假中""归中"等语，可看出"中"是本篇的核心思想之所在。[1]此处的"中"字该如何解，诸家解释纷纭，文字学家与文献学家有各种的解读。但不管"中"字作德目解还是作实物解，它的根本义来自于上古宗教中的"中"之象征，亦即人与天地相通的管道——宇宙轴的意义，窃以为是可以确定的。不通天即不需要"中"，中国遂古时期出现的"中"之意义应该属于更具普遍性的巫教文化的一环，中就是宇宙轴。

"中"既是宇宙轴，便是连接天人之际的一条轴线，在传说的年代，这条贯穿天人的宇宙轴线是对每个人开放的。即使在颛顼帝命令重黎绝地天通，使天和人再也无法相通后，事实上也无法断绝这条轴线，而且始终不可能断绝，只是沟通者或沟通的模式或有变动罢了。在颛顼兴起之前，天命只有通过天赋异禀的巫觋才可联系得上。重黎绝地天通以后，通天的权力落在天子手中，但巫觋的功能与职业其实始终是存在的，颛顼的宗教革命不可能将巫教赶出历史。文王兴起，"天赋异禀"的德性内涵日浓，上天和地界的联系只有通过有德之人才能再度连上线了。文王的"天命有德"说可以视为颛顼绝地天通的宗教革命之后第二度的宗教革命。当"中"的意义改变了，连带地"天下"的概念也转化了。

谈及"天下"，众所共知，近世东亚世界自成一个"天下"，这是一种另类的政治想象。"天下"一词出自《诗经》"溥天之下，莫非王土"，"天下"意味着"普世王朝"的概念。在东方的普世王朝的架

---

[1] "昔舜旧作小人，亲耕于历丘，恐求中。自稽厥志，不违于庶万姓之多欲。厥有施于上下远迩，乃易位设稽，测阴阳之物，咸顺不逆。舜既得中，言不易实变名，身兹备，佳允。翼翼不解，用作三降之德。帝尧嘉之，用授厥绪。呜呼，祇之哉！昔微假中于河，以复有易，有易服厥罪。微无害，乃归中于河。"清华大学出土文献研究与保护中心编，李学勤主编：《清华大学藏战国竹简（壹）》（上海：中西书局，2010），页143。

构内，世界秩序构建和"声教所及"的人文化成活动是重叠的；世界的秩序也是文明的秩序，文明的秩序是经书所展现的礼义架构。"天下"是政治的概念，也是宗教的概念，"天下"和"中"的象征是联结在一起的。中国的天子位居天下的中央，武王伐纣，就政治象征的意义来讲，可以说是"中"的争夺战。伐纣成功后，周人即于洛阳营都城，洛阳被视为天下之中，《召诰》："王来绍上帝，自服于土中。""土中"，大地之正中，《尚书正义》引《周礼·大司徒》释"地中"云："天地之所合也，四时之所交也，风雨之所会也，阴阳之所和也。""中"是秩序的枢纽，它是纵贯天、地、人三才的轴心，也是横摄了东西南北四方的曼荼罗的构造。

洛阳的地中概念形成于何时，不得而知，但武王伐纣刚成功，甚至尚未底定时，周先王即急于经营成周，何以如此急迫，引人好奇。政治的解读有部分道理，但不是全部，我们有理由相信于"地中"建立新都城，此事和文王对"中"的追求有关。《诗经·灵台》："经始灵台，经之营之，庶民攻之，不日成之。"文王经营灵台，曾是桩令人怀念的重大事件，孟子对此事做了非常"仁政式"的解读。[1] 孟子的解读不能算错，文王经营灵台，应该有与民共乐之意，但灵台的原始功能应当不在体现仁政，而在通天。《毛传》释"灵台"云："神之精明者称灵，四方而高曰台。"观"灵"之一字，我们可以合理地猜测此建筑与通神明有关，它或许有"观看祲象，察气之妖祥"之功能，但更重要的功能当在通天。《山海经》中多记载古帝皆有台，[2] 其台多有立乎中

---

[1]《孟子·梁惠王上》："孟子见梁惠王，王立于沼上，顾鸿雁麋鹿，曰：'贤者亦乐此乎？'孟子对曰：'贤者而后乐此，不贤者虽有此，不乐也。《诗》云：经始灵台，经之营之，庶民攻之，不日成之。'"
[2]《山海经·大荒西经》记载王母之山有轩辕之台，《山海经·海内北经》则言及帝尧、帝喾、帝丹朱、帝舜各有二台。似乎三皇五帝都有台，这种建筑配置应当是有重要意义的。

央以通天之意，周文王的"灵台"当也不例外。[1]"中"的概念形成，"四方"的概念也跟着成立，中土境内与四裔百姓依照礼仪的规范、在礼的秩序上各居其位，各司其职，这是个宁静而安和的"中国和平"之境。

可确定的是，"中"及"天下"的内涵应当出现甚早。当"天子""中国"这样的概念出现时，我们可以猜测：一种普遍王朝的理念已孕育其中，后世所说的"天朝"一词之源头至少可追溯至商朝，甚至更早。然而，殷商之前的天下观基本上是巫教型的，天子垄断了"中"的象征，"中"只对天子开放。"天""天子""中"的内涵都不具普遍义，规范的功能不足。西周的天下观虽然也承续了悠远的巫教传统，如天地人三才的概念、中的象征等，但历史毕竟翻到了新的一页。孟子说：文王的灵台"与民偕乐"，它甚至惠及"鸟兽昆虫"，灵台是"文王受命"的表记，但它的伦理成分极浓，我们不妨径称为"伦理的天下观"。孟子的"灵台"解未必符合文王当日的实情，但不能说不是合理的发展。后世的伦理的天下观虽然保留了"天""天命""天子""中"等古老的概念，但它们都有新的内涵，而且它们还对人世做了更具体的规定：人应当具有道德的能力；家庭与社会的关系则依五伦的方式展现；同时，国与国之间的关系也要依伦理的模式展示出来。

天命观与天下观

周文王的新天命观的兴起是中国史上的一大事因缘，它直接影响

---

[1] 刘向《五经通义》即言："王者受命而起，所以立灵台，灵台何以为之？在于中也。"该书已佚，残存佚文收入《黄氏逸书考》。参见黄奭：《黄氏逸书考》（台北：艺文印书馆，1971），第6函，页4。

了不久后即将展开的周公制礼作乐的跨时代事件，在政治上则是形成具有普世意义的天下观。周武王革命成功后，继承了周初先王的改革目标，但实施时采纳了稳定的进行步骤。除了政治上的措施，如释箕子之囚，表商容之闾，封比干之墓，散鹿台之财，发巨桥之粟，处死妲己、恶来，广封姬姓、姜姓与同盟邦国封地，迁散殷商的旧势力等之外，在改革社会风气方面，也做了很大的努力，最醒目的改革当是严令禁酒，集体酗酒所受的惩罚更为严酷。着眼于禁酒可能不只是政治方面的考虑，也有抑制巫教文明流弊的用意。

在周公展开体制性的改革前，我们看到周初先王做了一项很有意义的先行工作：他们将晚商社会风气的败坏归到纣王一个人的身上。这种做法一方面固然是易代之际胜利者常见的措施，亡国之君自然而然地会背上所有的罪名，但另一方面周初先王除了要纣王承担起一切的过失之外，他们很努力地弥补殷周长期斗争留下的伤痕，他们赋予亡国的殷商道德上的意义。殷商原本是个伟大的邦国，圣君贤相辈出，《君奭》篇特别指出伊尹、保衡、伊陟、臣扈、巫咸、巫贤、甘盘这些名字带有巫教气息的大臣，[1]他们在历史上曾连续地创立了辉煌的篇章，"率惟兹有陈，保乂有殷，故殷礼陟配天，多历年所。天维纯佑命，则商实百姓王人。罔不秉德明恤，小臣屏侯甸，矧咸奔走"（《君奭》）。《君奭》篇呈现了一段美好的古老殷商的历史，那时祭祀上轨道，君臣都秉德明恤，勤于政事。但那是纣王以前的年代，纣王中断了这个天人同春的传统，来自西边的姬周反而要继承先纣王时期的殷商文化，殷周的历史就如此衔接了，这是发生于三千年前的

---

[1] "巫咸""巫贤"顾名思义，当为大巫。"伊陟"或为可自行升降（陟降）或只有降神能力的巫师。"甘盘"不无可能与占测天道运行的"式盘"有关的人物。"臣扈"的"扈"字指向了"九扈鸟"这种带有物候功能的神秘鸟类。详见本书"对越精神的兴起：周公的'制礼作乐'"一章。

另一桩"别子为宗"的故事。

先纣王的殷商史是否如此伟大，周之继商是否同构型地无缝接轨，从历史的观点看，也许未必。如果我们相信"制礼作乐"是桩革命性的事件，那么殷周两朝的政治史的内涵应当会有很大的出入，我们有理由相信殷代的先王先臣即使是贤明的，其贤明恐怕也还是在巫教引导下的贤明。我们看周人特别赞美的那些贤臣，如伊尹、伊陟、巫咸、巫贤等人，都带有些神秘的巫风讯息，即可略窥个中消息。周初先王之绍继殷商，可能是出于政治需要；也有可能是周长期臣服于商，商的历史意义相当程度地已内化于周人的文化中；也有可能是周人的原型意识冲淡了历史事件的独特性，使本民族的圣贤与殷商历史中著名的君臣和理念中的圣君贤相同化的结果。真正的原因有待更有效的探索，但窃以为周代商兴不会只有改朝换代的意义，它无异于做了一场精神的革命，也可以说是宗教的革命。这场伟大的革命成功后，周人反过来重新塑造了"三代"传承的精神内涵。三代有别，但三代损益后终于汇成了共同分享的文化传统。原为异民族、异文化、离体神游导向的巫教文化模式，一变而为礼乐教化下的文明，周人的礼乐文化不但统合了殷周之际的诸民族，它还后发先至地神秘地同化了以往的历史，这种理念相续、天下一统的图像在《尚书》此经中显得特别清晰。《尚书》的唐、虞、夏、商、周的政治理念一脉传承，道德政治肇始于"钦明文思安安"的唐尧时期，万世不替，永为典范。西周形成三代的概念，一种共同传承的文化概念出现了，这是"殷周之际"这个概念的历史效应，《尚书》是车书混同的天下观最好的见证。

西周的天下观出现在一个特定的历史舞台，它的时空背景不可能再来。武王伐纣时，其时中原及周遭的民族几乎全被动员起来，我们看到《牧誓》篇提到了一些"国"的名字，如"庸、蜀、羌、髳、微、卢、彭、濮人",这八个国和周民族结盟,其中以羌族的势力最大,[1]他们共同打造天下。周朝先王当然知道殷商与姬周不同族,三代的文献一直流传"万国"的概念,武王伐纣成功后,据说封国有一千八百。不管是"一千八百"还是"万国",还是"三千"的说法,都可使人想见其时的族群之多。这些族群的差别或许不是今日民族志所记载的那般明确的民族与民族之不同,有可能是"方以类聚"的族群之差别,但即使不是严肃意义的种族之别,总有里不同风、国不同俗之别。西周先王面对这么复杂的政治情况,不得不寻找"万国"可以接受的行为法则,最后一种可令万国共同接受的"有德"的世界观终于成立了。

"天命有德"的影响是双方面的,它影响了政治的理念,也推动了政道意识的兴起——"内圣""外王"同时受影响。我们看到一种具有普遍性正义内涵的上帝(天)出现在历史的舞台。在殷周时期,上帝与血缘的关系过于密切,"帝"很可能是祖宗神,所以纣王才会认为自己拥有上帝给予的定命,所谓"我生不有命在天",血缘即天命即政权的正当性。周初圣王显然不相信纣王自我陶醉的话,他们相信上帝选择天意代理人的标准是超血缘的,任何人只要依德行事,都可得到上帝的恩宠,他们相信普遍性的善、正义的概念。等到武王伐纣成功以后,他们对"天命有德"的信念更强了——如不是周人有德而得天命,殷商那么伟大而悠久的帝国怎么会一朝崩溃?牧野之战的历史效应超越了日常理性可以理解的范围,"殷亡周兴"引发秘思,是在西周君臣那里一再出现的现象,这种巨大冲击所引致的神秘感在秦汉之际再度显现在历史的舞台。但殷周之际与秦汉之际相比,前者

---

[1] 据《尚书正义》孔颖达疏,擎、微两国在巴蜀,卢、彭两国在东蜀之西北,加上蜀国,今日川蜀地区的古国的军队在武王伐纣的联军中所占的比例甚高,合而观之,他们的势力恐怕不会小于羌族。

带来的精神转折之力道尤为激烈。我们看周初文献，在在可以看到周人对上帝之敬畏，对历史命运之戒慎恐惧。因为上帝是公正的，随时可以因下民有德而赋予天命，也可以因下民失德而收回天命。

　　政治在周初显现了一种普遍性，在天底下，万国子民只要"有德"，都有机会得到上帝的眷顾。"德"的内容有源于古老传统的天文知识，《尚书》说有扈氏"威侮五行，怠弃三正"，可见对"五行""三正"的信守是有"德"的内涵——上古的天文知识通常具有道德的意义，这是太初存有论常见的特色，不仅殷周为然。但文王的"天命有德"说还有更重要的内涵，于之我们很难不想到"天命"的检证问题。上天的意旨如何显现？从哪种管道可以得知？天命永远是个神秘，总有不可解的成分，但周初的天命概念却有检证的机制，它将"民意"带进来。西周文献所见的文王与纣王的主要区别之一在于对百姓的态度，保民、爱民基本上成了文王重要的施政理念，由保民、爱民的理念出发，后来更形成"天视自我民视，天听自我民听"的光辉命题。我们不能说此一命题意味着天意等同于民意，孟子后来解释天、人与政权的正当性的问题时，有"天与之""人与之"的双元授权的解读，这种解读可能较符合殷周之际的精神理念。但不管如何解读，"天命有德"说的民意内涵是不可能回避的；民意不只是抽象的关乎政权合法性的主体之概念，它还具有实质的内涵。"有德"的内涵更重要的是伦理关系的建立，孟子所说的"五伦"，应当可追溯到公元前1000年；文王的"天命有德"的"德"字，它的内涵应当和"五伦"的内容无法切割。文王行事据《史记·周本纪》说是"笃仁，敬老，慈少，礼下贤者"。继承文王精神的周公制礼作乐是中国上古一桩伟大的事业，这桩事业无疑地有制度的改革，但正如王国维说的，最关键的还在于此制度凝聚了普遍性的伦理精神。唯因"秉彝"落实于制度文物上，"彝"的内涵才不会徒剩具文。政治与伦理分不开，这是中国政治的一大特色，按照儒家典籍的记载，《尧典》所述尧舜时代即已如此，但尧舜的伦理属性很可能是西周时期形成的。

在公元前1000年的精神革命中，以文王、周公为核心的西周先王开展了中国史上一次伟大的精神革命。正是在与任何血缘脱离关系的"天"底下，所有的民族原则上都站在平等的地位，可以继承上天给予的使命；所有民族原则上也都自然地拥有上天赋予的道德能力，有能力承担天命。"天下"的普遍意义只有落实到"万国"之间的理性安排才可彰显其价值。西周的文献一再提到：殷商曾是伟大的帝国，曾得到上天的眷顾，但子孙不肖，无法继其"德"，所以天命就断了。相反地，周文王等先王战战兢兢，小心翼翼，遵守上帝的指令，所以拥有"天命"。但天命是无常的，随时可以变革；但这种无常事实上才是"常道"，因为上帝也不能违背自己的道德本质。周人的后世子孙应该吸取前代的教训，注意新的天命观业已成形，这就是"殷鉴不远"此成语的内涵。

由于天是道德的天——当然也还是宗教的天，不只是道德的律则而已——所以在普遍的天意拂照之下，作为"下民"之人——实质上也就是各民族——原则上都享有掌握"天命"的机会与能力，后来儒家的圣人说："尧舜禅让，汤武革命，其义一也。"郭店儒简也说："不禅而能化民者，自主民未之有也。"继承天命者没有种族之分，上帝是不见于此的，也是无私情的。孟子说："舜……东夷之人也，文王……西夷之人也。"只要有德，皆可有天下。孟子这段话是中国周遭民族常引用的话，雍正写《大义觉迷录》为满族入主中原辩护时，即曾引此语以为证。如果我们不考虑雍正以皇帝身份和一介书生曾静的争辩仍立足于极端的不平等，而只是就他所提的理据考虑，他的话未尝不可成说。

提出"舜东夷人，文王西夷人"的孟子，提出"禅让""革命"

不遗余力的孟子，恰恰好也是夷夏之辨的主要提倡者。就历史的先后而言，西周时"天下"概念的夷夏平等内涵当先于战国时"天下"概念的夷夏之辨内涵，后者所说的"天下"乃是顾炎武"亡国、亡天下"之说的"天下"之意义。但这两种"天下"的精神未尝没有相通之处，韩愈说："诸侯用夷礼则夷之，夷而进于中国则中国之。"[1]先儒多认为此说乃孔子的春秋大义，这种春秋大义意味着文化的价值远高于种族之别，这种大义和西周天下观下的"德"之概念仍是一脉相承的。

变易与不易、忧患与敬

文王的新天命观不仅带来新的政治秩序的设想，也带来新的道德意识。当上帝变得公平正义时，人对上帝的态度也不能不改变，同时，人的本质也变了。上帝不再是位神威难测的天界暴君，而是有道德法则可循。有道德法则可循的上帝带来了有道德法则可循的政权正当性的基础，政权的基础奠立在作无普遍性法则的天命上面，政治变为理性之事。同时，人的行为也要建立在普遍性的道德法则上面，道德就是法则。不管就政治层面还是就个人行事层面而言，西周兴起的天命说首先要克服的就是对偶然的、不可测的、外于主体的命运的克服。如果程朱理学的"性即理"说指向道德法则的内在的普遍性，文王的天命说则担任外在超越的普遍性的角色。

论及周初天命说牵涉到的法则与命运的结构，我们很难不想到

---

[1] 参见韩愈撰，朱熹考：《朱文公校韩昌黎先生集》，收入《四部丛刊初编大本原式》，卷11，页3。

文王与《周易》这部经典的关系，在传世的"六经"中，与文王相关的记载主要见于《尚书》《诗经》《易经》，其中《易经》与文王的关联之意义尤为重大。《周易》这部经典的作者何人，此问题是《易》学史上的一大关键，由于《易经》由经部的卦爻、卦爻辞以及传部的十翼[1]组成，不同的部分的"作者"可想象地不全是同一人，从汉代以下，对于卦、重卦、卦爻辞、十翼的作者何人，有各种的说法。[2]《十翼》的作者长期被认为是孔子，从欧阳修开始，怀疑之声渐起，但很难成为定论，此事不再细论。我们的焦点将集中作于周朝的《周易》这本书的关键期，亦即卦爻及卦爻辞所在的经部形成之时及其意义，并对此稍加反思。《周易》经部的作者问题显然不可能有三代两汉之后的文本那般地具有较明确的文本证据，但至少从战国之后，认为《周易》的形成和文王相关的叙述已经出现。最明确的是司马迁在《史记·周本纪》中明言西伯"其囚羑里，盖益《易》之八卦为六十四卦"。文王不仅将八卦重卦为六十四卦，依据《日者列传》，他更将六十四卦演算为三百八十四爻。在有名的《报任少卿书》中，司马迁说道："盖文王拘而演《周易》。""演"即意指六十四卦、三百八十四爻的排列顺序，目前通行的《易经》经部的格局，包含卦序、卦爻、卦爻辞，很可能奠基于文王的推演。

司马迁对战汉时期《易》的传承非常熟悉，[3]"文王制作说"不可

---

[1] 十翼：一，彖上传；二，彖下传；三，象上传（又称"大象"）；四，象下传（又称"小象"）；五，系辞上传；六，系辞下传；七，文言传；八，序卦传；九，说卦传；十，杂卦传。
[2] 如重卦何人？王弼以为伏羲重卦，郑玄则以为神农，孙盛以为夏禹，司马迁以为文王。卦爻辞作者何人？或言皆为周文王所作，或言卦辞文王作、爻辞周公作。如是云云，颇见异说。
[3]《史记·仲尼弟子列传》云："孔子传《易》于瞿，瞿传楚人馯臂子弘，弘传江东人矫子庸疵，疵传燕人周子家竖，竖传淳于人光子乘羽，羽传齐人田子庄何，何传东武人王子中同，同传菑川人杨何。"司马迁说得非常明确，对传承的顺序没有丝毫的含糊。司马迁撰，裴骃集解，司马贞索隐，张守节正义，杨家骆主编：《新校本史记三家注》，页2211。

能是他个人的想象发明，早在汉代之前，已有联结文王与《周易》的说法，其说即见于《易经》文本。《易经·系辞下》说道："易之兴也，其于中古乎？作易者，其有忧患乎？""中古"指的是殷周之际，更确定的说法是"文王"之时，[1]《系辞下》由此更断言："易之兴者，其当殷之末世，周之盛德耶？当文王与纣之事耶？"此文虽没有直接点明作者问题，而只是指出时代的断限，但已指出和文王、纣王时期的事务有关。由于殷周时期占卜是国之大事，学术又藏于王官，统治者作为"作者"是可以想象的。文明初期的圣王的尚象制器，多少都有些集体创作的内涵，以圣王之名指涉时代乃是文明初期一种时代精神的象征。尧舜代表尧舜时代的精神，黄帝代表黄帝时代的精神，三皇五帝的情况莫不如此，《系辞》所说的"文王与纣之事"也是如此。《系辞》传对《易经》作者其实仍没有指实，但我们如将"文王"当作一个时代的集体精神看待，个体人即是集体人，文王之说自无不可。文王与《周易》的关系乃是战汉时期相传旧说，而且各种来源的说法非常一致，无证不破，我们没有必要作无谓的怀疑。如果还要找更早的文献证据的话，我们还可指出在20世纪下半叶马王堆出土的《周易经传》帛书《要》篇与《衷》篇中，文王之说已被明显地表述。[2]如要像对待秦汉以后的史实那般寻找文献证据支持上古史实，恐怕没完没了，兹不赘述。如果我们接受文王是创造重卦之人，如果重卦和卦爻辞的确立是不可分割的事件，那么，我们即须面临文王"演周易"在殷周史上的意义到底为何的问题。

---

[1]《汉书·艺文志》："世历三古。"颜师古注："文王为中古。"
[2] 帛书《要》篇云："文王仁，不得亓志，以成亓虑。纣乃无道，文王作，讳而辟咎，然后《易》始兴也。"帛书《衷》篇，子曰："《易》之用也，段之无道，周之盛德也。恐以守功，敬以承事，知以辟患……文王之危，知史记之数书，孰能辩焉？"丁四新：《楚竹简与汉帛书〈周易〉校注》（上海：上海古籍出版社，2011），页528—529、524。

很明显的是，我们现在看到的卦爻辞，其内容多为占卜行旅、战争、渔牧、享祀、饮食、婚媾等生活世界的事，而且其词语多有"利贞""无咎"之语，也就是由卦爻及卦爻辞所合构而成的原始《易经》所处理的对象，多为渔猎农牧社会时期的人间事务，很少使用演说道德的词汇。它作答的运作法则乃依祸福法则，中间殊少后世所说的应然的道德意识，而且其答案之依据仍是偶然之概率，我们不易找到建构知识的普遍必然法则。换言之，我们不易找到"文王演周易"这个命题的历史证据与文明的进步意义。然而，文王与《易经》有关的叙述传之久远，文王又被后儒视为人格的象征、道统传中的人物，对这种古老传统的叙述应当严肃看待。《易经》原本也是卜筮之书，它的作用和殷商的占卜文化相续相承，但应当也有极大的突破处，否则"文王拘而演《周易》"不会成为先秦史上一则划时代的事件，被后儒一再颂扬，《周易》也不会成为儒家的圣经。

我们如果单单看卦爻辞本身，确实不容易看出文王演周易的历史意义。然而，卦爻辞之于卦爻的意义绝不是那么透明的，而是恰好相反。我们可以如此理解已经成为固定文本的卦爻以及卦爻辞的关系：卦爻回应叩问，卦爻辞则文字化卦爻的意义，并形成卦爻-卦爻辞联结的固定结构，这是《易》卦运作的前提。但单单卦爻辞的文辞绝对无法穷尽各种疑情的内涵，它不可能不化身为象征的词语，因为只有象征才可以撑起各种解释的空间，否则它无法完成作为神意管道的占卜的功能。不管文王当时占卜时用的是何等材料，但既然有了文字文本，他就不可能"死"于句下，而当赋予这些文字灵活的意义。有了固定文本以后的占卜，其运作模式和殷商占卜的情况会大不一样。殷商占卜依甲骨灼裂的符号作答，《周易》依卦爻辞作答，文字比符号多了明确的语义内涵。对于卦爻辞的踵事发挥，事实上，我们在现行的《易经》书中即可看到，此即《彖传》《象传》的文字。《彖传》

《彖传》的文字带有明确的精神内涵，我们不能说《彖传》《象传》和文王有关，但同样地我们也不能说两者没有任何的关联。事实上，我们单看《彖传》《象传》的"传"字也可了解它是对卦爻及卦爻辞进一步的解释，这样的解释免不了要建立在对"作者"原意的理解上面。

不管卦爻辞与《彖传》《象传》的关系为何，"周易"的概念一成立就是占卜史上的一大突破。《周易》一方面乃是三代占卜传统中的一环，《周礼》说太卜掌三易之法，亦即《连山》《归藏》《周易》，三易皆稽疑，皆重卦，但书名不同，卦序不同，卦的意义也不同，《周易》作为形成于殷周之际的占卜书应当有特别的内涵。我们再从"世历三古，人更三圣"的传统说法，也可以了解《易经》组成章节之间的断裂与联系，作为"中古"代表性圣王的文王在伏羲八卦的基础上演《周易》，他将易序所代表的实践的秩序以及卦爻辞代表的文字化的公共意象的功能带进占卜的事件中，占卜事件脱胎换骨，性质大变，建立在"文王"时期的《易经》开创了一个独立意义的《易》学传统。

《周易》的独立传统其意义之大者应当就见于《易经》书名中之"易"，书名会自我演绎。《易经》本来即是卜筮之书，卜筮之事存在意味着世事变化难料，需要占卜以决疑。变易是那么明显的自然的事实，日月相推，四时代序，这是天道；变易也是那么明显的社会事实，狩猎、天候、战争云云，皆有许多不可测的因素，初民常受制于偶然或概率。任何占卜之事都源于对"不确定"或"变易"的解释，《连山》《归藏》《周易》皆然。但对个别现象的内涵作解释，与将"现象"总称作后设的反省再加以解释，层级不同。"易"概念作为占卜文化成立的前提，应该见于各种占卜体系；但"易"成为占卜文化核心和具有深刻哲学内涵的概念应当不是《连山》《归藏》之事，而是《周易》的智慧。《易经》的"易"字不管本义为何——蜥蜴也罢，

"日月为易"也罢——恰好都指向了变易的事实。至于由"易"衍化出变易、不易、简易之说，[1]甚或变易、交易、转易、对易、移易的"五易"之说，[2]可说都是"易"字的衍生义，哲学的意义浓，但原始字义的成分淡。《周易》的原始关怀应当就是对"变易"的反思，进一步可以说是以"不易"对"变易"的克服。

对"变易"与"不易"作诡谲的联结的关键人物当是文王，文王兴起，他对世事之诡幻有极深刻的认识。商代巫教文明运作的心灵机制"不是思想的基础，而是感觉的基础"[3]。殷商已是个大帝国，它的体制虽然仍不是那么固定——所以才需要不断迁都——但身为大帝国，它不可能没有相对稳定的政治体制与行为模式。然而，只要巫教仍是主导的精神，殷商帝国即是个戏剧的世界，也是魔幻的世界：没有任何界限是不可以打破的，也没有任何知识的法则是可以建立的；"没有任何事物具有一定的、不变的和固定的形状。由一种突然的变形，一切事物可能变化为一切事物"[4]。在巫教的感觉基础上，严肃的道德法则与理性的现实原则都是无法建立的。殷商已是个了不起的帝国，但不见得会改变宗教在政治运作中的指导地位，就像古埃及帝国或印加帝国一样。

文王之特殊者，正在于他是从天命的无常中感受到天命的无限。无常带给他的不是价值的虚无感，而是对"天"的重新理解。无常带给他的也不是世事之诡幻，而是作为一种确定力量的"命"，新天命观走出了巫教的世界，"天"从一种独断的、父权的上帝变作了价值意识的渊源，一种深层的、胜义的"无限"由此形成，"无常"反而

---

[1] 语出《易纬乾凿度》："易一名而含三义：所谓易也，变易也，不易也。"
[2] 语出毛奇龄：《仲氏易》（上海：上海古籍出版社，1990），卷2，页5，总页12。
[3] 卡西勒著，刘述先译：《论人：人类文化哲学导论》，页93。
[4] 卡西勒著，刘述先译：《论人：人类文化哲学导论》，页93。

走向了秩序。这种反思其实早见于《周易》最基本的组构符号:《周易》卦爻的符号由阴爻"--"、阳爻"—"两者组合而成,"阴阳"一词不管形成于何时,"--""—"符号的意义应当早已有之。事实上,类似"阴阳"的二元性思维在许多民族的早期阶段皆出现过,其依据应当都是来自于永恒代换的日月、昼夜这类基本天文物理学现象的启发,虽然其义理内涵容有精粗之别。用二元性思维构成对整体世界的思维的想法,这点在各文明初期常是一致的,不同的是《周易》确实将它发展成一个伟大的体系,文王则是建构此体系长期工程中重要的一环。由此看来,庄子所谓"易以道阴阳"的旧说不为无见。

世事变化无常,但要在无常中找出定则,这是文王的天命观,也是《易经》一书的微言大义。从变中找出不变,此道理普见于后世的《易经》学传统,但从阴阳爻的组成以及卦序的编排,也可见到存在的理则。《周易》卦序显示了诸多存在的智慧,我们仅以首尾的安排为例,略加说明。《易经》上经以"乾""坤"两卦起首,按照《文言》的解释,乃因此两卦代表"乾元"与"坤元","乾元""坤元"是后起的哲学词语,但它有可能出自"天父地母"的宇宙开辟神话,天地开辟不一定由男性神独立运作。"乾元""坤元"的"元"是一,"元"分化为"乾元""坤元",为二,但仍是"元",这是"诡谲的对立之统一"之创造模式,王夫之称之为"乾坤并建"。《周易》终结于"既济""未济"两卦,也是智慧的安排。水火既济,自然指向存在的完结篇,但"易"意味着变化,意味着"时"的日以精进,因此,终点必然非终点,"既济"不能不再殿之以"未济"。《周易》此经的思想一形成,万物的存在特征即是"太极之负阴而抱阳",其目的因则是"既济且未济",它处于永恒的完成且未完成的诡谲状态中,这是殷末周初兴起的绝大智慧。

从变易中找出不易,此义不仅见于物的存有论问题,也见于人的人格的存在论问题。正是由于世事变化无常，旧的天命已不再可靠，我们才看到西周文献中的周人一再呼吁：天威匪忱。"匪忱"不是说不可信赖，不是怀疑天命之意，而是不可偏赖，亦即上帝的旨意不可随意推测。"天威匪忱"这类话语只有对照殷商的占卜文化才可显出它的意义。殷商文化是典型的巫教文化，商王本人即是位大巫，这位巫师王面临大事——甚至不是大事——时，总是向上帝或诸神请示，也可说询问上帝之旨意。其时的巫向上帝请示时，很可能要借助酒或药物的作用，其身心状态被要求进入迷离恍惚的"神交"状态。相对之下，西周君臣不是不占卜，也不是不请示上帝、祖灵的旨意，但周人强调的肃穆心态作为前提。周人的上帝可说被推远了，因为天意不能被猜测；但也可说被拉近了，因为上帝有"德"的内涵，也要遵守道德的法则，是崇高的道德的化身。所以周人与此道德的至上者打交道的方式，再也不能依非道德的恩情或贿赂方式，而另当依一种凝止肃穆的身心状态与之交通。

这种凝止肃穆的身心状态即是所谓的忧患意识，《系辞传》曰：作易者"其有忧患乎"！有忧患意识者何止"作易者"，它是人的基本德性。任何人面对困局，都当坚心忍性；在不可测的命运中，坚定方向：如此即有了"天命"之感。《周易》之所以属周，而且其精神当见于殷周之际，文王是关键人物。文王一生常处于艰困时局，正因为天威匪忱，所以原来旧的天命观已不再适用，人要从外在的依赖中脱离出来，独自面对自己的命运，人格状态因而不能不深沉严肃，由此，文王赋予《周易》一种不同于几率原则、祸福原则的定理原则、道德原则。

"忧患"原来指的是一种面对不可测的天命，以及可能随之而来的不可测的灾难的一种深沉的忧虑，这种时时警惕、不敢放逸的身心状态外显为"无逸"的行为态度，周公在周初即撰有《无逸》一篇，告诫殷商旧臣以及西周臣民当效法殷商的三位先王、高宗武丁以及周朝的奠基者文王的行为,不可放纵自己。这种随时警惕、不敢放逸的行为态度一转即为"敬"的道德。"敬"是贯穿先秦、宋明阶段的重要儒教德目,它的历史很长,我们最早在西周明确地看到敬的道德主体呈现在历史舞台上。此时的"敬"也是主一,但此时的主一不是心学传统、模式下的主体的自我凝聚,而是人在新天命观的天的凝视下生发的一种提撕警觉的凝聚状态,笔者称之为"对越精神"。当神人交通模式改变时,人的身心状态也跟着改变,一种可以称作"敬"的德行贯穿了身心的表现。在公元前1000年之际,"天""天下"及"在天下的人"的内涵同时发生了质的改变。

《周易》从占卜之书变为道德之书是经过几代完成的,《易传》的撰成是标志性的事件,但文王在这个转型的工程中无疑也扮演了重要的角色。"文王拘而演《周易》"这则事件对后来者有极重大的意义,不只《周易》的内容,也包括这个事件本身。它启示后人:当人处在极困苦的处境中时,当承担天命的重责,不能更改初衷。当孔子畏于匡时,他想到文王,想到天命,因而叹道:"文王既没,文不在兹乎?天之将丧斯文也,后死者不得与于斯文也;天之未丧斯文也,匡人其如予何?"(《论语·子罕》)孔子也有天命观,他的天命观远有所承,文王成了典范。司马迁下狱遭腐刑时,他想到文王也曾下狱演《易》,可见没有受难即没有这部伟大的经典,因而发愤撰写《史记》,借着史家之笔,写成了人间道德的审判书。在儒家传统内,文王成了后世面临命运极大挫折的学人的榜样。

在文王时期,"天"与"人"的性格同时发生了深沉的改变,而这种改变是在两者的关系中产生的。《周颂·维天之命》是周初歌咏文王之德的祭祀诗,此诗同时赞美"天命"与"德"曰:"维天之命,于穆不已,于乎不显,文王之德之纯。"对于天的敬畏是许多宗教共享的因素，上帝具有无量的功德与纵深，这种说法并不罕见。但在《维天之命》此诗中，一种难以掩抑的崇高之情不由自主地显露了出来。同时，一种伴随着此功德的"德"之情感也被揭露了，"天命"与"德"诗意地共显。《中庸》引完此诗后，加上一句按语"纯亦不已"，"不已"不只是天命之德，也是人之德，一种存在奥秘的无限性被揭了开来，"天命"与"德"存有论地共显。从《周颂》到《中庸》，如果没有一种深层生命的共感，前圣、后圣不会相应回荡如斯。这种天人同时深化、隐秘联结的理念到了战国时期以及北宋时期会再度走上历史舞台，而且逐渐地揭开神秘的面纱。

结论：殷周之际的天人之际

本章标题中的"殷周之际"很容易令人联想到司马迁的名言"究天人之际"，"究天人之际"被他视为史家的重责大任之一。"之际"一词不只在天人之间发生，也用于大的历史阶段的转折，如"秦汉之际""唐宋之际""明清之际"，这几个历史阶段的"之际"都曾被史家视为重要的转折点。"殷周之际"也是重要的历史转折点，但窃以为"殷周之际"的历史转折和"天人之际"的宗教形态转折恰好重合，后续的历史效应极大，它在中国史上的意义恐怕不是后来的各种历史"之际"的转折所能比拟。

"殷周之际的转折"此一概念所以能够成立，当然和"武王伐纣"此一历史事件紧密相印。"武王伐纣"无疑是上古史一桩关键性的事件，与此事件相关的周公制礼作乐又是中国史上无比重要的文化事件；依据周人文献的记载，伐纣灭殷与制礼作乐这两桩重要事件又和先前文王的经营有关，文王、武王、周公三人事业的关联是可以理解的。如果我们将伐纣灭殷和制礼作乐作为殷周鼎革完整事件中的连续性的环节，又由于文王、武王、周公是儒家道统中的圣王，制礼作乐是奠定儒家价值体系重要的一着，那么我们如何评价殷周鼎革的精神发展的意义，这个问题就不能不出现。窃以为殷周鼎革的意义在"文王受命"时即已成型，武王是继文王之志完成未完成的革命。殷周鼎革此一事件的关键点因而落在我们如何思考"文王之志"的意义。

殷周文化的关系一向有"损益说"与"革命说"两种，前说强调殷周文化之间和平演变的过程，后说则强调殷周文化之间的关系断层。依据儒家传统的说法，"损益说"显然占了上风，孔子言夏、商、周文化的关系，就是从损益的角度立论的。《诗》《书》等儒家经典中所呈现的三代关系，更是代代相续，一种伦理的人文精神直从唐尧下贯到文、武、周公。相对之下，王国维《殷周制度论》所宣称的周朝新制度蕴含的精神大突破之说，声势未免逊色。

笔者认为损益说确实是有说服力的，但"损益"一词该如何解，或许是可以斟酌的。就具体的名物制度而言，三代或整体上古文明的传承是连续性占据主轴，此说较无争议。20世纪下半叶以后，中国上古考古事业大兴，中国新石器时代文明的分布极广，用一位考古学家的说法，乃是如"满天星斗"般地分布。而彼此文物的交流之广、之远，远超出前人的想象，文明间几千年的彼此交流会逐渐形成共同体的基盘，这样的趋势是可以合理地推论出来的，因而三代文明的损益说是有考古学的基础的。不但如此，损益说还得到儒家经典的支持，儒典中呈现的唐虞夏商周时期的精神是一致的，《尚书》一书就是关于此一致说最重要的文本。这种一致说出现得很早，至少西周时期的文献已经这样理解。《尚书》呈现的上古文明的图像具有重大的价值，它形塑了"三代"一词带有的连续性的文明的历史形象，显示了跨时代、跨族群的普遍性的伦理法则。

但经典建构出的伦理价值是一回事，历史事实是另一回事：如就历史的探究而言，《虞夏书》明显是依据神话或传说的叙述改编而成，写成定本的年代有可能是入周以后，传说年代的价值意识与传说被写下成为定本年代的价值意识不必一致。商代虽已进入信史时期，作为大帝国的殷商不能没有理性的组织原理以及可靠的物质力量，否则帝国的秩序很难运作，但商人重鬼神，重祭祀，对于先王的祭祀几乎无日不作，一种非人力所及的巫术力量贯穿了商文明的整体展现，说巫教是商文化的主导力量应该还是可信的。商人虽然据说"有典有册"，但由于缺乏传世的及出土的文献的支持，历史证据不足，他们的原始的典册的内涵与《商书》所显现的价值概念之异同，根本无法探究。我们现在所看到的殷商文字之大宗在甲骨文，甲骨文是占卜文字，是巫文化典型的表现，它与西周文献所显现的精神南辕北辙。现行《尚书》中的《虞夏书》及《商书》中颇多道德语言，但它们反映的价值意识应当是周人的，而不是前商时期的文明的。前商时期的文明如果拥有"钦明文思安安"（《尧典》）的意识的话，应该也只是潜存而有。从"潜存而有"到"具体呈现"固然也可说是"损益"，因为在历史流变中呈现的果可视为原初之因的萌发，但在时间中出现的事物常会带有非原初的新样态，"断裂"或"革命"之说可能是更合理的解释。显然，损益说恐怕还是对名物制度的解释比较有效，此种解释用于商周精神的变迁未必妥当。话说从头，本章从"宗教精神"的突破着眼，指出纣王之恶不如是之甚也。他的恶是巫教文明发展到帝国兴盛的某一个阶段后失去了统合的力量所致，他继承了前两代君王对神权的反抗，将自我意识推向了高峰。纣王作为世俗力量兴起的代理人（天子），不太相信巫教的解释方式，也不相信祭祀的价值，他回避了巫教文明中天子作为祭司王的责任，却深陷于解体的巫风散漫的行为模式中。我们观看他被冠上的各种罪名，大概都与巫教文明的特定内涵有关，更正确地说，他的过错乃是亵渎巫教文明的核心因素，而不能加以批判地转化。老臣箕子、比干、微子忧虑的大邦殷即将到来的厄运，正源于纣王的行为被视为违背了"天命"。纣王与殷的"三仁"箕子、微子、比干面对同样的艰困的局势，冲突激烈的原因与其说是笼统的私人性的道德，不如说是保守派大臣与新派君王的冲突：三仁仍相信旧天命说的合理内涵，纣王却抛弃了，他代表一种新而失败的自我概念的体现。[1]

这个被纣王违背的"天命"却被一个西边新兴民族的领袖文王接收了，也转化了，他连带地也接收了巫教文化的"中"的象征体系，但呈现了崭新的意义，新天命说取代了旧天命说。天不再为一姓一族背书，变成了具有神秘纵深的伦理的天，天的命令介入了历史却带有道德的令式，超越了血缘与帝国的界限。天将权力赋予有德的下界领导者，这就是"天命有德说"。"天命有德说"出现于西周历史，它带来了普遍意义的天下观以及主敬的人格意识。深层的主敬意识对越着于穆不已的天之明命，天与人的内涵同时升华，巫教的鬼神意识与思维模式遥遥地被抛掷于时代之后。这是西周初期显现出的精神面貌，文王是这个新的世界秩序的催生者。

---

[1] 郭沫若看纣王与殷之三仁之间的差异，即从新旧文化的转型着眼。

第八章

对越精神的兴起：周公的『制礼作乐』

本章初稿刊于傅永军、陈治国主编：《中国诠释学（第16辑）》（济南：山东大学出版社，2018），页41—71。

前言:作为事件的"制礼作乐"

周公"制礼作乐"是中国文化史的一件大事,《尚书大传》记载周公的伟大事迹:"一年救乱,二年克殷,三年践奄,四年建侯卫,五年营成周,六年制礼作乐,七年致政成王。"[1]这七项事件当中,"一年救乱""二年克殷""三年践奄"都跟武王去世后,管叔、蔡叔联合武庚反叛,周公东征此一危急存亡的事件有关。"建侯卫""营成周"则是东征胜利后,另两件体国经野、安定邦家的重要措施。第七项"致政成王",则指周公掌握政权、大事底定后,等成王年长,再还政于此侄子。上述六件大事,乃是大有功于周朝的伟大事业,姬周八百年的基业由此奠定。周公作为中国历史上数一数二的大政治家,从这六项措施多少可看出端倪。

周公的事业如果仅如上述所说六项,而且即使把这六项中的一些争议项,比如"致政成王"[2]事也删掉不算,他无疑仍会是周朝八百

---

[1] 伏胜:《尚书大传》,收入《四部丛刊初编缩本》,卷4,页54。
[2] "致政成王"的问题和周公是否摄政称王的争辩有关,顾颉刚、马承源、杨向奎等人各有说,相关资料参见郭伟川编:《周公摄政称王与周初史事论集》(北京:北京图书馆出版社,1998)。

年天下的奠基者，其功勋可以和文王、武王比埒。武王伐纣是中国上古史上的一件大事，这桩翦商的革命是殷周长期斗争的高潮，伐纣成功后，由于殷商的统治根深柢固，因此中原地区尔后仍有许多政治余震，久久未息；管叔、蔡叔联合武庚作乱，周公东征，更是继武王伐纣后的另一高潮。殷周之际的变革之激烈，局势之艰辛，我们在《尚书》多篇西周时期的文献，以及《易经》等早期儒家文本中，在在都可以看得出来。这出短说连绵十余年，长说连绵上百年的历史剧对后世影响极大，周公居间扮演了重要的角色。

周公是武王伐纣的重要参与者，是管蔡之乱的主要平定者，是营建"天下之中"的成周（洛阳）的执行者，单单这些事迹，他已足列为中国史上不世出的政治家。但如果他仅能在政治领域留下勋绩，他在整体中国史上的地位不会如许重大：周公之所以能在中国史上留下巨大的影响，令后世追慕不已，应当和上述所说的第六项之"制礼作乐"紧密相关。周公后裔追溯先祖业绩时即特别强调："先君周公制周礼。"[1]礼乐并称，但礼广乐狭，礼可包含乐，所以"制周礼"其实等同于"制周礼乐"，如求周全，自可并举，《礼记·明堂位》即补充其语道："（周公摄政）六年……制礼作乐。"这也是我们目前所见最早的"制礼作乐"之说之所从出。后世孔、思、孟、荀等大儒纂绪周公事业，重点也在阐述其礼乐思想。创制者立下规模，祖述者善述创制者的业绩，使得"制礼作乐"的历史效应越发丰硕，自然也是构成"礼乐"历史效应重要的环节。现当代学者从王国维到当代瑞士汉学家毕来德（J. F. Billeter）都主张周初的政治设计决定了尔后中国史发展的方向，可说是三千年历史关键的奠基期。

---

[1] 左丘明传，杜预注，孔颖达正义：《春秋左传正义·文公十八年》，收入李学勤主编：《十三经注疏整理本》，卷20，页662。

然而，有关"制礼作乐"之说，传世的先秦两汉古书虽多言及，且其内容有《周礼》《仪礼》等传说与周公制作相关之经典作见证，后人追摩想象，略可得其仿佛；但由于制度典礼之书的内容多为历代相承，新制加在旧礼上，旧礼混入新制中，后人很难确定何者足以代表周公之精神。因此，我们面对"三礼"——尤其是《周礼》《仪礼》——那么多的礼乐内容，便会苦于不易认清周公精神所在。前人的解释通常难免模糊，很难达成共识。王国维在《殷周制度论》此名文中，特别将周礼的大纲领具体化，并提出周公制礼作乐的意义在于透过制度的设计，以达成"万世治安之大计"[1]。王国维假说依然免不了争议，但他的问题意识强，论证举示明确，辨伪性也足，对厘清问题极有帮助。

《殷周制度论》所提假说虽然强调制度的重要性，但王国维不是狭隘的制度论者，他的制度论假说和道德的养成息息相关。王国维说，周公制礼作乐为的是要造就"道德"世界，他说："古之所谓国家者，非徒政治之枢机，亦道德之枢机也。"制度不仅是政治事，也是道德事；国家不是阶级的工具，而是超阶级的机制。周公所注重的道德是建立在制度典礼上的，西周时期的道德不是宋明时期那种"无限心"的道德意识所显现的道德，甚至也与孔孟时期的道德的模式不同。笔者也接受周公所制定的制度有相当重要的道德突破的意义之假说，在中国史上，"制礼作乐"很可能是孔子"仁"的学说兴起前最重要的一个事件，否则孔、思、孟、荀诸儒不会一再言及周公之圣德。《殷周制度论》替我们开了一扇进入周文化的大门。

王国维的制度道德论勾勒出三千多年前的早期儒家——或可说是

---

[1] 参见王国维：《殷周制度论》，见《观堂集林·史林二》，收入谢维扬、房鑫亮主编：《王国维全集》，卷8，页303。

前儒家时期——的一种独特的道德论，这样的道德建立在制度之上，而制度又见于青铜、玉器等器物上，这种"凝道于物"的设想带给我们很重要的思想启发。王国维所说的周初制度论的道德是人伦的道德，那么在周初，这些道德是怎么被想象的？这是一个问题，因为类似的道德名目在不同的历史阶段往往会表现出性质大不相同的意义。如"勤奋"这样的道德在处于资本主义萌芽期的欧洲和在处于资本主义晚期的当代欧美，甚至在同一时代的东亚国家，相比之下代表的意义会很不一样。周公的礼乐制度确实有道德的内涵，但彼时的道德是否要依更根本的原则而确立？[1]

这个问题要回到另一个问题上：殷周之际，礼乐概念的主要功能为何？如果殷周的礼乐制度凝集在礼器上，而其时的礼器的一大功能是宗教的用途，那么其礼乐制度大概也不能不具有这样的因素。"制礼作乐"这个概念的内涵到底要放在人伦的视野下还是放在宗教的视野下定位？其时的宗教是否为人伦的宗教，而人伦是否为宗教的人伦？这些问题不能不出现。面对王国维的假说，笔者觉得这些问题如果从天人之际的角度着眼，或许更可以突显出这个伟大历史事件的核心因素——本章的用心即在此。在一个宗教仍是"国之大事"而历史又急遽变化的时代，[2]天人关系的调整是可以想象的，可以"天人之际"为着眼点补充王国维的"制度"说。

笔者这里用的"天人之际"是中国的传统词语，司马迁论史家

---

[1] 本章的论证主张周初道德的核心义是和天与鬼神的重新理解紧密系联在一起的，这样的提问方式近于韦伯在《新教伦理与资本主义精神》的提问，最关键处在于社会的道德规范与宗教信仰的关系。
[2] "国之大事，在祀与戎"，此话为春秋时期周朝大夫刘康公所说，参见左丘明传，杜预注，孔颖达正义：《春秋左传正义·成公十三年》，收入李学勤主编：《十三经注疏整理本》，卷27，页867。祭祀在国家体制中占的地位，一般而言，乃是愈古愈重要。因此，我们如将刘康公此话上移至殷周之际，应当依然管用。

责任时有云"究天人之际"。司马迁是汉代重要的史家,"天人之际"的消息和史家的关怀有关,这种关联很值得省思。"史"是中国文明最早的知识人之一,"巫史""祝史"连用的文字颇常见于先秦文献。笼统来说,巫、祝、史皆可称作巫,巫是掌握宗教知识,也可以说是掌握"天人之际"关系的神职人员。司马迁论及史家的责任,其说乃是继承古老的职业传统而来。所以他论中国通史的演变,也就是探索"古今之变"的意义时,即将之和"究天人之际"的关怀联结在一起。

笔者将周公"制礼作乐"此一业绩放在"天人之际"的视野下定位,意指"制礼作乐"这项伟大事迹做的是重新调整"天"与"人"关系的工作。周公当时做这项工作,既是对时局的修正,也可以说是对殷商文化的整顿。本章使用的"礼乐"概念显然超越了制度的框架,它是殷周时代的主流理念。但假如我们接受殷商文化的主轴是巫文化的话,周公的"制礼作乐"的精神应该就是对巫文化的整体性批判;他的批判中有继承,继承中有批判,就像孔子说自己"述而不作",其实是"述中有作"。

关于西周思想的特色或周公制礼作乐的意义,用"人文精神"来解读是主流的模式。笔者并不认为"人文精神"的解释有误,但由于此词的含义甚广,不同背景的读者的理解可能会相去甚远;循名责实,笔者毋宁选用"天人之际"此词。如果"天人之际"的整编可视为中国文化进程中的主线索,或许自有"历史"的意义以来,中国思想的演变即沿着这条线索展开,[1]周公制礼作乐则是这个演变

---

[1] 笔者不是不能接受人文主义的解读,但也相信中国思想,尤其是儒家思想的主轴是在"天人之际"此纵贯轴上展开的,从三代、秦汉以至宋明儒学,莫不如此。儒家的"人文主义"一词不能不将超越的内涵包含在内。

过程中重要的事件；将他所要建立的"道德的团体"中的"道德"放在"天人之际的演变所产生的效果"这个角度下定位，应该更可切进现象的核心。

"相因"与"损益"

"礼乐"是社会性的词语，它有制度的内涵，"制礼作乐"因此不能没有制度的设计。有关周公制礼作乐的内涵，《十三经》中的"三礼"——《周礼》《仪礼》《礼记》三书——颇有相关的内容，其中《礼记》一书多发挥礼乐思想大义，但其著成年代大多在孔子之后，内容超出本书关注的范围，此处姑且不论。与周公礼乐设想相关者不能不推《周礼》《仪礼》两书。先秦古籍大抵都有成书年代存在争议的问题，而且由于撰成年代与写成定本年代存在差距是普遍性的、系统性的现象，作品的作者及年代问题的争议很难避免。因此，《周礼》与《仪礼》两书作为周公"制礼作乐"说的见证，其合法性在根本上即有某种程度的含混，但我们却不能不容忍这样的含混。

《仪礼》在上述争议上存在的问题较小，此书的编成大致可确定在孔子后，孟、荀之前，具体地说，则"上限是鲁哀公末年鲁悼公初年，即周元王、定王之际；其下限是鲁共公十年前后，即周烈王、显王之际"[1]。然而，礼的实践与成书必有差距，《仪礼》的内容不能不含有西周甚至更早的习俗。《周礼》存在的问题较大，《周礼》的作者、著成年代以及与周公的关系乃是经学史上的一大问题。今日的经

---

[1] 沈文倬：《宗周礼乐文明考论》，页54。

学家大抵已不接受"刘歆伪造说",而且大抵也同意此经不少内容的源头很早,经中出现的官制、官名多见于西周金文,很难凭空伪造。由于此书的传承与内容存疑虑处不少,所以其到底在多大程度上反映了西周的礼制或者周公的思想,也有相当大的争议的空间。整体而言,对于这两部与周代礼仪相关的经典,我们如不作具体的曲仪细节之研究,而单以两书所显示之内容为线索,应该还是可以看出周代礼制的大方向的。

《周礼》被视为"周公致太平"之书,其书的结构特显严谨。此书将设想中的周公所制定之制度分成天、地、春、夏、秋、冬六官,冬官后来遗佚了,因此以《冬官考工记》代之。全书每篇皆以"惟王建国,辨方正位,体国经野,设官分职,以为民极"开端,接着再言及各官之职能及隶属之结构。如言及首辅之功能道:"天官冢宰,使帅其属而掌邦治,以佐王均邦国,治官之属……"又如对于与本章所论礼乐教化相关之春官,此经道:"乃立春官宗伯,使帅其属而掌邦礼,以佐王和邦国,礼官之属……"如是云云。由于六官实统辖于天官冢宰,所以冢宰的广义使命可以总揽六官的职能。《周礼》言及大宰之职有六,一曰治典,二曰教典,三曰礼典,四曰政典,五曰刑典,六曰事典。大宰之职能横跨各部门,有如今日之总理,《周礼》一书直可视为有周一代的组织法。

《周礼》除所述制度组织严密外,对官职之运作枢要亦有论及,孙诒让在其一生代表作《周礼正义》中,特别在"略例十二凡"标举"要以大宰八法为纲领",所谓"八法"即官属、官职、官联、官常、官成、官法、官刑、官计。通过这八法,大小官吏的运作得到了掌握。

在"三礼"之中,《仪礼》的具体类目特别详细,此经如定位为西周时期的经典,未免推得太远,但不无可能反映了西周时期曾实施过的部分仪礼制度。前人或言此经为士礼而立,实未必然。此经共十七篇:"《士冠》、《士昏》、《士相见》、《乡饮酒》、《乡射》、《士丧》、《士虞》、《特牲馈食》为士礼者八。《燕》、《聘》、《觐》、《大射》、《公食大夫》、《少牢馈食》为天子、诸侯、大夫礼者六。其《既夕》即《士丧》下篇,《有司彻》即《少牢馈食》下篇,《丧服》则通上下言之。"[1]《仪礼》详于士礼,但非仅为士阶层而设,实乃为周代贵族而施。由于《仪礼》记载的细节曲目特别详细,我们自然很难居间一一讨论。然而,我们单独观其类目,略可知《仪礼》乃是依当时所关心的道德而立的规划,或者说,它记载的是当时实施的礼节。

《周礼》与《仪礼》两书,一则特显制度面向,一则显示了具体的施行细则。两书的侧重点不同,但可以相信它们都是依托宗法制度所实施的制度建设与行为规范。宗法制度下的法或制度之意义,自然和宗法的礼分不开,周公的礼乐制度依宗法而生,其意义也就是把政治场域的法的判定建立在社会的习惯上,而不是抽象的法则。如以藤尼斯"共同体"与"社会"两种社会形态作区分,《周礼》所依赖的团体自然是"共同体的社会",凝结此团体的图案是浓厚的宗族的情感,也就是今人所说的"宗法"社会的伦理情感。然而,宗法制度一向被视为中国文明的特色,而且是自有文明以来即承续不断的传统,不仅于周为然。《周礼》与《仪礼》内容虽繁,但其不同于前朝往代者何在反而模糊了。而且正因《周礼》与《仪礼》两经的内容甚为详细,真是"郁郁乎文哉!",但人入其中,反而不见得可以看出大义,尤其不见得可以看出周公所订之礼乐大不同于前朝的仪礼者何在。

王国维的《殷周制度论》即由是而兴,他论及周公制礼作乐之大者有三,此三项创制虽然仍不离宗法制度的范围,却带来以往各代未

---

[1] 姚际恒之言,见姚际恒撰,陈祖武点校:《仪礼通论》(北京:中国社会科学出版社,1998),页8—9。

曾有的道德效应。王国维细述其义如下：

> 一曰"立子立嫡"之制，由是而生宗法及丧服之制，并由是而有封建子弟之制，君天子臣诸侯之制；二曰庙数之制；三曰同姓不婚之制。此数者，皆周之所以纲纪天下。其旨则在纳上下于道德，而合天子、诸侯、卿、大夫、士、庶民以成一道德之团体。周公制作之本意，实在于此。

周公立的制度有政治的含义，但政治与道德分不开，政治的也是道德的，这就是王国维所说的"周之制度典礼，乃道德之器械，而尊尊、亲亲、贤贤、男女有别，四者之结体也，此之谓民彝"。从王国维的观点看，以周公为代表的"制礼作乐"其实是一场精神的革命。

王国维此一名文面世已百年，由于百年来地不爱宝，三代器物文献大量出土，今人对三代的了解多有王国维当年所未及知者。王国维所论在史料上或许未备，论断未免过重，因此不免引来修正之议。最大的争议在于殷周之间的制度是否如王国维所说的那般不同：立嫡立长、大小宗统属关系，此制度恐怕是殷商之旧法，而不是姬周之新制。尤其1977年周原出土西周甲骨之后，周初祭祀制度之延续殷商者，尤为明显。周原甲骨中甚至有祭祀"成汤"的文字，殷周之间的连续性由此可见。李学勤、裘锡圭、张光直等人纷纷提出修正，他们的修正说和孔子"周因于殷礼"之说，恰可相呼应。

王国维的殷周变革说可说是"制礼作乐"论的新说，但此新说虽然高度赞美周初先王的贡献，然而首先遇到的难题就是周初圣王的挑战：我们看到目前较无争议的周初文献中，最可代表西周精神的文献，当是《尚书·周书》中的诸多篇章，比如《洛诰》《召诰》《无逸》《君奭》《多方》《多士》诸篇，这些篇章都是皇家档案，代表周初立国之精神，而且多与周公有关。我们如以这些文诰为准，衡量周公与周初先王理解的殷周文化观，应该是很有说服力的。然而这些篇章几乎毫无例外地将殷周文化视为连续的，周公在《多方》篇中告诫殷商臣民时说道："乃惟成汤克以尔多方，简代夏，作民主，慎厥丽，乃劝；厥民刑，用劝。以至于帝乙罔不明德，慎罚，亦克用劝。要囚，殄戮多罪，亦克用劝；开释无辜，亦克用劝。"换言之，殷商六百年只有末代天子商纣是暴君，商纣以前的君王都是有道之君，都有"明德"，这是典型的周初先王的殷商文化观。从他们的眼光看，商周两民族同样地讲究伦理教化，同样地视民若伤，同样地将国家看作家族的扩大。王国维所说的周公制礼作乐的特色，亦即"国家为道德的器械""尊尊、亲亲、贤贤、男女有别"，同样也被周人视为殷商文化的特色。

"殷周文化相因说"不但是周人的理念，也深藏在先秦儒家的传承中；三代的文化被视为连续的，三代的政治都是道德政治，三代的国家都是"道德的器具"，这种理念深刻地体现在经书的传承。作为先秦文献总结的"五经"系统中，三代对照的论述不时出现，"三代"之语虽然后起，其内涵却已经成了一个代代相传的套语，夏、商、周这三代的文化虽有差异，但连续性更明显。这种三代相因的叙述最明显地体现在《尚书》中。在现行的《尚书》中，其书的结构是以《虞夏书》《商书》《周书》的面目依序出现的，《虞夏书》第一篇，也就是《尚书》的第一篇是《尧典》，《尧典》的破题曰："曰若稽古帝尧，曰放勋，钦、明、文、思、安安，允恭克让，光被四表，格于上下。克明俊德，以亲九族。九族既睦，平章百姓。百姓昭明，协和万邦。黎民于变时雍。"此篇所设想的帝尧时代的时局颇有文明肇基期黄金时代的气象，它与周人设想的夏禹时代、商汤时代的气象相近，也和周人对道德政治的想象基本上相似。整部《尚书》呈现了由伦理法则贯穿的天下精神，从个人以至"万国"无不笼罩在伦理的润泽中。我们甚至可以说儒家的政治设计基本上即奠立在《尧典》的基础上。

《尧典》是否真是帝尧时期的作品？帝尧的年代为何？恐怕永难有定论。《虞夏书》及《商书》的著作年代，恐怕也难免陷入这种年代不明的困窘中。但如果说《虞夏书》及《商书》的内容至少反映了西周人对之前文明的理解，大体应当不差。后世儒家一直将尧视为仁君的代表，"尧天舜日"被视为文明的景象，这种"永恒回归"的追忆即反映了一种强而有力的中国文明连续说的精神。根据周人的理解，三代的政治精神是一致的。

这种三代相续说应当在周初即已确定下来，而由孔子所继承。孔子在殷周文明性质的解读上，持的正是相因说，"殷因于夏礼，所损益可知也；周因于殷礼，所损益可知也"。（《论语·为政》）孔子对尧、舜、夏禹是非常赞赏的，这些先王构成了他仁政思想中具体的历史人物形象。孔子是殷商后裔，而且是殷商后裔中最杰出的代表；他后来又开启儒学一脉，成为百代不祧之至圣，儒门永恒的典范；但他却特别尊重周公，极力宣扬周文化的礼乐价值，这种开放性的解读对商周文明的相因性质几乎起了一锤定音的效果。子思的"仲尼祖述尧舜，宪章文武"，孟子的"夏曰校，殷曰序，周曰庠，学则三代共之，皆所以明人伦也"（《孟子·滕文公上》），荀子的"大儒""先王"之说，都延续孔子的相因说而来，他们都强调三代政治的道德性质。他们的言论如此一致，隐然之间，已可见出后世"道统"说的模型。

王国维的《殷周制度论》面世以来，往下说要面临当代古文献学者的质疑，往上说则要面对孔子以下顽强的殷周相因说的理论的挑战。在当代，另有一支以张光直为代表的人类学家的观点也支持了相因说，此说所重恰好与前说所重在"人伦、道德"方面者不同，但彼此可以互补，他们所持的观点是商周皆连续地继承巫教（萨满教）文明的思考方式而来。张光直以他博雅的知识与激进的眼光，不但提出"马雅－中华"文明假说，毅然在全球性的早期文明的分类中，竖立起一支足以抗衡一神论文明类型的"马雅－中华"文明类型，作为普世文明架构下的一种形态，他还依此模型解释中国上古（包含殷周）文明连续性思维的特色。身为当代重要的人类学家，张光直对人类学理论以及中国考古事迹的熟悉自不在话下，但比起其他人文学者，张光直对古代美术提供的讯息更加注意。他频频引用马雅的古雕塑、周代的青铜器（如住友泉屋博物馆藏的虎食人卣），交相诠释；也频频借当代神话学论点与古文献——如《楚辞》——的记载彼此参照，借以解读萨满教文化中人兽一体、交相变形的主题。20世纪下半叶后期，他通过商周美术解释商周巫教文化的特色，带给华文世界一种重新看待三代文明的眼光。相比于当时当令的美学解释，张光直的观点无疑地更贴近于商周美术的功能。

张光直论商周文明时，很强调美术的巫教功能。相较于秦汉以后的艺术，商周美术的宗教性确实很强，很能代表这两个共绵延一千四百年的朝代的文化的特色。我们如以商周美术大宗青铜器与玉器为例，即可看出这两个时代的艺术主题有很紧密的相续性关系。商周青铜器多有装饰纹饰，其中不时可见到云纹、蝉纹、龙凤纹、饕餮纹，抽离了这些纹饰，商周青铜器的魅力将黯然失色。对于这些纹饰该如何解释的问题，确实是有不同意见的，[1]笔者倾向于主流的解释，亦即它们是有实质的宗教功能的，它们指向了弥漫于萨满教文明的飞翔的神话。

商周玉器是一个足以抗衡青铜器的重要礼器，商周玉器的延续性

---

[1] 罗樾（Max Loehr）即认为商代铜器的纹饰只是单纯的图案，没有宗教的含义，引自张光直：《商文明》（北京：生活·读书·新知三联书店，2013），页30—31。

也很明显。这些玉器中有种人兽合体的造型装饰题材,它们通常是人龙合体或人凤合体,或多种动物与人合体。体现这种神话题材的玉器相当多,是商周玉器的典型;[1]这种造型装饰也是典型的萨满教文明"巫师与助灵"的图案,巫师借着这些具有魔咒力道的动物登天远游,实现巫师的功能。周代玉器继承下来的这种巫风之浓令人惊讶。事实上,这种人兽同体、升天远游的题材到汉代以后仍继续发挥作用,我们在其时的画像砖、铜镜、玉器中不时可见。飞翔的遐思在中国文明史上似乎一直未曾断灭过。

礼乐的相续说由来已久,不只孔子以下的儒者如此解释,当代人类学家张光直站在不同的学术领域也做了类似的宣言。20世纪下半叶郭店出土战国时期竹简,其中《语丛一》简33云:"礼生于商,乐生于亳。"[2]亳为商汤都城,"礼""乐"两词常连用,其义也可相互含摄。"礼生于商""乐生于亳"可说是同义反复,同样指殷商在创制礼乐上的重大贡献。上述的论点虽然不同,但同样在三代之间看到文明风格显著的连续性。与此同时礼乐文明也是具有特殊时代精神的设计,它的建立和周公关系极密切,儒教文明在相当程度内也可视为礼乐文明,周公在儒教史上的地位不能不由"制礼作乐"之说所决定。如果我们只着重商周礼乐观的连续性,"制礼作乐"这个历史事件的意义恐怕就会被模糊化,周公作为儒学史上承先启后的关键人物的意义也难免跟着黯淡。

我们回过头来,还是不得不重新反省孔子的"相因"说究竟所指

---

[1] 参见震旦文教基金会主编:《周代玉器》(台北:财团法人震旦文教基金会,2005)一书的图片与说明。

[2] "礼生于商"原作"丰生于牂",牂,牝羊也,如作原义解,此词难通,此从陈斯鹏读。参见陈斯鹏:《卓庐古文字学丛稿》(上海:中西书局,2018),页158。严格说来,礼乐自然不可能是从殷商开始,源头一定更早,《语丛一》之说大概只是强调殷商的礼乐更加齐备。

何意。他虽然说周因于殷礼,但也说其间颇有"损益";他固然强调相续说,却也为周初的突破说留下了空间。面对这种两行的解释,我们还是不能不提出"周所损益者为何"的疑问。在轴心时代的各个古文明地区的诸圣人当中,孔子特别重视传统的连续性,也可以说保守性相对较强。孔子这种温和的态度可能和中国上古时期的多元种族局势,以及他个人身处殷周文化交错的特殊背景,还有他出身殷商天潢贵胄而又向往文质彬彬的周文明的文化认同有关。然而,孔子的温和、述而不作,并不妨碍他以述代作,以温和的姿态完成历史的开创。他对周公拳拳服膺,以久梦不见周公为忧。周公被视为大圣人,制礼作乐被视为划时代的一桩大事业,乃是晚周诸子共证的说法。周公"制礼作乐"的精神何在,孔子不可能没考虑过。王国维说"制礼作乐"的规模要扩充到制度的设计,而这种制度的设计不能只是纯粹地出于一时政治的考虑,而当有更宏阔的精神世界的想象。王国维的解释着眼点甚高,其说容可修正,但窃以为"突破说"的论点未必过时,也未必与相因说冲突,恐仍须严肃看待。

巫教礼乐与飞翔之鼓

"相续"与"突破"的关系用孔子的话语讲即是"因"与"损益"的关系。如上节所述,周在很多制度上承继殷商而来,当无可疑,但西周先圣先王对殷商文明有关键性的突破,此当亦是事实。笔者认为这种既继承又批判的情况恰好具体地反映在"制礼作乐"这个概念上面,顾名思义,"周公制礼作乐"应当是说周公创制了礼乐。就制度而言,周公曾在具体的曲节仪礼上有所更替,应该是可以认可的说法。但"礼"如果意指行为的规范系统,"乐"如果指的是表达情意的声音系统,那么就礼乐的概念本身而言,我们凭常识即可判断周公不可能创造它们,因为礼乐应当是源远流长、与文明兴起的时代同样古老的。任何民族的早期大概都不能没有敬神娱人的乐,也不能没有正面表述规范的积极礼仪以及带有禁忌意义的消极礼仪;礼乐连手,与文明共生共化,中国文明亦然。礼乐应早于周公即存在于中原大地,我们这种设想应该是合理的。

笔者认为:正因礼乐源于更古老的文明阶段,是集体性的,没有单一的作者可寻,所以"制礼作乐"之说的"制作"才特别值得省思。"作者之谓圣",中国上古时期对"制作"有特别的想象,"制作"意味着文明的建立,人脱离了与大自然浑然同在的阶段,进入另一个不同意义的历史行程。《世本·作》多言及创作之事,如"禹作宫室""化益作井""芒作网"等等。周公也是"作者",但他的创作不是个别事件之创作,而是对整体性的"礼乐"系统的创作。依"作"及"作者"的意义着想,周公的礼乐观显示了一个新时代的来临,它和之前的古老文明的礼乐观大不相同。

放在三代文明的阶段看,所谓更古老的文明阶段,笼统讲也就是巫文化的阶段,巫文化也要建立在礼乐的表达上面。周代以前的礼乐精神如不放在巫文化的角度下定位,我们即无从划清殷周两代礼乐的区别;周代以前的巫教文明如果没有依礼乐的形式表现出来,我们对殷周的主导精神也就难以具体掌握。巫文化的礼乐入周以后的表现形式变了,礼乐形式作为集体精神的外显,其表现形式的改变不是小事——礼乐的转变意味着殷周精神的转变。这一转变的关键在于周公的"制作",由此显示周公的"制作"乃是礼乐的革命。"礼乐"这个词语蕴含了两种历史的积淀,正好可以充当切入问题的很好的入口,我们不妨由"礼乐"的观念开始谈起。

《说文解字》解释"禮"字云:"禮,履也,所以事神致福也。从示从豊,豊亦声。"[1]释"豊"云:"行礼之器也,从豆,象形。"[2]"豊禮叠韵","禮"与"豊"字下面的"豆"字释为礼器中的"豆","豆"字上面的"曲"则未释。王国维接受许慎的"从豆"之说,至于"曲"字,则援引诸多古文字,释为双玉置放之形。"禮"字因此是从"豆"从"玉"的会意字,而不是象形字。他再从"盛玉以奉神人之器"的"豊"字着眼,推论道:"推之而奉神人之酒醴,亦谓之'醴'。又推之而奉神人之事通谓之'禮'。"[3]王国维之说突显了玉器在上古祭礼文化的地位,20世纪下半叶的考古挖掘证实了中国的玉器文化源头极早,规模很大,中国文明很可能有独立于其他文明分期说的"玉器时代"此一阶段,[4]王说信而可从。

王国维《释礼》一文收于《观堂集林》,为其文集中著名篇章。此文牵涉到比较专门的甲骨文字的解释问题,"豊""豐"两字的异同更成了尔后学界多年讨论的议题。由于"豊""豐"这两个字入秦汉后每多相混,因而其本尊是同是别,遂有不同看法。然而,"豆"本是周代常见的礼器,用以盛物。而以玉奉神,在中国一直有很强的传统。20世纪下半叶中国考古大兴,考古学家在红山文化、大汶口文化、良渚文化、龙山文化、齐家文化诸区域都发现不少精美的玉制礼器,其遍布之广,工艺之美,令人赞叹。高古玉现已成为上古文明史的一个专门领域,其文化内涵也日益受到重视。王国维释"礼"之文在当

---

[1] 许慎撰,段玉裁注:《说文解字注》,一篇上,页4,总页2。
[2] 许慎撰,段玉裁注:《说文解字注》,五篇上,页39,总页208。
[3] 王国维:《释礼》,见《观堂集林·艺林六》,收入谢维扬、房鑫亮主编:《王国维全集》,第8卷,页190—191。
[4] 张光直:《谈琮及其在中国古史上的意义》,收入张光直:《中国青铜时代(第二集)》,页67—81。叶舒宪:《从玉教神话观看儒道思想的巫术根源》,收入叶舒宪:《金枝玉叶——比较神话学的中国视角》(上海:复旦大学出版社,2012),页123—139。

代更显重要、容易取得学者的共鸣,此文配合他的《殷周制度论》等文,构成了王国维对中国古典文明的一种想象。

然而,自从郭沫若、唐兰等人提出甲骨文的"禮"字从"鼓"字("鼓"字金文作"壴")之新说,且其字形与铜鼓造型相似之后,"禮"字的"豆"字是指作为礼器用的"豆",还是"鼓"字,遂不能不是个问题。[1]尤其自从裘锡圭提出"豊"字从"玨"从"壴"而不从"豆"之说,[2]"豊"字从"玨"从"壴"的构造似乎已日益受到肯定。至于作为"禮"字构件的"玨"字当意指双玉,学界的争议不大。"禮"字从玉从鼓,会意而成,这个造字的原意在古代或许不太陌生,孔子曾说:"礼云礼云,玉帛云乎哉!乐云乐云,钟鼓云乎哉!"礼、乐并称,就像玉、鼓并称一样,同样是完整构成上古礼制的环节。

"豊"字下半部的构件到底是作为礼器用的"豆",还是由"鼓"字的原型"壴"字发展而成,不只是文字学的问题,还牵涉上古时期的宗教经验的解释。林沄先生在一篇专门探讨"豊""豐"两字异同的文章中举出相当多文字学的证据,[3]显示"豊""豐"原为两字,前者为形声字,后者为会意字,而两字所从之"豆"皆是作为"鼓"字用的"壴"。此文更提到一个值得注目的殷商祭典,此祭典专门用鼓,例如:

辛亥卜,出贞:其鼓彡告于唐,一牛。九月

己酉卜,大贞:乞告,其壴(鼓)于唐,衣,亡尤?九月

---

[1] 参见唐兰:《殷墟文字记》(北京:中华书局,1981),页63—83。
[2] 裘锡圭:《甲骨文中的几种乐器名称——释庸、丰、鞀》,收入朱东润、李俊明、罗竹风主编:《中华文史论丛(一九八〇年第二辑)》(上海:上海古籍出版社,1980),页67—81。
[3] 林沄:《豊丰辨》,收入《林沄学术文集》(北京:中国大百科全书出版社,1998),页4—7。另参见郑杰祥:《释礼、玉》,收入田昌五编:《华夏文明》(北京:北京大学出版社,1987),页355—367。

此甲骨文的"唐"指的当是成汤，商王朝的建立者。主神重要，作为礼器之鼓也就不可能不重要。卜辞指的大概是商人借鼓声和成汤沟通之意，成汤是殷商帝国的创立者，久已辞世，远居他界，但死而不亡，神魂仍灵，下民与之沟通需要借助法力甚大的鼓。

"鼓"在礼仪中的重要性其实是很清楚的，"鼓"在上古时期遍布的范围很广，各古文明皆有鼓此乐器，至今也仍是遍布极广的一种乐器。《左传》中时常记载国家面临重大天灾时，国君必须"用牲于社"，鼓动天听；国有戎之大事时，也要以牛血甚或人血"衅鼓"，助长士气。然而，最值得留意的乃是其时乐器所记载与鼓相关的文字。1976年陕西出土西周青铜癲钟，有铭文曰："大神其陟降，严祐业绥厚多福，其丰丰簋簋，受余纯鲁通禄永令。"此铭文将礼乐与降神的作用联结起来，此钟铭之最后以癲"其万年永宝日鼓"作结，[1]或非无意。

先秦文献中，"钟""鼓"常连用，癲钟最后以"其万年永宝日鼓"为结语，可能也是此宗教祭典的一种反映。在西周文献中，类似"丰丰簋簋"此种以声音表达心意上通鬼神亡灵，其神来格的叙述不少。西周礼器用钟鼓乐音沟通鬼神的做法，可合理地推论是来自商代文明，甚至远至虞夏文明，或许还包含了其时四方的礼乐，即所谓夷乐。但商周相承，商文明应该提供了较丰富的制度与物质的遗产。殷商重声教，祭祀尚声，《礼记·郊特牲》云："臭味未成，涤荡其声，乐三阕，然后出迎牲。声音之号，所以诏告于天地之间也。"[2]诸种供神的奉献中，声教优先。殷商的钟鼓之声就像虞夏的燎祭之烟，皆以介于幽明显微之间的中介物传达讯息，它们的重要功能当在与鬼神相通。

---

[1] 释文与图片，参见马承源主编：《商周青铜器铭文选》(北京：文物出版社，1988)，页194。
[2] 郑玄注，孔颖达疏：《礼记正义·郊特牲》，收入李学勤主编：《十三经注疏整理本》，卷26，页952。

从与鬼神交通的观点着眼，我们可观察体现"禮"字造型原意的"豊"字，看它具有何等的性质。研究古文字与研究汉代绘画的学者从不同的角度观看其时的鼓，大约都看出其形上头都有羽毛形状的饰物，《诗经》所谓"植其鹭羽"者是也。鼓上"植其鹭羽"的情景，我们从《诗经·周颂·有瞽》一诗能更清楚地看出来。此诗曰："有瞽有瞽，在周之庭。设业设虡，崇牙树羽。应田县鼓，鞉磬柷圉。既备乃奏，箫管备举。喤喤厥声，肃雍和鸣，先祖是听。"[1]这首诗当是祭祀先祖的诗，诗中描述盲眼的乐官摆设乐器、加以演奏的过程。在这场祭祀之礼中，鼓扮演核心的角色，"应田县鼓"的"应"是小鼓，"田"是大鼓。"鞉"是有柄可摇之小鼓，此乐器也可归为鼓类。我们注意到诗中提到"崇牙树羽"之语，"崇牙"是架设乐器的乐架，"树羽"则指"乐"与羽毛之关系。为何要"树羽"？或许和美感的要求有关，但笔者认为宗教的功能更重要："树羽"可能即指树羽毛于鼓上，"羽"自然指向飞翔的意象。鸟在商周更替之前，一直承担重要的宗教功能，从史前的红山、良渚文化以至殷商，莫不如此。我们不会忘了作为殷商主要先王的王亥在甲骨文中的形象总是和"鸟"字一起出现。经由乐声的飞翔上扬，搭上鸟此一载体，先祖终于听到了阳世子孙传来的讯息。

在春秋之后，鼓此打击乐器在文化上的意义或许不见得比"琴""瑟"等弦乐器来得重要，但由于打击乐器强烈的声波效应容易达到融合情绪的效果，所以在以出神或降神为主导的宗教仪式中，鼓应当扮演过很重要的角色。我们看《有瞽》此诗所描述的乐官"有瞽"，或许可得到一些线索。盲者听力特佳，常担任宗教性乐官，此

---

[1] 毛亨传，郑玄笺，孔颖达疏：《毛诗正义·周颂》，收入李学勤主编：《十三经注疏整理本》，卷19，页1559—1562。

现象不只见于中国,在印度、希腊、西亚等古文明地区大概都是如此——荷马(Homer)便是盲目诗人。存在这样一种说法:三代的与音乐、诗歌相关的事务几乎都由盲人所垄断。《国语·周语上》:"天子听政,使公卿至于列士献诗,瞽献曲,史献书,师箴,瞍赋,蒙诵,百工谏,庶人传语,近臣尽规,亲戚补察,瞽史教诲,耆艾修之,而后王斟酌焉,是以事行而不悖。"[1]在这个多少经过美化的朝廷大礼中,盲人占的比重不小,[2]瞽、瞍、蒙和瞽史都是盲人或是形同盲人的瞎眼之人,即使献箴的"师"也有可能是盲人。上天合上了他们的眼睛,却开启了更隐微精致的听觉。瞽师的听觉应当不具选择性,凡乐音皆可入听。然而,诸音或诸乐当中,我们要注意到"鼓"的作用。我们不会忘了中国的盲人乐官称作"瞽",其字从"目"从"鼓",其字当是形声兼会意,"鼓"字既与"瞽"字同音,也表示盲人乐官的主要职能在于使用"鼓"此一乐器。

鼓在上古时期的"声教"系统中占有重要的地位,甚至有可能被视为音乐的本质。《说文解字注》云:"鼓,郭也。春分之音,万物郭皮甲而出,故曰鼓。从壴,从中又。中象垂饰,又象其手击之也。"[3]鼓是使得万物披戴皮甲而出的春分之音,它是春雷,是生命的使者,催醒蛰眠的动物从大地中破土蠕动而出。这种神秘化的解释固然反映了汉代儒学的观点,带有浓厚的阴阳家哲学的气息;"阴阳"实质成家虽发生于战国,定名于西汉,但其源头应当极早。哲学也有生物学

---

[1] 韦昭注:《国语》,收入《四部丛刊初编缩本》,卷1,页4。
[2] 更夸张的盲人乐官表见于《周礼·春官宗伯》:"大师,下大夫二人;小师,上士四人;瞽蒙,上瞽四十人,中瞽百人,下瞽百有六十人;眡瞭三百人。"一组负责音乐的队伍,竟有一半以上是盲人,这样的数量很难令人相信没有夸饰的成分,但这样的记载也很难令人相信没有特别的含义。郑玄注,贾公彦疏:《周礼注疏》,收入李学勤主编:《十三经注疏整理本》,卷17,页518。
[3] 许慎撰,段玉裁注:《说文解字注》,五篇上,页35,总页206。

所说的"返祖"现象,许慎之说应当来自于古老的传统。

从"声教"的观点出发,如原初之"礼"从玉从壴,我们发现"樂"的造字似乎也显现了类似的现象。罗振玉释"樂"言:"从丝附木上,琴瑟之象也。""樂"字从丝从木,于字有据。但中间隶定为"白"的圆形状为何呢?我们不妨回到汉代,观看文字学的圣典《说文解字》是如何解释的:"樂,五声八音总名。象鼓鞞,木,虡也。"[1]许慎认为其形乃是"鼓"的形状。整合许慎与罗振玉的意见,"樂"字的形构是将丝与鼓置于木虡上。如果他们两人之说成立的话,"禮""樂"的构字原理都从"鼓"字得来。"禮""樂"是上古文化体系之总称,两字的造型都需"壴",这显示"鼓"在上古时期的关键作用。当上古时期的鼓者(其人当为巫师集团成员)以手击鼓时,他不只在表演音乐,也不只在执行仪式,他也在催醒生命,转化乾坤。鼓隐然成了共同体的原理,[2]它联系了声教与礼教。

祭典由礼乐组成,而原始的礼乐场合由"鼓"引导,祭典结束时的鼓声透天可想而知。殷商时期有长篇铭文的铜器几无,有重要文化意义的携带铭文的青铜礼器入周后才出现,惟其时鼓在乐制中的地位已远不如巫教时期。然而,我们由其他乐器的铭文,亦可稍加推测。故宫旧藏有宗周钟此重器,唐兰改释其名曰"周王猷钟",此中有铭文云:"橐橐鼓鼓,降余多福,福余仍孙。""橐橐鼓鼓"乃是拟声字,

---

[1] 许慎撰,段玉裁注:《说文解字注》,六篇上,页54,总页265。
[2] 在初民时代,"中"的追寻可视为文明构成的动力,参见エリアーデ著,前田耕作译:《〈中心〉のシンボリズム》,收入エリアーデ著,前田耕作译:《イメージとシンボル》(东京:せりか書房,1976),页35—76。"中"因而可视为核心的共同体原理。"中国"的"中"字之意象应当也可追溯至远古时代"宇宙轴"的意义,但"中"字如何解,文字学家的意见颇分歧。瑞典汉学家林西莉(A. C. Lindqvist)认为"中国"的"中"字乃从鼓而成,她的文字学的解说提供给我们很大的想象空间。林说参见林西莉著,李之义译:《汉字王国》(北京:生活·读书·新知三联书店,2008),页347—351。

用以形容声音之宏壮，唐兰云："鼘鼘鼚鼚，乃双声叠语，犹云蓬薄、旁薄，形容丰盛之词也。"[1]观《周颂》所言，唐说信而有征。但我们有理由认为形容声音宏伟的"豐"字固然指涉的是音乐的声音，但从其字从"豆"，我们猜测其字不无可能是出于对鼓声的拟音。鼓声轰隆，上达天听或祖先之听的功能比较显著，前引《有瞽》有言"先祖是听"，即此之谓。后来由鼓声的丰隆作响，引申不少双声叠韵字。

鼓扮演达成"先祖是听"的功能之角色，但问题是：何以祭典中的鼓要植上"鹭羽"？"鹭羽"加上"鼓"这个组合将我们带进神话的世界。鹭羽是飞翔用的，在上古时期，身躯植上羽毛者，何止鼓？我们观其时的神话怪兽，若应龙、穷奇，无不带有翅膀。虎豹熊罴在《山海经》中常联合出现，它们能飞翔，可想象其带有飞翅；它们还可进而被关联于一个独特且独立的神话分类范畴"四鸟"。何止神兽或"四鸟"这样的准神兽得以腾云驾雾，我们观其时的遐方绝域之人，如羽民国、讙头国中的人物，皆是鸟身人面。鸟身人面或鸟面人身在上古时期的文献记载中并不怪异，鸟面人身的东方大神句芒即数次降临人世，北方的大神禺疆也是鸟面人身，论及"鸟人共同体"，最赫显者自然是扁鹊。处于史前文明的华夏世界是万物齐飞的世界。

在巫文化中，人与鸟兽的沟通是常态，我们从下列经书中的记载，也可看出端倪。《周礼》记载"夷隶掌役牧人，养牛马，与鸟言"，又记载貉隶可以"与兽言"。夷隶、貉隶相比，夷隶的作用更大，"夷隶"当是东夷之隶。依据郑司农的解释，此处的"与鸟言"实际上兼"鸟兽之言"[2]。前文言及"虎、豹、熊、罴"为"四鸟"之

---

[1] 唐兰：《周王䵾钟考》，收入故宫博物院编：《唐兰先生金文论集》（北京：紫禁城出版社，1995），页38。
[2] 参见郑玄注，贾公彦疏：《周礼注疏·秋官司寇》，收入李学勤主编：《十三经注疏整理本》，卷36，页1131。夷隶、貉隶知晓鸟兽之言，阮元、王引之各有说，引见同页。

事，此记载多见于《大荒东经》，因而此叙述的背景不无可能是东夷族之事。两相对照，其文意更加豁显。天底下能识鸟兽之言者，严格说来，除了古代通灵的巫师外，很难想象还有其他的人。《周礼》将来自巫教的神话传说史实化了，这种逆爱凡麦化的现象并非罕见。[1]

  神话动物史实化也见于经书中所记载的"龙"的故事，龙是中国文明中极重要的飞翔之兽。在萨满教的世界中，动物是人的灵魂伴侣，它们常是助灵，常能和人作非言语的沟通，助灵动物也包含了神话动物。这种来自巫教文明的理念影响极深远，神话变为现实——在"绝地天通"之前，甚至"制礼作乐"之前，或许神话本来就是现实——之后，神秘动物或神话动物"龙"在经书中居然保留了下来：《左传》中记载有"豢龙"及"御龙"氏，这两种驯服"龙"的职业居然官职化了。龙的宗教起源可以确定时间很早，河南濮阳西水坡考古挖掘的龙虎摆饰的年代之下限至少可定位在夏代时期。"龙"可豢可御，此义不好理解。如果我们将"龙"解作形象类似的爬虫类动物，如蛇或鳄鱼，问题自然就解决了大半——"龙"可看成是自然界实际存在的一种大型爬虫类动物。[2]但这种自然化的解释其实也意味着一种简化，至少从作为自然事物的鳄鱼如何转化为作为宗教象征事物的龙之过程被忽略掉了，了解龙的"真相"反而"谋杀"了龙的意义。如果我们不采取实证的解释，直接顾名思义，那么我们或许可将

---

[1] 巫教的流风余韵不只流向古代经典，它甚至渗进了儒门圣经《论语》。《论语》记载有公冶长其人，据后来注释家的解释，公冶长此孔门弟子居然可以读懂鸟兽的讯息。上述这两则有关人可以懂鸟语的记载是否经得起字字计较，确实有些具有弹性的解读空间。"识得鸟兽之音"也有可能只是人可和动物沟通的另一说法，而人和动物可以沟通，这是明显的事实。但这种沟通是什么层次的沟通，是否可以由情绪性的反应进一步伸展到非语言而带有认知内涵的心意的沟通，这应当是当代模式与巫教模式下理解的人与动物之关系的绝大差异。
[2] 何新即采取此解释，参见何新：《龙：神话与真相》（上海：上海人民出版社，1989）。

这种官职解作承自巫文化中处理有关登龙升天事务的巫官。[1]濮阳出土的龙之造像很可能是巫师作法升天时的道具或助灵，此龙虽号称"中华第一龙"，但我们可以合理地推定龙出现的年代还要更早，它与萨满教出现的年代一样的古老。

飞翔的故事何其多！如果我们把"植其鹭羽"的鼓和普见于三代秦汉的羽人、飞天神兽、飞鸟主题合并来看，不难理解这些"神物"都与对飞翔的渴望有关。[2]鸟可飞翔，此义无诤；兽和人可飞翔，比较难以理解。但神话的一大特色在于对一切障碍的克服，不要说物种的界限可以克服，即使生死的界限也可以打破，而且这种打破不见得是巫师主观的编造，它是可以体验的，在巫师的幻觉中，人和动物都是可飞翔的。中国诗歌的经典"巫系文学"的代表作"屈赋"的主人翁屈原，以及凤凰、龙、马、象等动物的故事，都是在"异质的天空"展开的，它们常飞翔在以昆仑山为宇宙轴的混沌世界。屈赋的叙述不见得全属于文学性的想象，它更可能是带有人类学知识性质的意识变形经验，这种神话意识能将陆行动物"转化"为飞行禽兽。

神话意识的力道不仅能转化凡人为羽人，转化走兽为飞兽，还能转化作为神兽载体的法器为飞翔之器，鼓即是典型的代表。鼓是萨满教常用的宗教乐器，在中国出现的年代之早可逆推至新石器时代。[3]"鼓"在萨满教的教义中是通天的，在萨满教的世界中，飞翔

---

[1] 在巫教文化中，如何和神话动物打交道不能不是巫的主要关怀之一。我们单看《左传》的叙述，其实仍可明确地看出此叙述是奠立在悠远的巫教传统上。

[2] 两汉六朝的石雕、玉器中多有飞兽的造型，这种造型可能承自中国三代的传统，但也有可能受到其时西域文化的影响，不见得直接承自三代，参见李零：《论中国的有翼神兽》，载《中国学术》，2001年第1期，页62—134。但如果萨满教是人类最古老的宗教之一，则飞翔的神话不见得只见于古中国文明，它也有可能在其他文明中显现，西域的飞翔神兽不见得不能追溯到萨满教的源头。事涉专门，无能追踪，姑妄一语。

[3] 由鳄鱼皮制成的鼍鼓在考古遗址中多有发现，山东尹家城遗址153号墓即出现过。目前所知中国鼍鼓的最早记录当是陶寺文化时期出土的残件。

之鼓毋宁是萨满教世界中的"常项",而不是"变量"。伊利亚德有言:"在萨满教的仪式中,巫术的功能形形色色,鼓的角色特别重要。在萨满的召灵会中,它更绝不可少,鼓可带萨满至宇宙中心,或飞翔长空,它可召唤鬼神或拘禁鬼神。"萨满之鼓可驱邪,可占卜。在各种功能中,巫幻之旅可能最为重要,雅姑人(Yukut)、布里亚特人(Buryat)的语言中甚至称"鼓"作"萨满之马",这种"鼓马"当然不是行路用的,而是用于行空,[1]很多乐器都可用以发出"声音的魔咒",但只有萨满之鼓可以引人进入幻游之境。[2]

因材料的缘故,商代及之前的鼓完整出土的并不多,[3]所以我们对鼓的巫术飞行的作用了解得有限,但我们从出土的汉代的"建鼓"图像中,或许可以得到一些鼓与宇宙树的关系的线索。出土的汉代画像石、画像砖里,不时可看到其图像中央立有巨树,巨树下设有巨鼓。萨满之鼓非同凡响,材质也非同凡物,其鼓架通常是巫师在幻游中从宇宙树取得枝干做成的。在图像中占据中央的巨树当是建木,建木是立于天下之中的宇宙树;[4]建木下的巨鼓即为"建鼓",建鼓之名当取自此树,它也是通天用的。汉代画像石、画像砖中的世界是个神话当令的世界,光怪陆离,不可方物,它的起源应当是相当古老的。如果我们把"植其鹭羽"的建鼓和普见于萨满世界中的飞翔之鼓作一比较,"礼""乐"之原始意义何以和飞翔之鼓有关,思过半矣!进一步说,如果"中"字从鼓之说可以成立的话,我们对早期中国的形成原理也可以有一种新的理解。

---

[1] 上述引文及说明参见 M. Eliade, *Shamanism: Archaic Techniques of Ecstasy*, pp. 168-180。
[2] M. Eliade, *Shamanism: Archaic Techniques of Ecstasy*, p. 174.
[3] 目前出土的完整的"鼓",年代最早者当是曾侯乙墓出土的建鼓。
[4] 《山海经·海内经》有言:"建木,百仞无枝,有九欘,下有九枸,其实如麻,其叶如芒,大暤爰过,黄帝所为。"参见袁珂:《山海经校注》,页448。《淮南子·墬形训》云:"建木在都广,众帝所自上下,日中无景,呼而无响,盖天地之中也。"刘文典:《淮南鸿烈集解》,页136。

礼乐的转化：古层与今义

"禮"字是"壴"与"玉"结合的会意字，"樂"字的构造乃由"丝"与"壴"扎于木器上而成，"禮""樂"两者密不可分，两字的构造都有"鼓"此一重要乐器在内。"礼""乐"两字原义的揭举对我们了解"礼乐"的本来面目有很大的帮助，我们从中看出"礼""乐"的原貌和一种通天的宗教要求及飞翔的幻想有关，可以想象，如果上古礼仪的重要功能在于与他界沟通，乐在其运作中应该扮演重要的角色，因为"礼"本是奉神用的，而"乐"通常也是礼神用的。《吕氏春秋·古乐》曾列出古乐的诸多神秘功能，如古朱襄氏治天下，士达作为五弦瑟，"以来阴气，以定群生"；颛顼帝令飞龙"作效八风之音，命之曰承云，以祭上帝。乃令鱓先为乐倡"；帝尧命质为乐，"以象上帝玉磬之音，以致舞百兽"[1]。若此种种，可想见不会是出自吕不韦个人的想象，而是远有所承。

周公制礼作乐之前的礼乐既然和巫教分不开，我们或许可从"巫"的性质入手找到一些线索。"巫"字据《说文解字》乃"祝也。女能事无形，以舞降神者也。象人两褎舞形。与工同意"[2]。"事无形，以舞降神"的形式有多种，笔者认为我们如果以"萨满教"界定早先的"巫教"的性质，不妨将事鬼神的巫分成两种类型，一种是出神（ecstasy）型的，一种是凭依（possession）型的，出神型的巫意指巫者在祭典、斋戒等仪式中灵魂可离体远游，幻入神鬼世界。凭依型的巫则指巫者的体质特殊，恍若"导体"，鬼神凭依其体，可将异界的讯

---

[1] 参见陈奇猷校释：《吕氏春秋校释》，卷5，页284—285。
[2] 参见许慎撰，段玉裁注：《说文解字注》，五篇上，页26，总页201。

息带到人间来。不管是出神型还是凭依型的巫,都不能不使用巫教礼乐进入意识变形的世界。我们且看底下《周礼》所说的两段话:

> 凡六乐者,一变而致羽物及川泽之示,再变而致蠃物及山林之示,三变而致鳞物及丘陵之示,四变而致毛物及坟衍之示,五变而致介物及土示,六变而致象物及天神。

> 若乐六变,则天神皆降,可得而礼矣。……若乐八变,则地示皆出,可得而礼矣。……若乐九变,则人鬼可得而礼矣。[1]

在初民的世界中,音乐通常带有神秘的功能,甚至可用以召唤鬼神,此事并非罕见。以音乐召引各种类型的"祇"与"物",天神、地祇、人鬼——也就是三界中所有的非自然之神灵——皆可礼遍,呼唤而出,对此,我们不能不想到,在中国史的范围内大概只有殷商这种泛灵论充斥的国度才会有这么多的鬼魅之物可召唤而至。我们如仅就礼乐本身而论,周朝的礼乐也是要通天敬神的,但周朝礼乐的通天敬神却不能混淆此界与彼界的界线,蓄意召引天神降、地示出、人鬼显。上引这种具有强烈的巫术力量的礼乐,应当是殷商的。

我们的材料出自代表周文化的《周礼》。《周礼》传说是周公体国经野、以为民极之书,但此经书的材料很可能是集自古老的传统,不是出自个人创作,所以个别章节的内容对应的年代虽然不好判断先后,但像引文中所说的"致鬼神"状态,难以想象能够和周公的礼乐传统兼容,它应该出自古老的巫教传统。六变致天神,八变致地祇,

---

[1] 郑玄注,贾公彦疏:《周礼注疏·春官宗伯·大司乐》,收入李学勤主编:《十三经注疏整理本》,卷22,页687、689—690。

九变致人鬼,这种天地人三才的架构也是巫教常见的模式。礼的内容很难说是由一位圣王创制而成,它通常有所沿袭,可以想象,《周礼·春官宗伯》所说的这种神秘的礼乐作用来自古老的源头,传之后世,再由史官采集而成。

在《周礼》中,我们除了可以找到以礼乐降天神、出地祇、显人鬼的记载外,还可以从书内涉及礼乐和他界之"物"的关系的内容中,找到殷商礼乐的遗蜕,如"籥章:掌土鼓豳籥·中春昼击土鼓,籥《豳诗》以逆暑。中秋夜迎寒,亦如之。凡国祈年于田祖,龡《豳雅》,击土鼓,以乐田畯。国祭蜡,则吹《豳颂》,击土鼓,以息老物"[1]。"老物"当是老而成精之物,易作祟,所以在秋冬时节需要作法以安息之。这一则文字记载了以诗歌、音乐和季节沟通的情形,特别值得注意之处在于召唤"老物"的乐器是"土鼓",也许管弦乐器之音太优雅了,撞击不了"老物"的精灵,所以需要借助于打击乐器"鼓"。我们有理由相信这段话所描述的蜡祭的起源应当相当古老,或许和横亘欧亚大陆的古代农耕文明有关,[2]《周礼》所述应当来自"曰若稽古"的乡野传统。

"有没有广泛的致鬼神的巫术力量"可能是巫教礼乐与周公"制礼作乐"的礼乐的差别所在:同样是礼乐,同样用以沟通天人鬼神,殷商所代表的巫教模式似乎像降灵会的模式,天人鬼神直接来往。周代礼乐的特色恰好在于拉开距离,敬鬼神而远之。殷商的礼乐制度与

---

[1] 郑玄注,贾公彦疏:《周礼注疏·春官宗伯·籥章》,收入李学勤主编:《十三经注疏整理本》,卷24,页741—743。
[2] 弗雷泽《金枝》提到遍布埃及、巴比伦、希腊等地的农耕文化的神话仪式,他们以"奥锡里斯、塔穆兹·阿多尼斯和阿蒂斯等名字表示生命(尤其是植物生命)每年的衰亡与复苏,把它当作神的化身,每年死去又复生。尽管他们举行仪式的名称和细节各地不同,基本上都是同一性质"。参见弗雷泽著,汪培基译:《金枝——巫术与宗教之研究》(台北:桂冠图书,1991),册上,页477;细节参见页475—568。

实施情况在目前可见的甲骨文中不易见到,但我们通过《周礼》等文献仍可揣测其一二。我们如从后世巫风很盛的地区的文学材料往上逆推,一样也可发现类似的讯息,笔者此处所说的后世材料,主要是屈赋。屈原《离骚》言及降神情节的"巫咸夕降"一段,有言曰:"百神翳其备降兮,九疑缤其并迎,皇剡剡其扬灵兮,告余以吉故。"[1]这是场规模不小的降神会,百神从天而降,九疑山神起而迎之,诸乐齐奏,色彩缤纷,彼界与此界在变形的仪式空间中再无区别。这种灵幻闪烁的景象应当近于殷商的巫教,有如前引《周礼·春官宗伯》所述及的"致"人鬼,而远于西周近人远鬼的宗教。巫教虽然自颛顼帝下令将天地相通之路断绝后即一再受制于"圣王"的压抑,以及在圣哲的转化下逐渐被逼到社会的边隅,但它有极顽强的生命力,理性压抑不住。且不论殷商时期,即使迟至战国晚期,楚国这个长期称霸称王的国度仍然弥漫着浓厚的巫风。屈原的作品若脱离巫教的背景,即无从了解。

  商代巫乐有引致鬼神的作用,此事不是周乐和商乐的区别所在,两者的真正差异在于:商代巫乐的召引鬼神通常会带来人鬼混杂、彝伦攸斁的后果;周代礼乐之引致鬼神,带来的却是"彝伦攸叙"。我们还是以《楚辞》为例,逆推殷商的巫乐。在引致鬼神的《招魂》中,屈原描述其时礼乐的情景道:"二八齐容,起郑舞些。衽若交竿,抚案下些。竽瑟狂会,搷鸣鼓些。宫庭震惊,发激楚些。吴歈蔡讴,奏大吕些。士女杂坐,乱而不分些。放陈组缨,班其相纷些。郑卫妖玩,来杂陈些。"招魂祭典本来是严肃的,但禁忌与诱惑同在,哀乐相生,喜极而泣,如果没有更严格的伦理规范,死亡的仪式反而会吊诡地对生之愉悦产生刺激的作用,这是情感的"物极必反"现象,休

---

[1] 姜亮夫:《屈原赋校注》,页112。

姆所谓的"两情相反而互转"[1]。《招魂》里说的"郑卫妖玩"的"郑卫"恰好是殷商旧墟，战国礼乐"新声"荟萃之地，也是殷商巫乐盘踞的老巢。死亡是禁忌之区，却也是"嘉年华"般的销魂之窟，"郑卫妖玩"之"妖"之"玩"，即在此诡谲现象。

论及郑卫新声，我们注意到《乐记》所记魏文侯就其听古乐则想睡觉，听郑卫之音则不知疲倦的问题询问子夏的著名故事。子夏解释理由如下：

> 今夫古乐，进旅退旅，和正以广，弦匏笙簧，会守拊鼓。始奏以文，复乱以武。治乱以相，讯疾以雅。君子于是语，于是道古。修身及家，平均天下。此古乐之发也。今夫新乐，进俯退俯，奸声以滥，溺而不止，及优、侏儒，獶杂子女，不知父子。乐终，不可以语，不可以道古。此新乐之发也。今君之所问者乐也，所好者音也。夫乐者，与音相近而不同。[2]

《礼记·乐记》所记这段对话，理论价值极高。子夏所说"古乐"，其实当是西周的雅乐，其"古"只是相对于对话当时的战国初期而言。若相对于殷商音乐，该说是"新乐"。相反地，郑卫之乐的新声虽新，但出自殷商旧墟，应当承自巫乐的流风余韵，它们反而才是"古乐"。子夏身为孔门"正名"学说的继承者，对于乐的名称做了符合"命名政治学"的判断，他将符合伦理规范的音乐称为"乐"，将与伦理规范不相干的声音现象称作"音"。比较"古乐"与"今乐"或

---

[1] 参见钱锺书：《管锥编》，"宣公十二年"条，册2，页203—204；《鹏鸟赋》条，册3，页884—886。

[2] 郑玄注，孔颖达疏：《礼记正义》，收入李学勤主编：《十三经注疏整理本》，卷38—39，页1305—1309。

"乐"与"音",再回想西周初年周公所做的事业,我们有理由认为周公是以一种"敬"的意识介入礼乐的整治,所谓"进旅退旅,和正以广";巫乐那种秩序不分、放纵身体的情况不见了,一种符合身心韵律与社会规范,也就是"修身及家,平均天下"的精神于是乎见。音乐是贯穿身体、家庭与世界的原理,我们从子夏的言论中,能够读出典型的儒家的"音乐政治学"。

周公制礼作乐,他的制作是礼乐观的突破,且是建立在继承上的突破,他的创作带有浓厚的伦理精神。殷商巫文化下的鬼神无所不在,周文化对天地鬼神也是很尊崇的,殷商的巫文化与西周的礼乐文化在宗族祭祀这个领域上尤有交集。原始儒家对于宗族的连续性有着极强烈的情感,这种强烈的情感否定了先人在死亡之后断灭的可能。如果孝子不忍父母死后即归于虚无,也不相信死亡即意指虚无,那么与他界的先人之魂的交涉的可能性即不能被排除。殷人要与鬼神沟通,周人也要与鬼神沟通,但沟通的模式不同,我们且看西周初期的祭歌是如何歌咏文王与后世子孙的关系。

> 于穆清庙,肃雍显相;济济多士,秉文之德。对越在天,骏奔走在庙;不显不承,无射于人斯。(《诗经·周颂·清庙》)

西周的先王过世之后,其人会升到他界,在帝左右,也会降福祸给阳世子孙,此事知者甚多。到此为止,殷人与周人的鬼神观并没有不同。然而,回到祭典的场合,我们有理由更注意到这个问题:祭典时的神之"格"是如何被证实的?或者说,祖先的精神降临之感是如何被感受的?《清庙》写得雍雍肃肃,与祭者在于穆不已的追思情感中感受到祖先之德的庄严。整个过程中,我们不会联想到巫师离体出神的景象,但文王之魂与阳世子孙的沟通显然是畅通的,它是大剌剌地"显",大剌剌地"承",光明磊落地两界感格的。这种"显承"或"感格"的模式有异于殷商的模式,关键在于仪式的庄严肃穆感,即笔者称为"对越"的情感。"对越"的情感也是"敬"的情感,"敬"出现于中国史上的意义,首先是以宗教精神的道德面目出现的。

我们现在说的"礼乐文化"经常意指经过周公参与过的"制礼作乐"这个大工程意义下的礼乐。如以名物制度论,殷商时期明显不会没有礼乐,从各种记载与考古实物来看,我们只能说殷商的礼乐相当发达。前贤关于三代文化或三代礼制异同之论者所在多有,或言颜色之异,[1]或言器物之别,[2]商周制礼之差别好像只是风格的不同而已。然而,商周文化虽同重礼乐,但礼乐所代表的意义不一样,《礼记·表记》云:"殷人尊神,率民以事神,先鬼而后礼……周人尊礼尚施,事鬼敬神而远之,近人而忠焉。"[3]"先鬼而后礼"应指商代的礼乐是巫教文化意义下的礼乐,鬼神占据了主导文化的力量;"事鬼敬神而远之,近人而忠焉"意指周代的礼乐是敬业意识下的礼乐,它遥奉鬼神,实质上是限制了鬼神,文明只能在人世中展开它的作用。从巫教义的礼乐转到敬业意识的礼乐的转折过程当是殷周换代此历史剧的叙述主轴。

这个转折的大义还可深论,我们留待下节再述,此处不妨还是从"礼乐"此词的具体细节讨论起。我们前文已说过巫教文化中的主要乐器是打击乐器的"鼓",鼓此一乐器入周之后依然很重要,但它在

---

[1] 如《礼记·檀弓上》所说的"夏后氏尚黑……殷人尚白……周人尚赤"。郑玄注,孔颖达疏:《礼记正义》,收入李学勤主编:《十三经注疏整理本》,卷6,页208。

[2] 三代所用器物各不相同,如《礼记·明堂位》言服饰:"夏后氏山,殷火,周龙章。"《明堂位》特别喜欢并列三代器物习尚之不同,其排列尤繁。郑玄注,孔颖达疏:《礼记正义》,收入李学勤主编:《十三经注疏整理本》,卷31,页1109。

[3] 郑玄注,孔颖达疏:《礼记正义》,收入李学勤主编:《十三经注疏整理本》,卷54,页1733—1734。

整体乐制中所占的地位与扮演的角色已发生变化，其构成"禮""樂"两字造字原理，也就是促使主体松动飞升的巫术的功能日益减弱，理性化的感通功能日益加强。这个转折的过渡地带在《诗经》中即可见出，"鼓"在《诗经》中的《风》《雅》《颂》都有出现，主要出现于《雅》《颂》这两部分，"鼓钟于宫""鼓瑟鼓琴""鼓声渊渊"之言不断出现，这种分布的不均匀是有意义的：《大雅》《颂》的诗通常是宗庙祭典之诗，或是共同体飨宴宾客之诗，场面大，在天的祖先之灵莅临的场合较多，所以"鼓"出现的机会也就跟着多。但鼓已不是主导的乐器，也不是用以传达促使祭祀者的灵魂离体的魔咒之声，而是与琴瑟钟籥合作，八音和谐，以达成神人以和的中庸和谐之境。至于《国风》中的"鼓"字的宗教意义较弱，出现频率较少，更是可以理解的。

"鼓"在西周以后的作用，在具体的乐制中自然是存在的，但巫教传统中那种与魔幻之旅的关联消逝了，鼓成为礼乐文明之物。关于"鼓"的转型，我们还可从此词语的历史效应着眼，它在后世比其他乐器具有更重要的象征的意义，变成一种激励心性的力量。我们看一些上古文献，"鼓"字在其中甚至由名词演变为表达"弹奏"的动词"鼓瑟""鼓琴"；"鼓"字也被当作一种激发人心血气的激励性的动词，如"一鼓作气""鼓之舞之以尽神"等皆是。这些历史积淀在在显示：鼓在更古的时期曾是引致鬼神的主流乐器，而在此时已转化为精神动力的隐喻。鼓的巫术时代过去了，其他乐器，尤其是琴，可能扮演更重要的角色。由鼓到琴的过程，可视为乐的主要功能由共同体原理转到个人修行领域的结果。

礼乐意义的转化还可由著名乐官"夔"的性质的转化谈起。在《山海经》中，"夔"是一足神兽，居于深山之中，类似"山中一足神兽"的传闻在东北亚各地流传亦广，这个传说的来源有可能相当古老。"夔"这位半人半神半兽的乐官在《尚书·尧典》中理性化了，成了帝尧神圣朝廷中的乐官。但我们不妨观看《尚书·尧典》的记载所言何意，《尧典》记载夔曾与舜说过："予击石拊石，百兽率舞。"对舜还说过他奏乐时，"鸟兽跄跄""凤凰来仪"。人与鸟兽的亲密关联是巫教文化的一大特征，看到"百兽率舞""凤凰来仪"的记载，我们几乎不用太费思考已可看出其从巫教演变过来的痕迹。乐官与巫官系出同源，这更明显地见于夔的另一个神秘能力：他可以用音乐召唤鬼神，彼此沟通。《尧典》还记载夔曾言："戛击鸣球、搏拊琴瑟以咏，祖考来格。"格者，至也，来格考是降神。祖灵在琴瑟乐声中，下降人世。夔当亦是巫，"掌乐之官即降神之官"。[1]

但夔终究还是文明化了，最典型的夔的神话英雄历史化的叙述，见于孔子对"夔一足"的理性化的解释，据说鲁哀公曾问孔子："乐正夔一足，信乎？"孔子回答："昔者舜欲以乐传教于天下，乃令重黎举夔于草莽之中而进之，舜以为乐正。……舜曰：'夫乐，天地之精也，得失之节也。故唯圣人为能和，乐之本也。夔能和之，以平天下。若夔者一而足矣。'故曰夔一足，非一足也。"[2] "夔一足"变成了"夔一个人就够了"。

"夔"是神话中的名人，它在传说中的黄帝、蚩尤之战中扮演重要的角色。夔鼓雷声，风云变色，"声闻五百里，以威天下"[3]。蚩尤之所以失败被杀，可以说是拜夔鼓的法力所致。[4] 夔是独脚的山神，也是音乐之神；夔的神话也是鼓的神话，夔的魔力也是鼓的魔力。

---

[1] 参见刘师培：《〈说文〉"巫以舞降神"释》，见《左盦集》，收入刘师培：《刘申叔先生遗书》（台北：华世出版社，1975），卷4，页4。
[2] 《吕氏春秋·慎行论之六·察传》，参见陈奇猷：《吕氏春秋校释》，卷22，页1526—1527。
[3] 语出《山海经·大荒东经》，参见袁珂：《山海经校注》，页361。
[4] 吴任臣《山海经广注》引《广成子传》云："蚩尤铜头啖石，飞空走险，以夔牛皮为鼓，九击止之，尤不能飞走，遂杀之。"引自袁珂：《山海经校注》，页362。

"夔"与百兽的故事是成套的，在巫教文化中，巫师与禽兽是可以心意相通的，禽兽与人的地位是相当平等的。一旦夔由神话变为历史，由神祇变为朝廷命官，巫教祭典中的百兽恐怕也会经由同样的历程变为文明典礼中的一景。巫教的叙述就如此文明化了，殷商巫文化化为周的礼乐文化。

殷周的礼乐文化明显地有继承也有断裂，就继承而言，两个时代的礼乐都还是离不开天人鬼神的范畴的，与天神、地祇、鬼神的交通是殷周两代礼乐共通的关怀，不同处在于实践礼乐的主体的性质：巫教文化下的礼乐是为一种离体人格的文化而服事，敬业意识下的礼乐则是为主体凝聚的过程作准备；一走向人格的解体，一走向人格的凝聚。关于两个朝代的精神演变过程，我们从"鼓"在祭礼乐中扮演的角色之演变以及"夔"此乐神的人文化可以看得出来。周公"制礼作乐"的精神乃是通过理性的清明作用减杀殷商巫文化的色彩。

对越精神的兴起

王国维《殷周制度论》一文提出殷周之际的革命是中国史上关键的革命，周公通过宗族制度的设计减少了政治权力传承容易发生的风险，也照顾了百姓的需要，因此影响了尔后三千年的政局。他所说的制度有三，一曰立子立嫡之制，二曰庙数之制，三曰同姓不婚之制。立嫡之制一成立，宗法及丧服之制跟着到来，由此而有封建子弟之制，君天子臣诸侯之制。三种制度中，立子立嫡之制的影响应该特别深远。这三项制度是否周公首创，当代学者多有不同看法，但纵使周公不能居首创之功，这些制度也有可能在周代产生了大不同于殷末的影响。

王国维所说的周代制度之特色大抵为贵族而设,同姓之国实施宗法制,于是"自国以至天下合为一家";异姓之国不实施宗法制,但以婚媾甥舅之谊通之,天下诸国之间也都有兄弟甥舅之亲,说到底,也仍是一家。周公的制礼作乐即建立在这些制度上,制度生典礼,经书所说的"经礼三百,曲礼三千"(《礼记·礼器》),即此之谓。周公的制礼作乐基本上仍是在贵族制度底下行事的,礼不下庶人,但这样的制度与典礼并不是不考虑人民的立场。王国维说,百姓要求于国家者首先在于政权安定,没有争夺之祸,周公之制作使得天子、诸侯、卿、大夫都"有恩以相洽,有义以相分",政治在体制上即趋于稳定。

　　周公制作能惠及百姓,另一个原因在于国家的性质与贵族的影响力,因为"古之所谓国家者,非徒政治之枢机,亦道德之枢机",所以天子与贵族阶层各奉制度典礼,行"亲亲、尊尊、贤贤、男女有别"之实,自然会带来上行下效之事,这是用人为政之精髓。我们如引申王国维之意,不妨说周人"亲亲、尊尊、贤贤、男女有别"的理念虽然是针对贵族的制度的确立所引致的,但其有效性不只限于贵族阶层,而是影响全民的,它具有普遍性。

　　王国维的殷周论述突显了制度、伦理与道德的关系,洞见深邃,极富史识。王国维之说当然远有所承,儒家自孔子以下,凡论政治者,大概都很难不涉及"礼"与"政"的关系,所谓"礼乐刑政,其极一也"(《礼记·乐记》)[1]。后世儒者荀子、叶适、荻生徂徕等人,论之尤精。然而,王国维身为当代人文学主要的奠基人,其视野之新、论断之精切,多有超迈前贤之处。在宋代以下的儒学流变史中,"制度论"一直是股重要的思想潮流,理学或反理学者皆有此类似的主张。大凡强烈主张"礼"之意义者,背后都有制度论的考虑;即使

---

[1] 王梦鸥:《礼记今注今译》,页608。

理学中人多以天道性命之说为思想核心,也不乏正视制度论(礼论)的儒者,张载、朱子所言所作尤为恢宏。

我们从今日的角度重思王国维的反思,不能不赞叹其说背后所牵涉的人的主体性与世界的规范的问题极为深刻。如果我们从人的在世存有性的观点出发,即可看到人的存在原本即与世共在,因此世界的结构与人的主体性之间原本即有密切的关联。天地,我之天地;世界,我之世界:人的主体结构相当程度地反映了社会的构造。换言之,凡越是能体现其集集体规范精神于自己一身之内者,其人即越能代表该地区或文化的精神。周公制礼作乐,安顿了社会秩序,同时也使得其时的周人的内在秩序获得初步的澄明,令外在的社会秩序与内在的心灵秩序有种相呼应的关系。由于周公制礼作乐的核心在于宗法制度的确立,因此,其制作精神不能不反映一种扩大的家族伦理的关系,也就是说,周代礼乐文化中孕育了一种"大家庭"的隐喻。然而,隐喻家庭的政治可以上下其讲:负面地讲,它可能沦为封闭性的家族政治或亚里士多德、洛克所批判的家长政治;[1]正面地讲,它可能扩大为"天下一家"的精神。如实地说,这两方面在中国史上都出现过。

家庭的隐喻在中国的政治传统中一直扮演吃重的角色,这种格局在殷周之际特别明显。周代的封建制度依家族的模式展开,国的内涵即是家,周天子是大家长,此固不待论。殷商情况其实也是如此:殷商天子也是大家长,但殷商基本上是部落组成的帝国,殷商是部落群组之首。我们看殷商卜辞,不管贞人所问者是关于农业还是军事,其所问者大抵都和祸福法则相关,没有道德的内容。周代殷兴,最明显

---

[1] 参见蒋年丰:《如何解消家长政治》,收入蒋年丰:《海洋儒学与法政主体》(台北:桂冠图书,2005),页177—191。

的改变即是"上天"内容的变革：上天在上，周天子在下，这样的结构还是家庭式的，周天子仍是大家长，但周代的天的格局已不是封闭的部落神祇，而是带有普遍意义的至高神。

殷周制度的变革不管是否是革命性的，其制度所依托的"天"之内涵确实都是有大突破的。因此，我们讨论"制礼作乐"时，不能不注意支撑其表现形态的背后的精神意义为何。我们如果从殷周的主导性文化的转承，亦即从巫教文化转至礼乐文化的关系着眼，恐须超越制度论的范围而转从"天人之际"的角度考虑，如此，或许可以看出这场革命另一面的作用。如果商代文化的主轴是巫文化，周文化的主轴是对巫文化的克服的话，那么商周文明转换的问题就是不同类型天人关系的调整。王国维论述所说的"制度论"的道德或许可方便地用"人伦精神"称呼之，"天人之际"的道德我们不妨称呼为"对越精神"的道德。而在周初，对越精神是要透过礼乐制度的人伦精神显现出来的。

"对越"一词如前所述出自《诗经·周颂·清庙》，此词语意指神祇与人维持一种超越性的差距，也就是不可逾越的差距。但这样的差距并不构成阴阳的隔阂，人可通过"敬"的意识与礼仪行为与天地鬼神沟通。天界的先人虽不直接降世，但通过礼仪——这种礼仪提供给我们目前仍不甚熟悉的检证标准，其中应当有音乐神秘的穿透力量——他界的鬼神可与阳世子孙沟通。《诗经·周颂·有瞽》的"既备乃奏，箫管备举，喤喤厥声，肃雍和鸣，先祖是听"即显示了一种"肃雍"之乐与"先祖是听"的关联。对越精神代表周初的精神模式，这种天人沟通的模式上与巫教的狂恣精神迥异，下与后世心学所见者大不相同，但它却是周公制礼作乐的核心，也是"礼"字所出的根源。

对越精神是对商人巫教精神的克服，两者虽然同样出于宗教的实践，但商周之间是有很巨大的断层或精神的飞跃的。我们且举《君奭》篇所说的殷商的贤臣伊尹、保衡、伊陟、臣扈、巫咸、巫贤、甘盘为例，以资说明。周公曾引这些殷商贤臣为例，以示周承殷商、彼此的文化是一体的，但他的举例似乎也可以有另外的解释。伊尹可能是殷商一朝最著名的贤相，传说特别多，他据说是生于空桑、曾引致上帝的"降观"的神奇人物。[1]保衡事迹不详，但"保"字很容易令我们联想到"神保""灵保"，用"保"字类人名的应当是神巫之类的人物。与"保衡"相比，"巫咸""巫贤"之为巫更无可议，"巫咸"可能是先秦时期最著名的一位巫师。本书前引《离骚》一段类似描写降神会的文句，有"巫咸将夕降兮"，也就是巫咸会降临到那光怪陆离的坛场上来，此处的巫咸当是他界的一位大巫。"巫贤"的记载较为罕见，但依据丁山的考证，"巫贤"当是以长寿著称的"巫彭"，"巫彭"在《离骚》中是位重要的神巫。"甘盘"其人不详，但观其名，不无可能与先秦时期著名的占天之器"式盘"有关，"甘盘"或许是"抱一为天下式"的巫教中人物。在上述诸臣当中，"伊陟"之名明白地将其人带有"陟"的性质和盘托出，"陟"固巫师升天之谓也。"臣扈"比起上述诸人可供我们联想的线索较少，但笔者怀疑此"臣扈"或许与《庄子》书中的"子桑户"之说有关，"子桑户"即"子桑扈"，其人"登天游雾，挠挑无极"。庄子的至人、神人总带有飞翔神话之蜕迹，子桑扈其人即是。"子"为殷商之姓，"扈"是农桑候鸟，[2]我们不会忘了殷商文明与鸟的密切关联。

周公所赞美的殷商先贤，我们顾名思义发现其人都带有具备升天远游的巫师体质的嫌疑，一个不例外。如果殷商的贤臣都可以亲自以感官知觉"格于皇天"，那么周代的大臣显然更加脚踏实地——我们很少看到可以借着巫术的手段升天远游、取得天界的密旨后再折返人

---

[1] 语出《庄子·大宗师》《庄子·逍遥游》。
[2] 桑扈为九扈之一，"扈"今用为"雇"，许慎认为九扈皆为"农桑候鸟"。参见许慎撰，段玉裁注：《说文解字注》，四篇上，页28，总页143。

间的大臣。如果我们真要找出一位地位可以与伊尹比埒，而且生命形态也有部分的重叠的西周重臣的话，那么结果将很令人意外：他应该就是周公。周公是我们所知西周君臣中鬼神知识极丰富且善于与之打交道的重臣，在《尚书·金縢》中，周公自愿以身代替病革的武王，因为他自言懂天界之奥，善事鬼神。身体能不能飞行、容不容易被他界的神鬼凭附，这样的区别构成了殷周两种文化的大防，《金縢》篇中的周公显然还带有殷商精神的痕迹。[1] 身为周初民族精神的更新者，周公并没有将离体远游的精神完全屏除在礼乐文明的殿堂之外，但无疑地已做了大幅度的限制。周公不无可能是最了解殷商礼制的周人，了解之，才能转化之。周公之后，两周诸国著名大臣带有解体的体质以遨游四海之外者，除了屈原等极少数人外，大概不多见了。由殷到周的文化变迁的特色，简明地说，也就是由巫教文化到礼乐文化的演变。

只有确立了礼乐文明中对越精神的存在，我们才好解释何以在西周会兴起"天命有德"的思想。"天命"一词原本也是古老的语词，在殷商，"天命"是和祖先崇拜联结在一起的。殷人重祭祀，每事必卜。殷人的天空有"帝"这样的至高神，也有在上的祖先神灵；管人间事者多是祖宗神灵，商人有疑时也多向祖先祈求问卜，帝的活动性不强。"存有而不活动"（当说是"少活动"）的天帝概念并不奇怪，初民社会中颇为常见，[2]《旧约》中活动频繁的上帝只是"上帝"的一种类型。在20世纪80年代有学者统计过，卜辞中祭祀祖先者多达一万五千余条，占全部卜辞的多数，祖先神显然比至高神"帝"来得

---

[1]《金縢》篇里有这样的一段祷告词："今我即命于元龟，尔之许我，我其以璧与珪，归俟尔命；尔不许我，我乃屏璧与珪。"这种对待上天的态度竟出自周公之口，很令人意外。祷告词中的上天显然依祸福法则而不是依道德法则行事，有依祸福法则施命的上帝，即有依祸福法则行事的下民。《金縢》中的天人关系令人联想到《旧约》中的某种神人观。屈万里：《尚书集释》，页128。

[2] 参见 M. Eliade, *Patterns in Comparative Religion*, pp. 38-54。

活跃。[1]即使在殷商,帝的部落神的意涵还是很浓,它爱下界的子孙,其标准基本上是血缘决定的,至高神仍是祖先神。

但周代商而起,却从历史的大变动中兴起了一股天命无常的意识,进而形成了"天命有德"的理念。殷人的至高神为帝,周人的至高神为天,天与帝的关系如何,两者的使用情形是否可以彻底划分清楚,姑且不论,但可以确定的是,殷周的至高神的内涵是不太一样的:殷人的帝重具有特殊性的血缘,周人的天重具有普遍性的德。因为德具有普遍性,故周人的天的降福因世人的修养而定,无关乎血缘;就德具有普遍性而不钟爱于一姓一家而言,它是无常的。西周文献中,"命不于常""天命难谌"之类的话语反复出现,这些语言与其说是"人定胜天说"的宣言,或是一种世俗的人文主义兴起的表征,不如说是另一种更深刻的"天命说"之兴起。周人的"天命无常说"恰好不是对天的否定,而是肯定一种超越于血缘之上的普遍性神格。上天爱世人,不再局限于特殊性的因素,而是依据具有普遍性的"德","天命无常"恰好是"天命有常"。周初的戒慎态度与忧患意识,都是从天命有德新说中出现的。[2]

明德与敬德

天命有德说的兴起意味着一位具有普遍性意义的至高神步入周朝的历史舞台,在后世,他的嫡系化身——太极、天理、乾知、本

---

[1] 参见晁福林:《天地玄黄——中国上古文化溯源》(成都:巴蜀书社,1990)。
[2] 周初天命说的重要意义参见傅斯年:《性命古训辨证》,收入陈盘等校订增补:《傅斯年全集》,册2,页279—299。许倬云:《西周史》(台北:联经出版,1984),页95—106。

心等——会接连成为监督中国历史发展的"裁判官",还会更进一步化为人人心中的"主人翁"。天命有德说兴起的具体的途径颇费解,但我们几乎可以确定它与巫教精神退出周初先王的精神领域、周初对于人的政治地位的新的想象,以及一种新的主体范式的兴起有关。换言之,"天"的概念的变化同时意味着"人"的概念的变化,"对越"之感既指向了彼界也指向了此界的深化。"人"的概念的深化见于政治领域神人地位的翻转。周初的政局自然不能没有殷周两民族斗争所产生的不平等,西周封建制度下的人民恐怕也无法达到梁漱溟所说的"伦理本位,职业分途",但"民"在政治领域中的关键的地位,自此确立。武王伐纣时陈述纣王之恶,同时指向神人两项:既荒怠于敬事上天、祖先,也暴虐下民,自认"吾有民有命"(《泰誓》)。武王的誓词意味着人民不是君王的财产,人民和君王的关系更像是家人的关系,国君理当像慈父一样,"元后作民父母"(《泰誓》)——"父母官"一词由此而来。纣王的行为既悖神也逆民,他已丧失了天子的资格。

上天之于下民,就像国君之于臣民,也像父母之于子女,起心动念以及行事皆要"惠"。"惠"是周人重视的政治道德,"民心无常,惟惠之怀"(《尚书·蔡仲之命》)。这种"惠"的政策不只施于一般人,对于社会弱势者更需有特别的关怀,"鳏寡哀哉"(《大诰》)、"保惠于庶民,不敢侮鳏寡"(《无逸》),若此之言,《尚书》中屡见。这种普世的、平等的、损有余而补不足的救济精神,后来成为儒家重要的政治思想传统,孔子《礼运》的大同思想、张载《西铭》民胞物与的思想、王阳明《大学问》万物一体的思想,甚至连他们使用的言语,追根究柢,都可追溯到周初的保民、惠民的理念。

"天"有德了,作为天之元子的"天子"也不能不跟着有德,在"天"与"天子"慈惠抚育下的人民的地位与性质也不能不发生深刻的转化，天、天子、天下之民三者的关系也就不能不产生实质的变革。天作为至高者的地位没有变，而且正因为天的普世的甚至超越的意义形成了，所以政治领域中的人的地位也水涨船高——他潜藏的政治性被唤醒了。天意要通过民意显现，民事实上成了天的朗现原则，由此即有"民之所欲，天必从之""天视自我民视，天听自我民听"（《泰誓》），这类光辉的命题出现。

西周诚然没有"主权在民"之类的思想，人民作为政治主体的制度也并未形成，但"政治的制度要依民意而行"这种思想确实已经十分发达，甚至可说成了主流。"天意"当然还是存在的，但在政治领域，"天"会暂行引退，"天意"须通过"民意"表达。"天意"与"民意"的关系或许比较像宪法与法律的关系，"天意"是正当性的保障，"民意"是施政的具体化依据；但也许更像是虚君共和制中的国王与总理的关系，国王之为元首只是礼仪上的，实际的政策由总理拟定。不管上述两种比喻何者较恰当，这种思维或许都可以称为"天民合一论"。[1]

周初的人观的变化不只见于政治地位的转变，同样深刻甚至更深刻的变化见于"人"的概念的深化，一种新的主体范式在此刻兴起。在西周之前的夏商两朝，既然有了帝国，就不可能没有具有道德意义的规范意识；但因为此时神威强大，所以道德意识很难成为一个具有社会学意义的标目而出现。西周初期确实是一个突破口，当人认识到上帝也必须依循具有道德必然性的"德"行事时，他自己也不能不依循"德"行事，因为认识上帝与认识自己是同一桩事情的两个面向。"德"字的出现不能不是个重要的事件，郭沫若论及西周人文精神之发达时，曾言殷商并无"德"字，"德"概念由周人首创，这个论断

---

[1] 参见陈来：《古代宗教与伦理》（北京：生活·读书·新知三联书店，2009），页199—206。

受到古文字学家极大的挑战。但"德"字在周人手中发挥重要的意义，应当是可以肯定的，因为"天命有德"的概念出现后，人也就不能不依德行事。

"德"字由彳、直、心三个部件组成，从文化史的意义上看，其或许由部落的图腾义演变而出，但此字在西周出现的意义和主体概念的显现有关。"德"字古文作"悳"，《说文解字》云："悳……外得于人，内得于己也，从直心。"[1]从许慎的"外得于人，内得于己"，我们可推出后来的"德行""德性"概念之所出，"德"字的构造显示了外在行为的规范与内在意识的规范。"悳"字从"心"之说与"悳""得"声训之解传达给我们一种明确的规范性意识原理。许慎说"德"字有"外得于人"之意，但放在周初天人关系的同时深化的历史时刻下考察，"德"字之"得"不无可能同时是"上得于天"。后世郭店楚简中，许多与德行有关的字都带有"心"旁，显示了德行意识化的趋势，[2]而这些德行意识化的语词也可以说是一种"天心"。我们观"德"字出现的历史情境，也颇类似——虽然两个阶段的"心"的内涵之异同，尤其"德"的主体化趋势是否已克服了封建制度下的宗法制的藩篱，仍待仔细检证。

"德"字道德意识化的表现集中于"明德"与"敬德"概念的出现。西周文献（包含金文在内）时常见到"明德"此语。《大学》"在明明德"之语远有所本，此词语后来变为理学的重要术语。我们追溯"明德"一词的源头，发现它很有可能源自遂古时代的光明崇拜，尤

---

[1] 许慎撰，段玉裁注：《说文解字注》，十篇下，页25，总页502。
[2] 参见庞朴：《郢燕书说——郭店楚简及中山三器心旁文字试说》，原收入《燕京学报（新七期）》，（北京：北京大学出版社，1999），后收入刘贻群编：《庞朴文集》（济南：山东大学出版社，2005），卷2，页203—213。

其是日神（太阳神）崇拜。[1]这个作为宗教崇拜对象的"太阳"之重要属性"明"，在西周变为人的本质的属性，人的行事与意识也要像日神或天神般光明俊伟，"明德"一词由此而兴。"明德"一词显示由主体发出的或由主体透显出的神圣德性，可再度回到主体本身，这种"内外辩证共显的回向运动"基本上是依循带有宗教情感的天人关系轴展开的。

"德"与"明"结合，因而有"明德"一词；"德"与"敬"结合，因而有"敬德"或"敬其德"一词，此种语式中的"敬"字更常作动词用。作为动词用的"敬"字是附搭在人的意识上的，它更确定地对主体范式做了新的规定。周初兴起的道德词汇中最重要者当是"敬"字。在孔门中，"敬"也是重要德目，其义多主"敬事而信"，敬属于行为语汇；在程朱理学中，"敬"是第一义，其内涵为"主一"，"敬"属于贯穿身心动静的意识语汇；在周初的语境中，敬关联于作为宗教对象的先祖、神祇而兴起，《礼记·少仪》云"祭祀主敬"[2]，此说还保留"敬"的情感发生的原始场景。"敬"属于宗教情感语汇，意指一种面对圣之存在所引发的内聚凝肃之感。

"敬"是周初儒学的重要词语，此说大体可为此领域学者所接受。《左传》记载"敬，德之聚也""敬，礼之舆也""敬，身之基也""敬，民之主也"谚语，这些行于春秋时期的语言，在在显示其时"敬"字的显赫位置，我们如要溯源其义，皆可溯至西周时期。但或许作为一种意识状态的语词之"敬"的重要性太清楚了，它所指为

---

[1] 参见杨希枚：《中国古代太阳崇拜研究（语文篇）》及《中国古代太阳崇拜研究（生活篇）》，两文均收入杨希枚：《先秦文化史论集》（北京：中国社会科学出版社，1995），页738—783。另参见拙作：《时间形式、礼与耻感——火的原型象征》，收入杨儒宾：《五行原论：先秦思想的太初存有论》，页335—388。

[2] 王梦鸥：《礼记今注今译》，页584。

何反而不那么容易厘定。此时，或许我们可以考虑赋予"敬"字极高价值的朱子是怎么看的。朱子曾强调敬有"畏"的意思，且不只偶尔强调，还一再强调。[1] 朱子的界定很值得注意，我们看从"敬"的字，如"儆""警""憼""驚"等字，确实都含有"戒惕、小心"之意，它们可以说都是"敬"字的引申义或是转注字。我们回头观看可代表周公言论的《召诰》所言："肆惟王其疾敬德，王其德之用，祈天永命。""天亦哀于四方民，其眷命用懋，王其疾敬德。""王敬作所，不可不敬德。"这里的"敬"字都指主政者在上对天、下对民时所应具备的戒慎恐惧的心境，所以王在主观态度上是"其"（应该），"不可不"。在对越意识那么强的周初，敬字的出现让我们不能不想到"圣"之意识。

"圣"的意识即奥托所说的宗教情感 numinous，即"神圣"。"圣"原为儒学重要的德目，它既指向了人格的最高等第，也指向了道德意识的至高层级，但 numinous 此词的本尊很可能是源自精神发展史中的一种宗教情感，中文以"圣"或"神圣"对译 numinous，窃以为颇得其要。"大而化之之谓圣，圣而不可知之之谓神"，"神圣"之感已进入不可知之宗教场域。"神圣"或"圣"的意识之所以重要，乃因此意识的出现会带来人与现实世界的分裂，带来突破人与自然同一性的突破口，圣俗的对立由此形成，历史的张力所逼显出的历史的动力也由此形成。奥托在《神圣的理念》此名著中特别强调圣的意识在宗教生活中的重要性。我们现在将宗教视为一种独立于文学、艺术、哲学、政治等领域之外的另一领域，区分的核心标准不在神祇、组织、经典等之有无，而是在是否具备"圣"的意识。"圣"的意识

---

[1] 如言："敬——只是有所畏谨，不敢放纵。如此则身心收敛，如有所畏。""敬不是万事休置之谓，只是随事专一，谨畏，不放逸耳。""敬，只是一个'畏'字。"以上诸条见黎靖德编，王星贤点校：《朱子语类》，册1，卷6，页211。

的内涵当属于宗教心理学的范围，但它的意义可能更重要，我们或许可将它提升为"宗教"此概念的核心义。奥托讨论"圣"之理念时，特别强调下民面对神圣者会升起一种难以比拟的特殊情感，它具有"神秘之畏怖"（mysterium tremendum）及"神秘之亲和"（mysterium fascinosum）这两股相反相成的作用力。[1]

从"神秘之畏怖"及"神秘之亲和"入手，我们不妨反思《礼记·乐记》对"礼""乐"两概念著名的定义："乐者为同，礼者为异。同则相亲，异则相敬。"礼乐既是人与他界沟通的仪式，又分别具有与他界神祇"合同"与"别异"这两种不同的功能。我们再反思与周初礼乐概念一并出现的敬之意识，"敬"一样是其时周人与他界神祇沟通的一种凝聚专一的心态，这种专一带有面对超越者"敬畏""谨戒"的心情，但"敬畏""谨戒"之心也会带来与天相契的效果，其纵然不是朱子学"豁然贯通"的证悟类型，但总有与天接近的宗教情感效应，"敬"的情感的极致可说即是"圣而不可知"的神圣之境。周初，礼乐制度的更新、天命有德说的出现、以敬为核心的道德语言大量涌现，这些因素同时出现于同一时段的历史舞台，此汇合难道没有带给我们一些明确的讯息吗？

我们还是要回到先秦儒家精神史的脉络下反思。笔者认为周公"制礼作乐"最重要的意义乃是对巫教文化的再度批判，也是对颛顼的宗教改革事业的再度肯定。依"三代"的论述，夏、商、周的文化是连续的，

---

[1] 奥托的"圣"之意识特别容易令我们联想到西方一神论传统下的宗教情感，奥托此书的叙述背景确实也是以基督教为大宗。儒教的性质带有浓厚的圣俗相合的因素，"极高明而道中庸"（《中庸》）、"穷神知化，由通于礼乐"（程颐）、"不离日用常行内，直造先天未画前"（王阳明）之类的语言都显示了道在人间的意涵，人间即成了道的载体，即俗成真，但如果我们承认"宗教"这个领域有独立的意义——即使"独立"不代表可以从其他文化领域分离——道的超越性使不能因此被抹杀掉。准此，奥托所说的圣之意识的两个相反相成的属性即不能不是普遍性的，不只限于西方一神论宗教的范围。

"连续说"是儒家传统与周代君子主张的理论,其说有其理路。然而,殷商的巫文化气息甚浓,此亦是事实。周公及周先王之圣,在于他们更化天下时,找到一种跨越族群范围的普世理念。一种新的礼乐制度取代巫教的礼乐制度,同时一种"有德"的天命观取代了封闭的天命观,一种具有"圣之意识"新形貌的"敬"之意识取代了恍惚离体的萨满意识,一种同时深化天人关系的对越伦理取代祈求活动所遵循的那种片面的祸福法则。祭司王(神巫)时代告逝,周公的时代翩然来临。

结论:天人相即的人文精神

周公"制礼作乐"是中国史上重要的历史事件,这个事件如果从政治的角度解读固然可以得到一些理解的线索,但对于这种具有深层生命力的精神表现,我们若只从一时一地的政治社会学的角度进入,不能不受到限制,未尽其蕴。我们如果将这个重要的概念的内涵放在长期的历史演变下考察,更确切地说,放在"天人之际"这样的早期文明的演变主轴下考察,或许比较容易定其位阶。

本章认为对"制礼作乐"此概念合理的叙述要从"绝地天通"此则遂古传说的后续效应谈起。自从太古洪荒绝地天通以来,人脱离了与鬼神的联系,不得不严肃地面对处在大地之上的自己的处境。在一个人与鬼神随时可以交流、"旦上天,夕上天,天与人,旦有语,夕有语"[1]的时代,人的人格或个体性、主体性都是不易误论的。天与

---

[1] 龚自珍:《壬癸之际胎观第一》,见龚自珍:《定盫续集》,收入《四部丛刊初编缩本》,卷2,页58。

人可以"朝夕相见相语",若用宗教语汇表达,也就是人可以随时处在离体神游或被鬼神凭依的状态。一个可以随时离体远游或被鬼神凭依的主体,不可能同时拥有作为吸纳意义与展现意义的中心之人格;一群人的生活节奏随时会被鬼神打断,则使得社会秩序的建立也不可能。一旦人与天上通的管道打断了,灵魂安居于身体之内,身体、主体、个体遂得合一而定着化。混沌的世界因为此身体宇宙轴的出现才根着大地、定位清晰,由此意义的创生衍化才有附着处,身体的基源诠释性才可能建立。

"绝地天通"所叙述的可以确定是神话的事件,这种天地相连的追忆见于许多民族的历史记述中。神话的追忆未必没有史实的成分,中国的绝地天通事件是被置放在帝颛顼的时代发生的,颛顼是传说中的五帝之一,这样的历史显然不符合实证史学的要求,但这样的传说未必没有反映一种宗教革命,也可以说一种主体范式革命的痕迹。一种很容易被他界的鬼神所侵占的主体,或者说一种很容易脱离个体-世界的现实存在以与他界鬼神相参的主体,随着社会组织化的过程不能不凝聚下来。就像从海中初生的岛屿不能不待水汽湿性蒸发掉以后才成就岛屿的本性一样,人的特性也要在历史的变迁中才逐渐明显涌现。换言之,绝地天通以后才有"我",以前的"我"处在天人可以随时转换的绝对一体性当中。但"我性"的稳定谈何容易,"我性"的理解又岂是一时一地所能完成,人与天地断裂所造成的"离家状态"是永恒的乡愁,这种分裂是主体内部有待克服的伤疤。人须离乡,也须返乡;人须绝地天通,也须克服绝地天通。绝地天通以后的"我"仍在发展,也必须与内在一元性为思维模式以及与灵魂出游为导向的巫教文化搏斗。

"颛顼绝地天通"的颛顼与"周公制礼作乐"的周公可想见地都不是一个人的代称,而是一个历史时刻的集体智慧的象征。从颛顼到周公的年代很难确切地估量，传统文献的说法是至少历经了虞、夏、商三代。从颛顼到殷商，中原大地经历了由氏族、方国到帝国的阶段，这个据说长达数千年的历史阶段发生了巨大的民族融合、制度建立的事件，它带来了我们目前仍难以明确掌握的精神演变。但可以确定的是，一种逐渐强化作为人的特质的理性作用但同时又维系与天地相通管道的历史进程正在进行中，也就是"天人之际"的结构正处在调整、演化历程中。"人"此时已不再可以上天，但有一种宗教人从原始的混沌群体中分化出来，他既知人、也知天人之际的知识，能掌握这种时代精神的人即是其时的巫。

在历史断代不容易分明的后颛顼—先周时期，一种可名为巫教知识的宗教知识当是一切知识的公分母，而作为一种既掌握使得理性化建构得以可能的巫教知识、又掌握使得通天得以可能的技术的早期宗教-知识人的巫，曾经在精神发展中扮演重要的角色，这都是可以想象的。殷商已进入文明颇盛的帝国时期，宗教的知识已不可能不分化，巫的垄断神圣的地位也不可能不分给人间的君王。殷商帝国中政权与神权的分工状态显然已是历史的事实，对此事实的考虑有多种切入点，但从理想类型的观点考虑，如果殷商文化的主轴或主轴之一是巫文化，那么如何对待巫文化所显现的天人之际的关系，以适应新的时代或新的伦理的兴起，就不能不是个重要的时代课题。殷周之际就处在这样的历史时刻，周公的"制礼作乐"就是此一历史时刻的伟大的历史事件。

殷商之际是中国史上的关键期，关于殷周变革的特色，"人文精神"一词是常见的解释。郭沫若、钱穆、李泽厚论及早期文明时，皆从此着眼。徐复观先生的"忧患意识说"乃是"人文精神说"的扩大，其言信实有证，确实很能凸显周人立基开国时的精神气派。王国维《殷周制度论》一文其实也是一种人文精神的解释，但更为落实。

在具体的制度的解释上，王国维之说显然部分过时了，需要修正；但王国维认为周公制礼作乐的意义乃是以制度凝聚伦理、道德，合众邦国甚至所有臣民为家庭成员，使国家的性质亦政治亦道德。这种建立在宗法制度上的国家依然受到尊尊、亲亲、贤贤、男女有别的法则的规范，周公之制礼作乐，正是以改革了的制度作为伦理运作的基础。

王国维比起郭沫若、钱穆、徐复观等人年代在前，但他在所谓的外部的制度与伦理道德间找到相贯的线索，我们不能不赞美其说之深刻有据。但笔者认为王国维之说对于"礼乐"一词的宗教来源着力不足，未尽其蕴，因此，对于"制礼作乐"所代表的精神模式之转移，未免轻滑过去。陈荣捷在《中国哲学文献选编》有言："中国哲学史的特色，一言以蔽之，可说是人文主义。但此种人文主义并不否认或忽略超越力量，而是主张天人可以合一。"[1]他这段话是放在全书第一章第一节的破题处说的，既足以定位周公制礼作乐的意义——他这段话本来就是放在西周文献的脉络下写就的——也足以当成一条贯穿儒家、道家哲学史的线索。窃以为天人之际的演变乃是先秦儒家与道家思想演变的主轴，这条主轴的线索不清，后世思想演变的路径就难以找出。陈来教授的《古代宗教与伦理》一书论及西周文明的特色时，除论及师儒、德行外，也论及"礼乐"，并将"天命""祭祀"的概念带进来，其说特为完备。事实上，我们只有找到从巫教礼乐到周代礼乐的演变线索后，再配合"制度说"的补充，也就是以"天人之际"作为叙述的轴心，或许才可清楚周公制礼作乐的意义。本章所说的"制礼作乐"，采用的是一种扩大化的界定，已越出后世"礼乐"概念的范围，但也可以说更符合殷周之际此历史时刻下的理念。

周公制礼作乐的意义建立在礼乐的存有论的基础上，礼乐是调动

---

[1] 陈荣捷编，拙译：《中国哲学文献选编》(台北：巨流图书，1993)，册上，页29。

人与天以及人与人之间的关系的媒介。如前所述，乐为同，礼为异，一种神秘的和同与别异之感乃是奥托"神圣"理念的两个核心属性。奥托的 numinous 一语译成"神圣"，洵属有据。礼、乐两者有性情论的依据，它们是"圣"之意识的进一步的规定。礼乐虽然在殷商曾经起了巩固政治秩序的作用，但也起了巩固巫文化的作用；殷商时天子颇有早期文明的"祭司王"的性质，他界的神祇祖灵主宰了此世的人之事务。宗教处理的是永恒的议题，但宗教的表现则不能不是历史的问题，巫教的内容面对殷商这个大帝国的事务，显然捉襟见肘，难以为继。马克思批判封闭停滞的历史时曾说："一切已死的先辈们的传统，象梦魇一样纠缠着活人的头脑。"[1] 前近代的鬼魂绊住了历史进步的步伐，马克思使用的这种语言不是儒家式的语言，也不足以定位殷商时期礼乐的作用，但他说出这番话的情感和周公当年所要从事改革的心态却也颇有桴鼓相应之处。周公使得天人各居其位，鬼神远住他界，他的宗教革命显现了一种独特的对越精神。

周公的制礼作乐，就像在《周颂》中所见者，使神、人成为对照的两极，但它们仍有可以相互感通的家人般的关系，这种慈和清穆的家庭观是儒家对政治秩序的一种想象。天界的至高神"天"在东周后的演变基本上是人格义日渐淡化，一种带有非个人人格义的而又有道德意义的天成了主流，至少是成了儒家哲学的主流；"天命有德""天命于穆不已"，此类的叙述成了早期天命观的主要内容。这种有德而生生不已的天命观是伴随主体的深化而来的，一种天人同根而生的思想蕴藏在西周早期思想的发展中。晚周孟子、《易传》的理念，宋明理学"无限人性观"的崛起，我们都可溯源至殷周之际的历史时刻。

---

[1] 马克思：《路易·波拿巴的雾月十八日》，收入中共中央马克思恩格斯列宁斯大林著作编译局编：《马克思恩格斯选集》（北京：人民出版社，1972），卷1，页603。

当他界的天与下界的人之关系发生了变化时，鬼神与阳世子孙的关系也就不一样了。阳世的子孙固然需虔诚侍奉他界的先祖，事死如事生；鬼神在彼岸也会欣然来飨，庇佑子孙如同生前。阳世子孙不需使其神出体，神游于天，侍奉先祖；鬼神在他界，也不会化作带有个体性意识的作用者下降人世，指点江山。人与天基本上不相隶属，中有楚河汉界，但他们遵守共同的伦理法则。天人对越，界而不隔，人该做的事只是主敬恪穆，通过祭典，神人以和。

礼乐在西周的功用是重新划分了天人的关系，也划分了鬼神与人的关系，此一划分奠定了后世儒家绵绵不绝的祭祀秩序。孔子说"敬鬼神而远之"，他对祭祀有积极的态度，但对祭祀的对象却没有积极的知识。也许除了对父母等血亲，孔子曾有通过斋戒数日，观想亡者生前言行、容貌、嗜好，以期"恍惚的与神明交"之外，他在鬼神与人世的关系上更力主的做法是画一道非常明确的红线。[1] 周公尚且善事鬼神，孔子则只是相礼之人。孔子对鬼神的态度可说是周公制礼作乐精神更彻底的发挥，这是另一个历史阶段的故事。

---

[1] 参见本书第六章"恍惚的伦理：先秦儒家工夫论之源"。

第九章

陬人之子孔子：仁与族群政治

本章初稿《孔子与族群政治》,收入华东师范大学中国现代思想文化研究所编:《思想与文化(第十三辑)》(上海:华东师范大学出版社,2014),页84—106。

子入大庙，每事问。或曰："孰谓鄹人之子知礼乎？入大庙，每事问。"子闻之曰："是礼也。"(《论语·八佾》)[1]

孔子的家世

德国哲学家雅斯贝尔斯（K. Jaspers）与日本哲学家和辻哲郎几乎在20世纪的同一段时间提出人类"四大导师"[2]的论点。他们指出，在人类的轴心时代，四位代表人类精神与文明不同发展方向的圣哲分别出现在几个古文明地区，其中的释迦牟尼与耶稣是宗教人物，他们的思想被视为超乎尘世且具有普遍的意义。苏格拉底是另一种类型的哲人，他发现了人的理性之光，理性之光代表另一种具有普遍性的哲学真理。相对之下，孔子的此世导向特别明显，他的影响同样很

---

[1] 朱子注："鄹"，鲁邑名。孔子父叔梁纥尝为其邑大夫。孔子自少以知礼闻，故或人因此而讥之。朱熹：《四书章句集注》(台北：鹅湖出版社，1984)，《论语集注》，页65。
[2] 和辻哲郎：《孔子》(东京：岩波書店，1988)。雅斯培著，赖显邦译：《四大圣哲》(台北：自华书店，1986)。

大，但孔子的思想一方面似乎有更强的本土性，一方面却又跨越了种族、国别、年龄、阶级、宗教的隔阂，具有不同类型的普遍性。

关于孔子思想的性质有各种解释，一种强调此世内的顺应的模式很常被提及，黑格尔就是这样看，韦伯也采取了类似的论点。黑格尔与韦伯对于孔子与儒家的用语的友善程度虽然不一样，但思考的理据却是相似的：他们都认为以孔子为代表的儒家传达的只是一些伦理的格言，缺少超越的向度。黑格尔、韦伯的论点在当代欧美汉学家的著作中仍不时可见，甚至于在五四运动以来国内一些文史名家的著作中也可看到；这些著作的作者虽然很少采用黑格尔那种揶揄语气，但思考的主轴却是类似的。

笔者不会否认孔子和"此世"的关系很深，也不会否认儒家和中国或东亚联结得特别紧密。然而，笔者很难相信圣人的普遍意义可以被质疑，也很难相信一种与人的存在感息息相关的"普遍性内感"可以没有超越的因素。如果圣人带来的学问是理性的存在者都能领略的消息，那么笔者就很难相信它的超越性可以被抹杀掉。儒家无疑紧紧粘合了一种文化的传统，孔子确实也是在特定时空中成长的，但我们不会忘掉一项明显的事实：孔子在特定时空中成长，这是一回事；他超出了这个特定时空框架的拘束之外，这又是另一回事。孔门知识发源于鲁国这个地方，这是一回事；它发展出"天下"意义上的普遍性，这又是另一回事。"天下"的哲学虽然可以解释成"此世"的伦理学，但"此世"不一定就是"顺应此世"的，相反，"天下"是在"天之下"此特定时空中的普遍。

孔子思考普遍性的议题其实远比黑格尔、韦伯所理解的来得深，至少是不同的进路，到底他们是在不同的文化传统底下成长。不同的文化传统形塑了不同类型的普遍性，孔子的普遍性不离风土性、超越性不离现实性，而且他不只是思考，还以生命证之。学之所益者浅，体之所安者深，孔子的体证和个人的生命历程紧紧缠在一起，过程极为曲折。孔子所以会碰到普遍性与超越性的问题，乃因他生前必须和许多来自族群的习俗与期待相搏斗，他必须一一克服之。我们要了解孔子的思想，不能跳过这个前提：孔子生于二千五百年前山东的鲁国。孔子生于鲁国，原本是桩私人性的事务，但因为人物是孔子，地点是周代的鲁国，一桩家族的血缘事件加上一桩国族的政治事件，两者汇合，所以这件事就变成了重要的文化事件。

故事要从已故考古学家苏秉琦生前一本论中国文明起源的书《中国文明起源新探》谈起，他在书中提到"有教无类"的意义时说，"类"字是"族群"的意思，孔子传道授业，不分种族肤色，一视同仁。[1]苏秉琦的解读和传统的解读不一样，传统的解读通常将"类"当作贵贱、贫富的区别，由于孔子的学生中颇有"大资本家"如子贡，也有贫而好义如原宪、颜回者，孔子教学时，完全不受他们的"阶级出身"的影响。因此，以贫富、贵贱解"类"字，好像讲得通。

然而，《左传》分明有言："非我族类，其心必异。"[2]古典文献中的"类"字确实也有"族群"这类用法。"类"字可能不限于某种特殊的领域，《易传》说："方以类聚。""类"是集合名词，用于族群或阶级团体也许都可。然而，族群之说至少足以成论。身为当代重要的人类学家，苏秉琦对新石器时代的文化有个宏观的观察，他将此时期的文化分成六个板块——这还是个粗略的分法，在台北"故宫博物院"出版的一本有关新石器时代的玉文化的书中，当时的文化被分成

---

[1] 苏秉琦：《中国文明起源新探》，页4—5。李济在《中华民族之始》一文中，也提出了类似的解释。考古学家、人类学家因专业性质使然，似乎比较容易接受族群平等的概念。
[2] 参见左丘明传，杜预注，孔颖达正义：《春秋左传正义·成公四年》，收入李学勤主编：《十三经注疏整理本》，卷26，页824。

十一区、三十五种文化。[1]由于新石器时代文物的出土点不少，分类的标准也尚未达到定论的地步，所以不同的区系分类方法在所难免。不管是六板块还是十一区，现代人类学家对新石器时代文化的理解，似乎已逐渐走出黄河中心传播论的条框，区系类型学的模式逐渐占得上风。我们目前对史前时代的了解不但已经远远超过清末新学制建立的时期，也超过了五十年前教科书所教导给我们的历史图像；那时我们对"文明曙光"的理解还局限于仰韶彩陶文化、龙山黑陶文化那样的年代与类型，华夏文化圈被认为由黄河中下游向外扩充所致。目前由于考古学提供的铁的事实，"中原中心传播论"的提法已逐渐变成过时的理论，或至少是需要被修补的理论，信者大不如前。

20世纪下半叶是中国考古学的黄金时代，或许也是人类考古学的重要时段，中国文明黎明期的文化风貌至此才逐渐明朗起来。中国作为人类文明的重要起源区之一也至此才落实下来，而不是虚说。我们现在可以理直气壮地宣称：中国文明不管论质、论量，还是论历史，都足以和埃及、两河、印度并立。[2]在新石器时代文明，或者说在传说的五帝时代这个考古学眼里的黄金岁月中，我们看到文明初期的文化是交互影响的，东北、江浙的文明并不比中原差，也不比中原晚。我们如果观看当代出版的考古地图，不难发现新石器时代的文化遗址几乎遍满现代中国的每一个区域，一眼望去，被标注于地图上的遗址几乎像满天的星辰一样遍布于华夏的版图上。事实上，关于新石器时代的文物出土所反映的文化类型之丰富，学界已有"满天星"的说法。

"满天星"般的文化当然不一定代表满天星般的民族，"民族"的

---

[1] 参见邓淑苹主编：《敬天格物：中国历代玉器导读》（台北：故宫博物院，2011）。
[2] 在此之前，中国文明不管溯源到龙山、仰韶还是传说中的炎黄时代，图像都不够明确，证据也不够充分，所以论述总是不踏实。

识别永远是科学的问题，但同时也是政治的问题。然而，李济教授在论两万年前的山顶洞人的报告中，指出考古所见最完整的三件骨骸化石中，有一件属美拉尼西亚族，一件属爱斯基摩族，另一件可能属于原始蒙古族型或虾夷族，刚好黑、白、黄三色人种皆有，可见当时的民族是多元而复杂的。[1]我们看红山、齐家、三星堆出土文物上的人物造型，也可看出颇有"非我族类"的人种的元素：有些图像鼻丰唇厚，隐约之间尚有非洲人的样态。看来，新石器时代的中国确实是个多民族的区域。

新石器时代的多民族现象即使可以成立，我们还是难免狐疑：新石器时代离孔子已远，"不分种族，有教无类"之说是否和当时的族群状况仍相符合？我们不妨参见底下这几则不算冷僻的史料：传说在夏朝时，大禹大会诸侯于涂山，"执玉帛者万国"；商汤在位时，方国据说有三千多个；武王伐纣誓师于孟津时，当时与盟的国家有八百之多。我们不知道这些史料所说的"国"的概念为何，也不清楚国与国之间的族群关系如何分辨，但我们不妨参考现代的考古数据。殷墟出土的殉人坑中，依李济引杨希枚的分类，其族群可分成五种：布里特蒙古种、海洋尼格罗种、北欧种、爱斯基摩蒙古种、波里尼西亚种。[2]在春秋时期，见于史书的诸侯国名有一百二十八个，由此可见当时的族群之多及并吞之惨烈。这些方国之规模可想见地一般都不会太大，它们的族群如何分类恐怕也不易追究。但依常理判断，或依笔者理解程度相当有限的人类学知识判断，这样的"方国"很有可能是

---

[1] 参见李济：《中华民族之始》，收入《李济文集》（上海：上海人民出版社，2006），页275—280。
[2] 这些骨骸出土于西北冈区，一般认为可能是战俘的遗骸。李济、杨希枚认为这些骨骸包含异种系，但持同一种蒙古种系说者也颇有人，如豪尔斯、张光直等人都持后说。两说细节参见杨希枚：《卅年来关于殷墟头骨及殷代民族种系的研究》，收入杨希枚：《先秦文化史论集》，页913—936。

地区性的城邦之国，如日本封建时期的各个"国"一样；也有可能是各部落族群的意思，如台湾少数民族总共才58万人，占总人口数的2.48%，却可认定出16个族群（2022年）。

"万邦中国"是新石器时代的图像，从"万邦"到"三代"是上古史演变的主线索，孔子出现于历史舞台的意义或许可以沿着此条线索加以思考。

丘也，殷人也

读《论语》或先秦儒典，我们很容易形成三代传统有文化连续性的印象，尤其当"道统说"成了千年来儒家知识人的历史图像以后，我们更容易形成一种上古中国具有共同文化精神的认知，而"三代"这样的历史图像显然和孔子及儒家的传承有关。然而，在反省孔子的历史意义上，带给我们极大困扰的正是这种已经定型的图像。

"多元种族、多元文化"与"三代传统的文化连续性"两者即使不是矛盾的，也确实仍有极大的歧异。依上节所说，许多民族活动于中原大地上，这是个可以确认的事实。除了这个历史的问题外，我们也不能不考虑"不分种族，有教无类"之说是否和儒家的政治哲学兼容。在近世中国，孔子的形象不是一向和"春秋大义"联结在一起吗？"春秋大义"的内涵之一是"外夷狄而内诸夏"，孟子提出几种人兽之别的标准，其中不就有"夷夏之辨"这一项吗？我们不会忘了，在漫长的中国史之途上，不知有多少儒者为了春秋大义的"夷夏之辨"而发光、发热，以致杀身成仁、从容殉道，夷夏之辨确实是儒家坚持的理念。然而，我们如反省"夷夏"的内涵，不难发现这组概念在不同的历史阶段是有不同的意义的。演变的细节姑且不论，论其大体，韩愈说："孔子之作春秋也，诸侯用夷礼则夷之，夷而进于中国则中国之。"[1] 此种说法，亦即以文化而不以血缘判断"夷夏"的标准，恐怕比较符合原始儒家的理念，也比较能代表历代正统儒家的政治观点。19世纪以后兴起的民族主义思潮和中国的夷夏之辨的传统不能说没有关系，但从其血缘上看恐怕是非嫡系的远亲，没办法直接连上线。

我们所以谈起族群的问题或是所谓的"夷夏"之辨，乃因本章的主题建立在这些议题的争辩上。本章论述的主轴和胡适的《说儒》与傅斯年的《夷夏东西说》此两篇名文的关联很大，这两篇文章的论点都涉及孔子及鲁国的因素，本章讨论的焦点也要从"孔子与鲁国"这个因素谈起。"孔子于公元前551年生于鲁国"是历史的事实，但历史的前因如果改变了，后续的历史不一定会这样发展。因为孔子的远祖原本为殷商天潢贵胄，公元前1046年武王伐纣以后，[2] 微子启被封于宋，微子启之弟微仲为孔子第15代远祖，微仲辅助微子启，由此展开孔子先祖历代辅佐宋国政权的悠久历史。

武王伐纣，商朝灭亡，再经管叔、蔡叔、武庚之乱后，纣王之弟微子启被封于宋，以继承殷商血脉。这是种相当文明的改朝换代之举，这种模式虽然远有所承，并非周人的创举，但仍是个值得一提的上古政治的现象。三代之治在后世一向被视为有道的岁月，永垂后世的典范，此意象或许也是被追忆出来的，我们在今日当然不必全盘接受这种经过美化的古代传说；但作为美好政治象征的"三代之治"总

---

[1] 韩愈：《原道》，收入韩愈撰，朱熹考：《朱文公校韩昌黎先生集》，收入《四部丛刊初编大本原式》，卷11，页3。
[2] 武王伐纣的年代是争议最激烈的历史议题之一，成说者共有44种，可见聚焦之不易。

有它的道理，三代确实有个很好的政治传统，此即三代人君亡人之国，不会灭了别人的文化，他总是会留有封国让亡国者的后裔得以生存，也让其先人得以血食。孔子说："兴灭国，继绝世，举逸民。"（《论语·尧曰》）孔子的话语似乎说的是理想的政治措施，但其实是有历史依据的。我们看到夏亡之后，仍有杞国保有夏朝香火；殷商亡后，商民族仍有宋国得以延续商汤血脉。国破不一定要家亡，政统绝了不一定表示文化之统也断了，孔子上述的政治理念非常弘阔，是承继先朝的历史而来的。

　　商被周灭，后代的史家的解释常指向商纣王是位暴虐无道之君，众叛亲离，以致亡国。由于我们看不到纣王本人的说辞，无法在双方之间作出公平的仲裁，但衡诸常情，纣王本身如果没有犯了极大的错误，包括道德上的错误，一个伟大的殷商帝国怎会在他的手里断送？但从同情的角度着眼，我们也可说纣王勇于开疆辟土，武功很盛，在某种程度上很像汉武帝；两人之所以不同，只因汉武帝晚年一改早年的武力征伐政策，与民休息，汉朝国力乃得逐渐复苏，否则汉武、商纣有何差别？正因"纣之不善，不如是之甚也"（《论语·子张》，这是孔子门生子贡的感慨语），所以商灭亡后，商朝遗民才会那么不服，也才会有后来的武庚之乱。周人称殷民为"殷顽"，但殷人对他们同胞的反抗应该会有另外的解释，这些顽民反而被殷商遗民视为义士。故国乔木之思，乃人之常情，何乱之有！周公平定管蔡、武庚之乱后，授土封国，他所以要自己的儿子伯禽承继他的位置，在曲阜这个地方执政，是有政治企图的：在殷周鼎革之后，鲁是周人插足殷商旧区极重要的封国；因为重要，所以才将这个地方分封给儿子伯禽，我们很难想象此举没有监督殷人的意味。

　　我们讨论孔子的族群政治学所以要提及殷周鼎革，乃因孔子的先祖来自殷商，孔子的曾祖防叔因为政治逃难奔走鲁国，孔家才在曲阜生根。如果依据某些抽象的血缘共同体的幻象，孔子不是鲁国的原住民，而是异乡者，但身为殷商后裔，孔子对鲁国显然十分认同：壮年后，为寻求政治机会，他周游列国，游说国君，以求仁政得以实现；他游历在外时，不时有"归欤"之叹；他后来不但栽培了许多鲁国的家乡子弟，身后更成了鲁文化的象征。所以如套用"省籍意识"浓烈的地区的语言，"孔子在鲁国"的意义可以说是"外省子弟孔子的奋斗故事"。

奋斗的故事不是始于孔子，而是这个家族的事件。孔家辉煌而复杂的历史是孔子起家的"资产"，也是"债务"。不管利弊如何，孔子立足于不同凡响的基点上；这个基点不是他选择的，后人也无法复制；命运将他推向这个独一无二的历史处境，他在此基点上反思自己存在的难题。我们不妨将孔子家族的关键性人物简单列举如下。

第一，孔子前第十六代为帝乙。

第二，孔子前第十五代先祖为微子启之弟微仲，微子启封于宋，微仲辅之。

第三，孔子前第八代为正考父，传说作《商颂》。

第四，孔子前第七代孔父嘉被杀，其后代逃到鲁国的郰邑。

第五，孔子曾祖防叔，鲁国的防地大夫，孔子是防叔的后裔，第四代移民。

第六，孔子父亲叔梁纥为鲁国郰邑大夫，于孔子三岁时去世。

我们简略浏览孔子的家世，可以看出孔子的贵族血统非同一般。但孔家逃难到了鲁国以后，显然不可能维持旧日的繁华，孔子只能是没落贵族阶层的子弟。在周代封建体制下，人的属性是和他的阶级分不开的，但是，假如我们不持阶级决定论，孔子的属性如何，仍是个可以谈的议题。"孔子在鲁国"所以值得探究，主要的原因不在阶级，而是在以下这点：就血缘而言，孔子是殷人；但就出生地而言，他是鲁人。鲁国在东周是个特殊的国家，不管在春秋还是战国时期，鲁国在政治领域都缺少足以抗衡齐、楚这些大国的力量，但在文化上却是无人可以忽视的国家。鲁襄公二十九年（公元前544）季札至鲁观乐，鲁国当时是保存各国音乐最完整的国家。季札观乐是则著名的故事，季札和子产、蘧伯玉诸人都是春秋时期著名的"君子"人物，这些君子悦礼乐而敦诗书，威仪隶隶，文质彬彬，身为律，声为度，言行举止皆是周文化的体现，孔子受这些君子熏陶甚大。[1]在这些君子当中，季札却带有更多奇里斯玛的性格，围绕在他身边的人几乎都抵挡不了他的人格魅力，包括孔子在内。[2]所以季札观赏周乐，这件事被史官记载了下来，成为国之大事。音乐欣赏会成为重要的政治事件，我们现在很难想象，根本的原因在于礼乐在春秋时期不只是美学事件，它也是政治事件，礼乐和当时的世界秩序的联结非常密切，礼乐是子产所谓的"天之经也，地之义也"[3]，所以季札观乐才会被赋予那般独特的地位。季札是吴国人，其国虽有太伯建国之说，血统与姬周同源，但就春秋时期的文化归类来讲，它实属蛮夷族群，但季札这位蛮夷人士却有极高的文化修养，由此可知当时周文化渗入生活世界极深。同时也可理解就周文化而言鲁国大概是东周时期保存了最丰富的文、武、周公流风余韵的"橱窗"，所以季札才要专程拜访。

鲁国是周文化的橱窗，这样的叙述也见于昭公二年的记载，当年

---

[1] 参见貝塚茂樹：《威儀——周代貴族生活の理念とその儒教化》，收入《貝塚茂樹著作集·第五卷（中国古代の伝承）》頁363—381。貝塚茂樹：《論語に現れた人間典型としての君子》，收入《貝塚茂樹著作集·第六卷（中国古代の精神）》（東京：中央公論公社，1977），頁175—188。
[2] 传说唯一得孔子题写墓碑者，厥为季札，孔子题的词曰："呜呼有吴延陵季子之墓。"此传说是否可靠，不得而知。但季札至鲁观乐（襄公二十九年，公元前544年），孔子已八岁，以孔子之早慧，他当时对这场轰动一时的音乐会或许有深刻的印象。
[3] "礼，天之经也，地之义也，民之行也。"参见左丘明传，杜预注，孔颖达正义：《春秋左传正义·昭公二十五年》，收入李学勤主编：《十三经注疏整理本》，卷51，页1666。

晋臣韩宣子使鲁，面对眼前文质彬彬的文化，不禁赞叹道："周礼尽在鲁矣！"平王东迁后，赫赫宗周已成往日情怀，周礼的代表就在东方的鲁国。孔子是在周代的礼乐氛围的大环境下成长的，他也活在一个"君子"人格出现于历史舞台的年代。历史为孔子搭建了舞台，孔子之前的一群君子活出了当时的文化价值，硬性的封建体制慢慢软化了。孔子应运而生，他站在巨人的肩膀上，看得更深更远。孔子是第一位有明确的教育意识的教育家，也是第一位有明确意识学习贵族知识的学者。他所教育出来的学生就是要成为一位可以充分执行礼乐政治的君子，就是那个时代的公共知识分子；而他所以能教出君子般的政治人物，乃因孔子本人具足了体现周文化的各种知识。

然而，论及鲁国，我们不能只注意到它是周公、伯禽的国度，我们还当注意构成当地人民的土著分子。曲阜原为商奄之地，其原住民是东夷人。殷商灭亡后，有"六族"遗民连同重要礼器被赏赐给鲁国新君，商人大量流入商奄境内。众所共知，殷商和东夷民族关系极深，纣王所以灭国，相当程度上和殷商为经营东方投进大量人力，以及无法负荷财政支出有关。所以就血缘或就文化而论，殷商与曲阜的"原住民"有可能是同文同种。曲阜的居民因此呈现了双层的结构，被统治者是东夷人，统治者是周人。鲁国的族群呈现二分的现象最明显地见于其地的祭祀制度，殷周两民族的"社"不同，依据《左传》的记载，他们行礼时有可能分别在亳社与周社举行，阳虎即曾"盟公及三桓于周社，盟国人于亳社。"[1]孔子很尴尬地处在商周文化交叠的区域，更尴尬的是他的血液与理念使得孔子无法逃避族群纠葛的问

---

[1] 语见左丘明传，杜预注，孔颖达正义：《春秋左传正义·定公六年》，收入李学勤主编：《十三经注疏整理本》，卷55，页1805。"亳社"一词屡见于《左传》，如哀公四年"亳社灾"，哀公七年"以邾子益来献于亳社"。亳社、周社的问题，参见傅斯年：《周东封与殷遗民》，陈盘等校订增补：《傅斯年全集》，册3，页158—167。

题，冲突是命定的。

我们探讨"孔子在鲁国"这项历史的叙述，上述所列举的因素可谓卑之无甚高论，史籍斑斑，覆检不难。然而，我们不妨从具体的生活世界的角度代孔子设想：一位殷商族群的孤儿，三岁即丧父，在母亲带领下习礼；孔子习的礼应和殷民族的职业或其文化传统有关，他当知行于亳社的礼。然而，身为鲁国甚至当时最具声誉的"公共知识分子"，孔子很自然地也掌握了当时主流的周文化，而且还声名远播；周文化的主要成分也是礼乐，他对行于周社的礼也不可能不熟。孔子曾说"吾少也贱"，这个"贱"字对孔子说来应当有不一样的含义——不是只是穷，而且还有更多族群冲突的意涵。"礼"是文化价值体系的总称，一位处在民族矛盾地区的士人，他习得的礼不可能不反映世界矛盾的现实。孔子的习礼具有重要的认同内涵，我们不会忘了孔子是在殷、周夹杂的环境下成长的，他的生命是伴随着长期的困思衡虑、动心忍性向前发展的。

商宋霸图

孔子与殷商的关系不仅见于他们家族的"花果飘零"与"灵根自植"，[1]我们如果观察孔子的身世，还会发现他与宋国的关系颇为特别；这样的关联和他后来跨越了这种联结并形成儒家的思想大有关联，且看下列这几则故事。

---

[1] 这里借用了唐君毅先生《说中华民族之花果飘零》（台北：三民书局，2004）一书中的两个著名隐喻。

其一,《礼记·儒行》记载孔子"长居宋",孔子个人性的详细传记是不可能得知了,《儒行》这则记载因此特显珍贵。由于孔子先人长期在宋秉持国政,可想见,孔家当是大家族,故国乔木,尚多余荫。虽然孔家已逃离故国,但孔母在其夫去世后,有可能携子在宋度过一段时间。

其二,孔子十九岁娶妻亓官氏,其妻是宋人。孔子的婚姻一直令人好奇,但可想见的,这桩婚姻不是孔子自己寻觅的,而当是家族的意志所致——身在鲁国的一位没落贵族的后代越境远娶,这样的事件很难不启人联想。

其三,《中庸》一书相传即孔子孙子子思十六岁居于宋时所作。孔子儿子伯鱼早逝,子思应当是和孔子一起生活的;十六岁的子思会在宋国撰著,我们有理由相信是孔子安排的。据记载,宋国国君曾伸出援手,帮助子思脱离了一位莫名其妙的求道者的迫害;而且迫害者也知道子思或孔家"以宋为旧"[1],可见其时孔子或孔家在宋仍有影响力。

其四,《商颂》和孔家关系特别密切。一说《商颂》为正考父所作,一说甚至将作者推到孔子身上。由于《商颂》是殷商民族的史诗,也是他们的祭典诗乐,在商帝国败亡后,文献零落,因此《商颂》可以说是构成殷商民族认同最重要的文本,这个文本与孔子家族脱离不了关系。

上述所列,可谓荦荦大者,孔子与宋国的关系远比我们所知者来得密切。孔家即便离开了故国,他与原乡很可能仍有剪不断的关联。所以孔子有可能在宋国捱过青春期的某段岁月,子思也有可能"返乡省亲"——他的婚是在鲁国或宋国结的,也不好讲。

孔家与故国宋国的关联似乎很隐秘,但好像也很公开。从这种关

---

[1] 参见孔鲋:《孔丛子》,收入《四部丛刊初编缩本》,《居卫》,册18,卷2,页23。

联着眼,我们似乎可以找到他的头顶上空笼罩着的那股难以明说的神圣光圈从何而至。

孔子年轻时即"显现不凡的资质",这种叙述并不特别,伟人传记多可见到,但此外还有不少神秘的传说笼罩其身,此事不能不引起我们的注意。鲁国大贵族孟僖子临终前,即要他的儿子和当时刚过而立之年的孔子学习,他说道:"圣人有明德者,若不当世,其后必有达人,今其将在孔丘乎?"[1]孟僖子的临终遗言带有启示的蕴意,"圣人"在此不只是道德的词语,而是带有宗教的内涵,就像"聖"字蕴含了特殊的听觉与口说能力一样。孔子为"不当世"的圣人之后,他之为圣人似乎也是命定的,而且这种传说当时应该很流行,所以才会有这则故事出现。孟僖子的临终遗言慎重其事,颇有"托孤"的意味,显然他对"圣人"别有体会。孔子当时三十四岁,似乎已具有"天纵之将圣"的资质。

孔子的"圣人"资格是怎么来的?其时的人对他有何期待?笔者认为最可能来自殷民族的盼望。从防叔奔鲁,定居于曲阜,到孔子时,孔家已经是第四代,难道孔子还有对殷商的认同感吗?更彻底地说,从武王伐纣至孔子诞生,历史已经经历五百年,难道殷商后裔还会想恢复历史上的光荣吗?顾炎武在《日知录》中提出周人未曾弑君灭商,商周换代和秦汉以后的政治变局不可相提并论,[2]武王伐纣具有极高的道德正当性。其言颇辩,但也有理据。

顾炎武亲身经历明清的易代鼎革,感触自深。如果商周的鼎革真的如顾炎武所说的那么理性,商人难道不会遵守文王劝导他们的"毋

---

[1] 语见左丘明传,杜预注,孔颖达正义:《春秋左传正义·昭公七年》,收入李学勤主编:《十三经注疏整理本》,卷24,页1442—1443。

[2] 参见顾炎武:《武王伐纣》,收入黄汝成集释:《日知录集释》(台北:世界书局,1962),卷2,页31—33。

念尔祖,自求多福"的明训吗?我想答案是确定的,殷商遗民并没有忘掉他们祖先的光荣。胡适提到武庚之乱、宋襄公争霸之事在在可看出殷商民族的光复故国之志。胡适的判断值得严肃考虑,因为从各种文字记载上我们可以看出孔子有可能被视为殷商民族的"弥赛亚"、复兴殷商的重要人物。且看下列的几则记载。

> 仪封人请见,曰:"君子之至于斯也,吾未尝不得见也。"从者见之。出曰:"二三子何患于丧乎?天下之无道也久矣,天将以夫子为木铎。"(《论语·八佾》)

历史上周游列国以求实践政治理念的思想家不只孔子,孔子的弟子子游、子夏等,他的后学孟子、荀子都如此。其间还有各家各派的学人如蚁聚蜂屯,穿梭于华夏大地的大小邦国;八方风雨共聚,因而形成战国思想百家齐放的盛况。但孔子是史上第一人,而且他的周游列国与战国时期的思想家的境遇不一样:他厄于陈蔡之间,绝粮断食,还饱受嘲讽;后世如孟子的周游列国,则备受礼遇,跟随者众多,"后车数十乘,从者数百人",在接受国君的馈赠时,取舍之间,铢两分寸,姿态很高。先行者是寂寞的,孔子没有享受这种规格的招待。但从另一方面来说,孔子出游的讯息成分特别复杂,在后世追随者的经验里看不到。引文中的木铎是敲击乐器,也是种礼器,代表着孔子出来是为了传达某一种特殊讯息。仪封人不知何许人耶?他就像传统中国说部中的隐者一样,虽偏处一隅,却知晓天下英才,也知晓天道隐秘与天下大事的消息,仪封人令我们联想到三国的水镜先生司马徽与五代的陈抟。

仪封人认为"天下无道"已久,而且"天"将以孔子为木铎。"天下"与"天"这样的词语出自仪封人之口,值得留意。伊藤仁斋曾说儒家经典中的"天下"是关键性的字眼,凡出现"天下"的文句大概都会涉及普遍性的意涵。[1]"天下"当注意,"天"也当注意。何人有资格拯救无道之天下?这种资格是谁赋予的?当"天"仍保有人格神内涵的时代,"天"赋予何人警世、救世的任务?答案似已呼之欲出。我们不会忘了孔子晚年仍曾感叹:"知我者其天乎?""天何言哉!""天"的讯息的意义不能说不大。仪封人的话语带有浓厚的政治内涵,而这个内涵是在天意仍未从人间撤退的背景下呈现的。

  楚狂接舆歌而过孔子曰:"凤兮!凤兮!何德之衰?往者不可谏,来者犹可追。已而!已而!今之从政者殆而!"(《论语·微子》)

楚狂的"狂",不是目前精神病学认知的疯癫,它多少是有些"非理性的理性"之意味。中国史上最常见的"狂"之叙述乃是"佯狂避世",当举世皆狂,是非黑白颠倒时,平日用以制新事物正不正常的标准就作不得准了。从福柯(M. Foucault)以后,我们大概都知道疯狂不全是生理学的问题,更大的成分是历史政治学的问题,[2]不同的年代对疯狂会有不同的认识,也会有不同的接受度。但佯狂的狂者通常不止于避世,还会介入世事,于适当场合论天下大势,颇有预言家的味道。接舆是先秦时期很著名的狂者,《论语》等儒门要籍提到此人还可以理解,但连《庄子》书中都提到此人此事,可见故事流传之广。孔子到楚国时,接舆故意经过孔子车前,唱起歌来。歌词重复言

---

[1] "读圣人之书,必有字眼。'天下'二字,是圣人书中字眼。凡读孔孟之书,遇有'天下'二字处,必须着眼看,勿草草。"参见伊藤仁斋:《童子問》,收入井上哲次郎、蟹江義丸编:《日本倫理彙編·古学派の部》(东京:育成会,1908),上册,卷中,页109。
[2] 福柯著,林志明译:《古典时代疯狂史》(台北:时报文化出版,2016)。

及"凤兮",这个"凤"字值得留意:我们看三代的宗教,发现殷商民族最重视的图腾就是凤;将凤这样的图腾放在孔子身上,也就有将殷商的命运寄托在孔子身上之意。

闻一多有篇文章"龙凤",认为凤代表孔子,龙代表老子,这种说法颇有理趣。[1]我们如稍转换此文的视角,龙凤就会有族群的含义。闻一多的说法能否成立,细节需再斟酌,因为"凤"的象征意义基本上也由周人继承下来,"凤凰鸣矣,于彼高冈。梧桐生矣,于彼朝阳"。(《诗经·大雅·卷阿》)周人绝不吝于赞美凤凰。从出土的西周青铜器与玉器中,我们不时也可以看到凤凰的造型,无疑凤也是周文化的要素,商周同尊凤凰,周代尊凤有可能是承自殷商的旧习。但由接舆的歌词看来,凤凰用以指涉孔子,而孔子代表着殷商的希望,这种说法还是有道理的,"楚狂接舆"一章蕴含了极大的文化讯息。

> 子曰:"天生德于予,桓魋其如予何?"(《论语·述而》)

> (子)曰:"文王既没,文不在兹乎?天之将丧斯文也,后死者不得与于斯文也。天之未丧斯文也,匡人其如予何?"(《论语·子罕》)

"孔子是伟大的人文学者",后世以这样的形象视之当然是有道理的,他开启的儒家也常被视为人文精神极浓的学派。但他具有神秘的吸引力,他本人也禀赋了神秘的质性,相关的说法其实也不难看到:袁珂研究神话,发现孔子本人虽不言怪力乱神,但在后世,他很迅速地被

---

[1] 参见闻一多:《龙凤》,见《神话与诗》,收入《闻一多全集》,册1,页69—72。

神话化了。[1]最可称怪异者是，孔子之神秘不仅见于当时人的感觉，也不仅见于后人（如汉儒）的塑造，连孔子本人对自己的身家性命也有超出理性判断之外的认知；当他经过宋境时，司马桓魋想杀他，面对死亡的威胁时，孔子的态度即显现这一点。"天生德于予"如果译成当代的政治语言来理解，此句的"德"多少带有些奇里斯玛的性质，甚至"君权神授"的内涵。当人以道自任时，很容易兴起天道在我身上的感觉，梁启超、梁漱溟都曾自认为自己是中国文化所托，所以在流离时期面对各种的苦难，或在战争期间面对枪林弹雨，都身心安稳，认为炸弹不可能掉到自己身上，否则中国文化就亡了。孔子显然也是以道自任，但他的例子不能仅从主观的自信上加以诠释，他的自信自任是有客观的文化机制作背景的。先秦时期，流行"五百年必有王者兴"这样的神秘论述，这样的论述多少带有图谶的政治预言的意味，东汉后流行的图谶政治学显然有草根性的源头，而不是凭空生起。算算孔子的年代，距殷商灭亡、文武兴起，差不多也是五百多年。我们把孔子"天生德于予"的话语放在这样的背景看，可以得到一些独特的讯息。

第四个段落接着提到文王与孔子的角色联结的问题，孔子无疑以文王的继承人自命。孔子说老天如不想丧失"文"——"文"就是道——就没有人可以杀得了我。"文"字本指"文饰"之意，常对照"质"而言，"质在其自体"是种既神秘，也易导致反文明的论述；但"文""质"也不一定对反，它们可以指向"呈显"与"被呈显"的连续关系——"道之显者谓之文"，朱子、王夫之等人对于《论语》中的"文"字都有此解。[2]这样的解释虽是后出的，但其义却是可以接

---

[1] 参见袁珂：《中国神话史》，页157—159。
[2] 《论语·子罕》："文不在兹乎。"朱子注曰："道之显者谓之文。"参见朱熹：《四书章句集注·论语集注》，卷5，页110。王夫之：《四书训义》，收入王夫之：《船山遗书全集》（台北：自由出版社，1972），卷13，页4a；又同卷，页5a，王夫之有言："文即道也，道即天也。"

受的，只是孔子发出此语时，更带有上古时期祭政一致的内涵。更直接地说，这段话既是道德承担的语言，同时反映孔子还保有对政治的想象。文王何许人耶？先秦时期，能治礼乐、兴文化者，需有其德且有其位，缺一不可，[1]文王正是被认为两者兼具的圣王。孔子以继承文王自居，其话语如启人联想，难道是闻者的过度反应吗？这样的话语在秦汉后的政治格局下，还能发出吗？子贡不是说过"夫子之得邦家者，所谓立之斯立，道之斯行，绥之斯来，动之斯和"（《论语·子张》）吗？什么叫"夫子之得邦家者"？楚国重臣子西等人对孔子有所忌惮，深怕他掌权后会有政治上的风险，[2]未必是杞人忧天。显然，孔子不但被期待，或许也曾期待自己是五百年才出世的王者。

夫召我者而岂徒哉？如有用我者，吾其为东周乎？（《论语·阳货》）

孔子可能曾自我期许是应五百年之约而降世的圣王，我们在"吾其为东周乎"一语中可见到此含义。孔子周游列国时，"天下无道久矣"的语言与念头不时在他口中与心中出现，这种感慨正是促使他出游求仕的原因。但"仕"到什么位阶呢？"吾其为东周"这类想法，如没有掌握执政的权力根本无法实现。孔子思慕周公，我们只要观周公在宗周做了何等的事业，孔子想做的事业"东周"似乎也可推想而知。

---

[1]《中庸》说："虽有其位，苟无其德，不敢作礼乐焉；虽有其德，苟无其位，亦不敢作礼乐焉。"
[2] 参见《说苑·杂言》以下的记载："楚昭王召孔子，将使执政，而封以书社七百。子西谓楚王曰：'王之臣用兵有如子路者乎？使诸侯有如宰予者乎？长官五官有如子贡者乎？昔文王处酆，武王处镐，酆镐之间，百乘之地，伐上杀主，立为天子，世皆曰圣王。今以孔子之贤，而有书社七百里之地，而三子佐之，非楚之利也。'楚王遂止。"如果从一姓一家的利害着眼，子西的忧虑不能说是杞人忧天。刘向撰，刘文典校：《说苑斠补》（昆明：云南人民出版社，1959），卷17，页359—360。

《论语·阳货》中除了记载"公山弗扰以费畔"这场叛乱事件外,还记载了"佛肸以中牟畔"案,这两件著名的叛乱事件,孔子都有意参与其事,子路对此极感困惑,后儒的解释更是极纷纭——以孔子昔日对君君臣臣之君臣大义、正名的政治效果之重视,他怎能参加在下者的反叛?但如果君不君呢?熊十力先生生前一直强调孔子的革命思想,其论证多横秋独断,信者不多,但也有合理的地方。《阳货》这两则著名的叛乱事件是无法被轻易解释的,它们不是伪书,不是错简,孔子就是有意参加,我们似可从《论语》这些极具争议性的篇章中嗅出一些特别的气息。

> 子曰:"凤鸟不至,河不出图,吾已矣夫。"(《论语·子罕》)

河图、凤凰、麒麟是围绕孔子一生的众多事件中最具宗教神秘性的三件事物,这三件事物再怎么理解都很难摆脱神秘政治学的内涵。凤凰是殷商的图腾,在很多的殷商青铜器或玉器的图纹中都可以找得到。凤凰在神秘的宗教之下扮演着重要的角色:它被视为上帝的使者。卜辞有文曰:"帝史凤。"凤凰的神秘功能中有一项可能和民族的起源有关,《诗经·商颂·玄鸟》云:"天命玄鸟,降而生商。""玄鸟"前人多解作"燕子般的候鸟",但我们观看目前出土的殷商青铜器或玉器,燕子少见。笔者认为玄鸟或许也有可能是凤凰。但不管作何解,玄鸟总是带来新兴国族诞生的消息,中国北方地区的民族,包括满、蒙古、朝鲜族,都有始祖为鸟的传说。[1] 如果追溯其前身,我们可以在红山文化中找到其时重要的主题:鸟。鸟与殷商民族、东夷人都有关系,两者都是以鸟为图腾,而红山文化很可能是殷商文化的前身或

---

[1] 傅斯年《夷夏东西说》一文多有说明,兹不赘述。

前身之一。我们发现凤凰的意象一直围绕着孔子出现,凤凰是太阳鸟,[1]它象征着一种光明的意义,这意味着孔子将带领着殷商民族于混沌中走出一条路来。

和凤凰同样神秘,也居于同等地位者,厥为麒麟。凤凰是鸟类之长,麒麟是兽类之长,[2]这两种神秘的生物都带有传达神秘征兆的功能,它们是上帝派往人间传递天意的使者。孔子作《春秋》,绝笔于获麟,这则故事广泛流传于战汉的著作中。麒麟最大的意义是代表有道世界的来临,此祥兽死于郊外之所以给孔子带来这么大的挫折感,乃因孔子认为上天已传给他明确的讯息:他已无须再去拯救无道的天下了。这则叙述带有末世论的衰飒意味,如果没有神秘政治学的内涵,孔子不会绝笔于获麟,这则故事的旨趣应当很明显了。

至于"河图"究竟何义,恐怕很难讲得清。但如果说其图与后世《易》学的河图、洛书之学有些关联,而且带有政治预言的性质,亦即带有谶纬图书的功能,也许是说得通的。河图、洛书显然带有奥妙的天意,孔子曾等待它们的启示,但久候无消息,有消息的反倒是不该出现的麒麟,两者皆不是孔子所欲。孔子是殷商巫文化的批判者,他作的神话批判成绩远超出先秦时期任何一位哲人;他也是伦理世界的体现者,是关于人的伦理本质的学说的奠基者。孔子与汉儒眼中诡异的"玄圣素王"之形象相去甚远,我们没有理由以谶纬之学的眼光看待他。但汉儒之学的非常之说、奇怪之说不见得是自我作古的创作,这些论点有可能流传已久,孔子的人文精神面对天意与历史命运

---

[1] 四川金沙出土太阳神鸟金器,窃以为其鸟形 图像即是凤凰。对于太阳、凤凰的关系最富哲学性的叙述当是《庄子·逍遥游》所述"北冥有鱼"一段的扶桑、大鹏的寓言,大鹏固凤凰也。参见拙作:《庄子与东方海滨的巫文化》,收入杨儒宾:《儒门内的庄子》(台北:联经出版,2016),页63—124。

[2] 《孟子·公孙丑上》说麒麟之于走兽也,乃是"出于其类,拔乎其萃"。孟子的说法不会是他的自创,而当是承自民谭或是悠久的传说。

交叉的神义论问题时，不见得会回避或扫除这些因素。人文精神与天意启示两者的差异不见得是绝对的，在世界尚未完全除魅的年代，如果孔子在情感上仍与殷商的神权政治有所牵连，因而相信历史中有隐微的天意的话，也不是太难以理解的，孔子的道德人格形象无碍于他曾被认为、也自认是"应世而生"的。

三代损益说的整合意义

孔子身处殷周民族杂居之地，他"少也贱"，但仍处于"士"的阶层。他处于封建制度解体之际，却掌握了当时最完整的前代知识。他的知识与人生经历使他不断地走出乡土的、族群的、阶级的圈子，他看到了族群贯穿历史中的文化动脉，也看到这条动脉中流动的文化精神的血液。孔子的知识既是保守的，也是创新的；他的人格扎根于过去，却又投射目于未来。殷商民族对他有所期待，他似乎也曾有过承诺，作为殷商民族最杰出的代表，孔子一走出国门，即会碰到仪封人、石门晨门、卫国荷蒉者、荷蓧丈人、长沮、桀溺、楚狂接舆这类来历不明的隐士，这些隐士似乎知晓难以窥测的天机，这样的巧遇应当不是凑巧。孔子碰到语含天机的隐士极多，有若说部的记载，这些隐藏于山野草泽中的隐士仿若为开导孔子而现身于世。孔子很尊敬这些大隐，"孔子与隐士的对话"是孔子周游列国中最动人的篇章。不管这些隐士对孔子是劝进还是劝阻，也不管孔子如何响应他们，孔子最终还是走出了"民族主义"的囹圄，深入一个前贤未曾明确涉足的精神园地。

商朝大约享国六百年，周武王灭商、得天下后，深感天命不易，因此，君臣上下一直小心谨慎，自饬甚严，这就是周人的忧患意识。商朝终究是个伟大的帝国，代代有贤君，即使末代的商纣也不像后世典籍所说的那么坏。周取代殷商，领有天下，这场革命之举虽然已进行了好几代——至少从太王时期已开始"翦商"[1]——但公元前1046年甲子昧朝那场战役依旧是场神秘事件：殷周两军对阵，纣王部队倒戈。成功来得如此迅速，超出了周人的理性可以理解的范围；径路绝而风云通，周人神秘的"天命"之感不能不油然而生。我们从文王、武王、成王、康王时期的文献中，不时可以看到一种极具宗教情感、极富感染力的文字，这些周初英主即使在正式的文诰里也常对着苍天与群众呐喊："呜呼！小子封，恫瘝乃身，敬哉！"（《尚书·康诰》）"呜呼！曷其奈何弗敬。"（《尚书·召诰》）文诰中更弥漫着许多的"不敢……"之语，他们亲眼看到一个曾获得苍天几百年保佑的伟大帝国竟一夕崩溃，这种命运的不确定感强化了上天旨意的神秘性。从天意的不可揣测，他们有了"天威匪忱"的理念。周人指出天威匪忱的用意不在挥别天意，而是要在天意的不确定性中了解到它已是带有新的道德属性的神祇；下民已难通过血缘、供奉来取悦天神，而只能反求诸己，强化自己的道德感，战战兢兢，慎恪自持。尔后即是谋事在人，成事在天，静候新的天命降临。[2] 历代的官方文诰中，绝对找不到像西周文献那般充满了掩抑不住的宗教热情之文字。从政治观点看，周灭的是商汤不孝的后世子孙，但从精神看，以商汤为代表的崇高的殷商文化，周人是很自觉地继承了的。

殷周鼎革，但殷周也相继，殷的先王也是周人的典范，《尚书》中周人的篇章一再显示此义，我们由此看到商周革命的意义。此处揭

---

[1]《诗经·閟宫》："后稷之孙，实维大王，居岐之阳，实始翦商。"
[2] 参见拙作：《〈雅〉、〈颂〉与西周儒家的"对越"精神》，收入郑宗义主编：《中国哲学与文化（第十一辑）》（桂林：漓江出版社，2014），页39—67。

示了一个重要的意涵：政权的争夺不一定要和种族的问题挂钩，甚至于也不必和血缘勾连。殷商的天子是天之元子，上天是扩大的祖先神，但祖先神在尘世的元子不能恪守礼法、亵渎规范的情况下，会将"天命"赋予更有资格的人。当人世间的政权发生革命时，上天的神格其实也慢慢地发生了深刻的转化，是故殷周之际同时发生了政治与宗教的革命。周初的天超越了自己的专断，服从于自己颁订的普遍性的道德。纣王以失德而失国，他的失国体现了道德法则在历史上行使保障自身尊严的权力。从周人的眼光来看，汤武革命反而可以作为"天命有德"此新兴理念的见证。

孔子"罕言命"，却又说自己"五十而知天命"，两个"命"字字同义异。"知命"是孔子生命发展的突破点，这个突破点不是在知识的意义上。孔子在四十岁已达"不惑"境界，"不惑"所面对的问题应当是人的问题，也是伦理知识的问题，但由"不惑"而入"天命"，问题的性质大不一样。墨家人士曾对孔子的"命"观大肆批判，他们眼中的"命"就是"命数""气命"之"命"，这是一种伪知识的意义上的命。孔子平常是不说气命的，他的"天命"说虽然也涉入了非人间性的领域，却不是走入定命之途，因为"命运""气命"和福祸法则联结，"天命"和人的存有法则联结。"天命"的概念和西周时期新兴的"天"的概念同体而生，它指的是此世的人在一个具有普遍性的上天意志作用下承担起的一种非言说、非意识所及的道德使命。

孔子五十而知天命，天或天命的意识在晚年孔子的生命中不断回荡，这是首极显著的生命旋律。晚年孔子遇到新的天命，其义云何？笔者相信此中的撞击点是孔子作为殷商的后裔，如何面对商周巨大的历史变迁的问题。"天命"一旦介入了历史，历史就不只是时间的绵延，而是以连续性的时间格式承载道德及天意的历程，换句话说，历史的发展显示了理性的开展。血缘还是个重要的政治运作的力量，但不是标准，标准是文化。整部中国史，甚至连元、清这两个异族建立的朝代，民族情感都必须建立在文化基础上，而不是以血缘为准。这样的文化决定论的基础在春秋时代就已经建立了，而源头至少可追溯到殷周之交。夷狄与华夏的分别是文化不是血缘，孔子继承了这种政治传统，他进一步跨越了民族的界限，找到了更有效的联结点。

我们读儒家的《论语》，比较可以找到圣人的自我发展之轨迹，他的生命不是被决定了的，而是不断地成长。西方圣人的情况不同，耶稣一生下来就是上帝的儿子，没有发不发展的问题。至于孔子，我们知道他"少也贱"，"三十而立，四十而不惑，五十而知天命"，全程以观，可以清楚地知道孔子如何整合矛盾，如何走向光明，一步一步、各个阶段非常清楚。孔子知道自己有不可逃避的"命"，这样的"命"不是宿命，而是天命。为什么说天命？因为在人的有限性之外，另有一种莫名的伟大力量，它是由自然总体、历史历程混合而成的超凡之力，隐然有股"玛纳"式的神圣力量居于其间；我们必须体受这样的力量，唤醒生命内在的动能，并转化成行动的动力，这就是天命。天命逼使孔子从"天"的角度省视人的存在的根本问题，人或人世的问题因此才比较容易取得普遍的意义，而"天"的意义也才可以落实在人的主体性上。我们所以重视《论语》中的"天"，乃因"天"的视角会自然而然地将学者的关怀从一曲一隅的民族主义囹圄释放出来。天代表最高的真理，天命是无从逃避的。

陬人之子其实也就是殷人之子孔子在殷商亡国后几百年的文化冲突下如何调整自己，这是很令人好奇的事。但抽丝剥茧，我们还是可以找到其调适的痕迹的，诚如他的自白"吾无隐乎尔"（《论语·述而》），孔子的行为即是其思想的自我展示。在家乡有重要典礼，如傩祭，孔子会换上正式的服装，很可能依殷礼行之。他日常的生活作息、衣着服饰，也有可能保留殷商的传统。但在公共领域，孔子的表现不一样。孔子是位伟大的教师，他使用的教材是三代传承下来的诗、书、礼、乐，用的语言也是当时通用的"普通话"——雅言。因为孔子有来自江苏、山东、湖北、山西等这么多不同地方的学生，他们各自所用的语言一定不同，所以孔子会说"普通话"，教材也必须使用姬周各地通行的版本。孔子在三代之间找到一种理性、连续的线索，这条线索经过孔子的努力阐发后，将各族个别的智慧变成各族共享的智慧，华夏传统具体地形成了。"三代"论述跨越了民族主义的鸿沟，构成了儒家普世价值的一环。孔子不是"三代"这个用语的创造者，却是此用语极重要的阐释者。

> 子张问："十世可知也？"子曰："殷因于夏礼，所损益，可知也；周因于殷礼，所损益，可知也；其或继周者，虽百世可知也。"(《论语·为政》)

孔子至少在五十岁以后就跨出了民族的界限，他继承了周公的遗志，不但继承之，而且更深化之。如就种族的观点而论，周公、孔子不同族，孔子没有理由违反商民族的意愿，赞美周公与周文化。事实不然，孔子反其道而行，因为政权可以断，文化不能断，三代文化是夏、商、周三族一两千年彼此互动共感的历史的产物，在政治冲突的底层有剪不断的文化的联系，文化超越了种族的框架。所以他说："殷因于夏礼，所损益，可知也；周因于殷礼，所损益，可知也；其或继周者，虽百世可知也。"政权命短，文化气长，它的生命与影响远远超越政治统治的范围。"三代"论述是晚周、两汉的热门议题，这个议题的火花是由孔子引发出来的。三代盛时，其统治者都是天下共主，他们的统治方式中有些是部落性的习俗，有些是理性的措施。随着历史的演变，这些或封闭或开放的文化因素会慢慢地聚拢，形成隐藏的秩序。如何分辨出其间开放的与封闭的因素，表述出这些隐藏的秩序，遂成了后人能否取得三代历史教训的关键。对于这种贯穿历史的深层意义，我们可以说：整个三代之治都在为塑造一个具有更广大的精神空间的共同体做准备，而孔子正是阐释出这组隐秘的历史符码的关键人物。

孔子的洞见透过"三代损益说"的视角而呈现。当孔子反省三代文化，将视点放在其间的损益关系时，他做了汉尼拔（Hannibal Barca）翻越阿尔卑斯山那般的战略大迂回。孔子避开了族群政治的泥沼，切断了永远理不清的历史纠葛，直接洞穿了历史演变之间的理性因素。文化损益的观点预设了一种历史的连续性。福柯强调历史断裂的意义，但就多民族国家的观点考虑，历史连续性是超越民族主义最好的角度，因为每个民族都有伟大的文化，在同一个历史场域互动的过程中，彼此会接受对方的长处。所有的"体"，包含个体、团体，都是在互动的历程中辩证成长的，天生的"个性""国魂""民族精神"只能是种神话，站不住脚。共同性是在时间框架下的互动，是不同族群的人走入对方的生命世界，以彼此逐渐调整的"因"的方式激荡而成。孔子的思想固然可以说是"保守主义"，但他的保守是对"与世共在"的人格结构的一种反映。人的相互认同是通过彼此共在共通的成分转化彼此特殊、封闭的成分，取得具体的、普遍的存在感。孔子出入商周，平视三代，视野跨出民族、语言与阶级的限制，格局特显开阔。

"三代损益说"固然是出自孔子的睿智，但孔子是"接着讲"的，因为之前的周公已提供了极佳的参照。孔子晚年曾慨叹道："甚矣，吾衰也，久矣，吾不复梦见周公。"（《论语·述而》）圣人据说是不做梦的，因为他清明的理性可以穿透到深层的无意识，所以连非理性范围内的生命因素都可被转化。如果圣人有梦，其梦一定是有特殊的文化内涵，[1]孔子之梦见周公即是如此。孔子为何梦见周公？这是桩伟大的公案，此公案显示孔子和周公的精神有种独特的呼应，呼应的因素明显和"制礼作乐"有关。但礼乐的性质为何呢？真正的问题在此。笔者相信：从西周到春秋时期，礼乐不只是政治的概念，它和人的存在息息相关。事实上，礼乐牵涉到神人的分工以及情性的表现，这是人在天地之间面对超越与内在因素的交会时必须面对的问题。在遥远的颛顼时代，据说颛顼曾令重黎绝地天通，"绝地天通"其实是场宗教革命，是对巫教的出神（出窍）教义的修正。有了"绝地天通"，才有主体的初步展现，也才有对"人"的第一次发现。然而，巫教的影响根深蒂固，随扫随返，商代巫文化的作用依然很强，商末尤甚。巫教也有礼乐，但巫教的礼乐旨在松绑主体，以使之进入非主体性的混沌状态。当新的时代精神来临时，周公不得不继颛顼绝地天通之后再度重作天人关系的调整。周初牵涉主体的道德词语特别多，敬、肃、惕、恭、严、德等一一步上历史舞台，[2]由此可见制礼作乐与人的道德理性力量的崛起甚有关联，这是主体性的第二次深化。孔子继周公之后，第三度响应了这个根源性的要求。孔子的响应统摄在"仁"这个德目下，一种完整的道德人格概念自觉地呈现于世。

孔子梦见周公当然有跨族群的意涵，但族群问题已不是此时孔子的唯一关怀，孔子的跨越具有更普遍的意义。笔者这里所说的普遍性意义，当然指的不是无原则的"世界主义"，而是定位于"绝地天通"的文化传统上的"普遍主义"。以下，我们不妨回过头来，再反省底下这段孔子对管仲的著名论断，因为此论断牵连到民族主义、文化表现与仁的关系。

---

[1] 有文化内涵的梦，《周礼》称作"正梦"。
[2] 参见郭沫若：《周彝铭中之传统思想考》，收入《郭沫若全集·考古编·第五卷（金文丛考）》（北京：科学出版社，2002），页1—28。

子曰："……微管仲，吾其被发左衽矣。"(《论语·宪问》)

管仲是春秋名臣，春秋霸王政治的掀起者。管仲曾是许多后辈心仪的人物，是"有为者亦若是"的典范。孔子对管仲却相当有意见，对其操守意见尤多。师法孔子的孟子听说有人强调管仲的典范意义时，脾气也变得很坏，他说，曾西听到有人将他与管仲比，相当不屑；连曾西都不屑与管仲比了，"而子为我愿之乎"(《孟子·公孙丑上》)，孟子此话的姿态相当高。然而，孔子对管仲的"尊王攘夷"政策却极赞美，甚至以"如其仁"这么高规格的语言赞美之。孔子批评管仲甚厉，但赞美管仲所用的语言之规格却又如此之高，对照之下，相去天壤。《论语》中的"管仲论"是著名的"理论火药库"，不同解释的对立性很强，解者纷纭不定。笔者认为孔子的按语看似与其他看法冲突，却不是自相矛盾，而是他认为所有道德当中，"守住文化传统"的功劳远大于私人性的道德操守。

虽然管仲保护华夏文化之功永不可没，孔子极赞美之，此种文化至上的理念也构成了儒学的核心价值，但我们不会忘了管仲毕竟只是"如其仁"，他到底不是"仁者"。"如其仁"的关键在于他保住了华夏的文化。如果说任何人的具体存在都是存在于其个体或群体所属之文化，三代之治、文化保守主义的夷夏之辨都是该信守的，华夏文化也该保守，那么为什么东夷文化不该保守？任何受限于一时一地一民族的主张都不是究竟义，比起管仲的"如其仁"，孔子无疑更赞美尧舜的"唯天为大"。尧舜不是"如其仁"，尧舜就是仁；他们的"公天下"不只是政治上的意义，更重要的是，它显示了一种超越的意义。这就像《礼记·孔子闲居》所说的"三无私"：天无私覆、地无私载、日月无私照。真正的仁是筑基于现实基础上而又通往普遍性的道德。凡出于一时一地一族群的要求，其价值即是一时一地一族群的。晚年的孔子另有一种悠远的情怀,也是跨族群的四海一家的情怀,[1]此情怀已不是"吾其为东周"或三代损益说的论述所能拘囿,且看下列两则言论。

子曰:"道不行,乘桴浮于海。"(《论语·公冶长》)

子欲居九夷。或曰:"陋,如之何?"子曰:"君子居之,何陋之有!"(《论语·子罕》)

"夷"是族群分类的概念,但它的指涉似乎不那么确定。九夷何在?乘桴浮海,欲往何处?这是孔子留下最大的谜团之一。由于殷商与东夷民族关系匪浅,而广义的东夷民族包含海东的三韩及扶桑三岛在内,[2]因此,从《论语》此经典一传到东国如日韩开始,日韩儒者对这两段话即颇有论述,他们相信孔子很可能要往海外的朝鲜、扶桑发展。日韩儒者的注释乍看之下颇似边缘地区读者常患的"圣人意结症候群",他们常借圣人之言以撑自家门面,因此他们的论点很少受到中土知识人的注意。然而,我们何以能够确定孔子的旨意不在域外的族群?[3]可以确定的是,孔子生前无疑已知九州之外更有天地。《商颂·长发》云:"相土烈烈,海外有截。"殷商势力扩张到海外,孔子家族又与《商颂》关系特深,当然知道海外别有天地。而依据"仁"的理念,孔子显然相信中原之外的人一样有实行道德的能力,也可以

---

[1] 先秦时期,中国已有"四海"的概念:《山海经》的叙述即预设了四海的架构。孔子的学生子夏说:"四海之内,皆兄弟也。"(《论语·颜渊》),其说即是"四海一家"的反映。
[2] 参见范晔:《后汉书》(北京:中华书局,1997),《东夷列传》,卷85,页2807—2827。
[3] 范晔在《东夷列传》的按语处肯定孔子要居九夷,即因其地"柔谨为风"。范晔:《后汉书·东夷列传》,卷85,页2822—2823。

和平共处。我们不会忘了"夷"字与"仁"字关系极深,两者除了文字学的关联外,不无可能也有人种学的内涵。[1]随着在中原得君行道的可能性日渐式微,孔子不能不设想在异地发展的机会,何况这个"异地"不无可能是作为祖先来源的旧乡,孔子陷入深思中。

也许孔子并没有深思,圣人一切平坦,方针早定,他只是很自然地依自己的生命经验发此感慨!中国一向是多民族的国家,文明的起源是多元的。孔子本人就是在族群的矛盾与整合的反复过程中成长的,但他没有陷入难以脱身的族群争斗的泥淖,相反,他从事的是推动三代文化整合的工作。他在纷扰的族群斗争与国家间掠夺的政治漩涡中看到一种来自生命深层与存在深层的动力——仁,仁穿透了各种限制性的力量,感通万物,它将成为在九州内外规定人之所以为人的规范的共同基础。所以是否只能在九州之内行道,这个问题应该没有给他带来太大的困扰。

晚年孔子:文化传统与宇宙关怀

"吾少也贱","贫贱"问题曾是孔子年少时不能不面对的生活处境,他走过了;汤武革命,血流漂杵,族群问题也是干扰他生命激情的因素,他也走过了。他曾想象自己有机会成为周公那样的大政治家,因此周游列国,却不得志,成为周公的距离越来越遥远了。然而,当他距离周公的事业越来越远时,他离周公的精神世界却越来越

---

[1]"仁,亲也,从人二。……古文仁,或从尸。"段玉裁于"古文仁,或从尸"下注:"按古文夷,亦如此。"参见许慎撰,段玉裁注:《说文解字注》,八篇上,页1,总页365。

近。通过教育,他无意中将礼乐政治带到中原各国去。周公走后五百年,姬姓子弟遍天下,但没有一位周代王室子孙发挥周公的精神像孔子那般彻底。公元前479年,孔子去世了,鲁哀公亲作诔文,追悼这位鲁国的传奇人物,词句中有"尼父"之语。[1]就精神的拓展而言,孔子确实可以成为鲁国人民与周姬子孙的"教父",他是周公最重要的继承者。

事实上,晚年的孔子已不受限于周公的事业,或者说已将周公的事业升级了,孔子翱翔于生命圆熟的园地。六十八岁后,孔子年老了,他一方面对家乡特别怀念,想要传道于家乡子弟,有归根之念;但同时他的情怀却已毫无所系,他悠游于一个彻底自由的国度。我们且看底下这则叙述:

《猗兰操》者,孔子所作也。孔子历聘诸侯,诸侯莫能任。自卫反鲁,过隐谷之中,见芗兰独茂,喟然叹曰:"夫兰当为王者香,今乃独茂,与众草为伍,譬犹贤者不逢时,与鄙夫为伦也。"乃止车,援琴鼓之。云:"习习谷风,以阴以雨,之子于归,远送于野。何彼苍天,不得其所!逍遥九州,无所定处。时人暗蔽,不知贤者。年纪逝迈,一身将老。"(蔡邕《琴操》)

晚年孔子的心境显得平静而旷达,那是大成圆熟的化境。他曾周游列国,也有机会从事政治实践,成绩是有的,但如果从"吾其为东周"的个人心愿着眼,他的成绩是有限的。但蔡邕笔下的晚年孔子显然已游心于另一个境界,此时的孔子是位伟大的音乐家,从江文也的观

---

[1] "呜呼哀哉!尼父,无自律。"参见左丘明传,杜预注,孔颖达正义:《春秋左传正义·哀公十六年》,收入李学勤主编:《十三经注疏整理本》,卷60,页1945。

点看来，孔子不仅是中国最伟大的音乐家，甚至可以说即是音乐的化身。[1]孔子弹琴，也歌唱，但是否作过琴曲，先秦的文献是看不出来的，蔡邕的《琴操》所记载的这则轶事不知原始出处为何，但就意义而言，一位鲜活的晚年孔子跃然纸上，这则关于《猗兰操》的故事显示他当时面对苍茫天地作出的自我定位。"逍遥九州，无所定处"的心境常见于晚年孔子，在风雨交加中，他浸润在一无所有、一无所在、一无所是的氛围中。自然而然地，一种慧命相续的永恒感浮上了心头，"吾党之小子狂简"（《论语·公冶长》）的思念也跟着出现了，回乡栽培后进的念头愈发强烈。他果真在暮年时回到了鲁国，尔后，他培养出来的学生有的成了当时列强的国师，如子夏；有的是数一数二的大富豪，如子贡；有的是望重一方的精神领袖，如原宪；有的很厚实地将夫子之道传播开来，如曾子；可以想见，更多的学生是在封建体制开始瓦解的阶段，成了当时的中下阶层"士"，构成了社会转型的力量。公元前5世纪的孔子无疑地已是当时最富声名的人物，他成了中原的传奇。但此时的孔子有种神秘的使命感：他感到"天命"降临在他身上。

"天命"是种宗教情感，人怎么会和作为总体存在依据的"天"发生亲密的联结？如果有天命感，又怎么会悠游自在呢？但在孔子身上，我们却看到一种极高境界的圣人之存在状态，这是一种既严肃且自得的宇宙情怀，两极矛盾的对立统一。[2]他的根既在曲阜，也在殷商传统；但也可以说一无所在，既在也不在，既是也不是。诚如他自己给自己的定位，他是"东西南北人"[3]，他甚至会自我调侃说他就像

---

[1] 参见江文也著，拙译：《孔子的乐论》（台北：台湾大学出版中心，2005）。
[2] 鲁迅曾批评孔子严厉、呆板，鲁迅读书有通达处，但不知这位过度严肃的小说家何以竟没有足够的识见领略孔子的幽默。
[3] 此语出自《礼记·檀弓上》："孔子既得合葬于防，曰：'吾闻之，古也墓而不坟。今丘也，东西南北之人也，不可以弗识也。'"郑玄注，孔颖达疏：《礼记正义》，收入李学勤主编：《十三经注疏整理本》，卷6，页201。

条无家可归的流浪狗。[1]我们很难想象圣人会和"丧家之狗"的形象联结在一起,孔子曾说:"鸟兽不可与同群。"(《论语·微子》)人在人伦之中成为人,圣人是人伦之至,但人与鸟兽未必不能感通,也未必不能成为某种层次的命运共同体。所以世人以无家可归的流浪狗譬喻孔子时,圣人不以为忤,这种怀乡而又无乡的情感巧妙地体现在晚年孔子的身上。有关晚年孔子的精神世界,最令人深思的当是《礼记·檀弓》这则记载:

> 孔子蚤作,负手曳杖,消摇于门,歌曰:"泰山其颓乎?梁木其坏乎?哲人其萎乎?"既歌而入,当户而坐。子贡闻之曰:"泰山其颓,则吾将安仰?梁木其坏,哲人其萎,则吾将安放?夫子殆将病也。"遂趋而入。夫子曰:"赐,尔来何迟也?夏后氏殡于东阶之上,则犹在阼也。殷人殡于两楹之间,则与宾主夹之也。周人殡于西阶之上,则犹宾之也。而丘也,殷人也。予畴昔之夜,梦坐奠于两楹之间。夫明王不兴,而天下其孰能宗予?予殆将死也。"盖寝疾七日而没。[2]

孔子的一生结果于临终前的逍遥之歌,这是首神秘奥妙的人生乐曲。白天是意识的世界,夜晚是无意识的世界;青年是权力欲望的时期,暮年则是反思生命全程的阶段。在白昼,在青壮年,我们的意识

---

[1] 此语出自《白虎通·寿命》:"夫子过郑,与弟子相失,独立郭门外,或谓子贡曰:东门有一人,其头似尧,其颈似皋繇,其肩似子产,然自腰以下不及禹三寸,儡儡如丧家之狗。子贡以告孔子。孔子喟然而笑曰:形状末也,如丧家之狗,然哉乎!然哉乎!"以上两则叙述不见得属于孔子晚年时期,可能孔子在中年时已有"知我者其天乎"的感受,但晚年孔子"东西南北人"的心态更浓。朱维铮主编:《白虎通义》,收入朱维铮主编:《中国经学史基本丛书》(上海:上海书店出版社,2012),册1,页319。

[2] 郑玄注,孔颖达疏:《礼记正义》,收入李学勤主编:《十三经注疏整理本》,卷7,页241—242。

的中心在心在脑，生命的冲动引领我们跃出存在的根据；随着岁月的流逝，生命的跃动会逐渐反其道而行，进入存在的深渊。孔子在生命的最终点又回到了存在的原点，他既回到殷商的情怀，也回到存在依据的宇宙轴神话里。泰山是宇宙山，梁木是宇宙树，"太极"的概念即是从宇宙树发展出来的。[1]宇宙山与宇宙树都是宇宙轴神话的案例，宇宙轴是初民最原始的精神表现。"七"是神秘数字，一个循环周期的格度，《易经》有"七日来复"之语。孔子寝疾七日而殁，这里的"七日"很可能不是真实历史的时间量度，而是一种宇宙性的循环时间，他回到了他生命所出的"零之向度"。当历史上的孔丘走到了肉体生命的终点时，文化意义上的孔子进入宇宙循环的开端，更开阔的大道就此展开。

《檀弓》这段隽永的文字记载了孔子最后一段生命历程，这段文字的张力极强，张力的两极一在殷商传统，一在宇宙轴的"天下"意义。孔子在肉体生命力最脆弱的时候，于做梦中放下一切，殷商文化中极具深层意义的丧葬仪式自动地从他的潜意识中升起。他醒来时，也自言自己是"殷人也"。但他临终之际歌咏的泰山，乃是"升中于天"的宇宙山，[2]而且是东夷人民的宇宙山——因为只有从东夷的地理位置，"登泰山"才可以"小天下"，泰山也才会是作为天下之中的宇宙山。如果从其他民族所在之地仰观，其地的宇宙山有可能不是泰山，而是嵩山，或是祁连山，或是昆仑山。中无定所，惟民所视。孔子临终之际，生命盈满了对故国的思慕，他生命底层的无意识之主旋

---

[1] 参见方东美：《中国形上学中之宇宙与个人》，收入方东美：《生生之德》（台北：黎明文化，1979），页283—320。拙作：《太极、通天与正直——木的原型象征》，收入杨儒宾：《五行原论：先秦思想的太初存有论》，页291—334。

[2] "因名山升中于天，因吉土以飨帝于郊。升天于中，而凤皇降，龟龙假。"语见郑玄注，孔颖达疏：《礼记正义·礼器》，收入李学勤主编：《十三经注疏整理本》，卷24，页876—877。

律显然是殷商的风尚旧习,这是作为个体的孔丘一生回顾的眷恋。然而,孔子对故国的思慕,却是在宇宙轴这样的背景下展现出来的,他回到了永恒的国度。泰山此宇宙山与梁木此宇宙轴是初民通向神圣之源——天的管道,伊利亚德说"中"是初民最重要的宗教概念,[1]华夏初民也不例外,孔子在他的无意识层中仍保存了对存有根源的追忆——"天"是不可回避的存在之向度。[2]

"宇宙轴"的视野所以需要特别重视,乃因宇宙轴显示了下界和"天"的联系,而"天"会带来普遍性的意义的问题。然而,"宇宙轴"既然连接天人,初民就有可能有沿此宇宙轴向根源处退缩、作"永恒的回归"的心态。初民的文化通常会抗拒"新""进步"的因素,良有以也。但殷周之际的宇宙轴思想在方向上是双重的:它可回归于天,也可以将"天"引导到此世来。因为从殷商这个普遍王朝的"天子"概念成立,以及西周特别发展出了"天命"概念开始,一种具有普世意义的政治概念"天下"逐渐形成。"天下"概念由"天"导引出来,但"天下"的意义更为丰富:"天下"不是"天","天下"是"溥天之下",它连接"天""人"两端,它的内涵必然有此世导向的政治向度。孔子的政治理念与道德理念明显是在天-天下这样的文化主轴上摊展出来的。后世公羊家的"升平世"之说与《礼记·礼运》的"大同"之论,都不是空穴来风。孔子是殷商后裔,他在情感上显然仍有强烈的往日情怀,但在道德理念上,孔子更相信有种永恒而普遍的价值。所谓的普遍不只是泛泛而论的普世,亦即普一切人类,在某种程度上,我们应该有理由大胆地说:孔子的普世乃是普天之下的芸芸众生,包含人以外的生物及非生物,所谓"仁民而爱

---

[1]参见伊利亚德著,拙译:《宇宙与历史:永恒回归的神话》。
[2]钱穆先生临终前特别重视儒家的"天"的概念,可提供一个有意义的参照点。

物"。但普世也是有根的,只有扎根于文化传统上的普世才不是抽象的普世。

把孔子的"仁"的理念放在三代传承的视角下定位,我们可以看出其说的不朽意义。为什么"仁"那么难定义?因为它是人的存在的本质,它不是能够被轻易定义的事物。"仁"见于现实的人性,却深根于隐微的"天"之氛围。孔子的"仁"之字义或许和关于种族的"夷"字有关,但它的意义却早已飞越族群的藩篱。孔子相信仁具普世的意义,殷、周、蛮夷皆须行之。由于当代强权国家常借"普世"之名以行干涉内政之实,"普世"一词在目前有被污名化的倾向。然而,这个词无须避讳,也不能回避,孔子无疑地就是普世价值论者。只是孔门"仁"的普世价值乃超越地存在于人性的结构,而又经验地立基于各地各族的文化传统上。普世不能违反人性,而文化传统则是人性展现而出的载体。普世价值既内在于人性本身也内在于各地的风俗传统,这是"仁"此概念的两个框架,"为仁由己"(《论语·颜渊》),"己"既指个体,也指族群,道德的实践要在这两个框架内实行,旁人的关怀不能绕过这两个框架,绕过去就是越俎代庖。"远人不服,则修文德以来之""春秋无义战",这才是儒家政治的真精神,也是大国崛起的真风范。

人是群居的动物,族群政治是推动历史的一大力量,它有可能带来解放压迫的福音,但也有可能成为摧毁理性价值最廉价的武器。孔子有机会也有能力成为殷商民族的代言人,但他以三代论述代替民族论述,更以天下论述补充了三代论述,而他的天下论述又是筑基于普遍性的"仁"之基础上。晚年的孔子似乎背叛了殷商遗民的期待,但实质上却做了最伟大的贡献。他以走出民族主义的身影成就了民族的光荣,孔子是早已不存在的殷商民族矗立在历史洪流中的丰碑。

孔子的一生可说是由殷商子民心态走向天下意识的历程,就像儒家是由地方性知识成长为理性知识的结果。"我有知乎哉？无知也。"任何人的"我"，包括圣人的"我"，都是奥秘，都需要保存；但也都是透明的，都需要被超越。凡个体都是有限的，圣人会老，泰山会崩，梁木会坏，但自从有了仁的理念以后，一种更有效的宇宙轴建立了，孔子将安身立命的力量安置在每个人存在的根基处。

| 结语

未济终焉心缥缈

题名语出龚自珍：《己亥杂诗·其二七二》，收入刘逸生、周锡䪖笺注：《龚自珍编年诗注》（杭州：浙江古籍出版社，1995），页748。

"孔子之前的儒家哲学"乍看之下是种奇异的谈法,如果依史学或文献学的标准来看,这种提法是非法的,不能成立。在今日,"孔子"与"儒家创始者"几乎已可画上等号,"哲学"一词大概也不太容易使用到孔子之前的哲人的思想体系上去。但我们如依孔子之后的儒家传统,尤其是经学的眼光来看,孔子继承尧舜以下直至文、武、周公为止的一贯相传之道,事情却是明明白白的。道若大路然,群儒共行其中,依之成学,他们也不会质疑这个传统的存在。

　　"孔子之前的儒家传统"的意识不是笔者也不是今日的学者的提案,甚至也不是战、汉以后的儒者提的,这个提案的倡议者正是孔子本人。孔子在《论语》一书中,即不时提及古代圣王,拳拳服膺弗失。战、汉儒者论及儒家传统或孔子思想的来源时,也多认定孔子之前已有道之统绪。孔子好古敏求,我们就《论语》一书来看,他所遵从的学问或者他所向往的"道",其格局和"六经"系统尤其是《尚书》基本一致。后儒追溯出来的道统,其人物在《尚书》书中业已出现;尧、舜、禹、汤、周文王、周公,这些人是孔子的先驱,也是他终身继承其学的往圣。而这些人恰好也是构成《尚书》与《论语》一书的骨干人物,他们可说是圣王典范。

　　《尚书》者,上古之书也,此经书追溯文明的起源直至尧舜时期。

《尚书》不知编纂于何时,也不知其编纂过程,但就史料言,我们可以合理地认定它所安置于历史起源的人物应当是传说,或者是神话、传说混杂的人物。即使作为中国第一个统一王朝夏代的创始者,夏禹的传说或神话色彩也很浓。但在《尚书》一书中,远古圣王的存在不管是神话,是传说,还是真实的,从尧舜到周公都被视为是历史性的、人文性的,也可以说是道德性的典范。《尧典》《禹贡》《洪范》这些篇章中的古帝王每一位都是儒家式的圣哲人物,他们的身上不但巫教的气息极少,而且当说他们事实上已成了道德的化身——身为律,声为度。我们虽不知道书中这样的圣哲形象何时形成,但笔者相信其骨干在西周业已形成,所以从《虞夏书》到《周书》的各篇文章的精神才会那么一致。孔子《论语》中的尧舜观、大禹观与《尚书》中所呈显者基本上也一致。这样的一致不会是没有原因的,孔子的圣人观远有所承,而且这样的名单是前代哲人(很可能是周初圣王)特意挑选的。我们如果拿《韩非子》所呈显的,或者《竹书纪年》所记载的尧、舜、禹来比,[1] 即可看出个中的差异。以《尚书》《论语》为轴心的儒家圣人观是先秦儒者在各种并存的模式中执锐披坚,摧陷廓清,因竞争而成功树立的太古图像。

  《尚书》中的圣哲图像与孔子甚至他之后的孟子、荀子所了解的基本一致,这个事实非常清楚,然而太过清楚的图像常常反而被忽略了。论及中国文明的起源,先秦时期有两说颇流行:帝尧一说,黄帝一说。[2] 时间进入战国后,黄帝的形象特别突出,黄老学派基本上在

---

[1] 如《韩非子·说疑》言:"舜偪尧,禹偪舜,汤放桀,武王伐纣。"陈奇猷校注:《韩非子集释》(台北:河洛图书,1974),页925。《竹书纪年》言:"尧之末年,德衰,为舜所囚。""舜囚尧,复偃塞丹朱,使不与父相见也。"参见范祥雍订补:《古本竹书纪年辑校订补》(上海:上海古籍出版社,2011),页2。以上二则或以为是《琐语》文,但不管语出何处,古已有此传言是确切的。

[2] 最近的研究参见易华:《夷夏先后说》,此书论黄帝与青铜器、夏族的关系颇可成说,但黄帝、青铜器在中土出现的年代或许可以更早。

此时期形成。但黄帝的传说不应该始于战国，如果我们以《尝麦》篇为准，黄帝的故事至少在西周时期业已流行，孔子显然也是知道黄帝传说的。[1]孔子虽然知道，但却没有选择黄帝作为文明的象征，也没有视之为文明的源头。笔者认为孔子选择帝尧而不是黄帝作为人文之祖，尔后的孟子、荀子也跟着孔子的脚步选择帝尧而不提黄帝，应该是很自觉的。我们只要想到"黄帝"在战国时期那么流行，挂名在"黄帝"下的著作那么多，连要称霸天下的齐国都要将始祖追溯至这位传奇的神秘帝王，但皆好学术辩论的孟、荀却没有提及黄帝其人其学——一次都没有——就知道这种遗漏显然是蓄意的，他们在帝尧与黄帝的竞争中选帝尧而非黄帝，一定有更深刻的道理。

帝尧而不是黄帝成了儒家系统的象征，此事牵涉到儒家对上古神话的选择与转化。帝尧与黄帝都有至高神、太阳神的形象，他们的事迹都有开辟宇宙的因素，也有负起整顿世界秩序责任的情节；在古帝系列中，这两帝形成了竞争的关系。但我们观看《尧典》系列所代表的帝尧的世界秩序以及《尝麦》篇代表的黄帝之整顿乾坤，两者的模式大不相同：帝尧模式明显地是道德政治，从个人修身以至家国天下，无一不依道德法则行事。《尧典》一文直可视为更早版本的《大学》，前者的"克明俊德，以亲九族。九族既睦，平章百姓。百姓昭明，协和万邦"，无异于后者的"修身、齐家、治国、平天下"。黄帝创世神话中的黄帝模式却不是依道德原理，而是依武力原理打出天下。黄帝的一生是不断征讨：讨伐蚩尤，讨伐炎帝，讨伐青、黑、赤、白四帝，黄帝既是大发明家，也是大军事家，戈矛出政权。

黄帝与帝尧自然不会是作为真实历史人物的政治领袖，他们明

---

[1]《逸周书·尝麦》的年代应该可以上推至西周，此文已提及黄帝。《尸子》记载孔子对"黄帝四面"的解释："黄帝取合己者四人，使治四方，不计而耦，不约而成，此之谓四面。"其解可谓神话的批判，孔子很可能做过这种解构的工作，对黄帝之名应该不陌生。

显地是建立在传说基础上的人物，这两帝在《山海经》中都是重要人物，黄帝的地位尤为显赫，由此可见他们扎根于黝黑的传说土壤有多深。这两帝显然都有神格，都有强烈的政治意味，而其存在时段都被设想在历史的源头。这样的历史设定点是有意义的，我们可以设想黄帝、尧、舜之说大为流行的年代当是战国时期，那是诸侯相争、人民渴求一统的年代，所以帝尧、黄帝应运而生。而帝尧、黄帝所以能够应运而生，乃因这两帝传说被设定的年代乃是"万国"竞争的文明初期，其时彝伦攸敦；如何安顿天下秩序，以武力还是以礼乐，煞费抉择。在神话领域内，遂有分歧的两路可供选择，儒家选的是帝尧一路，孔子选了之后，定则定矣。帝尧之始也是儒家的政治时间的开始，禅让政治与道德政治成了儒家的典范政治。

帝尧的人伦政治、礼乐政治的实质内涵显然是五帝三代的精神演变工程已经相当成熟以后才能有的，它们所呈现的不可能是原始的状态，笔者相信这个时间点应当落在西周。不管《尚书》的字面文本何时初具雏形，但《尚书》的实质内涵和周初先王的"制礼作乐"这个旷代的文明建构工程有极大的关系。周初发生了一场影响深远的精神革命，它的细节很难厘清，但方向却不是那么模糊，简言之，这个过程可以视为从神权国家到人伦国家，也可以说是从巫教文明到礼乐文明的演变史。就前者而言，儒家选择了帝尧作为象征，即选择了超越族群之上的天下意识。《尧典》说帝尧"克明俊德，以亲九族。九族既睦，平章百姓。百姓昭明，协和万邦。黎民于变时雍"。"九族"当是氏族成员，"百姓"是其他氏族长，"万邦"是天下各部落。有学者认为，这体现了帝的政治理念是对本氏族成员要亲，对其他氏族长要辨明其强弱大小，对天下万国只能协调，没有绝对的权威。我们观其时在尧舜朝廷服务的贤人有四岳、十二牧、禹、稷、契、皋陶、垂、益、朱、虎、熊、罴、伯夷、夔、龙等人，这是极特别的一份名单。朱、虎、熊、罴、龙等人名一看即不脱神兽气,夔应该也是同一范畴的山精水怪,其余人名也可推知他们是来自不同时空背景的各族传说人物。在《尧典》设定的朝廷的魔幻空间里,我们发现它将各地的神话人物、始祖传说与神话事件熔为一炉,夏、商、周共一家,平等对待四裔,大家共同奠定了华夏文明的格局,这是极了不起的天下精神。

周初的精神革命不但突破了部族政治的局限,走向天下,同时在意识层面也发生了道德意识的深化,巫教文明被礼乐文明取代。从巫教到礼乐或从神权到人伦,其形式上当然不是断裂的,西周之前的巫教也有礼乐,西周礼乐立于夏商礼乐之上,它们彼此自然有损益的成分,就像西周的人伦精神也没有断绝和上天及祖先的联结,西周的天人鬼神观与夏商的天人鬼神观同样有损益的关系。孔子说三代有"损益"或"因"的关系,当然可以成立。但在损益的过程中,其实也可看到精神的突破,正因有了周初的"对越上帝",才有尔后的人文化成。西周"经的时刻"所出现的《尚书》为神话时期的帝尧甚至夏、商建构的经学叙述很难符合当时的实况,它毋宁是透过周初先王的道德眼界所呈显的理想面貌,也可说是由之投射出来的。但经学叙述本身提供了经学事件的证成原理,它的"真实"原本即不一定要与史学的真实一致。

更具体地说,我们可以在从万国到三代、从巫教到礼乐人伦的演变过程中看到其在人观上极大的突破乃是从灵魂论到心性论的演变。在巫教文明的图像中,人的灵魂与个体的关系不甚稳定,人格的概念也不甚确定,灵魂对飞翔有神秘的向往。在周初那个精神突破的时代,天的性质与人的性质同时发生了质的飞跃,天从祖宗神变为道德神,人的核心概念也由"灵魂"转向"有德",行为者的道德意志成了行为的轴心,灵魂论开始转向心性论。这个漫长的主体观的转换工程在周初已经开始发动，周初先王将这新兴的理念投射到文明的源头及其历程上去，中华文明遂有尧、舜、禹、汤、文、武、周公这段辉煌灿烂的历史。

孔子在中国史上的地位当然是关键性的，儒家的整体性质也因他而确立，但他很明确地表达他的思想是信而好古，述而不作，他的精神是沿承尧、舜、禹、汤的系谱一路下来的。这条精神系谱是有内容的，我们从中可以看到一种具有普遍精神的天下观如何从"万国"（部落）伦理中脱颖而出，一种礼乐主敬的意识如何从离于主体且离于责任的巫教文化中蜕变而出。孔子的创造是在传承中的创造，他的出新是在作为原型的人格典范之呼应下的出新。我们如果要找出一条贯穿历代儒者信念的法则的话，那么自帝尧至孔子的一贯性精神当是其中的一条。

我们不一定要将孔子信守的法则当成万世不变的金科玉律，在知识领域，我们看到不少被视为天经地义的论点后来都变成明日黄花，今日还有多少人相信地心说？反过来说，不少原来被视为邪说的理论今日已进入了教科书，进化论至少已是可供检证的严肃的学术理论。即使在经学领域，以往被视为正确的圣人之说，如《易经》的《十翼》之作者，如《春秋》的微言大义，还不是受到大儒如朱子的质疑？张载即说："学贵心悟，守旧无功。"我们处于新知识体系建立的20世纪后，各种新兴的人文知识涌现上来，这些新兴的知识如政治经济学、人类学、心理学、神话学等，它们带来了巨大的新视野，解决了大量的难题，而且也丰富了我们对旧的文本的理解。此一趋势挡不住——而且，如果能够增加知识的内容，为什么要挡住？

本书没有质疑新知识带来的解放作用，笔者也完全接受张载的"疑"的要求。但笔者从儒家的立场看，认为各种新观点的介入原则上都可以成说，也都有可能丰富我们的文化传统，且不必以破坏经学论述为代价。经学作为中华文明的一门核心知识，提供了人的存在与文明的特质两相符应的深层知识，这种知识通常是原型的、典范的、具有高度规范性的；我们观尧舜的禅让、大禹的劳动、文王的天命、周公的礼乐云云，以及贯穿其间的天下意识、跨族群意义、伦常意识、敬之意识，即可发现作为经典的《尚书》的骨干正是作为人之本质与文明存在方式的价值定位意识。经典既然涉入历史，而且是在历史时间中完成，它的文字层、文字指涉的经验层云云，都可能一再受到修正，以趋正解。但经书的核心内涵乃是不断经历诠释作用的原型内容：它可再诠释，而不宜取消；可以创造性地转化，而不宜以非经学式的手段摧毁之。张载、朱子皆为了不起之教育家，他们看待经典，即是在信疑的辩证活动中：信导向了更深刻的疑，疑启发了更坚实的信，由此扩大了人格的基础，也完成了更好的诠释活动。他们的"信"与"疑"与20世纪学界的"信古""疑古"之"信"与"疑"，属于两种不同的类型，或者说不同层级的知识心态。

经学意识的消失是20世纪中华文明的一大事件，这个事件可以说是众手合力推倒的结果。发生于20世纪中国土地上的重大事件几乎每一件都担任了拆除经学大厦的工作，废除科举、学制改革、辛亥革命、五四运动、古史辨、革命文学、共产主义革命，这些事件对于经学的影响一体比一体大，经学可以说是伴随着中国现代化的工程一步步倒塌的。如果我们从历史影响之深，也可说是带来的历史祸害之深的观点考虑，经学的倒塌应该是其中数一数二的重大事件。因为经学意识构成了中华文明的脊梁，它是内在于中华文明的有机因素，无从切割。盲目操刀，未必切得了肿瘤，但很可能切掉了生机。经学在某个意义下是不可或缺的，华夏经学告退，自会有新经学、伪经学或拟经学代兴，而从长远的观点看，凡没有建立在文化风土上而又经历过创造性转化的新经学，结果只会是具有灾难性的伪经学。民国以来的新经学递补事件影响如此重大,而对此现象的质疑之声相对之下未免过于渺小。

　　一个重要文化现象的消失不是无缘无故的,中间当有很深层的结构因素。经学的消失和整个儒家价值体系在20世纪的变局中失去整合的力量有关,对这种整体失序的现象的反思,显然需要同等格局的反作用力的介入,由此秩序的重建才有可能逐渐步上轨道,有较合理的发展。大体而言,既然经学意识和中华文明有内在的紧密关联,并且如果历史的实践结果显示抛弃儒家的传统、雄才大略地以美学方式幻想新世界与新道德的诞生结果只会带来伦理虚无的劫难,那么我们面对经学所能做的事,恐怕只宜是更严肃地做诠释的转化工作。文献学的训诂工作或非经学式的经验科学的进路,只能当作辅助性的力量,不能反客为主,更不宜出主入奴;"主力部队"还是应为在经学意识下展开的经史一物、辩证发展的工作。

　　本书自处于从事经典诠释学的位置,经学在今日虽已气息奄奄,笔者却不认为它已成了游魂,所以也不须做巫阳招魂的工作。如果人格的结构有历史性,有与世共化的共在性,那么伟大文明的子民的内在生命中即有经学意识存焉,重诂经学内涵实等于重建自家生命秩序。本书虽然不足以副此愿,但面对沧海横流的残酷处境,学习精卫,打起精神,口衔细石,日日上工做事,也是合宜的。至于绩效不彰,自有后人补。

参考书目

一、传统文献

孔安国传,孔颖达疏:《尚书正义》,收入李学勤主编:《十三经注疏整理本》,台北:台湾古籍出版,2001。

孔鲋:《孔丛子》,收入《四部丛刊初编大本原式》,台北:台湾商务印书馆,1979。

毛亨传,郑玄笺,孔颖达疏:《毛诗正义》,收入李学勤主编:《十三经注疏整理本》,台北:台湾古籍出版,2001。

毛奇龄:《仲氏易》,上海:上海古籍出版社,1990。

王夫之:《四书训义》,收入《船山遗书全集》,台北:自由出版社,1972。

王夫之:《楚辞通释》,台北:广文书局,1972。

王叔岷:《庄子校诠》,收入《"中央研究院"历史语言研究所专刊之八十八》,台北:"中央研究院"历史语言研究所,1988。

王叔岷注:《列仙传校笺》,北京:中华书局,2007。

王国维:《观堂集林》,收入谢维扬、房鑫亮主编:《王国维全集》,杭州:浙江教育出版社,2009。

王逸注,洪兴祖补注:《楚辞集注》,台北:大安出版社,1995。

王阳明撰,吴光等编:《王阳明全集》,杭州:浙江古籍出版社,2010。

王聘珍:《大戴礼记解诂》,北京:中华书局,1983。

王嘉:《拾遗记》,台北:艺文印书馆,1966。

王梦鸥:《礼记今注今译》,台北:台湾商务印书馆,1984。

司马迁撰,裴骃集解,司马贞索隐,张守节正义,杨家骆主编:《新校本史记三家注》，台北：鼎文书局，1981。

左丘明传，杜预注，孔颖达正义：《春秋左传正义》，收入李学勤主编：《十三经注疏整理本》，台北：台湾古籍出版，2001。

伏胜：《尚书大传》，收入《四部丛刊初编缩本》，台北：台湾商务印书馆，1965。

朱右曾：《逸周书集训校释》，台北：世界书局，1957。

朱维铮主编：《白虎通义》，收入《中国经学史基本丛书》，上海：上海书店出版社，2012。

朱熹：《四书章句集注》，台北：鹅湖出版社，1984。

朱熹：《周易本义》，台北：世界书局，1979。

何晏注，邢昺疏：《论语注疏》，收入李学勤主编：《十三经注疏整理本》，台北：台湾古籍出版，2001。

吴光等编：《王阳明全集》，杭州：浙江古籍出版社，2010。

宋衷注，张澍补注：《世本》，台北：艺文印书馆，1966。

李昉：《太平御览》，北京：中华书局，1960。

李隆基注，邢昺疏：《孝经注疏》，收入李学勤主编：《十三经注疏整理本》，台北：台湾古籍出版，2001

李鸿章撰，顾廷龙、戴逸主编：《李鸿章全集》，合肥：安徽教育出版社，2008。

李贽：《焚书·续焚书》，北京：中华书局，1975。

辛弃疾撰，徐汉明编：《稼轩集》，台北：文津出版社，1991。

来知德：《易经集注》，台中：瑞成书局，1964。

屈万里：《尚书集释》，台北：联经出版，1983。

姚际恒撰，陈祖武点校：《仪礼通论》，北京：中国社会科学出版社，1998。

姜亮夫：《屈原赋校注》，台北：华正书局，1974。

洪亮吉：《春秋左传诂》，收入《洪北江先生遗集》，台北：华文书局，1969。

洪兴祖：《楚辞补注》，台北：长安出版社，1984。

范祥雍订补：《古本竹书纪年辑校订补》，上海：上海古籍出版社，2011。

范晔：《后汉书》，北京：中华书局，1997。

韦昭注：《国语》，收入《四部丛刊初编缩本》，台北：台湾商务印书馆，1965。

仓修良编注：《文史通义新编新注》，杭州：浙江古籍出版社，2005。

孙星衍、孙冯翼辑：《神农本草经》，台北：五洲出版社，1981。

孙奇逢：《理学宗传》，济南：山东友谊书社，1989。

班固：《白虎通德论》，收入《四部丛刊初编大本原式》，台北：台湾商务印书馆，1979。

班固撰，颜师古注，杨家骆主编：《新校本汉书》，台北：鼎文书局，1986。

荀况：《荀子》，收入《四部丛刊初编缩本》，台北：台湾商务印书馆，1965。

袁珂：《山海经校注》，台北：里仁书局，1982。

张岱：《四书遇》，杭州：浙江古籍出版社，1985。

张纯一编：《墨子集解》，成都：成都古籍书店，1988。

张载撰，章锡琛点校：《张载集》，北京：中华书局，1978。

荷泽宗：《神会语录》，收入《大正新修大藏经》，台北：新文丰出版，1985。

许慎撰，段玉裁注：《说文解字注》，上海：上海古籍出版社，1981。

郭璞：《玄中记》，收入《续修四库全书》，上海：上海古籍出版社，1995。

陈奇猷校注：《韩非子集释》，台北：河洛图书，1974。

陈奇猷校释：《吕氏春秋校释》，台北：华正书局，1985。

程颐、程颢著，王孝鱼点校：《二程集》，北京：中华书局，1981。

黄宗羲：《明儒学案》，台北：河洛图书，1974。

杨伯峻：《列子集释》，北京：中华书局，1979。

葛洪著，王明校释：《抱朴子内篇校释》，北京：中华书局，1985。

贾谊：《新书》，收入《四部丛刊初编缩本》，台北：台湾商务印书馆，1965。

赵岐注，孙奭疏：《孟子注疏》，收入李学勤主编：《十三经注疏整理本》，台北：台湾古籍出版，2001。

赵顺孙编纂：《论语纂疏》，收入《四书纂疏》，台北：新兴书局，1972。

赵晔：《吴越春秋》，收入《四部丛刊初编缩本》，台北：台湾商务印书馆，1965。

刘文典撰，冯逸、乔华点校：《淮南鸿烈集解》，北京：中华书局，1989。

刘向撰，刘文典校：《说苑斠补》，昆明：云南人民出版社，1959。

刘勰：《文心雕龙》，收入《四部丛刊初编大本原式》，台北：台湾商务印书馆，1979。

刘宝楠：《论语正义》，台北：世界书局，1973。

墨翟：《墨子》，收入《四部丛刊初编缩本》，台北：台湾商务印书馆，1965。

欧阳修：《欧阳文忠公集》，收入《四部丛刊初编大本原式》，台北：台湾商务印书馆，1979。

蒋骥：《山带阁注楚辞》，台北：长安出版社，1984。

郑玄注，贾公彦疏：《周礼注疏》，收入李学勤主编：《十三经注疏整理本》，台北：台湾古籍出版，2001。

郑玄注，孔颖达疏：《礼记正义》，收入李学勤主编：《十三经注疏整理本》，台北：台湾古籍出版，2001。

黎靖德编，王星贤点校：《朱子语类》，北京：中华书局，1994。

钱时：《融堂书解》，收入《景印文渊阁四库全书》，台北：台湾商务印书馆，1965。

戴望编：《颜氏学记》，台北：世界书局，1962。

戴震：《戴东原集》，收入《四部丛刊初编大本原式》，台北：台湾商务印书馆，1979。

戴震：《戴震集》，上海：上海古籍出版社，1980。

韩愈撰，朱熹考：《朱文公校韩昌黎先生集》，收入《四部丛刊初编大本原式》，台北：台湾商务印书馆，1979。

韩婴：《韩诗外传》，收入《四部丛刊初编大本原式》，台北：台湾商务印书馆，1979。

颜之推著，王利器集解：《颜氏家训集解》，台北：明文书局，1982。

顾炎武撰，黄汝成集释：《日知录集释》，台北：世界书局，1962。

顾宪成：《小心斋札记》，台北：广文书局，1975。

龚自珍：《定盦文集补》，收入《四部丛刊初编缩本》，台北：台湾商务印书馆，1965。

龚自珍：《定盦全集·定盦文集补》，收入《四部丛刊初编缩本》，台北：台湾商务印书馆，1965。

龚自珍：《定盦续集》，收入《四部丛刊初编缩本》，台北：台湾商务印书馆，1965。

龚自珍撰，刘逸生、周锡䪖笺注：《龚自珍编年诗注》，杭州：浙江古籍出版社，1995。

二、近人研究

丁山：《商周史料考证》，北京：中华书局，1988。

丁四新：《楚竹简与汉帛书〈周易〉校注》，上海：上海古籍出版社，2011。
方东美：《中国形上学中之宇宙与个人》，收入《生生之德》，台北：黎明文化，1979。
牙含章、王友三主编：《中国无神论史》，北京：中国社会科学出版社，1992。
王友三编著：《中国无神论史纲》，上海：上海人民出版社，1986。
王汎森：《古史辨运动的兴起：一个思想史的分析》，台北：允晨文化，1987。
王国维：《古史新证——王国维最后的讲义》，北京：清华大学出版社，1994。
北京大学震旦古代文明研究中心等编：《早期夏文化与先商文化研究论文集》，北京：科学出版社，2012。
田昌五编：《华夏文明（第一集）》，北京：北京大学出版社，1987。
白寿彝：《中国通史》，上海：上海人民出版社，1994。
江林昌：《从"长翟"、"鲋鱼"看"防风氏"的起源》，收入《防风神话研究》，合肥：安徽文艺出版社，1996。
江绍源：《中国古代旅行之研究》，台北：台湾商务印书馆，1970。
何新：《龙：神话与真相》，上海：上海人民出版社，1989。
余英时：《史学与传统》，台北：时报出版，1992。
吴宓：《空轩诗话》，台北：鼎文书局，1979。
吴震：《罗汝芳评传》，南京：南京大学出版社，2005。
吴镇锋编：《商周青铜器铭文暨图像集成》，上海：上海古籍出版社，2012。
吕思勉：《先秦史》，上海：上海古籍出版社，1982。
吕思勉、童书业编著：《古史辨》，上海：上海古籍出版社，1982。
李道和：《昆仑：鲧禹所造之大地》，载《民间文学论坛》，1990年第4期，页12—20。
李零：《论中国的有翼神兽》，载《中国学术》，2001年第1期，页62—134。
李学勤：《遂公盨与大禹治水传说》，载《中国社会科学院院报》，2003年1月23日，页1—23。
李学勤：《古文献丛论》，上海：上海远东出版社，1996。
李济：《李济文集》，上海：上海人民出版社，2006。
沈文倬：《宗周礼乐文明考论》，杭州：浙江大学出版社，1999。
沈松侨：《我以我血荐轩辕——黄帝神话与晚清的国族建构》，载《台湾社会研究季刊》，第28期（1997年12月），页1—77。
周汝登：《圣学宗传》，济南：山东友谊书社，1989。

周法高编:《金文诂林补》,台北:"中央研究院"历史语言研究所,1982。

周策纵:《古巫医与"六诗"考——中国浪漫文学探源》,台北:联经出版,1989。

周凤五:《郭店楚墓竹简〈唐虞之道〉新释》,收入《"中央研究院"历史语言研究所集刊》,第70本第3分(1999年9月),页739—759。

孟世凯:《商史与商代文明》,上海:上海科学技术文献出版社,2012。

季旭生:《谈〈洪范〉"皇极"与〈命训〉》"六极"》,收入复旦大学出土文献与古文字研究中心、耶鲁-新加坡国立大学学院陈振传基金汉学研究委员会合编:《出土文献与中国古典学》,上海:中西书局,2018,页135—152。

屈万里:《书佣论学集》,台北:联经出版,1984。

易华:《夷夏先后说》,北京:民族出版社,2012。

林从一:《哲学101:开新局、展新页》,收入杨儒宾等编:《人文百年·化成天下》,新竹:台湾清华大学出版社,2011。

林惠祥:《文化人类学》,收入《林惠祥文集》,厦门:厦门大学出版社,2012。

林沄:《豊丰辨》,收入《林沄学术文集》,北京:中国大百科全书出版社,1998,页4—7。

施友忠:《二度和谐及其他》,台北:联经出版,1976。

段炳昌等编著:《中国西部民族文化通志(文学卷)》,昆明:云南人民出版社,2014。

胡万川:《捞泥造陆——鲧禹神话新探》,收入《真实与想象——神话传说探微》,新竹:台湾清华大学出版社,2004,页1—42。

胡适:《介绍我自己的思想》,收入《胡适文选》,台北:远流出版,1989,页1—18。

胡适:《说儒》,收入《胡适作品集》,台北:远流出版,1986,册15,页6—98。

胡适:《中国古代哲学史》,台北:台湾商务印书馆,1982。

胡适:《胡适文存》,台北:远东图书,1961。

胡适:《胡适演讲集(一)》,台北:远流出版,1994。

凌纯声:《中国边疆民族与环太平洋文化》,台北:联经出版,1979。

唐君毅:《中国哲学原论·原道篇》,台北:学生书局,1986。

唐君毅:《说中华民族之花果飘零》,台北:三民书局,2004。

唐兰：《周王䩱钟考》，收入故宫博物院编：《唐兰先生金文论集》，北京：紫禁城出版社，1995，页34—42。

唐兰：《殷墟文字记》，北京：中华书局，1981。

夏商周断代工程专家组编著：《夏商周断代工程1996—2000年阶段成果报告（简本）》，北京：世界图书出版公司，2000。

徐中舒：《论甲骨文中所见的儒》，收入《徐中舒文存》，南京：江苏人民出版社，2016，页270—282。

徐中舒：《甲骨文字典》，成都：四川辞书出版社，1989。

徐旭生：《1959年夏豫西调查"夏墟"的初步报告》，载《考古》，1959年第11期，页592—600。

徐炳昶（旭生）：《中国古史的传说时代》，台北：里仁书局，1999。

徐复观：《中国人性论史·先秦篇》，台中：中央书局，1963。

晁福林：《天地玄黄——中国上古文化溯源》，成都，巴蜀书社，1990。

耿云志编：《胡适论争集》，北京：中国社会科学出版社，1998。

袁珂：《中国神话史》，上海：上海艺文出版社，1988。

袁珂：《古神话选释》，台北：长安出版社，1986。

袁德星编：《东西方艺术欣赏》，台北：台湾空中大学出版，1992。

马承源主编：《上海博物馆藏战国楚竹书（二）》，上海：上海古籍出版社，2002。

马承源主编：《商周青铜器铭文选》，北京：文物出版社，1988。

马昌仪：《中国神话学文论选萃》，北京：中国广播电视出版社，1994。

张光直：《论"中国文明的起源"》，载《文物》，2004年第1期，页73—82。

张光直：《中国考古学论文集》，北京：生活·读书·新知三联书店，1999。

张光直：《中国青铜时代》，台北：联经出版，1983。

张光直：《中国青铜时代（第二集）》，台北：联经出版，1990。

张光直：《商文明》，北京：生活·读书·新知三联书店，2013。

张亨：《说儒家》，收入《思文论集——儒道思想的现代诠释》，台北：台湾大学出版中心，2014，页535—574。

梁启超：《太古及三代载记》，收入《饮冰室合集》，北京：中华书局，1989，册8。

清华大学出土文献研究与保护中心：《清华大学藏战国竹简〈保训〉释文》，载《文物》，2009年第6期，页73—75。

清华大学出土文献研究与保护中心编，李学勤主编：《清华大学藏战国竹简（伍）》，上海：中西书局，2015。

清华大学出土文献研究与保护中心编，李学勤主编：《清华大学藏战国竹简（壹）》，上海：中西书局，2010。

章太炎：《封建考》，见《太炎文录初编》，收入上海人民出版社编：《章太炎全集》，上海：上海人民出版社，1985，册4，页101—117。

章太炎：《原儒》，收入《国故论衡》，台北：广文书局，1977，卷下，页151—155。

章太炎：《訄书》，上海：古典文学出版社，1958。

许倬云：《西周史》，台北：联经出版，1984。

郭大顺：《追寻五帝》，香港：香港商务印书馆，2000。

郭沫若：《周彝铭中之传统思想考》，收入《郭沫若全集·考古编·第五卷（金文丛考）》，北京：科学出版社，2002，页1—28。

郭沫若：《释祖妣》，收入《甲骨文字研究》，北京：北京图书馆出版社，2000，册1，页1—23。

郭沫若：《郭沫若全集·考古编》，北京：科学出版社，1982，册10。

郭伟川编：《周公摄政称王与周初史事论集》，北京：北京图书馆出版社，1998。

陈来：《古代宗教与伦理》，北京：生活·读书·新知三联书店，2009。

陈威瑨：《〈中国哲学史〉通史专书写作的发展——从中日交流的视角谈起》，收入《中国哲学史书写的理论与实践》，台北："中央研究院"中国文哲研究所，2017，页139—194。

陈剩勇：《东南地区：夏文化的萌生与崛起——从中国新石器时代晚期主要文化圈的比较研究探寻夏文化》，载《东南文化》，1991年第1期，页1—22。

陈斯鹏：《卓庐古文字学丛稿》，上海：中西书局，2018。

陈熙远：《孔·教·会——近代中国儒家传统的宗教化与社团化》，收入林富士编：《中国史新论（宗教史分册）》，台北：联经出版，2010，页511—540。

陶阳、牟钟秀：《中国创世神话》，台北：东华书局，1990。

鹿忆鹿：《洪水神话》，台北：里仁书局，2002。

傅斯年：《夷夏东西说》，收入《傅斯年全集》，台北：联经出版，1980，册3，页86—157。

傅斯年：《周东封与殷遗民》，收入《傅斯年全集》，台北：联经出版，1980，册3，页158—167。

傅斯年：《性命古训辨证》，收入《傅斯年全集》，台北：联经出版，1980，册2，页279—299。

曾运乾：《尚书正读》，北京：中华书局，2015。

冯友兰：《三松堂自序》，收入《三松堂全集》，郑州：河南人民出版社，1985。

冯友兰：《中国哲学史》，台北：台湾商务印书馆，2014。

黄冠闵：《感通与回荡：唐君毅哲学论探》，台北：联经出版，2018。

黄奭：《黄氏逸书考》，台北：艺文印书馆，1971。

杨向奎：《中国古代社会与古代思想研究》，上海：上海人民出版社，1962。

杨希枚：《卅年来关于殷墟头骨及殷代民族种系的研究》，收入《先秦文化史论集》，北京：中国社会科学出版社，1995，页913—936。

杨希枚：《先秦文化史论集》，北京：中国社会科学出版社，1995。

杨宽：《五帝传说之起源与组合》，见《中国上古史导论》，收入吕思勉、童书业编著：《古史辨》，上海：上海古籍出版社，1982，册7上，页246—269。

杨宽：《论周武王克商》，收入王孝廉编：《神与神话》，台北：联经出版，1988，页405—462。

杨宽：《中国上古史导论》，收入顾颉刚等编：《古史辨》，台北：明伦出版社，1970，册7上。

杨儒宾：《〈雅〉、〈颂〉与西周儒家的"对越"精神》，收入《中国哲学与文化（第十一辑）》，桂林：漓江出版社，2014，页39—67。

杨儒宾：《支离与践形——论先秦思想里的两种身体观》，收入《中国古代思想中的气论及身体观》，台北：巨流图书，1993，页415—449。

杨儒宾：《五行原论：先秦思想的太初存有论》，台北：联经出版，2018。

杨儒宾：《道家与古之道术》，新竹：台湾清华大学出版社，2019。

杨儒宾：《儒门内的庄子》，台北：联经出版，2016。

杨骊、叶舒宪编著：《四重证据法研究》，上海：复旦大学出版社，2019。

叶国良：《古礼书中之祝与巫》，收入《礼学研究的诸面向续集》，新竹：台湾清华大学出版社，2017，页227—242。

叶国良：《宋人疑经改经考》，台北：台湾大学出版委员会，1980。

叶舒宪:《从玉教神话观看儒道思想的巫术根源》,收入《金枝玉叶——比较神话学的中国视角》,上海:复旦大学出版社,2012,页123—139。

叶舒宪:《中国神话哲学》,北京:中国社会科学出版社,1992。

叶舒宪:《玉石神话信仰与华夏精神》,上海:复旦大学出版社,2019。

董作宾:《殷历谱》,台北:艺文印书馆,1977。

裘锡圭:《甲骨文中的几种乐器名称——释庸、丰、鞀》,收入《中华文史论丛(一九八〇年第二辑)》,上海:上海古籍出版社,1980,页67—81。

闻一多:《神话与诗》,收入《闻一多全集》,北京:生活·读书·新知三联书店,1982。

臧克和:《说文解字的文化说解》,武汉:湖北人民出版社,1995。

蒙文通:《晚周仙道分三派考》,见《诸子甄微》,收入《蒙文通全集》,成都:巴蜀书社,1987,册2,页99—104。

刘师培:《左盦集》,收入《刘申叔先生遗书》,台北:华世出版社,1975。

刘笑敢:《关于"反向格义"之讨论的回应与思索》,收入《诠释与定向——中国哲学研究方法之探究》,北京:商务印书馆,2009,页415—447。

刘国英:《现象学可以还中国哲学一个公道吗?——试读老子》,收入《现象学与人文科学(第二辑):现象学与道家哲学专辑》,台北:边城出版社,2005,页9—35。

刘毓庆编:《国学新声(第三辑)》,太原:三晋出版社,2012。

潘朝阳:《明清台湾儒学论》,台北:学生书局,2001。

蒋年丰:《如何解消家长政治》,收入《海洋儒学与法政主体》,台北:桂冠图书,2005,页177—191。

邓秉元:《新文化运动百年祭》,上海:上海人民出版社,2019。

邓淑苹主编:《敬天格物:中国历代玉器导读》,台北:故宫博物院,2011。

郑杰祥:《释礼、玉》,收入《华夏文明》,北京:北京大学出版社,1987,页355—367。

鲁迅:《而已集》,收入《鲁迅全集》,北京:人民文学出版社,2005。

萧兵:《中国文化的精英——太阳英雄神话比较研究》,上海:上海文艺出版社,1989。

肖朝晖:《孔子与六经无关说的近代生成及其意蕴》,收入《新经学(第五辑)》,上海:上海人民出版社,2020,页165—180。

钱玄同:《保护眼珠与换回人眼》,载《新青年》,第5卷第6号,页81—84。

钱锺书:《管锥编》,北京:中华书局,1979。
钟明德:《从贫穷剧场到艺乘:薪传葛罗托斯基》,台北:书林出版,2007。
罗焌著,罗书慎辑录:《石鼓文集释·说文补正》,收入《人文论丛》,武汉:武汉大学出版社,1999,页195—196。
罗梦册:《说浑沌与诸子经传之言大象(上)》,载《东方文化》,第9卷第1期,页15—56。
罗梦册:《说浑沌与诸子经传之言大象(下)》,载《东方文化》,第9卷第2期,页230—305。
谭佳:《神话与古史:中国现代学术的构建与认同》,北京:社会科学文献出版社,2016。
庞朴:《郢燕书说——郭店楚简及中山三器心旁文字试说》,收入《庞朴文集》,济南:山东大学出版社,2005,卷2,页203—213。
苏秉琦:《中国文明起源新探》,北京:生活·读书·新知三联书店,1999。
苏秉琦:《关于重建中国史前史的思考》,收入《苏秉琦文集》,北京:文物出版社,2009,册3,页175—184。
苏秉琦:《苏秉琦考古学论述选集》,北京:文物出版社,1984。
苏雪林:《天问正简》,台北:广东出版社,1974。
印顺:《中国古代民族神话与文化之研究》,新竹:正闻出版社,2005。
顾颉刚:《中国上古史研究讲义》,北京:中华书局,1988。
顾颉刚:《顾颉刚古史论文集》,北京:中华书局,1988。
顾颉刚:《顾颉刚自传》,北京:北京大学出版社,2012。

三、译著

巴赫金著,钱中文译:《长篇小说的时间形式和空间形式——历史诗学概述》,收入《巴赫金全集》,石家庄:河北教育出版社,2009,卷3,页271—453。
卡西勒著,黄汉清、陈卫平译:《国家的神话》,台北:成均出版社,1983。
卡西勒著,刘述先译:《论人:人类文化哲学导论》,台中:东海大学出版社,1959。
卡西尔著,黄龙保、周振选译:《神话思维》,北京:中国社会科学出版社,1992。

弗雷泽著，汪培基译：《金枝——巫术与宗教之研究》，台北：桂冠图书，1991。

弗雷泽著，叶舒宪、户晓辉译：《〈旧约〉中的民间传说——宗教、神话和律法的比较研究》，西安：陕西师范大学出版社，1993。

白川静著，王孝廉译：《中国神话》，台北：长安出版社，1983。

伊利亚德著，杨素娥译，胡国桢校阅：《圣与俗：宗教的本质》，台北：桂冠图书，2001。

伊利阿地著，陈炳良译：《启蒙仪式与现代社会》，收入《神话即文学》，台北：东大图书，1990，页93—101。

列维-布留尔著，丁由译：《原始思维》，北京：商务印书馆，1989。

列维-斯特劳斯著，李幼蒸译：《野性的思维》，北京：商务印书馆，1987。

江文也著，杨儒宾译：《孔子的乐论》，台北：台湾大学出版中心，2005。

艾兰著，汪涛译：《龟之谜：商代神话、祭祀、艺术和宇宙观研究》，成都：四川人民出版社，1992。

林西莉著，李之义译：《汉字王国》，北京：生活·读书·新知三联书店，2008。

波兰尼著，许泽民译：《个人知识》，贵阳：贵州人民出版社，2000。

耶律亚德著，杨儒宾译：《宇宙与历史：永恒回归的神话》，台北：联经出版，2000。

夏含夷著，黄圣松等译：《武王克商的"新"证据》，收入《孔子之前：中国经典诞生的研究》，台北：万卷楼图书，2013，页31—65。

恩斯特·卡西尔著，于晓等译：《语言与神话》，北京：生活·读书·新知三联书店，1988。

格尔兹著，纳日碧力戈等译：《文化的解释》，上海：上海人民出版社，1999。

泰勒著，蔡江浓译：《原始文化》，杭州：浙江人民出版社，1988。

海德格尔著，孙周兴译：《世界图像的时代》，收入《海德格尔选集》，上海：上海三联书店，1996，册下，页885—923。

马伯乐著，冯沅君译：《书经中的神话》，上海：商务印书馆，1939。

中共中央马克思恩格斯列宁斯大林著作编译局编：《马克思恩格斯选集》，北京：人民出版社，1972。

陈荣捷编，杨儒宾译：《中国哲学文献选编》，台北：巨流图书，1993。

Polanyi著，彭淮栋译：《科学、信仰与社会》，收入《博蓝尼讲演集：人之研究・科学、信仰与社会・默会致知》，台北：联经出版，1985，页79—145。
波兰尼著，彭淮栋译：《意义》，台北：联经出版，1984。
雅斯培著，赖显邦译：《四大圣哲》，台北：自华书店，1986。
奥托著，成穷、周邦宪译：《论"神圣"——对神圣观念中的非理性因素及其与理性之关系的研究》，成都：四川人民出版社，1995。
玛丽・道格拉斯著，黄剑波、卢忱、柳博赟译：《洁净与危险》，北京：民族出版社，2008。
福柯著，林志明译：《古典时代疯狂史》，台北：时报文化出版，2016。

四、日文书目

エリアーデ著，久米博译：《豊饒と再生》，东京：せりか書房，1985。
エリアーデ著，前田耕作译：《〈中心〉のシンボリズム》，收入《イメージとシンボル》，东京：せりか書房，1976，页35—76。
中鉢雅量：《中国の祭祀と文学》，东京：創文社，1988。
井上哲次郎、蟹江義丸编：《日本倫理彙編・古学派の部》，东京：育成会，1908。
水上静夫：《葦と中国農業―併せてその信仰起源に及ぶ》，载《東京支那学報》，1957年第3号，页51—65。
出石誠彦：《上代支那の「巨鼇負山」說話の由来について》，收入《支那神話伝説の研究》，东京：中央公論社，1973，页325—343。
加藤常賢：《詩経に見える周初に於ける王の資格》，收入《中国古代文化の研究》，东京：二松学舎大学出版部，1980，页356—375。
平岡武夫：《経書の成立―天下的世界観》，东京：創文社，1983。
白川静：《神話と思想》，收入《白川静著作集》，东京：平凡社，1999。
白川静：《漢字の世界》，东京：平凡社，1985。
白鳥庫吉：《支那古伝説の研究》，收入《白鳥庫吉全集》，东京：岩波書店，1970，卷8，页381—391。
白鳥庫吉：《『尚書』の高等批評》，收入《白鳥庫吉全集》，东京：岩波書店，1970，卷8，页393—398。
貝塚茂樹：《貝塚茂樹著作集・第五卷（中国古代の伝承）》，东京：中央公論社,1976。

贝塚茂樹编:《伊藤仁斎》,东京:中央公論社,1983。

赤塚忠:《道家思想の原初の形態》,收入《諸子思想研究》,东京:研文社,1987,卷4,页71—113。

僧祐撰,牧田諦亮校记:《弘明集研究·卷上(遺文篇)》,京都:京都大学人文科学研究所,1973。

和辻哲郎:《孔子》,东京:岩波書店,1988。

島田虔次:《體用の歴史に寄せて》,收入《仏教史学論集:塚本博士頌寿記念》,京都:塚本博士頌寿記念会,1961,页416—430。

藤堂明保:《漢字の起源》,东京:現代出版,1983。

五、英文书目

C. G. Jung, *Psychology and Religion: West and East*, New Jersey: Princeton University Press, 1969.

J. A. MacCulloch, A. J. Maclean, "Fasting", in Hastings ed., *Encyclopedia of Religion and Ethics*, New York: Charles Scribner's Sons Press, 1951, vol. 6, pp. 759-771.

M. Eliade (editor in chief), *The Encyclopedia of Religion*, New York: Macmillan, 1987.

M. Eliade, *Patterns in Comparative Religion*, London: Sheed & Ward, 1958.

M. Eliade, *Shamanism: Archaic Techniques of Ecstasy*, Princeton: Princeton University Press, 1972.

M. Eliade, trans. by Willard R. Trask, *Yoga: Immortality and Freedom*, Princeton: Princeton University Press, 1969.

M. J. Harner ed., *Hallucinogens and Shamanism*, New York: Oxford University Press, 1973.

N. J. Girardot, *Myth and Meaning in Early Taoism: The Theme of Chaos (hun-tun)*, Berkeley: University of California Press, 1974.

R. Girard, *Violence and the Sacred*, Baltimore: The Johns Hopkins University Press, 1977.

S. Thompson, *Motif-Index of Folk-Literature*, Bloomington: Indiana University Press, 1955.

索　引

伯夷　98, 99, 110, 111, 118, 164, 428

《尝麦》　105-109, 120, 126, 136, 156, 185，427

蚩尤　92, 96, 97, 104, 105, 108, 109, 113, 119, 122, 124, 130, 141, 147, 288, 362, 427

出神　207, 208, 221, 223-225, 227-229, 237, 238, 250, 289, 347, 354, 355, 359, 412

创世神话　18, 74, 76, 77, 84-88, 100-102, 105-107, 119, 121, 125-127, 130, 136, 137, 139, 150, 170, 171, 427

道统　8, 12, 13, 16, 17, 27, 31, 47, 56, 58, 69, 111, 128, 135, 136, 139, 178, 179, 186, 187, 245, 257, 280, 316, 323, 339, 390, 425

对越　18, 20, 48, 70, 258, 259, 262, 299, 321, 325, 359, 360, 366, 368, 370, 374, 376, 380, 381, 407, 429

飞翔　163, 188, 192, 199, 201, 202, 204-206, 208, 209, 229, 272, 340, 341, 347, 350-354, 367, 429

弗雷泽（J. G. Frazer）　171, 356

伏羲　9, 11, 27, 39, 63, 130, 135, 314, 317

共工　118, 148, 153-156, 160, 170, 193

鼓　141, 163, 342, 345-350, 352-354, 356-358, 360-363

顾颉刚　39, 46, 47, 158, 169, 179, 283, 329

鬼神　10, 96, 97, 99, 162, 164, 177, 202, 203, 207, 209, 212-214, 220, 224, 228, 237, 240, 247-249, 252-254, 256, 258-262, 264, 266-269, 271-275, 290-294, 296-298, 324,

325, 332, 346, 347, 353-357, 359-363, 366, 368, 376, 377, 380, 381, 429

鲧 100, 102-104, 118, 121, 127, 137-140, 143-147, 149-151, 158, 160, 170-172, 175

《洪范》 100, 103, 104, 120, 124-126, 130, 136, 146, 173, 176, 426

洪水 5, 63, 98-104, 120, 121, 123, 126, 137-139, 143, 144, 147-152, 154, 155, 157-160, 165, 167, 168, 171, 173, 175-177, 180, 181

胡适 8, 9, 11, 12, 37, 39, 48, 49, 71, 233, 234, 391, 399

黄帝 8, 9, 11, 14, 59, 63, 105, 107-109, 113, 122-124, 135, 141, 143, 147-149, 156, 161, 162, 203, 204, 214, 219, 266, 315, 353, 362, 426-428

恍惚 60, 78, 202, 225, 226, 240, 241, 243, 244, 246-248, 250-254, 256, 257, 259, 262, 264, 268-270, 272-275, 320, 376, 381

混沌 85, 88, 102, 127, 129, 149, 152, 153, 155, 171, 195, 218, 224, 245-247, 289, 352, 377, 378, 405, 412

稷 98, 99, 110, 118, 127, 167, 177, 407, 428

降神 248-251, 262, 308, 346, 347, 354, 357, 362, 367

经学 3, 5-8, 10, 12-16, 18, 20-23, 28-36, 38-47, 49-58, 61-67, 69-71, 76, 78-80, 125, 128, 136, 137, 139, 145, 168, 176, 179, 270, 334, 425, 429-432

精气 157, 216, 217, 266, 268, 269, 271, 275

敬 18, 40-42, 44, 45, 47, 49, 56, 90-93, 96, 104, 111, 203, 234, 239, 240, 249, 251, 252, 261, 262, 266, 273, 293, 294, 296, 297, 304, 311, 315, 321, 325, 343, 355, 356, 359, 360, 363, 366, 370, 372-376, 381, 406, 407, 412, 430, 431

九州 19, 100, 102, 103, 139, 140, 143, 146, 151, 153, 155, 157-160, 165-170, 172-177, 181, 194, 414-417

绝地天通 85-100, 102-105, 109-114, 118-130, 136, 140, 143, 146, 165, 170, 189, 206, 207, 226-228, 236, 256, 258, 272, 288, 303, 305, 351, 376, 377, 412

卡西勒（E. Cassirer） 67, 76, 77, 102, 256

孔子 3-6, 8-13, 16, 17, 19, 21-24, 27, 31, 47, 56, 65-67, 69, 70, 74, 78, 83,

86, 124, 128, 135, 160, 165, 166, 170, 175-180, 187, 207, 208, 221, 233, 234, 236, 238, 239, 241, 244, 253, 255-257, 259-264, 268, 273, 274, 280, 291, 292, 313, 314, 321, 323, 331, 333, 334, 337, 339, 341, 342, 345, 362, 364, 370, 381, 385-387, 389-406, 408-422, 425-430

夔 118, 127, 141, 142, 361-363, 428, 429

捞泥造陆 85, 99, 101-105, 110, 119-121, 123, 126, 136-139, 172

李济 18, 62, 172, 387, 389

良渚 16, 58, 59, 62, 121, 138, 139, 172, 202, 214, 344, 347

灵魂 18, 78, 188, 189, 191, 199, 202, 210, 215, 216, 227, 229, 235, 236, 243, 247, 248, 251, 253, 260, 263, 272, 274, 286, 292, 351, 354, 361, 377, 429

《吕刑》 86-89, 98-100, 104, 105, 109-112, 115, 119, 120, 124-126, 136, 137, 206, 288

玛纳 18, 76, 77, 216, 271, 409

女娲 63, 130, 146, 148, 152-158

启 140-146, 153, 169, 178, 199, 206

仁 24, 74, 193, 234, 255, 257, 259, 268, 269, 306, 311, 315, 331, 339, 390, 393, 412-415, 420-422

如在 243, 253-257, 260-262, 273, 274

萨满 34, 123, 142, 143, 158, 188, 190-192, 195, 198, 202, 204, 206, 208, 209, 212, 213, 218-222, 224-227, 237, 238, 258, 270, 285-287, 289, 339-341, 351-354, 376

三代 4, 6-8, 12, 13, 16-21, 23, 27, 28, 30, 50, 52, 57, 59, 60, 62, 63, 66, 71, 78, 105, 111, 123, 126, 127, 137, 138, 144, 146, 163, 167, 177, 179-181, 198, 202, 206, 214, 237, 239, 257, 279, 282, 284, 292, 309, 310, 314, 317, 323, 333, 337-341, 343, 348, 352, 360, 375, 378, 390-392, 401, 410, 411, 413-415, 421, 428, 429

《山海经》 66, 88, 97, 105, 116, 118, 127, 141-146, 149, 151, 164, 165, 174, 186, 190-192, 195-197, 199, 205, 206, 213, 214, 215, 237, 247, 270, 272, 306, 350, 353, 361, 362 414, 428

上帝 63, 92, 94, 96, 104, 113, 114, 119, 123, 129, 130, 136, 140, 144-146, 149, 159, 166, 167, 176, 181,

208, 245, 249, 280, 293, 296, 298, 300-304, 306, 310-313, 318, 320, 322, 354, 367, 368, 371, 404, 405, 409, 429

《尚书》 5, 7, 8, 13, 14, 17, 20, 21, 33, 56, 57, 70, 86-89, 97-100, 103, 105, 110, 111, 114, 116, 118-120, 123-130, 136-139, 151, 173-176, 178, 180, 185, 186, 194, 197, 204, 206, 208, 246, 249, 280, 282, 287-289, 293, 298, 300, 304, 309, 311, 314, 323, 324, 330, 337, 338, 362, 368, 370, 407, 425, 426, 428, 429, 431

神话 6, 13, 16-18, 35, 57, 61-68, 71, 72, 74-78, 83-90, 92, 93, 95, 97-110, 112-114, 116, 118-131, 136-140, 142-149, 151-160, 163, 164, 168, 170-176, 178, 179, 186-190, 192, 195, 198, 203, 204, 206-208, 214, 222, 224, 226-228, 236, 245-247, 256, 272, 286, 319, 324, 340, 341, 350-353, 356, 362, 363, 367, 377, 401, 402, 405, 411, 419, 420, 426-430

神明 106, 207, 210-212, 220, 237, 240-242, 244, 252, 254, 256, 259, 262, 265-267, 272-275, 293, 294, 306, 381

神农 9, 11, 178, 314

神圣 17, 18, 28, 34, 71-78, 85, 98, 114, 119, 155, 179, 222, 225, 238, 245, 266, 270, 362, 373-375, 378, 380, 398, 409, 420

神巫 188, 189, 195, 204, 205, 209, 210, 218, 220, 227, 229, 263, 286, 292, 367, 376

舜 4, 5, 8, 9, 11-14, 20, 21, 23, 24, 27, 31, 39, 52, 56, 63, 76, 99, 103, 111, 117, 118, 123, 124, 127-129, 135, 136, 139, 142, 143, 149, 160, 164, 175, 178, 179, 187, 193, 197-199, 204, 246, 304-306, 312, 315, 339, 362, 413, 425, 426, 428, 430, 431

司马迁 13, 14, 83, 122, 138, 161, 193, 284, 287, 295, 314, 321, 322, 332, 333

四鸟 127, 196-200, 205, 220, 350

遂古 13, 27, 63, 91, 106, 108, 113, 117, 129, 148, 174, 176, 185-190, 192, 202, 203, 209, 212-214, 216-218, 220, 221, 227-229, 241, 249, 256, 273, 305, 372, 376

太初存有论 84-86, 100, 106, 110, 131, 185, 187, 189, 311

泰山 160, 195, 248, 418-420, 422

天地开辟 85, 100, 119, 122, 123, 136, 157, 176, 319

天命 20, 24, 74, 145, 151, 161, 162,

176, 193, 280, 282, 283, 293, 294, 296, 298-301, 303-305, 307, 310-313, 318-322, 325, 368-370, 372, 375, 376, 379, 380, 404, 406-409, 417, 420, 431

天人之际　84, 88, 240, 282, 305, 322, 332-334, 366, 376, 378, 379

天下　6, 8, 19, 31, 33, 54, 87, 93, 108, 112, 118, 129, 140, 141, 146, 151, 156, 161, 162, 164-168, 172-174, 177-180, 188, 195, 199, 203, 219, 244, 255, 260, 261, 301, 302, 305-310, 312, 313, 321, 325, 330, 337, 339, 353, 354, 358, 359, 362, 364, 365, 367, 371, 376, 386, 399, 400, 403, 405-407, 410, 413, 416, 418-421, 427-431

王夫之　10, 48, 54, 216, 271, 319, 402

王国维　16, 58, 61, 65, 122, 188, 190, 197, 257, 288, 299, 311, 323, 330-332, 336-339, 342, 344, 345, 363-366, 378, 379

王阳明　12, 33, 34, 48, 52, 187, 229, 370, 375

文王　12, 21, 27, 168, 169, 179, 187, 193, 249, 250, 258, 275, 279, 280-282, 287, 299-307, 311-321, 323, 325, 330, 359, 398, 401-403, 407, 425, 431

巫教　92, 119, 131, 140, 145, 146, 160, 164, 165, 167, 185, 188-192, 194, 196, 197, 199, 200, 202, 206, 208-210, 212-221, 227-229, 238, 249, 250, 252, 257-259, 261, 262, 264, 267, 270, 272, 273, 275, 282-285, 287, 290, 294, 296-299, 304, 305, 307-309, 318, 320, 324, 325, 339, 340, 343, 349, 351, 352, 354-357, 360-363, 366-368, 370, 375-380, 412, 426, 428-430

巫觋　24, 91-97, 163, 188, 207, 208, 225, 236, 237, 249, 305

巫咸　208, 210, 249, 308, 309, 357, 366, 367

五帝　7, 13, 22, 28, 63, 78, 106, 108, 113, 139, 159, 186, 187, 198, 204, 205, 303, 306, 315, 377, 388, 428

五经　28, 32, 33, 36, 40, 52, 189, 338

武王　12, 103, 105, 168, 169, 176, 179, 257, 279-281, 293, 294, 300, 306, 308-310, 322, 323, 329, 330, 368, 370, 389, 391, 398, 403, 406, 407, 426

羲和　114, 115, 117, 118, 126

昔天二后　107, 109, 110, 113, 119-121, 123, 126, 130, 136, 149, 156

心斋　219, 229, 239, 263-265, 267,

索引　451

268, 269, 272

荀子 94, 180, 235, 249, 263, 268, 271, 291, 339, 364, 399, 426, 427

炎帝 107-109, 156, 427

尧 4, 5, 8, 9, 11-14, 20, 21, 23, 24, 27, 31, 39, 52, 56, 63, 76, 78, 86, 87, 103, 110-115, 117-120, 123, 124, 127-131, 135-137, 139, 141, 143, 144, 147, 149, 152, 159, 160, 164, 170, 175, 176, 178-180, 187, 193, 204, 305, 306, 309, 312, 315, 323, 338, 339, 354, 362, 413, 418, 425-431

《尧典》 86, 87, 99, 100, 110-120, 123-131, 136-138, 141, 158, 173, 185, 194, 204, 312, 324, 338, 339, 362, 426-429

耶律亚德（M. Eliade） 34, 35, 57, 72-75, 84, 98, 101, 123, 155, 179, 181, 185, 190, 223, 224, 237, 256, 301, 353, 420

宇宙轴 97, 179, 191-194, 249, 305, 349, 352, 377, 419, 420, 422

禹 8, 12-14, 16, 20, 27, 56, 63, 98-104, 110, 118, 121, 123, 124, 127, 129, 135-141, 143, 145-149, 151, 152, 154-162, 164-181, 207, 314, 338, 339, 343, 389, 418, 425, 426, 428, 430, 431

斋戒 218-220, 234-236, 238-241, 243, 244, 250-253, 255-257, 259, 261-269, 272, 274, 354, 381

制礼作乐 21, 22, 221, 249, 257, 258, 280, 284, 308, 309, 311, 322, 323, 329-334, 336-338, 341-343, 351, 354, 356, 359, 360, 363-366, 375-381, 412, 428

秩序 8, 20, 35, 50, 89, 91-93, 96-99, 102-105, 108-114, 116, 118, 119, 122, 126, 129-131, 136, 149, 155, 158, 159, 162, 165, 169, 172, 176, 192, 204, 221-223, 235, 244-246, 283, 297, 298, 306, 307, 313, 317, 319, 324, 325, 359, 365, 377, 380, 381, 394, 411, 427, 428, 432

张光直 17, 18, 62, 67, 68, 163, 220, 337, 339-341, 389

中国哲学史 7-11, 15, 16, 30, 31, 36-38, 379

重黎 89, 92, 97, 98, 100, 104, 105, 119, 123, 126, 146, 305, 362, 412

周公 12, 13, 20-24, 27, 38, 56, 69, 70, 135, 167, 179, 208, 221, 238, 249, 257-259, 262, 275, 280, 284, 308, 311, 312, 314, 320, 322, 323, 329-339, 341-343, 354-356, 359, 360, 363-368, 374-381, 392, 394, 395, 403, 410-412, 415, 416, 425,

426, 430, 431

纣王　258, 279-284, 286-290, 293-299, 308-311, 315, 324, 325, 370, 391, 392, 395, 407, 408

朱熹　49, 385, 402

颛顼　13, 91, 93, 96, 97, 102, 112, 113, 119, 123, 148, 153-155, 159, 203-206, 244, 245, 258, 259, 305, 354, 357, 375, 377, 378, 412

庄子　12, 55, 66, 77, 219, 229, 239, 263-265, 269, 272, 319, 367, 405